财政分权与硬预算约束的挑战

[美]乔纳森·雷登
冈纳·S. 埃斯克兰德 编辑
詹妮·李维克
《财政分权与硬预算约束的挑战》翻译组 译

中国财政经济出版社

图书在版编目（CIP）数据

财政分权与硬预算约束的挑战/（美）雷登（Rodden，J.）等编；《财政分权与硬预算约束的挑战》翻译组译．—北京：中国财政经济出版社，2009.3

ISBN 978-7-5095-1129-9

Ⅰ．财…　Ⅱ．①雷…②财…　Ⅲ．财政分散制-财政政策-研究-世界
Ⅳ．F811.2

中国版本图书馆 CIP 数据核字（2009）第 032469 号

图字：01-2009-1430

责任编辑：赵　力　吕小军　　　责任校对：张全录
封面设计：郁　佳　　　　　　　版式设计：兰　波

中国财政经济出版社出版

URL：http：//www.cfeph.cn

E-mail：cfeph@ cfeph.cn

社址：北京市海淀区阜成路甲 28 号　邮政编码：100142

发行处电话：88190406　财经书店电话：64033436

北京财经印刷厂印刷　各地新华书店经销

787×960 毫米　16 开　24.75 印张　413 000 字

2009 年 3 月第 1 版　2009 年 3 月北京第 1 次印刷

印数：1—5 000　定价：58.00 元

ISBN 978-7-5095-1129-9/F·0950

（图书出现印装问题，本社负责调换）

本社质量投诉电话：010-88190744

作者介绍

zuo zhe jie shao

茱纳德·阿默达 首席经济学家，世界银行南亚地区基础和城市发展部

理查德·伯德 荣誉教授，国际税收项目主管，加拿大多伦多大学罗特曼管理学院

冈纳·S. 埃斯克兰德 高级经济学家，世界银行研究发展部

罗伯特·英曼 金融和经济学教授，费城宾夕法尼亚大学沃顿学院

金菁，SAIS 华盛顿，约翰斯·霍普金斯大学

詹妮·李维克 高级经济学家，世界银行公共部门管理部，削减贫困和经济管理组

威廉·迈克卡蒂 高级经济学家，世界银行南亚部，削减贫困和经济管理组

肖恩·康奈尔 证券分析师，哥伦布投资界

安尼塔·帕普 经济学家，世界银行削减贫困和经济管理组（令人难过的是，帕普女士在2000年9月去世了）

乔恩·拉提素 教授，挪威特隆赫姆，挪威科技大学经济系

乔纳森·雷登 政治科学助教授，坎布里奇，马塞诸塞州技术学院

阿尔莫斯·塔沙妮 高级经济学家，加拿大安大略财政署，财产税政策部

斯蒂芬·韦伯 高级经济学家，拉美和加勒比海地区，经济政策部

黛博拉·魏茨 首席经济学家，世界银行欧洲和中亚地区，削减贫困和经济管理组

邹恒甫 发展经济学高级经济学家，世界银行首席经济学家，中国北京大学和武汉大学经济学教授

前言

qian yan

本书是世界银行的一项多国研究项目的成果，该项目旨在认识地方分权可能会导致出现大规模财政赤字及宏观经济不稳定的制度环境。该项目由地方分权课题组承担，在与地方分权相联系的宏观经济风险认识方面，他们感到还存在较大差距。只有对地方分权如何以及为什么会对宏观经济不稳定带来风险有了比较深刻的理解以后，政府才能着手制定政策和制度来抵御这些风险。

这一研究采用一个分析框架来考虑与中央政府和地方政府软预算约束相关的问题，其中包括制度、历史以及对地方政府进行财政援助的政策。对地方政府进行约束主要有四种机制，即财政机制、金融机制、政治机制以及土地市场机制，已经形成并运用到这 11 个国家的个案研究中（阿根廷、巴西、加拿大、中国、德国、匈牙利、印度、挪威、南非、乌克兰和美国）。

尽管已有的计量经济学和个案研究提到了硬预算约束的复杂性，但这一研究首次深入分析了影响硬预算约束的地方财政纪律和广泛制度。显而易见的是，把发达国家和发展中国家放在一起进行研究是非常重要的，因为后者提供了一种历史性的设想，而这种设想在许多正在进行分权化的发展中国家难以获得。

这一研究意义重大。市场机制和层级机制之间问题引起了长时间的争论（世界银行、国际货币基金组织，以及许多学术机构都已经参与进来）。事实上，许多国家，包括所有的发展中国家都需要这两种机制，以维持财政纪律和增加收益。这些个案提供了大量不同机制组合的案例，这些组合已经取得了不同程度的成功。能否从中央政府得到额外的财政支持，不仅取决于是否有财政援助的历史，而且取决于多种财政、政治和金融制度安排。这些制度的范围既包括基本政府结构，如权力的分割和中央政府的权力，也包含了处理地方政府破产的具体章程以及政府间转移支付安排。但本书并不是把财政援助简单描绘为令人遗憾的失败事件，实际上一些国家的例子表明，不可避免的财政援助如果结构合理，将可能为改革那些造成了不良激励的潜在制度提供机会。我们认为，成功的市场规律在正进行分权化的国家可能不会立即出现，但可以从逐步发展的历程中产生，这一历程是从精心构思的规则和监管开始的。

我们要感谢世界银行，特别是沙妮塔·德维拉杰和谢丽尔·格雷，在整个研究过程中所给予的指导和支持。还要特别感谢罗伯特·英曼，帮助提出了研究的方向和形式。感谢阿莫芮希·巴格茨，尼维卡·森、乔金沃·哈根，以及个案研究的作者对导言和结论部分所作的评论。感谢四位匿名人对整个原稿所作的评论。同样还要感谢约翰·科威尔把书籍在麻省理工学院出版社出版。最后，要感谢哈美拉·科雷什提供的后勤方面的支持和黛安·娜瑞特所提供的编辑上的帮助。

目录

mu lu

I 导言

1 导言和概论

乔纳森·雷登
冈纳·S. 埃斯克兰德
詹妮·李维克

1.1 地方政府：分权化的背景

随着世界上许多国家正进行或尝试进行着地方分权，作为国家次级政府的省政府和三级政府的市政府的政府功能正日益受到关注。这一趋势也引发了对于地方分权成本和收益的讨论。一方面，分权极有可能提高公共部门的效率和责任度；另一方面，分权化将产生新的成本，从而在实际操作中损害分权带来的利益，这一点正变得越来越明晰。具体来说，财政和政治的分权会诱使州或地方政府官员选择投机行为，而如果没有严加规范，这种投机行为将损害政府公共产品的提供，譬如宏观经济的稳定性。

也许在分权系统中，对宏观经济稳定性和有效性最大的挑战，正是我们接下来将要研究的问题，即如何保持地方政府的财政纪律。当预算单位可以随意扩大其支出而最终不需为这些支出买单时，我们称预算约束是软的。软的预算约束会让政府的支出决定产生负的外部性，因为必然有别的部门将承受这部分支出。如果不能保证相对较硬的预算约束，与日俱增的地方政府自主权将不能提高效率。本书将通过案例研究世界上有着或硬或软的预算约束的不同的发展中国家和 OECD 国家。这些案例研究中，我们超越了许多有关分权化成本利益的抽象争论，并且表明了一个国家的分权化、效率和受托责任制之间的关系是如何严重地依赖于这个国家的政府机构。

分权化可以从很多方面来定义，但最典型的是，较低级别的单位在一个或多个方面自治权的增加。正如一个公司或其他组织（譬如家庭）一样，对一个国家来说，成员单位的自治权增加了机会主义行为的可能性，它既有可能是坏的影响也有可能是好的影响。我们的研究只论述了财政分权、行政分权和政治分权等众多相关事宜中的一点，当然无法涵盖分权化所能带来的众多潜在的利益。省和地方政府，无论是被看做更高层级政府的下属机构，还是被看做只对地方负责的责任主体，只要给予了合适的税收和支出权力，他们就会成为政府服务有效供给的重要传导者。更进一步，当地方政府被赋予财政和政治责任时，分权化能有效增强诸如政治参与、民主责任这样的社会目标。既然经济学家总是将分权和潜在的效率联系在一起，所以有些学者提出的，在合适条件下财政分权能够促进经济增长的观点就并不奇怪，因为他们认为分权能够解决诸如腐败这样的受托责任问题。

直到最近，分权化的潜在成本还未引起广泛关注。对分权化的潜在益处的研究一直是传统理论关注的重点，从孟德斯鸠到现代福利经济学和公共选择理论都有所描述。而对于分权化成本的研究却仅限于一些事后分析的案例研究中。然而，在最近出现的实证研究中，有关学者通过截面样本和时间序列样本发现，在实践中财政分权并不能与经济增长联系起来。这些研究中得到的证据不得不让我们警惕分权化的成本可能会远远超过其收益，尤其是在经济增长的早期，或者是在某些由计划经济向市场经济转轨的国家。

总的来说，当责任单位面临诱惑而采取高成本的次优行为时，分权化会危害到效率，因为责任单位之间会产生负的外部效应。软预算约束仅仅只是负外部效应的一个例子。另外一个更典型的例子是过分的横向或纵向的税收竞争。更重要的是，分权化可能会使地方官员有更多的机会和足够的驱动力去阻碍人员、商品和服务在各地区之间的自由流动，从而降低整个经济的效率。以上种种情况都说明地方责任人在面临选择时，并不会顾及这些选择的全部成本。另外，如果一个国家的税收分享政策和政府间转移支付系统相对薄弱，或者根本一片空白时，分权化可能会带来很高的成本。这是因为分权化可能会加剧地域不平等从而影响国家的政治稳定。最后，在一定情况下，地方政府会比中央政府更容易被精英阶层或特殊利益阶层所控制。

一直以来，尽管许多分析者认为这些问题在政府分权化的情况下并不重要，但最近许多研究已经认识到现实的挑战，因而更均衡的考虑分权化的成本和收益。例如，(特·密纳莎，1997) 对财政政策的集权化给予了高度重视。他们的研究描述了什么条件下，分权制能够提高公共部门的效率和责任度，什么条件下，会对效率有所损害。同时他们也强调了源于政治和其他机构的动机。

这里的研究基于同样的启发。我们首先是对软预算约束问题进行阐述，以便对它以及政府援助有一个较好的理解，这里的政府援助已经不仅仅是被描述为一种不成功的政策上的错误。既然在所有涉及分权化的公共领域面临的问题都是大致相同的，问题的严重与否，是否有合适的机制使这些问题得到缓解，都决定于这个国家的制度。那么最适合用于比较分析的方法就是用一个相同的分析框架去探索不同国家的问题和潜在的解决方案。这一节的目的就是构建这样一个框架。下一节从广义上解释软预算的性质。第三节研究激励机制在某些制度环境中如何变得不充分。第四节列出一些可能会使省级和市级地方政府的预算约束硬化的特定机制。最后一节介绍个案研究的结构和目标。

1.2

软预算约束和财政援助

地方政府硬预算约束的设置和执行，也许是财政分权化中所遇到的最关键的挑战。软预算约束这一术语描绘了这样一种情形，即一个单位（或者说，一个省份）能够用一种不合乎要求的方式巧妙地获得资金。科奈 (1992) 用这一术语描述了当国有企业亏损增加，它们是如何依赖相应增加的政府补贴的。财政援助是当一个单位不能履行其债务时，提供给它的一类临时性额外资金，它并不一定代表软预算约束，但对财政援助的期待则通常意味着会引致软预算约束。

预算约束的软化可以从多方面产生，但通常原因是由于时滞和某种隐性契约关系的存在。当省一级政府承担偿债责任时，就产生了明显的问题，而这些后果随后可能会被传递给中央政府（以及由中央政府主动承担）。例如，巴西 20 世纪 90 年代后期的金融危机事实上就是由州政府无法偿还到期债务而引发的。危机带来的后果说明了这一问题的严重性，以及对有效解决方案的急切需求。

但是，直接债务仅仅是可能会转化为国家债务的众多地方债务之一。其他的还包括拨付的公共部门养老金不足，公共品的低水平供给，以及公有企业和私有企业的债权债务。这些软预算约束的表现在一些前共产主义国家（参见第 11 章）尤为重要。软预算约束甚至会危害宏观经济稳定，引起信用危机，阻碍公共职能。

在最近的一篇研究文献中，软预算约束的问题被置于公司和债权人关系这一背景下进行考量（迪瓦利邦特和马斯金，1995；马斯金，1996）。该文献给出了一个恰当的定义："当融资者发现不能使企业遵从固定的预算时，就会出现软预算约束，例如，当企业能够得到一项依过去的经济发展情况决定的更大的补贴或贷款，而事先并不会被认为是有效率的"（马斯金，1996）。企业预计它们能够通过采取一些特定的行为（例如没有钱支付工人工资）来处置这些补贴，并且采取此行动，即使这样的行为导致低效率。

对于地方政府和公司，由于负的外部性，软预算约束会损害到效率。通常，当责任单位必须承受所做选择的足额成本时，自主权能够促进效率。相反，如果面对软预算约束，部分成本将由其他单位承受。结果必然导致过度支出，通常也会伴随过度的借贷。

当地方单位指望着其他单位最终会支付一部分成本时，它们有可能会增加一些没有效率的支出。这种事后成本分摊的起因和结构是多种多样的，因此并不存在对软预算约束的简单标识。答案可能是微妙的——隐藏在预期之中——它可能是很明显的——如果政府的法规和法院强迫它分摊成本的话。尽管持续的地方财政赤字经常产生，但目前仍没有一种国际通行的衡量软预算约束的简单方法。在第 13 章比较各国的经验时，我们将对这一衡量指标加以探讨。

1.2.1 财政援助——一种序贯博弈

财政援助预期的问题可以简单地归结为中央政府和地方政府之间的序贯博弈。该博弈的一个重要特征是，地方政府对中央政府的博弈支付信息不充分。中央可能选择承担义务或不承担义务，地方政府则根据中央政府的决定进行策略选择。在博弈的第一阶段，中央政府设定制度并宣布关于地方政府的筹资政策和调整政策。在这一阶段，中央政府承诺，绝不会对恣意挥霍的地方政府坐视不管，然后地方政府会分析中央政府的制度、政策和声明，以评估其承诺的可信程度，以便在博弈的第二阶段作出相应行动。在这一阶段，地方政府要么在合理的额度内支出或借债，要么举债过度无力偿还寻求上级政府援助，从而把成本转嫁给其他地方政府。如果它选择在收入限额内开支，那么博弈结束，如果它选择成本转嫁策略，自己将处于财政困境中，并需要一个专门削减赤字的补贴，或要求中央政府来接管其债务，而中央政府将选择提供援助或者拒绝援助。如果中央政府不提供财政援助的成本超过了提供援助的成本，它就会对地方政府进行援助，这表明中央政府是不承担义务的类型。如果地方政府坚定地认为，中央政府在博弈的第一阶段是不守诺言的，它就会过度支出或拒绝调整[①]；反过来，如果地方政府认为，中央政府在第一阶段承诺不提供财政援助的政策是可信的，那么它们就会在收入限额内进行支出。

罗伯特·英曼在第2章中给这一博弈定性，并进行了阐述，但这一研究的关键问题是：第一，如果这种经济援助和成本分摊对整个制度来讲是代价很高的或没有效果的，为什么地方政治家会期望中央提供给他们呢？换句话说，是什么导致中央政府承诺问题的出现？第二，一旦情况发生变化，这种财政援助预期还能改变吗？第三，如果它们不能改变，产生道德风险的成本如何降低？为了解决这些问题，有必要理解基本的承诺问题，我们将用一个简单的类比来引入。

1.2.2 承诺问题：如果你拥有一辆救火车

思考一下自发的消防合作制度。如果政府建立了一项只针对为消防作出贡献的成员灭火的政策，人们将非常愿意为消防作出贡献。但是，当出现火灾时人们不会拒绝帮助灭火。如果附近有一辆救火车，扑灭任何火灾可能都是相当令人接受的，这是因为火灾具有负的外部性（火可以蔓延），坐视财产损耗和生命安全不管的行为被认为是愚蠢和不道德的。然而，如果人们期望所有火灾都能被救火车扑灭的话，就将会缺乏自愿奉献的动机了。

当然，也可能有这样一种情况，尽管救火车有能力扑灭火灾，但让一栋房子全部焚毁可能是让人民自愿奉献的一种极好方法。然而，采取这种牺牲来换取信用是一种代价昂贵的方式。由于有承诺问题，这可能是行不通的。在任何一种情况下，自愿的消防服务不太实际，即使他们会得到一个很可观的经济上的好处。外溢性和承诺问题的共同作用可以解释，为什么政府会通过强制性的税收来提供消防服务和实施防火条例，即使这些政策手段对于一个理想化的、激励机制协调的世界来说，显得笨拙并充满了官僚政治色彩。

1.2.3 为什么地方政府会预期得到财政援助？

地方财政问题不如房屋着火那样形象。在市政当局把钱花在一些铺张浪费的工程上，并且市长也暗示其可行之后，如果教师的工资无法支付，孩子将要被送回家，将会出现什么情况？如果中央政府的基本政策是地方政府必须承担其决策的后果，那这一政策还可信吗？使孩子们能留在学校继续上学的额外转移支付可能看起来像是政策上的失误，因为它们也许打破了对地方政府的激励机制。这种信任的缺乏可能预先就已经很明显了，地方政府可能有多种多样的理由相信中央政府不会拒绝行使它们的“救火车”职责。

首先，与房屋着火一样，外部性是财政援助的一个重要部分。威尔达森（1997）指出了中央政府为何选择事后进行财政援助，否则没有得到援助的单位可能会对别的管辖区域产生负的外溢性。这种观点适用于当整个金融形势出现衰退或有可能存在货币危机的情形。它还适用于当金融市场无法把一个省份的预期同另一个省份区分开来的情形（即通常所说的金融传染）。外溢性在以下情况下也会存在，即当认为中央政府负有隐性担保责任，以及如果不提供这些担保的话，中央政府的声誉会被损害的情形。

然而，外部性并不是财政援助的惟一原因。在许多国家，财政援助已经延伸至一些最小的管辖区域[②]。如果某个地方政府只是中央政府的一个分支，那么惩罚它们的居民也是毫无用处的。只有当地方政府是一个自主的实体，是自己的居民所构建的权利与责任相匹配的单位，中央政府才确实有可能让地方完全承担自身行为的后果。

政府在行使财权时所扮演的角色产生了额外的承诺问题。中央政府及其机构在强迫那些不履行责任的地方政府偿还贷款的能力还比较薄弱（缺乏手段或魄力）。软弱的中央政府可能不会要求地方政府向债权人履行义务，而更愿意通过财政援助来帮助债权人。本书的个案研究将指出，制定一套权责一致的制度尤为关键。

1.2.4 预期能够改变吗？

当对财政援助的预期或其他形式的事后筹资导致地方政府的战略性成本转移时，就会产生软预算约束。英曼所写的章节就是基于这一问题，并详细提出了一个正式的模型来阐述中央政府有可能会喜欢财政援助的条件。大多数个案研究表明，在某些环境下，基本的责任问题允许财政援助预期的存在。既然这些问题有许多是来源于历史及组织机构，我们也希望知道行为和机构的改变是否会导致预期的改变。责任会随着时间的过去而转换吗？中央政府会因为抵制财政援助的要求而赢得声誉吗？有些个案研究还讨论了一些历史事件，在这些历史事件中，一些地方政府从拖欠中认识到中央政府是不会提供财政援助的。上述研究还强调了支撑中央政府承诺的制度和环境因素。其他个案研究分析了在制度方面旨在增加中央政府承诺能力的改革。

1.2.5 如果中央政府不承担责任将会怎样？

尽管个案研究提出了一些增强中央政府承诺能力的鼓舞人心的制度改革的例子，但我们在最后的章节中将会指出，使人完全相信的承诺是相当少见的。在大多数多级财政体制中，中央政府有点像消防队，它拥有着“救火车”却保证不会使用它。

本书的一个关键的建议就是，如同不能拒绝扑灭火灾的消防队一样，中央政府容易受地方财政问题的影响，这应该预先得到公认。在分权化的政府中，地方政府财政危机对中央政府的影响，其原因可以是从腐败和对国家金融体系的担忧，到使地方学校正常运行。针对承诺问题所采取的措施，类似于把救火车锁起来。

如果中央政府对地方政府的行为不感兴趣，或表态不会参与到其中，就会准予地方拥有覆盖区域广阔的财政自治权。但如果不能建立清晰责任承担机制，那么即使过去没有这种援助的先例，对事后援助的期望仍将存在。在最后的章节中，这一观点还将得到更详细的阐述。

1.2.6 制度的重要性

个案研究显示，承诺问题是分权体制下基本管理结构的组成部分。软预算约束在相当程度上是随着对中央政府的类型、权力和义务的理解而产生的。一个始终如一的、糟糕的财政援助历史反映的也可能是稳定的、但在结构方面效果不好的制度，而不是一项根据过去的比赛结果就能预期未来比赛结果的游戏[③]。类似地，在一个刚实行分权化的国家，即使没有财政援助历史的政府作出口头和书面承诺不会帮助有问题的地方政府，但基本的制度结构可能会破坏它们的可信程度。因此，是什么驱使预期产生，在有预期之后，是什么驱使了财政援助产生，以及这种效果不好的平衡状态将如何改变，规范的政策法规需要对它们有一定的理解。下一节将继续研究这一问题，研究集中在财政和政治制度上。1.4 节的分析将建立在对几种能够实现硬预算约束的机制加以鉴别的基础之上。

1.3

基本的财政和政治制度

财政和政治制度为序贯博弈提供了基本的规则，但由于这些规则在各个国家不同，博弈也是各不相同的。这一节首先讨论政府间财政体系的纵向结构和作为其结果的选举人及政治家的激励机制，随后讨论中央政府的横向组织结构。

1.3.1 政府间财政制度

(1) 政府间转移支付

对政府间转移支付和税收共享的传统理解来源于福利经济学。它假定一个乐于援助的，信息完全充分的中央政府根据效率标准来分配支出和收入权力，并假定转移支付是为效率和再分配服务的（奥茨，1972；马斯格雷夫，1959）。的确，中央政府运用转移支付来解决外部性、提供公共物品及不均衡等问题的能力对多级政府的标准化构想至关重要。事实上，中央政府对政治经济趋势和寻租很敏感，转移支付和收入共享制度因而可能会引起在教科书中尚未预见到的低效率后果。

除非政府之间的筹资行为完全独立，否则有可能会在中央政府和地方政府之间产生道德风险问题。这就像在融资方和大公司之间，或一个富裕的家族首脑和一个正在上大学的孩子之间所产生的道德风险问题一样。由于其他管辖区域的居民会为他们的部分计划支付成本，因而导致地方官员扩充他们的计划，增加或夸大成本（见鲍格和拉提素、英曼，1998）。

教科书的解决办法是，仅当意图很明确，以及相匹配的转移支付支持带有正外部性的行为时，才会让地方政府来制定收入共享和转移支付计划。例如，使穷困地区能够提供特定教育设施的转移支付将以学生的数量或需求量为基础，而不是以实际的教育支出为基础。这一目标可能是很重要的，值得为之奋斗，但在现实中并不能够完全实现。地方政府将设法同中央政府博弈，以从中央政府得到好处，一个制度设计的关键方面就是限制博弈的成本。

（2）转移支付依赖性和地方财政收入筹措

考虑一个几乎完全依赖于中央政府的转移支付和拨款的地方政府，当面临不利的财政冲击时，其几乎没有增加额外收入的弹性。如果这种形势升级为财政危机，地方政府无力支付职工工资或无法偿还贷款，它将声称它不对其财政危机负有责任。因而来自选民、员工和债权人的压力可能会直接集中于具有解决该危机的中央政府。认识到这一点之后，依赖转移支付的地方政府的财政责任感将减弱，因为使自己成为财政援助更有价值。

由于选民和债权人没有在收入和支出方面的表决权，因此他们不需地方政府对未能解决的问题负责。在个案研究中，一个重要的因素是地方政府纵向的财政不平衡，或作为其收入一部分的政府间转移支付。然而，同样值得注意的还有政府间转移支付的结构和财政体系中的规章制度。我们希望看到这样一个事实，即如果界定模糊的标准或政治上的讨价还价决定了转移支付和收入共享的分配，中央政府由此产生的收入弹性就会损害任何不援助政策的可信度。相反，如果政府间转移支付是与稳定的规则和标准结合在一起，地方的选民和政治家们就更不可能指望会有可随意使用的财政援助了。一个不同的难题是，规则本身也可能会引起软的预算约束。更确切地讲，我们将会看到一些被设计出来防止地区间不公平和缓解地区性冲击的转移支付制度产生了较少的激励。

（3）支出划分和地方自治

另一个因素是对支出责任的划分和调整。如果地方政府无法履行提供特定重要服务的职责，而这些服务的受益者是全体居民，比如福利或养老金，中央政府可能将无法拒绝财政援助的要求。如果国家的政策，比如最小化服务标准，限定了地方的自治权，这一问题就会恶化。类似地，如果中央政府不参与纯地方公共品的供给，成本转移和赤字转移就更不可能会发生。

与转移支付依赖性一样，中央政府对地方财政行为的调控也可以向地方的政治家、选民和债权人传递这样一个强烈的信号，即中央政府最终会对地方的财政后果负责任。在一些国家，地方政府的税基和最大税率是受条例所限制的。在另一些国家，公共部门雇用人员和工资是由中央政府所控制的。

最后，个案研究分析了支出和收入权限分配的透明度。根据从属性原则，应该把责任分配给层级最低的政府，它们的规模经济是可接受的，而且其外部性也是可内在化的。为了强化责任，中央和地方政府的责任应该被清晰划分。

1.3.2 中央政府政治制度

除了政府间财政体制外，地方政府对中央不援助承诺的信心还受到支撑中央政府行为的政治制度的影响。地方政府对这些激励机制进行研究，从而得出可能的行为，包括财政援助前景方面的信号。个案研究将会显示，许多政治因素可能会削弱不提供援助政策的可信程度。中央政府的横向结构扮演着一个重要的角色，所以有必要研究一下立法者、总理和总统所面临的激励和约束。例如，如果中央政府面临着强烈的使债券持有人或地方纳税人比国家纳税人受益更多的选举动机时，中央政府可能会选择提供财政援助。弄清楚谁管理地方债务，以及它们如何体现在中央的政治程序中，显得很重要(见英曼)。

此外，如果他们的利益能够很好地体现在中央的立法机构中，或者如果立法机构的决定是通过地方政府间“互投赞成票”而做出时，地方政府有充分的理由相信能够得到财政援助。在本书所研究的一些个案中，不负财政责任的政府通过在国家立法机构的影响，与其他立法者进行投票交易，或威胁否决不相关的政策建议来获得财政援助。如果一部分省份在规模上占优，某些横向的讨价还价问题就会恶化。在许多国家，众议院立法机构会在下议院给每个地区与人口数量成比例的代表权，因此小的地区在上议院会有相对过多的代表。在这种体制下，小的州会有不成比例的权力，同时他们的投票权可能会在政治的讨价还价中廉价地转移。

在一个问题重重的环境下，中央政府仅是一个“互投赞成票”的地方利益集团的松散联盟。这种危险在规范的联邦体系中最容易显现，这种联邦体系通常包括直接的代表权和对各州的法治保护。这些特点与其他特点一起(例如，任命程序或按地区进行的全国选举)会使得中央政府对地方政府而不是地方居民很感激，因为此时地方长官在国家议会中所扮演的是具有影响力的角色。这种地方互相吹捧在巴西已经成为事实，在印度也正在变成现实。如果总统拥有全国的支持者，并有能力动员立法机构中的大部分成员，这一问题在总统制体制下可能会得到缓和（费茨和英曼，1992）。阿根廷的情况有时就是这样（狄林杰和韦伯，1999），这种情形也可能出现在卡多索任总统时期的巴西（见雷登）。如果国家政党的领导者拥有权力，例如，通过任命程序或竞选运动，财政纪律也能从国家政党中产生。如果期望在联邦政治中开拓事业的地方官员有避免实行成本转移策略的激励，遵守纪律的国家政党可能也能够发挥一定的作用。在中央的立法机构中，政党领袖必须在各个环节赢得协作，以便获得立法多数，这种情形降低了中央不援助政策承诺的可信度。地方级次的直接选举可能导致更严格的党政处罚，但对地方需求和选择权的敏感度会更低，因而有可能会产生较低的效率④。

简言之，个案研究通常会把中央政府的政治活动描述为一个讨价还价的模式，在这种模式下短期的机会主义会导致代价很高的财政援助。出于相同原因，一些个案研究也设计出这样一种情形，即这些利己的政治家们会支持积极的改革，并明确坚持预算约束的刚性。

1.4 其他的硬预算约束机制

前面的章节讨论了基本的财政和政治体制的结构对中央和地方决策者的信念和激励的影响，即对预算约束刚性的影响。政府的财政行为同样也会受到地方财政决策相关利益者的影响，包括债权人、选举人和要素所有者。在合适的条件下，这些利益相关者可能会对政府施加压力，使其按照财政谨慎原则来运转，形成一种类似于市场的硬预算约束机制。我们首先讨论地方政府会被信贷市场惩罚的可能性；其次，研究对投票和其他形式政治支持进行竞争的作用；再次，讨论土地市场和工人及拥有流动性生产要素的投资者所扮演的角色。

各个机制所特有的机能取决于政治和财政体制的特征，以及它们之间高度的相互依赖性。在一些环境中，支出和举债决定将不会受到或甚至反常地受到资本、投票和流动性生产要素的影响。尽管一些个案研究（主要是美国和加拿大）指出了这些机制相当成功的事例。通过描绘这些市场机制失效的情形，个案研究同样也指出了由中央政府引起的层级干预的情形。

1.4.1 资本市场

只有建立健全的激励机制，资本市场才能发挥配置资源的作用。因此，如果资本市场机制起作用的话，地方政府的财政决策将受到信用机制制约。不良的财政表现将导致更高的举债成本或更少的机会。这些市场反应，特别是信用评级，可以给选举人提供关于政府绩效的重要信号。信用市场功能能否有效发挥取决于信息的质量，也取决于信息披露、会计准则、审计和类似的规章制度[5]。

为了使资本市场能够发挥其约束或引导地方财政活动的功能，还必须提出许多附加的前提（见莱恩，1993）。显而易见，资本市场自身与其基本配套制度必须得到充分发展。在资本市场发育程度有限的国家，获取资本的途径主要是中央政府，如开发银行、不动产抵押银行或转借机制。在我们的个案研究中，这种机制在阿根廷、巴西、印度和乌克兰扮演了最重要的角色。在这种情形下，贷款及对贷款的偿付通常会卷入到政治中去，导致软预算约束（当这些中介机构希望获得财政援助时）或其他功能失常。即使地方政府在竞争性市场中举债，资本市场机制也可能会失效。如果贷款者感觉到中央对地方的财政援助是可能的（或可以诱致的），那么即使地方政府财政表现和经济效益不好，他们也可能继续向地方政府提供贷款。因此，信用评级、贷款费用和可贷款数量将反映中央政府或公共部门整体的信誉，而几乎不会提供有关各个地方政府的有用信息。

当地方政府的偿债责任不明确，或是中央政府为其提供隐含的制度支持时，其结果与教科书中关于有限责任公司的观点很相似。如果某地方政府过度举债，且贷款人知道该地方政府必须自己偿还其债务，贷款人在借款前就会密切地关注该政府财政成果和财政实力。由于一个地区的税基并不代表政府的自有资产，地方政府的破产程序要比简单地把这一程序运用到私人违约的情形繁杂得多[6]。重要的是，如果存在这样一种观念，即有充足财力的第三方将会使负有偿债义务的单位免于经济困难，信贷市场的监督职能将会消除，而最终把责任转嫁给第三方。

有关信贷市场的一个重要发现是，财务合同的可行性在某种程度上取决于能够保护财产权和执行合同的政府。它们的一部分角色就是当贷款人无法收回他们借出的钱时，对应分担的义务进行仲裁，并强制执行。在这种身份下，政府代表的是贷款者而不是借款者的利益，但他们也会给借款者一些有限的保护。政府职能上的限制在多级政府体系中从两个方面表现出来：第一，是在联邦制的环境下，相对于各成员州来说，中央政府可能只有有限的权力，尤其是在合同的执行方面（有关美国的研究，见迈克康奈尔和皮克尔，1993）；第二，地方政府属于中央政府的分支，完全依赖于中央政府。

这两方面是地方政府从独立自主到完全依附的两个极端，他们运用了不同的制度方法，并对资本市场机制产生了不同的潜在作用。在地方政府独立自主的情况下（或中央政府的力量较弱），信贷市场可以发挥作用。[7]如果是一个附属中央的地方政府，在违约的情况下，借款者在很大程度上将通过债务分摊而得到保护。出于这一原因，在后一种情况下，额外的调解和制度（例如前面所讨论过的层级管理）就起着特有的作用。个案研究举例说明了从独立自主的地方政府（例如，美国）到附属的地方政府（例如，挪威的地方政府）的一系列情形。

个案研究的任务就是要描述地方举债的特征，并评估信贷市场机制是否能发挥作用。当地方债务问题涉及公共借贷中介时，个案研究描述和评估了信贷市场机制运转所面临的管理制度。在一些个案研究中，对信贷市场为什么不能发挥规范地方政府行为的作用，或为什么对地方举债的约束不够这一问题给予了较大的关注。

1.4.2 政治竞争

政治领域同样也为地方官员提供了一种潜在的市场惩罚形式：对政治权力的角逐。理想地讲，在民主体制下的选举者具有惩罚不负财政责任的代表（包括地方和中央的代表），通过投票使他们下台。关键的问题是选举者是否有权力，激励机制和这样做所必需的信息。强有力的反对党、自由公正的选举和独立的媒体在限制地方的财政决策中起着重要的作用。

但是，如果选举者相信成本最终会转嫁给未来的居民或者选举者会偏向选择大规模的财政赤字和不可维持的债务水平。与信贷市场机制相似，如果选举者很难获得关于地方政府绩效的信息，政治机制的功能将被削弱。例如，当地方政府高度依赖政府间转移支付或被中央的规章制度限制，再或者职权分配不清时，地方政府的政治家们可能会抱怨信贷机制或者把过失向上一级政府转移。类似地，当政治家们抬高选举者们很少看得见的责任，例如没有经费的养老金义务，或者通过提供耐用性不合规格的基础设施，来为受大众欢迎的项目筹集部分资金时，预算约束的硬度就比较低。

个案研究评价了政治机制在硬化地方预算约束方面所发挥的效能。包括对决定权力分配的机制以及政府官员所面临的职业激励机制的研究。在一些个案中，激励机制可以强化地方财政纪律，但许多研究也指出了在政治激励机制结构中存在严重缺陷。

1.4.3 土地市场与要素流动性

蒂伯特（1956）指出，在非常严格的理论条件下，由土地所有者所引导的地方政府之间的竞争是如何支撑地方公共品有效供给和相应的税收课征。但是，在更现实的环境下，特别是有世俗的激励机制时，土地市场也会发挥作用[⑧]。在这样的范围内，居民都是可买卖土地（或住宅）的所有者，假定预期的公共服务和完税的净价值能够充分地资本化为当前的土地价格，他们就会有很好地处理其公共事务的动机。

这里有一个重要的假设，即地方债务（公共服务）资本化土地价格时，将对地方政治活动产生重要影响。在一个民主国家，它对选举者是土地所有者起直接作用，因为土地所有权将会使人们在社会中享有长期的利益。但这种机制也可以通过其他途径发挥作用。不过，这种利益还可以通过其他方式体现在政治中，这取决于制定政策的机构。如果许多居民都是承租人而不是所有者，他们未来的财务利益可能不充足，这就使得政治偏向于借债和消费，而不利于投资[⑨]。

土地价值和土地需求作为一种税收来源，也可能直接对地方政治家们产生重要激励。如果地方政府税基在很大程度上是财产税和土地税（直接或间接地），就可能使地方政治家们积极推行财产价值最大化政策。

可变动的因素（工人、金融资本、企业家）在决定固定资产价格和通过它们的流动性直接对地方官员施加压力方面同样发挥着作用。工人和居民不仅可以直接通过行使发言权，还通过行使退出权来施加压力（赫斯曼，1990；蒂伯特，1956）。如果这些退出威胁确实可信，地方的政治家们有可能对这些要求作出反应，以保护他们辖区内的税基（布伦南和布加南，1980）。

该机制一个至关重要的假设是，居民和企业是高度可流动的。在发展中国家和转轨国家，特别是管辖区域很广，对农业和大型国有企业依赖程度很高的国家，或者各地区之间存在重大的种族和语言割裂的环境下，情况通常不是这样。当然，竞争必须是现实存在的。这就要求各管辖区域的规模相当，权力相当（没有被中央过多地控制），并且其互相勾结不太普遍。此外，流动性的影响可以通过政府间转移支付或税收共享安排来限制。

土地市场与要素流动性在个案研究中仍然没有受到足够的关注。为了研究的完整性，在这里讨论它们是很有用的，尤其是这些市场驱动的约束形式在理论研究文献中非常重要。但是这些理论假设对大多数现实环境，特别是发展中国家而言，的确被夸大了。这并不是说，理论上上述市场驱动的财政约束与某些个案研究毫不相关，实际上存在土地市场不存在（如南非），或流动障碍使得退出威胁不可信（如印度）等真实的例子。

1.4.4 层级机制

正如我们前面指出的，制度环境可以被理解为：债权人、住宅拥有者和地方的全体选民对地方财政决策进行约束。那么对所有参与者来说，不援助政策是可信的，同时地方官员几乎没有寻求财政援助的动机。首先，地方支出决策和举债决策的成本和收益将由地方承担。如果一个地区举债过度，其不良后果将由地区自己承担，在比较极端的情况下，一部分负担会由债权人来承担，但不会从级别更高的政府那里得到资金支持。在这一制度环境下，对地方支出和举债的层级限制不是必要的，并且事实上也很难从理性角度出发进行解释。

然而，大多数个案研究与这一情形有极大的不同。中央政府不能坚定地承诺执行不援助政策，同时地方的政治家，以及地方的选举者、债权人和资产所有者有理由采取成本转移和赤字转移策略。因而，在许多情况下，一道额外的防线就变得很有必要：中央政府的层级监督和管制。事实上，个案研究展示了中央旨在强制执行硬预算约束的一系列机制。要达到这一目的，最直接的办法就是禁止地方政府举债，或由中央政府分配所有的贷款。

但是，中央分配贷款常常带有政治色彩，或者效率低下，甚至会破坏中央政府执行与政治无关的不援助政策所做的努力。威廉·麦卡坦对印度的个案研究（本书第8章）很痛心地阐述了这一点。一些个案研究表明现实充满了困难，但有些机制会比其他机制起到更好的作用，包括一些不太直接的管制形式。在一些个案中，举债的限制仅限于对举借外债的限制。在另一些个案中，地方政府可以自己做举债决策，但最后要由中央政府机构正式批准和审查。

除了直接的中央行政监督外，以规则为基础的监管机制也被许多国家采用。一个普遍的策略就是对地方级次债务的使用设置限制——例如，把长期债务的总量限制在地方税基的一个固定的比重上。此外，个案研究还分析了各种平衡预算法则。例如，一些个案研究要求服从预算平衡法则，其他法则限制实际开支和禁止把赤字递延到以后年度。但是，一些地方政府拥有银行并向它们借债，或通过它们借债，从地方的公有企业获取资金，从而使得层级管理很难执行。

在一些情况下，财政援助很难避免，但它可以为中央政府提供一个增强层级机制的有利机会。因此，债务免除条件会试图首先减少或免除造成财政危机的激励机制问题。这样，以制度改革和新的监管为特征的结构合理的财政援助可以提供这样的信号，即未来将要进行的博弈是不同的，而不是中央政府的可信度很低。因而，有些个案研究并不把财政援助事件看做是政策错误，而是会问，它们是否是朝着有利于硬化预算约束所走的第一步。

此外，法律和其他制度通常用于阐明地方财政危机在实际出现前，如何对它进行处理。在这点上，清晰、构思良好的公共破产法显得非常重要。如果他们阻碍政治调解和财政援助的话，它可能会给予债权人有限的权力。有些个案研究描述了这种法律以及与其有关的处罚及执行办法。

最后，还有一点也很重要，即这些层级机制中的任何一种（从破产法的举债限额到有条件的财政援助），都仅与必须执行它们的中央政府的力度和可信度一样。因而，评价层级机制优势的一个重要部分就是回到在国家政治环境中有关激励机制的问题下[10]。

1.5 个案研究序言

本书以本章建立的框架为基础，详细论述导致软预算约束问题最可能的环境以及最有可能减轻的机制。我们的最终目标是更好地理解哪些因素、政策和制度使一个国家倾向于预算约束软化，并着手制定能够硬化地方预算约束的、具有操作性的制度改革。首先，在每个个案研究中，我们设法理解在1.2节中讨论的基本问题症状。然而，在其他的个案研究中，即使无效率的行为持续存在，财政危机在很大程度上也已经被避免，或财政援助已被拒绝。

在解决预算约束软化问题时，研究1.3节和1.4节中所描述的各个机制的作用是很有用的。我们力图弄清楚哪种机制会在哪些条件下起作用，哪种机制会互相补充，哪种机制是对立的，哪种机制作为改革目标是最现实的。

大多数个案研究指出了在基本的政治和财政体系中所存在的重大不足。在英曼的理论分析中占据主要位置的重要教训就是，当更高级别政府事后不能有力承诺时，层级机制就会成为一道重要的防御措施。前面和接下来的章节所讨论的许多支持强有力的财政援助承诺的条件并不仅是所讨论的国家当前的情形。但为了理解层级规则和它们起作用的环境，有必要理解包含它们在内的更大的制度背景。因而，个案研究试图在提出基本的、全部的制度设计问题和研究关于举债、破产和类似问题的特定规则之间需求平衡。

所挑选的案例代表了分布最广泛的可能差异，以及财政和政治分权化的经验，并提出了在地方预算约束硬化方面的一系列变化。除了澳洲，各大洲都有代表，从国家的大小来看，有挪威这样的小国，也有中国这样的大国，同时既包括了高度中央集权、组织管理严密的单一制国家，也包括一些世界上分权化程度最高的联邦国家[11]。例如，美国地方政府的历史要比美国自身的历史还要悠久，而像匈牙利和南非这样刚建立起的地方政府，它们的权力也仅仅刚开始被赋予。

罗伯特·英曼所著的第2章既是一个理论章节也是第一个个案研究。它详细阐述了许多问题并使它们定性，它建立在序贯财政援助博弈的基础上，以得出经验教训，即在这样的环境下，中央政府有可能抵制财政援助要求。英曼通过把这些普遍的概念运用到历史最久、最常被研究的联邦国家——美国，提供了连续的个案研究，指出了中央政府令人信服的不援助承诺的发展过程，并确定了巩固它们的制度，甚至还阐明了体系的某些缺陷。

理查德·伯德和阿尔莫斯·塔沙妮的第3章分析了在富裕的北美联邦政府加拿大，对联邦政府和地方政府进行了重要的区分。像英曼对美国的讨论一样，他们认为中央政府不援助承诺有利于推进各州建立强有力的市场纪律，但财政纪律在很大程度上是通过加拿大各地方的层级法规来实现的。第4章是乔恩·拉提素关于挪威的研究，它对于一些问题进行了更深入的研究，尽管存在一些无效率的行为，财政纪律在被大量严格的层级限制所约束的、高度管制的地方政府下仍然能够得以维持。乔纳森·雷登关于德国各州的章节指出一个潜在的、严重的、植根于基本制度结构的软预算约束问题，完全的、无限制的财政援助仅仅向两个最小和最困难的州提供。

第 6 章到第 8 章分析了经历过财政分权化历史和软预算约束问题。斯蒂芬·韦伯关于阿根廷的研究描述了在 20 世纪 80 年代和 90 年代造成软预算约束和财政援助的激励机制，但也对旨在硬化地方预算约束的一些改革予以了关注。类似地，乔纳森·雷登关于巴西各州的研究把注意力指向了造成严重的道德风险问题，以及一系列代价非常大的财政援助事件的政治和财政体制背景，同时也讨论了改革的前景。威廉·迈克卡蒂对印度各地方的研究描述了一个对地方的金融实行集中管制的相当复杂体制的成功和失败之处，它强调一个遭受了重大的政治变动，贫穷、多变的国家行政管理和政治的复杂性。

第 9 章到第 12 章分析了在政治和经济转轨的背景下，正在慢慢实行分权化的国家。金菁和邹恒甫研究了中国地方政府财政负债体系的复杂性，还研究了当地方政府过多地干预国有企业的运行，及构建硬预算约束所面临的特有挑战。茱纳德·阿默达阐述了迅速变化的南非，在建立新种族隔离后有效的财政和政治联邦体系的同时，构建硬预算约束所面临的重大任务。接下来，在分析乌克兰分权化的困难时，肖恩·康奈尔和黛博拉·魏茨还提到了一大串反常现象和基本的制度问题，这些问题在脆弱的、复杂的苏联就已待解决。在最后的个案研究中，魏茨和安尼塔·帕普讲述了一个有关匈牙利潜在硬化预算约束的相当鼓舞人心的故事，在匈牙利，行政管理制度和司法执行之间逐渐发展的关系看起来有清晰的预期和改良的激励机制。

尽管每个个案的重点和经验教训各不相同，但它们的贡献合在一起就成为一个有用的信息群。把它们放在一起，个案研究就形成了令人印象深刻的、有十一个观测结论的资料库。这一资料库被用在最后的章节中，形成了广泛的评估、总体结论和特定建议。

注释：

①这一问题在经济学文献中被称作时间连贯性问题。在公共财政中，一个恰当的例子就是，一项桥梁工程被发现是值得做的，并在特定的成本预算下为它筹集资金。如果超过了成本预算，不增加资金的固定的政策就不是时间连贯的（即不可信的），这要假

定当新的预算产生时，仍然值得完成已经建了一半的桥梁。

②例如，德国的财政援助被集中在两个最小的州：不来梅和萨尔州。在巴西，财政援助不仅提供给像圣保罗这样大的、产生外溢性的州，也提供给一些像托坎延斯这样最小、最孤立的州。

③参见博弈理论分析（例如，有关重复博弈理论的文献）。

④在纯粹按比例确定代表的体制下，被选举出来的成员不会对以地域为基础的选举人作出回应。在比例代表制下强有力的、遵守纪律的政党可能会有一些不利之处，如果他们削弱了个别代表对其所偏爱的选举人作出回应的激励动机的话。

⑤然而，希望和野心应该适度。大多数政府——层次高的和层次低的，贫穷的和富裕的，如果他们有大量显而易见的义务，却不能提供大量的资产，他们就根本不会去管资产负债表。此外，信贷市场对破产的可能性有影响时，他们就会对超过界限的最佳债务水平保持沉默，只要它还能维持的话。

⑥可能会认为有权力的债权人会对政治进行干预（这种体制不会允许太多的居民因为地方的管理不当而遭受损失），因而地方破产法规必须给债权人相当有限的权力以保护执行机制不受政治的干预。美国地方的破产程序可以用这种情形来解释。它保护债权人拥有的那些对政府的运行很重要的地方资产。在实践中，它会保护几乎所有的资产和权力，以改革税收和支出，防止受到债权人的影响（康奈尔和皮克尔，1993）。因而，现实的制度并不会允许居民失去他们的学校。更确切地讲，它会把所有的痛苦事后分摊给债权人。在缺乏更高水平的担保时，这会通过限制过度举债的地区的损失来限制贷款。

⑦布楼和乐果夫（1989）提出了在独立自主的情况下，是什么在支撑贷款的很好讨论。

⑧一般可见奥茨（1972）和斯邦格和威尔逊（1998）对地方举债的运用。

⑨分析所有者和承租人所面临的不同激励机制，见埃贝尔和罗姆（1991）。

⑩总的看法见特·密纳莎和克雷格（1997）和美洲开发银行（1997）。在我们的论述中，并没有考虑自愿接受的限制，比如美国大多数州的平衡预算要求，像层级机制一样。

⑪联邦主义这一术语通常被经济学家们简单地用来突出政府的层级结构，但对大多数政治家来说，它更明确地描述了这样一种结构，即较低级别的政府——联邦政府中的组成要素——拥有不容易被更高级别的政府接管或控制的权力。

参考文献：

Azfar, Omar, Satu Kahkonen, Anthony Lanyi, Patrick Meagher, and Dianna Ruther-

ford. 2001b. "Decentralizatio, Governance and Public Services: The Impact of Institutional Arrangements: A Review of the Literature" Mimeo, Development Research Group, World Bank.

Azfar, Omar, Satu Kahkonen, and Patrick Meagher. 2001a. "Conditions for Effective Decentralized Governance: A Synthesis of Research Findings." College Park, M.: University of Maryland, Center for Institutional Reform and the Informal Sector.

Bai, Chong – En, and Yijiang Wang. 1999. "The Myth of the East Asian Miracle: The Macroeconomic Implications of Soft Budgets." American Economic Review 89(2): 432 – 437.

Bardhan, Pranab, 2000. "Irrigation and Cooperation: An Empirical Analysis of 48 Irrigation Communities in South India." Economic Development and Cultural Change, 48(4): 847 – 865.

Bardhan, Pranab, and Dilip Mookerjee. 2000. "Relative Capture of Local and Central Government: An Essay in the Political Economy of Decentralization." Berkeley, Department of Economics, University of California, Berkeley, and Boston: Department of Economics, Boston University.

Borge, Lars – Erik, and Jorn, Rattso. 1998. "Local Government Grants and Income Tax Revenue: Redistributive Politics in Norway 1900 – 1990". Public Choice 92: 181 – 197.

Brennan, Geoffrey, and James Buchanan. 1980. The Power of Tax: Analytical Foundations of a Fiscal Constitution. Cambridge: Cambridge University Press.

Bulow, Jeremy, and Kenneth Rogoff. 1989, "Sovereign Debt: Is to Forgive to Forget?" American Economic Review 79(1): 43 – 50.

Case, Anne, and Timothy Besley. 1993. "Does Electoral Accountability Affect Economic Policy Choices? Evidence from Gubernatorial Term Limits." National Bureau of Economic Research Working paper, no. 4575.

Davoodi, Hamid, and Heng – fu Zou. 1998. "Fiscal Decentralization and Economic Growth: A Cross – Country Study." Journal of Urban Economics 43: 244 – 423.

De Mello, L. R. 2000. "Fiscal Decentralization and Intergovernmental Fiscal Relations: A Cross – Country Analysis". World Development 28(2): 365 – 380.

Dewatripont, Mathias, and Eric Maskin. 1995. "Credit and Efficiency in Centralized and Decentralized Economics." Review of Economic Studies 62(4): 541 – 556.

Diamond, Peter, and James Mirrlees. 1971. "Optimal Taxation and Public Production". American Economic Review 61(1): 8 – 27, 61(3): 261 – 278.

Dillinger, William, and Steven Webb. 1999. "Fiscal Management in Federal Democracies: Argentina and Brazil." Policy Research working paper 2121, World Bank, Washington, D. C. Ebel, Robert D, and Serdar Yilmaz. 2001. On the Measurement and Impact of Fiscal Decentralization. Washington, D. C.: World Bank.

English, William. 1996. "Understanding the Costs of Sovereign Default: American State

Debts in the 1840' s." American Economic Review 86(1): 259 – 275.

Epple, Dennis, and Thomas Romer. 1991. "Mobility and Redistribution." Journal of Political Economy 99(4): 828 – 858.

Fitts, Michael, and Robbert Inman. 1992. "Controlling Congress: Presidential Influence in Domestic Fiscal Policy." Georgetown Law Journal 80: 1737 – 1785.

Fornasari, Francesca, Steven B. Webb, and Heng – fu Zou. 1999. "The Macroeconomic Impact of Decentralized Spending and Deficits: International Evidence." Working paper, World Bank.

Galasso, Emanuela, and Martin Ravallion. 2001. "Decentralized Targeting of an Antipoverty Program." Mimeo. Development Research Group, World Bank, Feb.

Gordon, Roger. 1998. "An Optimal Taxation Approach to Fiscal Federalism," In The Economics of Fiscal Federalism and Local Finance. Northampton, MA: Elgar Reference Collection.

Gugerty, Mary Kay, and Edward Miguel. 2000. "Community Participation and Social Sanctions in Kenyan Schools," Mime., . Harvard University.

Hirschman, Albert. 1990. Exit, Voice and Loyalty: Responses to Decline in Firms, Organizations and States. Cambridge, Mass.: Harvard University Press.

Holmstrom, Bengt, and Paul Milgrom. 1994. "The Firm as an Incentive System." American Economic Review 84(4): 972 – 991.

Inman, Robert, and Daniel Rubinfeld. 1997. "The Political Economy of Federalism," in Dennis Mueller, ed. Perspectives on Public Choice: A Handbook. Cambridge: Cambridge University Press, 73 – 105.

Inter – American Development Bank. 1997. "Can Decentralized Democracy Deliver Fiscal Stability?" In The Institutional Dimension, Washington, D. C.: Inter – American Development Bank. Isham, Jonathan, and Satu Kahkonen. 1999. "Institutional Determinants of the Impact of Community – Based Water Services: Evidence form Sri Lanka and India." Working paper 236, I-RIS Center, University of Maryland, Nov.

Khemani, Stuti. 2000. "Political Cycles in a Developing Economy: Effect of Elections in Indian States." Policy Research working paper no. 2454, World Bank.

Khwaja, Asim Ijaz. 2001. "Can Good Projects Succeed in Bad Communities? Collective Action in the Himalayas." Mimeo, Harvard University.

Kornai, Janos. 1992. The Socialist System: The Political Economy of Communism. Princeton, NJ: Princeton University Press.

Lane, Timothy. 1993. "When Cities Go Broke: A Conceptual Introduction to Municipal Bankruptcy." University of Chicago Law Review 60: 425, 466, 474 – 476.

McLure, Charles, E. 1995. "Comment on Prud' homme." World Bank Research Observer

10(2):221 – 226.

Musgrave, Richard. 1959. The Theory of Public Finance: A Study in Public Economy. New York: McGraw – Hill.

Oates, Wallace. 1972. Fiscal Federalism. New York: Harcourt Brace Jovanovich. Prud' homme, Remy. 1995. " The Dangers of Decentralization. " World Bank Research Observer 10 (2):201 – 220.

Qian, Yingyi, and Barry Weingast. 1997. " Federalism as a Commitment to Preserving Market Incentives. " Journal of Economic Perspectives 11(4):83 – 92.

Rao, Vijayendra. 2001. " Community Driven Development: A Review of the Evidence. " Mimeo, Development Research Group, World Bank.

Rodden, Jonathan. 2002. " The Dilemma of Fiscal Federalism: Grants and Fiscal Performance Around the World. " American Journal of Political Science 46(3):670 – 687.

Rodden, Jonathan, and Susan Rose – Ackerman. 1997. " Does Federalism Preserve Markets?" Virginia Law Review 83(7) :1521 – 1572.

Samuelson, Paul A. 1954. " The Pure Theory of Public Expenditures. " Review of Economics and Statistics, Nov. 36(4):350 – 356.

Smith, Adam. 1776. An Inquiry into the Nature and Causes of the Wealth of Nations. Oxford: Clarendon Press.

Sprunger, Philip, and John Wilson. 1998. " Imperfectly Mobile Households and Durable Local Public Goods: Does the Capitalization Mechanism Work?" Journal of Urban Economics 44 (3):468 – 492.

Stein, Ernesto. 1997. " Fiscal Decentralization and Government Size in Latin American. " In K. Fukasaku and R. Hausmann, eds, . Democracy, Decentralization and Deficits in Latin America, Washington, D. C.: IDB – OECD.

Tanzi, Vito. 1995. " Fiscal Decentralization. " Annual World Bank Conference on Development Economics 1994. Washington D. C.: World Bank.

Ter – Minassian, Teresa. 1997. Fiscal Federalism in Theory and Practice. Washington, D. C.: International National Monetary Fund.

Ter – Minassian, Teresa, and Jon Craig. 1997. " Control of Subnational Government Borrowing. " In Teresa Ter – Minassian, ed., Fiscal Federalism in Theory and Practice: A Collection of Essays Washiongton, D. C.: International National Monetary Fund.

Tiebout, Charles. 1956. " A Pure Theory of Local Expenditures. " Journal of Political Economy 64: 416 – 424.

Treisman, Daniel. 2000. " Decentralization and Inflation: Commitment, Collective Action, or Continuity?" American Political Science Review 94: 837 – 858.

Wibbels, Erik. 2000. " Federalism and the Politics of Macroeconomic Policy and Performance. " American Political Science 44: 687 – 702.

Wildasin, David. 1997. " Externalities and Bailouts: Hard and Soft Budget Constraints in Intergovernmental Fiscal Relations. " Working paper 1843, World Bank.

II

分权化的 OECD 国家

2

转移支付与财政援助：吸取美国联邦制经验，加强地方财政纪律

罗伯特·英曼

世界公共经济正在向财政分权化的方向发展，由于公共财政的研究者和实践者们担心地方政府会通过转移支付和财政援助的方式将地方成本转嫁给国家财政预算，因此，他们努力在制度上探求预防措施，以加强联邦制公共经济体系中的地方财政纪律。近期发生在阿根廷和巴西的财政危机很大程度上是由于过多的地方政府借贷，突出地说明了一个财政上不负责任的地方政府是如何把巨大的经济负担转移到国民经济上。本章分析了美国联邦公共部门以及地方公共部门的财政历史，这些部门一般被视为联邦财政体系下良好运行的典范，其目的是寻求促使地方政府负责任地进行财政预算的制度特征。

为了将美国的经验推广到其他国家的公共经济当中，有必要对美国情况的分析框架进行简要说明，2.1 节就为我们提供了这样的框架。这项分析从总体上考察了地方财政纪律，它不仅考虑到过多的赤字财政援助，还考虑到了财政转移支付，这种转移支付一般被视为地方政府将当期财政负担转移到非居民头上的手段。财政援助和转移支付软化了地方政府的财政预算约束，并且有可能导致地方政府资源配置在经济上的无效率。该项分析假设中央和地方政府都通过民主选举产生，并且每级政府在制度上都拥有为提供公共服务而征税和支出的权力[①]。在这样的假设前提下，只有当地方的纳税人认为被纪律管束对于自己有利时，地方财政纪律才会生效。2.1 节概括说明了有效设计的政治和市场制度将会如何提供这种纪律。2.2 节回顾了美国当代和

历史的数据，揭示2.1节所确定的政治和市场制度如何促使美国地方财政部门良性运转。2.3节总结了从其他民主联邦制公共经济中取得的经验教训。

2.1 加强地方财政纪律

有效的政府资源配置要求将地方公共行为产生的全部成本和收益内部化，即全部由地方承担。如果一项地方公共决策的全部社会收益不能完全被地方占有，也就意味着该项服务不能得到充分提供。相反，如果全部的成本不能被地方完全负担，则意味着该项服务被过多提供。这就是所谓的收益外溢及成本外溢，此概念对于经济上以流动居民、劳动力、资本为主的地方政府而言分外重要。在一些情况下，由地方政府来提供公共服务将不可避免地导致这种外溢现象的出现。例如，一个孩子在一个社区接受教育，当他长大成人搬离时，将为其他社区带来收益。在这样的例子当中，中央政府的相关政策（一般是政府间的财政资助）将会促使地方政府提供数量适当的这类相关服务（见英曼，1999）。然而，我们这里关心的不是资源或者分配的外溢性，而是所谓的财政外溢性：当地方政府和州政府将现期或未来的财政负担转移到非居民头上时，这种外溢性便产生了。同样，地方政府有可能无法承担财政决策所产生的一切社会后果，从而导致地方服务提供的经济无效率，因此，控制地方政府转嫁财政决策成本也就变得异常重要。

地方政府转嫁成本可以有三种途径：第一，代表纳税人利益的地方政府可以通过联邦转移支付和税收转嫁将地方服务的生产成本转嫁给非居民。第二，地方政府可以通过赤字筹集资金用于当期的开支，并拒绝还款，通过拖欠债务将财政负担转嫁给当期债权人，如果中央政府通过财政援助来偿还这些债款，那么财政负担就转嫁给了当期的国家纳税人。第三，地方政府同样使用赤字财政为当期支出筹款，借新账还旧账，赤字逐年累积，当地方现在的纳税人搬离了当地，政府将通过高税收使将来的居民偿还债务总额。如果这几种负担转嫁策略能够成功实施，实质上是为当地居民享受当期公共服务提供了补贴，而该项补贴却由当期的非居民和未来的居民及非居民来承担。

允许地方政府转嫁负担的经济后果是什么呢？图2.1描述了一个典型的

地方政府将会怎样设定它的地方预算，并说明了在每一种负担转嫁方式下可能存在的经济无效率。MB 曲线表示一个代表性的本地居民在当期多消费一单位的公共服务所带来的边际收益（假设地方服务不能使其他地区受益）；MC 曲线表示当期生产一单位的地方服务所产生的社会边际成本。地方政府有效的资源配置发生在点 X_e，也就是当 MB = MC 时，此时，地方纳税人的收益区间为（A + B + E），成本区间为（B + E），净收益为（A）。通过引入一项价值为 Φ · MC 的补助［该补助值处于社会边际成本 MC 和当地居民实际承担成本（1 − Φ）· MC之间］，成功的地方成本转嫁将会打破点 MB = MC 的均衡。如果通过税收转嫁方式，Φ 相当于被征税的非居民所承担的社会成本部分；如果通过转移支付方式，Φ 相当于中央政府通过货币或实物补贴的形式所负担的社会成本部分；如果通过赤字筹资方式，Φ 相当于通过借款所负担的当前社会成本部分，而该成本之后则由债务拖欠、财政援助或对以后的居民收税来负担。在每种情况下，地方居民发现增加地方支出都是有利可图的，直到 MB 等于他们补助后的地方边际成本：即 MB =（1 − Φ）· MC。当地居民现在购买 X_1 单位的该项服务，纳税人所获得的收益区间是（A + B + C + E + F），但现在当地居民所支付的税收区间仅为（E + F），这样将获得净收益区间（A + B + C）（见图 2.1）。显而易见，当地纳税人会拥护补助。国家纳税人、债券持有者或未来的纳税人支付了补助的成本——图 2.1 中（B + C + D）的区间。对整体经济来讲，这是一种无效率的结果。当地纳税人所得的收益与国家纳税人所支付的成本之间的差额就是整体经济的净收益，存在补助时该项净收益区间仅为（A − D），小于当地政府完全依靠自己提供服务时整体经济所获得的净收益（A）。图 2.1 衡量了补助所导致的效率损失[②]。在没有明显外溢性的情况下，对地方的财政援助和转移支付会被当地居民拥护，但从全社会角度讲却是无效率的。

为了控制这些由于地方成本转嫁所造成的无效率，Φ 必须等于 0，地方纳税人必须承担他们购买服务的全部成本。然而 Φ 本身是内生的，并且由整个联邦体制决定，而且当地纳税人能够对该体制产生重要的影响。如果情况果真如此，对整个制度进行分析，而不仅仅是分析地方选择，将有助于我们更好地理解地方财政纪律。地方财政纪律的加强也必须在全面理解地方财政的政治经济学基础上进行。接下来的分析说明了在一个有效率的地方公共部门中，狭隘的、地方的利益将会如何损害国家利益。这个过程让我们明白，为了研究地方公共部门作出的无效率的成本转嫁，我们还需要了解相关的政治和市场制度。

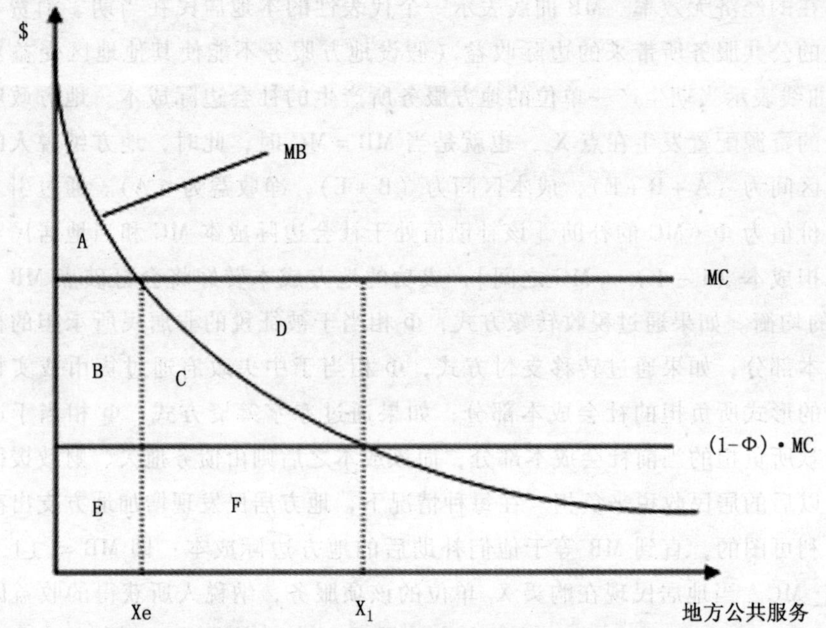

图 2.1 地方转嫁成本时的预算状况

2.1.1 控制地方转移支付和税收转嫁

无论是中央政府进行的转移支付，还是中央政府批准进行的地方政府对非居民的收入和消费征税，都为地方公共服务提供了隐形的补助。转移支付的形式是多种多样的：可以是直接的价格补贴、以实物形式提供的某项服务（比如联邦政府资助的基础设施建设），或者对于多项新服务和活动提供的一笔数额固定的总津贴。在不存在明显的政府间外溢性的前提下，每一项这样的转移支付都会形成当地服务的社会成本（MC）和社会收益（MB）之间的楔子，无效率区间（D）也就由此产生[③]。同样的道理，地方政府向非居民征税，例如通过对公司资本、自然资源或其他出口物品征税（详见英曼和鲁宾费尔德，1996），同样会导致无效率的发生。以上两种策略都需要中央政府的支持，可以是政府间转移支付的直接形式，也可以是允许地方政府向非居民的收入和消费征税的间接形式。为什么国家纳税人，也就是那些承担补贴成本的人，会允许这样的无效率存在呢？

专栏 2.1 分析了当任何一个通过民选产生的中央政府希望消除地方转移

支付或对非居民征税造成的无效率时，面对的主要困难。当中央政府政策是由一个国家的立法机构（该立法机构由各地方政府选出的相互独立的代表组成）确立的，问题便产生了。在这样的立法机构中，如果转嫁成本符合地方利益，则这样的提议将会被通过，尽管该项行为并不符合国家利益。如专栏 2.1 所示，由独立的地方利益集团控制的立法政治体制本质上是一种囚徒困境[④]。尽管所有的地方代表都明白，如果国家政策支持地方成本转嫁，那么在整体上是无效率的（每个政府得到它自己的补助，但必须同时负担给予所有其他政府的补助），但没有哪个地方代表会单方面牺牲本地政府的利益而去改进国家的财政政策。在图 2.1 中，如果希望所有的地方政府较之于 X_1 更青睐 X_e，那么前提条件是其他所有政府结成一个联盟并且也支持有效率的结果[⑤]。

控制地方的成本转嫁，关键是要解决代表们在制定国家政策时会出现的囚徒困境问题。要做到这一点，必须改变地方立法者的动机。当他们赞成地方成本转嫁政策时，会受到惩罚；当他们反对时，则可以获得奖励。无论采用哪种办法，不管其他代表怎样选择，不转嫁成本的策略必须成为每一个地方代表的最优选择[⑥]。我们可以通过适当的惩罚和奖励达到这种合作的结果，但是所需的惩罚和奖励必须来自于拥有充足的立法外资源的组织或个人，而且这样的组织和个人也应受到奖励，进而去实现从全国角度上的有效分配（不进行地方成本转嫁）。

控制中央转移支付和地方税收转嫁的制度性前提条件是：

制度 1：在民主政治的框架内，有能力控制地方代表选举的民选政党（惠特曼，1989），或者有能力对地方代表的提议进行批准或否决的民选总统（费茨和英曼，1992；查利、琼斯和马里蒙，1997）。这可能看似矛盾，但为了提高地方政府的财政效率，我们必须首先建立一个制度来确保中央政府的强大。

2.1.2 控制地方债务拖欠以及中央财政援助

在分权立法体制下，无论一个国家能否成功地找到立法外机构来检查地方代表在立法决策时无效率的囚徒困境行为（见专栏 2.1），地方政府还有另一条路径可以选择，即从中央政府取得对于全社会都无效率的补助：为地方造成的财政危机提出申请并取得一项财政援助。即便那些能够抵制地方当期补助要求的中央政府，也对这样的要求束手无策。这种情况下，地方政府首先将借来的钱用于提供当前的服务⑦，然后宣称“财政危机”并且拖欠债款，同时希望中央政府插手，通过财政援助来偿还债务。

专栏 2.1 中央立法机构的成本转嫁博弈

中央立法机构作出允许地方政府进行成本转嫁的决策是一个囚徒困境的例子。其中地方选举的代表可以选择行为 σ（转移），这将使得他的公民获得利益，同时将一部分成本转给其他地方政府的公民；代表也可以选择行为 γ（不转移），这将产生收益但没有转嫁任何相关的成本。转移策略可以被想象为对非居民征税或者用中央财政对地方进行补助（地方建设经费或赤字财政援助），不转移策略可以被想象为不允许中央财政对地方进行补助。如果所有的地方政府都采取不转移的策略，那么他们的每个公民将会得到收益 $\Pi_{\gamma\gamma'}$（合理地简化为所有的政府是一样的）。但是，如果所有的政府都选择转移策略，那么每个政府的公民将会得到收益 $\Pi_{\sigma\sigma}$。如果一个政府采取了不转移策略 γ，但其他政府选择转移 σ，那么“诚实的”不转移政府的公民将会得到收益 $\Pi_{\gamma\sigma}$，而其他政府公民所得的收益是 $\Pi_{\sigma\gamma}$。反之，如果一个政府选择转移策略而其他政府选择诚实的不转移策略，那么转移政府公民的收益是 $\Pi_{\sigma\gamma}$，而其他不转移政府公民的收益是 $\Pi_{\gamma\sigma}$。以下的收益矩阵用以表示该游戏中各地方政府的状况（矩阵前面的数字代表单个地方政府的收益）：

		其他地方政府	
		不转移	转移
单个地方政府	不转移	$\Pi_{\gamma\gamma}$；$\Pi_{\gamma\gamma}$	$\Pi_{\gamma\sigma}$；$\Pi_{\sigma\gamma}$
	转移	$\Pi_{\sigma\gamma}$；$\Pi_{\gamma\sigma}$	$\Pi_{\sigma\sigma}$；$\Pi_{\sigma\sigma}$

为使该游戏符合囚徒困境的要求，各地方政府的收益必须满足以下条件：

$\Pi_{\sigma\gamma} > \Pi_{\gamma\gamma} > \Pi_{\sigma\sigma} > \Pi_{\gamma\sigma}$

矩阵中的 $\Pi_{\sigma\gamma}$ 和 $\Pi_{\gamma\sigma}$ 是其他政府的收益，与单个地方政府的决策不相关。为了排除随机选择策略的可能，我们要求 $\Pi_{\gamma\gamma} > (\Pi_{\sigma\gamma} + \Pi_{\sigma\gamma})/2$。换言之，每个地方政府拥护的策略组合排序如下：第一位是自己转嫁成本，而其他所有政府不转移；第二位是所有的地方政府达成一致不转嫁成本；第三位是所有的政府采取转移策略；最后一位是本身不转嫁成本，而所有其他政府转嫁成本。

在这样的排序下，每个地方政府知道其他政府的最优选择是转移，所以自己也会选择转移的策略。该游戏的结果是所有政府选择转移策略而取得收益 $\Pi_{\sigma\sigma}$，但这种结果从全社会角度来讲是无效率的。

专栏 2.2 表明中央政府在哪种条件下可以向有可能拖欠债款的地方政府提供财政援助。这里的关键问题是时间的不一致性，或者说是众所周知的预算软约束问题：今天政府承诺不进行财政援助，但明天也许发生改变（康奈尔，1986）。第一，中央政府承诺不进行财政援助，这可能是由于某项制度条款规定地方财政要保持预算平衡，并且禁止中央政府进行救济。第二，地方政府决定如何为目前提供的地方服务筹资，既可以通过借贷筹集所需的部分或全部资金（专栏 2.2 中的行为 Δ），也可以不靠借款，而是通过地方税收来筹集全部的资金（专栏 2.2 中的行为 T）。如果只靠地方税收来提供地方服务，那么将会产生图 2.1 中的效率分配点 X_e。如果地方政府今天借了 Δ，明天宣布拖欠，并且要求中央政府进行财政援助以偿还债务。第三，中央政府可以决定进行（专栏 2.2 中的行为 β）或不进行（专栏 2.2 中的行为 η）财政援助。如果中央政府没有提供财政援助，那么偿还债务的负担又落回到地方政府的头上，地方政府可以通过税收还债，也可以拖欠债务，将最终的负担转嫁到债权人头上。

对于地方和中央政府而言，采取怎样的决策取决于专栏 2.2 中三种可能结果的成本和收益对比：拖欠——财政援助途径（Δ，β），拖欠——不进行财政援助途径（Δ，η），或者税收资助途径（T）。如果希望通过地方政府举债来提供公共服务——可以选择途径（Δ，β），也可以选择途径（Δ，η），那么，公共服务的提供水平将由地方政府进行选择，从而中央和地方决策者分别获得收益 B^c 和 B^l。如果地方服务对于社区以外的居民没有外溢性，那么 $B^c=0$[⑧]，那么只有当存在地方收益时，地方政府才会提供该服务，所以 $B^l>0$；一旦地方政府选择了它的服务水平，那么这里假设产生的收益是固定的并且不会受到接下来的中央政府财政援助决策的影响。

但是，中央政府的财政援助决策，无论是通过途径（Δ，β），还是（Δ，η），都确实影响到各级政府的成本。由于财政援助是一项补助，得到

专栏 2.2 拖欠债款——财政援助博弈

拖欠债款——财政援助游戏是序贯博弈的一个特殊例子，该博弈中地方政府（更普遍地说，一个等级组织中的下属部门）采取一项行动 Δ（赤字），地方政府从中获益 B^l（>0），中央政府（更普遍地说，一个等级组织的中心）从中获益 B^c（$\geqslant 0$ 或 $\leqslant 0$）。在地方政府采取了行动 Δ 之后，中央政府要么回应行动 β（财政援助）或者行动 η（不进行财政援助）。如果中央政府选择了行动 β，那么中央政府将产生成本 C^c_β（>0），地方政府将产生成本 C^l_β（$\geqslant 0$）。如果中央政府选择了行动 η，那么中央政府将产生成本 C^c_η（>0），地方政府将产生成本 C^l_η（$\geqslant 0$）。如果地方政府不采取行动 Δ，而是采取行动 T（征税，即自己承担全部服务成本），那么现状将会被维持，地方和中央政府将会分别得到收益 Q^l 和 Q^c。

博弈的收益结构如下：

当期：	地方政府采取的行动：		
	Δ	或	T
未来：	中央政府采取行动：		中央政府采取行动：
	β 或 η		维持现状
中央收益：	$B^c - C^c_\beta$	$B^c - C^c_\eta$	Q^c
地方收益：	$B^l - C^l_\beta$	$B^l - C^l_\eta$	Q^l

当地方政府选择行动 Δ，中央政府继而选择行动 β，而这两种行动降低了由中央和地方居民净收益之和衡量的社会财富时，这个序贯游戏就变成了拖欠——财政援助游戏。只有当以下关于收益成本的三个约束条件满足时，上述情况才会发生：

条件 1：在给定 Δ 时，中央政府选择 β。也就是：

$B^c - C^c_\beta > B^c - C^c_\eta$ 或者 $C^c_\eta > C^c_\beta$

条件 2：在给定 β 时，地方政府选择 Δ，但在给定 η 时，会选择维持现状。也就是：

条件 2a：$B^l - C^l_\beta > Q^l$

条件 2b：$B^l - C^l_\eta \leqslant Q^l$

条件 3：总体无效率。也就是：$(B^c - C^c_\beta) + (B^l - C^l_\beta) < Q^c + Q^l$

综上，地方政府（相当于部门）采取一项有利于本地居民（相当于员工）的行动 Δ 时，却导致了中央政府（相当于中心）的次优回应 β，这对于整个国家（相当于组织）而言是有害的。问题原因在于：中央政府如果不回应 β，它将会承担更大的成本。在获悉该情况后，地方政府将会选择于己有利（条件 2）但对于整个社会无效率（条件 3）的战略 Δ。

财政援助的地方政府（Δ，β）的净财政成本总会低于它不实行财政援助时（Δ，η）的净成本，也就是说 $C^l_\beta < C^l_\eta$。如果它选择财政援助，那么中央政府的成本可能会高于、等于或者低于它选择不进行财政援助的成本。财政援助可能会消耗掉中央政府的一部分税收，但如果不对出现困难的地方政府进行财政援助，那么可能会导致代价惨重的财政危机甚至政治危机。对出现困难的地方政府不进行财政援助的成本，将会在分析中起到决定性的作用。最后，如果地方政府选择税收支付途径（T），中央政府接受随之的分配，那么中央政府和地方政府将会分别获得净收益 Q^c 和 Q^l。由于（作者的假设）地方政府提供的公共服务对于全国来讲没有外溢性（$B^c = 0$），因此当 T 被选定时，由于没有中央政府的税收支付，则 $Q^c = 0$⑨。当使用税收来提供公共服务时，地方政府从地方服务中所得的净收益被假定为正，也就是 $Q^l > 0$。

为了不使债务拖欠——财政援助博弈成为地方政府财政决策中的无效率情况，地方政府必须选择行动 Δ，在这种情况下，中央政府必须选择行动 β，这两种行动叠加在一起必然会降低以中央和地方政府居民净收益来衡量的社会总福利。如果这样，必须满足三种条件，它们已经在专栏 2.2 中列出。第一，中央政府必须倾向于使用财政援助策略；当不进行财政援助的成本高于财政援助时，这种情况就会发生，也就是条件 1：$C^c_\eta > C^c_\beta$。第二，地方政府获悉这点后，倾向于使用地方债务来为地方服务筹资，也就是条件 2a：$B^l - C^l_\beta > Q^l$。为了确保是中央政府的财政援助政策造成了经济的无效率，我们同样要求，当中央政府采取了不进行财政援助的策略时，地方政府将会倾向于有效的地方税收资助，也就是条件 2b：$B^l - C^l_\eta \leq Q^l$。总的说来，条件 2a 和 2b 与假设条件 $C^l_\eta > C^l_\beta$ 相互决定。最后，与地方政府全部通过税收为其提供的服务筹资相比，通过中央政府财政援助进行的财政资源分配在经济上一定是无效率的，即条件 3：$[B^c - C^c_\beta] + [B^l - C^l_\beta] < Q^c + Q^l$。

中央和地方政府如何采取行动将取决于债务拖欠——财政援助博弈游戏中每一种结果相关的成本和收益。这里分析的是一个如图 2.1 所描述的典型的地方政府，区间（B+C+D）被理解为赤字（Δ）。如果对地方政府的拖欠债款行为放任不管，那么中央政府会承担很大的成本，并且这种成本会高于中央政府替地方还款的成本（条件 1），这样一来中央政府将会倾向于财政援助决策 β。在图 2.1 中，地方赤字给中央政府带来的成本现值是区间（B+C+D）。这样，当 $C^c_\eta > C^c_\beta = \Delta =$ 区间（B+C+D）时，财政援助政策将会被采纳。接下来我们会详细说明决定因子 C^c_η。此时，假定条件 1 成立。在获悉中央政府将会进行财政援助的情况下，如果条件 2 满足，地方政府将会倾向于赤字策略而不是维持现状平衡，这样财政援助产生了一个社会无效率的结果，也就是实行赤字和财政援助政策时的社会总福利低于各政府实行预算平衡财政政策（不进行财政援助政策）的社会总福利（条件 3）。这又是图 2.1 中[10]地方政府的情况。正如专栏 2.1 中[11]的转移支付——税收转嫁博弈，债务拖欠——财政援助博弈也在平衡点产生了无效率的地方政府预算 X_1，图 2.1 中的区间（D）再次度量了由此导致的经济效率损失。

在这个债务拖欠——财政援助博弈中导致无效率结果的主要假设是：如果中央政府允许地方政府拖欠债款并不进行援助，中央政府将承受很大的成本（C^c_η）；如果中央政府不对地方政府进行财政援助而产生的成本 C^c_η 足够小，那么无效率可能会被避免，效率结果有可能会产生[12]。如果不对陷入赤字危机的地方政府进行财政援助，中央政府可能要承担两类成本：第一是所谓的不进行财政援助的财政成本（用 F_i 表示），这种成本的发生是由于地方债务拖欠将会对其他地区的经济造成财政上的外溢性，而这种外溢性进而又会对其他地区经济今后的公共和私人部门投资产生真实的（经济的）影响。第二是所谓的不进行财政援助的分配成本（用 V_i 表示），它表示由于地方纳税人或债权人而不是国家纳税人承担地方债务，此时中央政府需要面对一定的成本差额。财政成本和分配成本之和等同于不对地方政府进行财政援助的总成本 C^c_η。由于 F_i 和 V_i 将以每个国家纳税人所承担的成本来衡量，并且将与以每个地方纳税人的当期债务来衡量的财政援助成本相对比，F_i 和 V_i 必须以现值衡量并且以居住在欠债地的人口占总人口的比例（p_i）来调整：$(F_i + V_i) / p_i$。重要的是，对于每一个地方政府和不同的赤字大小来讲，F_i 和 V_i 都是特定的，这样，一些地方政府可能会得到财政援助而另一些则不会。

不进行财政援助而造成的国家财政成本（F_i）将会随着每个国家居民未偿还债务数额的增加而增加。如果用 Δ 表示每个当地居民所分担的债务，用 p_i 表示该地区人口占国家人口的比例，用 σ 表示债务中被拖欠的比例，用 ψ_i 表示债务拖欠给整个经济带来的资金分配无效率，那么不进行财政援助的财政成本可以表示成：$F_i = \psi_i \cdot p_i \cdot \sigma \cdot \Delta$⑬。国家的金融市场越不发达，这些财政成本可能会越大。首先，如果银行体系不成熟或者对于突发的流动性危机没有保障（比如，地方政府对于银行债权的拖欠），可能会导致银行挤兑，使银行不得不在全部成本没有收回之前收回长期项目的投资，从而导致私人投资部门生产损失，进而可能会对整体经济运行产生不良的影响，在一些情况下可能导致或者加剧经济萧条。当地方政府的债务拖欠具有导致银行系统危机的可能时，对于发达国家来讲 $\psi_i \approx 10$，对于发展中国家 ψ_i 高达 40⑭。第二，资本市场不成熟的国家在正规（也就是国家）和非正规（也就是地方）资本市场上的收益存在差距。当正规资本市场有可能帮助偿还地方性债务的时候，债务拖欠可能会使资源从国家向地方市场流动。如果国家资本市场提供高于平均水平的收益率，那么不对地方进行财政援助将会产生资金分配的无效率，这里 ψ_i 可能会达到 20⑮。在银行体系薄弱、资本市场不成熟的国家里，这种无效率（ψ_i）甚至可以达到 60。

如果中央政府认为地方纳税人或债券持有者同全国纳税人具有一致的利益，那么中央政府不进行财政援助的分配成本（V_i）就提高了。当地方政府宣布无法偿还债务时，可以通过国家纳税人来支付（通过财政援助），可以通过债券持有者来支付（通过债务拖欠），还可以通过地方纳税人来支付（通过不进行财政援助也不拖欠债务）。一项数额为 Δ 的地方债务，给全国造成了 $p_i \cdot \Delta$ 的负担，这里 p_i 同样表示该地区人口占国家人口的比例。假定 V_i 与国家因债务拖欠所承受的负担成比例，并且用公式 $V_i = (1 + v_i) \cdot p_i \cdot \Delta$ 来衡量，这里 $v_i = \sigma \cdot v_i^{bond} + (1 - \sigma) \cdot v_i^{tax}$，表示债权人和当地纳税人造成一美元赤字所增加的分配成本的加权平均值，而其中 σ 代表当地债务拖欠的比例⑯。由于中央政府认为地方纳税人、债权人的加权成本可能高于（$v_i > 0$）、等于（$v_i = 0$）或小于（$v_i < 0$）国家纳税人的平均成本，一美元地方赤字的分配成本可能大于、等于、小于国家纳税人的平均成本⑰。当地方债务的持有人同样是国家选民（阿吉翁和波尔顿，1990），当拖欠债务的城市恰好是国家的首都（阿黛丝和格拉泽，1995），或者当地方的纳税

人非常贫穷并且所提供的服务都很重要，如医疗保健、最低收入保障、个人安全等（考特，1995），在这些情况下，分配权重 v_i 有可能是正的。另外，当地方利益在中央决策中占据主导地位时，正如专栏2.1中的情况，分配权重 v_i 有可能也是正的。这里，财政援助只是对于政治上具有决定能力的地方政府的另一种形式的转移支付，由于这些地方政府可能被视为“太小而不能失败”[18]，所以这也是财政援助会发生的另一个例子。

当中央政府不进行财政援助的财政成本或分配成本 $[C^c_\eta = (F_i + V_i) / p_i]$ 同进行财政援助的成本（$C^c_\beta = \Delta$）具有很大的相关性时，条件1将会被满足，无效率的地方赤字财政将会产生。条件1现在可以被具体的写成 $C^c_\eta = [F_i + V_i] / p_i = [\psi_i \cdot \sigma_i \cdot p \cdot \Delta + (1 + v_i) \cdot p_i \cdot \Delta] / p_i > C_\beta{}^c = \Delta$，整理成 $\psi_i \cdot \sigma + v_i > 0$ 或者 $v_i > -\psi_i \cdot \sigma$。当地方的纳税人或债权人（或者两者兼而有之）的利益被视为高于国家纳税人的利益的时候（$v_i > 0$），即便不提供财政援助没有财政成本（$\psi_i \cdot \sigma = 0$），中央政府也会进行财政援助。另外，当地方纳税人和债权人的利益并没有被看得那么重（有可能还被轻视 $v_i \leqslant 0$），但财政的外溢性变得很重要时，中央政府也可能采取财政援助的措施（$\psi_i \cdot \sigma > 0$）。

这样控制地方财政援助就变成了使得 v_i 和 $\psi_i \cdot \sigma$ 都等于零，或者如果 $\psi_i \cdot \sigma > 0$，那么选举一个不代表地方纳税人和债权人利益的中央政府，以使得 $v_i \leqslant -\psi_i \cdot \sigma < 0$。无论哪种情况，只要 $v_i \leqslant -\psi_i \cdot \sigma$，即条件1没有被满足，中央政府就会拒绝一项财政援助的要求。获悉这些，地方政府将不会借款或者威胁不还，这样有效率的地方财政结果 X_e 就会产生（见图2.1）。

为了降低 v_i，中央政府应该使用商品税、所得税和转移支付等手段来缩小贫富地区之间的收入差距，以此来减少使用不精确的、地方政府财政援助的再分配手段，因为这些手段可能会使贫富地区同时受益[19]。

综上，控制地方债务拖欠以及中央财政援助的制度性前提条件如下：

制度2：需要实行有效的中央政府再分配政策来降低 ψ_i（这里的制度编号从2开始，是紧接上节“控制地方转移支付和税收转嫁”中的制度条件1，下一节“控制赤字累积和纳税人迁出”的制度条件编号以此类推，编者注）。

制度3：需要有成熟的银行体系，在该体系下银行间可以自由进行同业拆借；另外还需要有全国统一的资本市场。

如果没有**制度2**和**制度3**，中央政府就可能会面临地方政府实行无效率的拖欠（援助）策略的危险。如果一个地方政府确切地知道对于中央政府来讲条件 1 满足，它便会采取无效率的预算决策 Δ。令人惊讶的是，哪怕地方政府对于中央政府 v_i，ψ_i，σ 的真实值只有一点点不确定，并且只有中央政府和地方政府在多个预算年度中相互博弈，那么地方政府就可能不会实行无效率的财政政策[20]。因为有了这一点点的不确定性，实际情况为 $\psi_i \cdot \sigma + v_i > 0$ 的中央政府可能会在与地方政府打交道的初期，采取不进行财政援助的相对紧缩的政策，并且使地方政府误以为中央政府的情况是 $\psi_i \cdot \sigma + v_i \leq 0$。地方政府对于中央政府不进行财政援助的分配成本（$v_i$）不确定的可能性最大。$v_i$ 可能是正的（财政援助），是零，还是负的（不要财政援助）。对于一个中央政府，它实行相对紧缩的政策是有代价的：首先，实行紧缩的政策说明 v_i 必须是负的，并且如果地方政府欠债不还，中央政府只能袖手旁观。由于不能判断中央政府的真实类型（是不是要实行紧缩政策），地方政府就面临财政援助要求被拒绝的可能。如果被拒绝，地方居民必须来偿还债务，并且承担图 2.1 中的区间（D）所表示的效率损失[21]。区间（D）的面积相对于补助 Δ 越大，也就是说居民对于地方政府提供服务需求弹性越大，地方政府贸然要求财政援助的可能性就越小。地方政府之间，以及地方政府与私有或非营利提供者之间对于财政资源的争夺，增加了居民对于地方政府提供的公共服务的需求弹性，也就提高了地方政府选择财政援助策略的风险。在财政援助不确定的情况下，还需要以下条件来保证地方财政资源配置的效率：

制度 4：地方公共服务其他竞争性的提供者将会有助于控制财政援助[22]。

即使对于财力宽裕的中央政府而言，制造这种财政援助的不确定性也不是没有代价的。当地方政府的财政援助要求被拒绝时，中央政府的代价是很大的（财力真正紧张的中央政府会选择拒绝，它们喜欢说不）。因此，对于财力宽裕的中央政府，当它们实行紧缩政策时，应该有补偿的收益。这种收益来自于在未来的预算时期内，地方政府不再实行 $\Delta > 0$，国家也不再进行财政援助。为了确保未来有足够的节省下来的财政援助资金，来补偿中央政府现在实行紧缩政策的成本，财力宽裕的中央政府必须是：

制度 5：一个稳定的、长期存在的中央政府。

另外，将不确定性限制在中央政府的行为上也很重要。如果我们同样观察到地方政府赤字的不确定性（是为了财政援助而进行的策略性赤字，或是由于一些外生的、不可预知的财政困难造成的赤字），那么中央政府选择是否实行紧缩政策的灵活性将被削弱。因此，这里有两个重要的补充制度（**制度 6** 和**制度 7**），帮助中央政府控制地方赤字行为：

制度 6：清晰有效的会计标准来区分策略性赤字和突发财政困难造成的赤字。

制度 7：良好的宏观经济运行，以此来限制财政危机的频繁出现。

最后，中央政府对于赤字或者财政援助请求的财政反映的不确定性，加上成熟的债券市场，将会导致地方借贷利率的上升，使得地方政府审视赤字战略[23]。这意味着地方政府选择赤字并申请财政援助的预期成本升高，升高的预期成本将会打消地方政府实行赤字—财政援助策略的积极性。因此，为了减少无效率的地方赤字，还需要**制度 8**：

制度 8：一个公开、成熟的地方债券市场。

2.1.3 控制赤字累积和纳税人迁出

即便中央政府无效率的转移支付和财政援助能够被成功地控制，地方纳税人还拥有最后一种策略将地方服务的负担转嫁到非居民身上：形成一笔数额为 Δ 的赤字，搬出该地区，并期望以后的纳税人，在该地区置办房产时，没有意识到以后所要承担的义务。如同转移支付和财政援助，由于当期纳税人迁出而造成的未被偿还的债务，为这些纳税人购买当期地方服务提供了隐形的补助——在图 2.1 中 $\Phi > 0$[24]。由于现在中央政府不会用财政援助的办法帮助地方解决财政赤字问题，那么，这些补助就来自于当地未来的纳税人。同样，其结果又是无效率的地方公共部门预算（见图 2.1）。一项成功的对策是公布每个地区 Δ 的信息，这样，未来纳税人在搬入该地区时，可以要求降低所置房产的价格来获得一定的补偿。当现期居民资产价格的下降值恰好等于 Δ，将会实现赤字在市场上的充分资本化。在市场充分资本化的情况下，当期居民支付 Δ 也就是当期服务的全部成本，这样 $\Phi = 0$[25]。

然而，不幸的是不能期望未来居民自己去提供关于 Δ 的信息。对于任何未来的居民，找出 Δ 的真实价值都是成本巨大的。一旦得知该价值，Δ 和它的利率成本［（1 + R）· Δ］将被从现期房产的市场价格（V）中扣除，这样，知情的未来居民仅需要出价 V –（1 + R）· Δ。如果 V 是已知的，那么知情居民所出的价格自动地反映了对于 Δ 的估计。在拍卖时情况如此，而在地区固定资产的招投标中，这种情况也相当普遍。由于在一个地区中，Δ 的值对于所有资产是一样的，因此每个居民都可以通过其他资产的

价格而获悉 Δ 的价值。由于搞清 Δ 的值对于单个居民来讲成本很高，但是从市场价格中推测却是免费的，因此，所有未来的居民都会倾向于利用市场价格来推测。这时，没有人愿意主动去搞清 Δ 的值，那么地方的赤字状况也就不得而知了。这里的讨论是对格罗斯曼和斯蒂格利茨（1980）关于公共物品市场定价的一般分析方法的具体应用。一种解决办法是由中央政府来提供这些信息——这里即 Δ 的价值。如此一来，便需要以下制度性前提条件：

制度 9：中央政府对于 Δ 的直接监控或者中央政府的会计准则加之一个竞争的会计市场，将会提供所需的信息，使得地方赤字完全资本化并反映于资产的价格[26]。在得知 Δ 的情况下，以下的条件将会检测出对未来居民的赤字转移：

制度 10：地方土地市场具有财产权，并且资产市场是竞争的。

在**制度 9** 和**制度 10** 前提下，地方最后一条成本转嫁路径将被堵死。

2.1.4 制度管制：最后的屏障

专栏 2.3 总结了上述 10 项制度性前提，它们保证了公共资源能够在分权的地方公共部门中进行有效地配置，也说明了为控制民选的地方政府的成本转嫁所需的相关政治经济环境——一个强大而稳定的中央政府和成熟竞争的资本以及资产市场。以上的前提条件缺少任何一项都可能会导致地方政府攫取有损于社会财政效率的转移支付和财政援助。建立一个地方公共部门，即便是一个蒂布特型的竞争性的地方公共部门，本身也并不能够保证财政效率。近期的实证研究发现只有在资本主义民主制度十分完善的国家，财政分权制度才有利于国民经济的增长，而国民经济增长是经济效率的度量标准之一，这样的结论并不难理解（见达乌迪和邹，1998）。

如果这些重要制度条件中的一项或几项不能满足，比如在发展中国家或新建立的民主国家，该怎么办呢？如果不考虑取消民主的地方政府回到中央集权时代的办法，答案是通过独立实施的制度监管措施来监控地方财政行为。每一项政治或市场制度的缺失都有相应的监管办法（见专栏2.3）。为了控制无效率的地方转移支付和税收转嫁，监管措施应该将政府间的转移支付限制在有外溢性的地方活动上，并且将税收控制在只对居民征税的情况下（英曼和鲁宾费尔德，1996）。为了控制债务拖欠和财政援助，监管措施应该包括一项不许进行财政援助的条款（对不可预见的地方财政危机保留该

专栏 2.3 贯彻地方财政纪律的制度

控制中央转移支付和地方税收转嫁的前提条件：

①有能力控制地方代表选举能力的民选政党，或者有能力对地方代表或他们的委托人所拥护的提议进行批准或否决的民选总统。

当该前提条件不能得到满足时的制度管制办法：中央政府只能在有外溢性的情况下对地方进行转移支付，地方只能对居民征税。

控制地方债务拖欠和中央财政援助的前提条件：

②有效的中央政府再分配政策。

③成熟的银行体系和统一的全国资本市场。

④地方公共服务有其他竞争性的提供者。

⑤稳定的、长期执政的中央政府。

⑥清晰有效的会计准则。

⑦运行良好的国民经济。

⑧公开的、成熟的地方债券市场。当该前提条件不能得到满足时的制度管制办法：由一个政治上独立的监管机构颁布实施一项禁止财政援助的条款和一项破产标准来要求地方偿还所有的债务。

控制赤字累积和纳税人迁出的前提条件：

⑨中央政府对于地方赤字直接的监管或者中央制定界定地方赤字的会计标准，后一项措施有赖于一个竞争性的会计市场来提供有效的监管。

⑩有保障的财产权和竞争性的土地市场。

当该前提条件不能得到满足时的制度管制办法：预算平衡条例，要求用税收来弥补当期所有的支出。

条款的使用）并建立一项国家破产标准，要求所有的地方债务必须由地方税收来偿还（也就是说，$\sigma=0$）。为了控制地方赤字和未偿还债务的累积，监管措施应该要求每个财政年度经常账户的预算平衡，也就是说，一年以上的地方债务必须用于一年以上的资本投资（波恩和英曼，1996）。

这些财政管制措施的成功实行要求政治上独立的监管机构，该机构自行制定监管措施并有优先执行的权力（英曼，1997）。监管措施的成功实施还要求该机构能够清楚地区分可以接受和不可以接受的对地方的资助：什么是政府间的外溢、居民税、不可预见的财政困难以及经常账户上的支出？清楚地区分尽管比较困难，但可以做到。如果这样的监管措施有效，地方民主选举将会受到必要的限制。可是当市场有效、政治机构运行良好时，地方本可以作出的政治决策可能会被上述规则（禁止对商业服务征税）以及财政援助规则（中央不承担地方的财政负担）、预算平衡规则（禁止通过赤字为税收缺口融资）否决。所以当中央政府稳定有效和资本资产市场运行良好时，便不再需要制度管制了。在这样的情况下，地方政府可以进行更多的选择，财政效率也将随之提高。

2.2

美国联邦制中的财政纪律：可以吸取的一些经验

许多人认为美国的公共经济制度成功地建立起财政纪律以约束地方政府行为。尽管基本情况如此，大量历史和现实的例子却表明硬约束会多么不堪一击。缺少专栏 2.3 中的一项或几项制度前提都将使得对地方政府无效率地转移支付和财政援助成为可能。

经验 1：为实现效率，强有力的官员和国家政党是必要的

在地方选举的全民立法机构中，地方政府将试图争夺国家资源。为了控制中央转移支付和地方税收转嫁，需要强有力的官员或民选政党来保证财政运行的效率。专栏 2.1 告诉我们，当有机会用国家税收为地方服务筹资时，地方代表有动机采取这样的行动。由于只支付其中很小一部分成本，却能享受全部收益，地方代表倾向于过多地提供该种地方公共服务。美国历史和现实中的例子充分地说明了这种成本转嫁所具有的三种动因：

①地方选举的代表从有利于地方经济的政策中获益（李维特和斯夸德，1997）。

②地方选举的代表为他们的选民争取越多的国家资助项目，国家税收就要支付越大的比例（英曼和费茨，1990；戴罗斯，1995；戴罗斯和英曼，1999）。

③在不被监管的国家立法机构中，地方选举的代表组成占绝大多数的立法联盟，而这些联盟总是毫无异议地通过对地方有益但需国家资助的政策

(Wilson 1986, Collie 1988)[27]。

英曼（1988）将历史上美国中央对于地方转移支付（除了对于低收入家庭的收入和医疗支出提供补助）的增加归因于以下过程：另一种假设（工业化使得不同社区间，经济外溢性显著增加，因而有必要实行政府间的转移支付）既不能解释资助的增长，也不能解释不同集团在政府间的转移支付中所达成的一致意见；能够解释上述增长的观点是地方公共服务需要的增长、地方政府游说团的努力和美国国会决策的分散化。在人均实际补助长期增长的历史上，惟一的一次显著下降发生在里根政府执政时期，当时他通过削减耗资巨大的项目来赢得选民的支持。作为这项财政改革的一部分，政府间的转移支付从人均 773 美元的水平下降到人均 602 美元（以 1999 年价格指数核算）。在里根执政的最后几年，由于他的影响力减弱，国会又将削减的转移支付提高了。在过去的 20 年中，国家转移支付重新出现上升的趋势，1990 年恢复到里根削减前的水平。今天（2001）联邦对于地方公共部门除去收入之外的服务补贴，总计达到人均 1017 美元。这种国家预算结构导致了过大的、低效的公共部门——专栏 2.1 中的区域 D/（B + C + D），1 美元联邦政府间转移支付的效率损失为 0.17 美元。而个人资助项目的效率损失更大（戴罗斯和英曼，1999），例如，对水利工程转移支付的损失为 0.3 美元，而对交通援助转移支付的损失达到 0.85 美元（夸特，2001）。

美国宪法和联邦法律都没有明确禁止地方政府对于非居民的财产、收入、消费征税。其结果是地方政府可以随意通过税收转嫁公共服务的成本。当州或城市是一个相对独立的经济区，并且土地可以有弹性地被非居民提供或占有时，如果税收成功转嫁，居民将得到一份隐形补助，其数额相当于非居民拥有的税基占地方政府总税基的比例。这项补助通常以工商财产税占政府总税基的比例来衡量，并被证实对于地方公共服务的提供具有促进效应。对于工商份额为 0.40 并且当地服务的需求价格弹性为 -0.50 的情况（对于美国地方政府来讲，两个比例都是正常的），意味着每提高 1 美元的营业税将导致效率损失 0.1 美元[28]。

经验 2：制度管制措施要对于正常的地方行为给予正确的引导

对于中央政府转移支付和税收分配的监管制度是可行的，但是中央对于具有地方外溢性的服务提供的补助和地方政府在合理税基之上征收的税收，在制度上应该给予明确的引导[29]。美国宪法没有提供所需的引导，地方政府已经发现通过政府间补助和非居民税的形式可以得到数额可观的转移支付。

美国最高法院努力为鉴别国家和地方政府政策是否合理建立一项可行的标准，但在宪法没有清晰规定的条件下，该努力并没有取得预期的效果。可以由政治上独立的监管机构制定并实施针对经济外溢性和居民税的相关规定。近期欧盟实行新补助原则的例子就说明了这一点（伯尔曼恩，1994）[30]。

经验 3：控制财政援助需要成熟的银行体系、有效的资本市场和顺畅的财政体制

有效的中央政府再分配政策、一个成熟的全国银行体系和一个统一的全国资本市场为限制中央政府实行财政援助提供了制度前提。在美国的财政历史上，经验 3 的核心早已被地方政府所知悉，即如果中央政府的选民没有被债务拖欠（$\psi_i \approx 0$）所影响，或者中央政府对于拖欠地的居民或债务人的命运不关心或持敌意态度（$v_i \leqslant 0$），中央政府（对于拖欠债务的市、州政府）不会主动进行财政援助。无论 σ 的值是多少（见下面的经验 4），实行紧缩政策的中央政府的必要条件 $v_i \leqslant -\psi_i$ 都会被满足。美国的财政历史和地方政府拖欠债务的四个重要阶段说明，这些制度前提对于保证地方财政效率非常重要。在美国历史上，只有两次上级政府对地方政府的财政援助是应该进行的：1997 年，联邦政府对于华盛顿特区的财政援助，这种情况下 $\psi_i > 0$；新泽西州政府对于其最穷市坎登（Camden）的转移支付，这种情况下也是 $v_i > 0$。

地方政府债务拖欠的第一次浪潮出现在 19 世纪 40 年代，当时 8 个州（阿肯色、伊利诺伊、印第安纳、路易斯安娜、马里兰、密歇根、密西西比、宾夕法尼亚）和佛罗里达都拖欠了债务。联邦政府的应对措施成为在处理地方财政危机问题上的一个历史转折点[31]。由马里兰州的代表约翰逊（威廉·考斯特·约翰逊）牵头的 8 个州通过立法努力要求联邦政府对于它们的债务进行财政援助，它们互投赞成票，但该项提议没有在国会通过。约翰逊列举了很多理由：债务拖欠将会停止那些具有显著外溢性的公共设施的提供（$\psi_i > 0$），而财政援助将解除州纳税人沉重的纳税负担（$v_i > 0$）。但来自财政运行良好州的反对者则认为两点理由都不成立，拖欠的债务用在了运输项目和州银行，而这些只是地方受益（$\psi_i = 0$）；另外用于偿还州债务的税收将主要通过财产税，其来源是富裕的（而不是一般的）土地所有者（$v_i \leqslant 0$）。由于 70% 的债务是向外国投资者举借的（$v_i \leqslant 0$），并不是美国整个银行资产组合中的重要部分，所以进行财政援助的动机并不是很强（$\psi_i = 0$）。重要的是，财政援助的反对者强调这种做法的战略含义，财政援助将证明中央政府财力宽裕，并会鼓励地方政府日后的赤字、拖欠等无效率行为[32]。国会拒绝了财政援助的提议，此后便没有发生地方债务拖欠现象。

当隶属于各州的城市面临债务拖欠问题时，美国各州同样选择了不进行财政援助的立场。除了现在新泽西对待坎登之外，美国各州基本上都不同意进行财政援助。对于各州的第一次重大考验发生于19世纪70年代，当时没有任何一个州提供财政援助。大多数的地方拖欠债务被用于地方基础设施建设，用以吸引地产开发者和铁路兴建者，并准备通过增加临近土地的财产税来偿还。如果这些计划失败了（在实际中往往如此），地方政府便负有偿还债务的责任。这些债务几乎都是向国外投资者和非居民举借的，用以还债的税收将来自于富裕家庭（$v_i \leqslant 0$）。所有举债提供的公共工程只为当地提供利益（$\psi_i = 0$），在一些情况中仅仅装满了腐败官员的腰包。像19世纪40年代的联邦官员一样，州政府官员同样认识到财政援助将会刺激未来财政问题的产生。1870年拒绝财政援助的政策迈出了控制地方财政膨胀的第一步。为了表明州政府在未来不会进行财政援助的立场，所有的州都在议会上通过了管制措施来限制地方政府的债务规模（一般都是地方税收能力的一部分），一些州甚至通过了管制措施专门限制财政援助[33]。

20世纪30年代见证了另一场城市债务拖欠的浪潮[34]。随着20年代汽车的出现和郊区化的开始，对于公共资本的新需求产生。美国地方政府资本投入的水平在1920年至1930年之间几乎翻了一番。几乎所有的投资都由以财产税为保障的举债来资助。到1932年，14个州当年公共支出的15%以上都被用于偿还提供服务所欠的债款，另外19个州超过了10%。1932年的大萧条导致这种趋势下降，然而大萧条给缩小的税基又增加了新的负担，因为对于地方政府来讲，首要的财政职责还是为低收入家庭提供生活保障，对于失业人口给予救济。这一切导致了城市债务的迅速膨胀：拖欠债务的地方政府数量从1932年的678个增长到1935年底时的3200个。从货币数量来看，欠债数额达到24亿美元，即1美元债务中有0.16美元拖欠。对比19世纪40年代和70年代，20世纪30年代的债务拖欠不是局限在少数几个政府，也不是由于明显的财政管理不当或腐败所导致。现在，债务主要是向美国投资者举借的，并且地方税主要是由中等收入居民来支付的。联邦和州政府对于这些身陷困境的城市政府进行财政援助可以说是比较好的一种政策选择。

没有令人信服的例子能够证明一项联邦或州的财政援助政策可以自发产生。从1932年至1940年，联邦和州政府对于地方公共部门的援助的确超过了历史水平，但是这些额外的资助并没有被官方认定为一项对于拖欠债务的救济；更为重要的是，这些资助远远不够偿还 24 亿美元的地方拖欠债务。经济大萧条平均使地方财产价值下降了 10%，导致地方税收从 1932 年至 1940 年减少了 32.8 亿美元。在这 8 年中，美国地方政府努力将公共服务开支削减了 14.09 亿美元，但地方财政仍留下了 18.17 亿美元的财政缺口。联邦和州政府的援助弥补了经常账户的部分缺口。8 年中，额外的补助金额共计 18.9 亿美元，其中 1.96 亿美元属于联邦政府必须对地方福利支出的增加额；余下的 16.94 亿美元联邦和州政府的援助用于弥补地方支出和税收之间 18.17 亿美元的缺口。联邦和州政府资助的增加还不足以弥补预算缺口，更不用说提供额外的钱来偿还拖欠的债务；余下的 1.23 亿美元必须要通过额外的地方举债来解决。总而言之，经济萧条期间，联邦和州政府对于地方资助的增加，应被视为在经济灾难面前对地方收入的保障，而不是针对地方战略性赤字而实行的财政援助[35]。

联邦政府不愿意对处于赤字危机中的地方政府实行财政援助的传统一直延续到了今天，最好的例子就是福特总统对于纽约市请求联邦帮助偿还 1974～1975 年拖欠债务的反应："福特对纽约市长说：不!"成了当时纽约每日新闻的头条[36]。对于最近出现在费城（1990）、布里奇波特（1991）、迈阿密（1996）、橙县（1996）和坎登（2000）的财政危机，联邦政府的财政援助根本就没有被列为备选方案。没有证据能说明这些拖欠债款存在着明显的外溢性（$\psi_i=0$）[37]，并且尽管坎登是一个贫困城市，该城市中等收入居民的数量是全国的一半（其他财政困难城市的中等收入居民数量等于或略高于全国水平），但是它与其他同样贫穷的美国城市一样并没有受到财政危机的困扰。另外，坎登坐落于全美最富的州，从制度上讲新泽西应为其负责。很难想象国家再分配政策会将这个城市单列出来对其进行特殊的联邦援助；至少在联邦水平上，$v_i\approx 0$ 是合理的。

联邦政府对于华盛顿地区的财政援助是其不进行联邦援助政策的例外。进行这次财政援助的原因在于该城市作为国家首都具有独一无二的财政和政治地位。首先，由于没有一个隶属的州，华盛顿有责任为法院、监狱、交通运输的运转和穷人的医疗提供资金。这些服务具有明显的外溢性，并且一般都是由州政府来提供的。但是，在华盛顿的情况中，地方税收提供了大部分所需的资金，并且是在商业和中产阶级居民税基流动性很强的经济环境中完成的。结果是随时间的推移，该城市税基被逐渐侵蚀。第二，作为国家的首都，华盛顿提供了作为国家政治中心的独特的服务。地方的一些服务诸如犯罪控制及医疗卫生为全国所获益，因为该城市大多数的“居民”都是全国或者世界的游客。即便没有理由对华盛顿的纳税人或债权人进行财政援助［该城市的平均收入等于全国的平均收入（$v_i \approx 0$）］出于外溢性的考虑，联邦政府也应该对其进行资助（$\psi_i > 0$）。事实上，地方官员在一定程度上可以控制中央官员，因为他们提供了独特的、有全国价值的地方公共物品——首都街道的安全、整洁。该城市在每年联邦政府的资助中得到大约6亿美元的额外财政援助。但是，地方政客对重要的公共服务没有决策权，而是由联邦任命的委员会来决策这些事务[38]。

今天，美国各州政府依然奉行着地方面对债务拖欠时不进行财政援助的策略，但是同样有一个特例：坎登。对于纽约城、费城、布里奇波特、迈阿密和橙县的债务拖欠，州政府不会出钱来偿还债权人或者补充当地的税收收入。在债务拖欠时，债权很分散，并且每个城市的服务只能提供当地利益$\psi_i = 0$。在纽约、费城和橙县，中等收入居民的收入等于或高于州平均水平。虽然布里奇波特和迈阿密的居民收入水平比州水平要低，但是30%的收入差距不足以让州政府来实行财政救济。州政府提供贷款担保用以帮助地方政府进行短期举债（纽约、费城、布里奇波特、迈阿密），增加当期补助但减少未来的补助（纽约）或者允许将已分配的州资本补助用于当期服务（橙县）。新泽西对于坎登的财政援助是该项原则的一个特例。坎登中等居民的收入水平仅仅是全国一个四口之家的贫困水平（17000美元），该收入仅相当于新泽西州平均水平的40%。该城市的犯罪率是全州最高的，公立学校的运行也最糟糕。贫困的当地居民没有钱搬到其他地区。针对以上情况，州政府额外拨款来偿还该城市的债务，并为该城市未来可预见的、需要提供的服务给予资助，这样做很大程度上是为了确保该城市的居民和儿童享受最起码的公共服务[39]。

从财政历史上，我们得到的最基本的经验是：中央政府可以拒绝为地方政府进行财政援助。但所需要的政治和经济前提条件是：运行良好的市场和财政制度能够将经济外溢性最小化（$\psi_i = 0$），并将地方政府债务拖欠造成的分配扭曲尽量减小（$v_i = 0$）。需要的制度前提包括一个成熟的国家银行体系或者地方债权的分散、统一的国家资本市场以及用以救济贫困家庭的中央资助税收体系和转移支付体系。只有在近期的华盛顿和坎登的例子中，才有进行财政援助的必要性。两次财政援助都可以被视为没有建立成熟的市场和财政制度造成的后果。在华盛顿的例子中，地方官员利用了他们对于一项重要的国家公共物品（安全干净的首都）供给的垄断。而在坎登的例子当中，地方官员成功地利用了州相对富裕的中等收入者再分配的偏好。然而，当完善的市场和财政制度运行良好时，中央政府可以不再实行财政援助。

经验 4：需要一项要求地方偿还债务的制度性破产标准

为了确保债务的偿还，进而防止地方的财政援助请求，应该有一项明确的制度性破产标准来要求地方偿还所有的债务，并且该项标准应由一个独立的监管机构来实施。美国城市债务拖欠的历史说明了这一点[40]。尽管在 19 世纪，严重的、大规模的州政府和地方政府的债务拖欠事件频繁发生，美国并没有明确规定当地方政府欠款时应采取什么措施。在此期间，欠款的州和地方政府的偿债率很少在 50% 以上（$\Phi \geqslant 0$）。纽英格兰各州是这种历史模式的一个例外。这些州颁布了它们自己的制度规定，要求地方政府偿还全部债款，甚至允许通过没收私人财产来偿还城市欠款（$\Phi = 0$）。纽英格兰各州在这一时期创下了地方政府拖欠债款的最低比例，这决非偶然。最终，在 1937 年，针对经济大萧条期间广泛出现的城市债务拖欠现象，美国国会通过并且美国最高法院批准了一项偿还债务的标准和一项宣布城市政府破产的程序，以此来保证该项标准能够被实施。该项标准被认为最大限度地保障了债权人的利益并且是可行的，美国联邦法院将其解释为可以利用州和地方政府全部的税收来保障债务的偿还，这样一来允许没收私人财产的“纽英格兰规则”便不再适用了[41]。$\sigma = 0$ 是美国城市拖欠债款的现行标准。

经验 5：建立竞争性的地方债券市场，以约束拖欠债务的地方政府并限制策略性的借债行为

在竞争性的地方债券市场上，信息充分的买者和多样化的卖者将使得地方政府拖欠债务的风险通过价格反映出来；公开的规章制度和公认会计准则的履行将有助于保障借款者的权益。债务拖欠的政府如果没有获得财政援助，就会因更高的未来利率而承受很大的成本。借钱给政府不但承受着由于不能申请到财政援助进而无法收回借款的风险，同时还承受着预料不到的未来利率升高的风险。如果财政力量薄弱，新债的利率会提高，有效的地方政府债务定价将会取决于以下几个因素：对于税收行为的控制、债务总额、其他应履行的义务、其他可选投资会产生的收益现值以及债务到期的年限，这些因素共同决定的价格会反映出以上的两种风险。美国历史和当今市场上的情况证明了这一点的正确性。从 19 世纪 40 年代以来，拖欠债务的各州政府便不准进入债券市场，只有当它们至少偿还一部分欠款后才能进入。在所有的情况中，拖欠债款的州政府需要支付相当于一般州政府两倍以上的利率才可能借到资金。投资者们的考虑都很周全，甚至对于同一个州来说，拥有不同拖欠历史的不同执政政府都会对债务有不同的定价。对于地方政府所发行的债券，债券市场也具有相似的能力来区分哪些安全、哪些具有风险。在19世纪70年代，纽英格兰州各市所发行的债券可以按照票面价格来交易，而南部、西部拖欠债务的地方政府所发行的债券却只能按照低于票面的价格交易，在一些债务拖欠最严重的州，面值为1美元的债券实际价格可能只有0.15美元，这些州包括：阿肯色、南克罗立那、北克罗立那。同样，对于新举借的债务，利率惩罚也可能是很严重的[42]。

当代的情况也说明了这一点。对于现在的美国地方政府来讲，如果穆迪指数和标准普尔指数反映出其债务风险较高（高显性债务，低回报），那么对于与特定税收和收费相关联的债券、期限较长的债券以及允许举债人即使利率下降也可以偿还的债券，风险较高的州和地方政府的购买成本会高一些。债券市场同样认识到通过制度规定平衡预算和限制支出来控制拖欠债务的优越性，对于实行这些规定的州给予较低的借入成本以示奖励（见巴尤米、格德斯坦和沃格罗姆，1995；波特巴和鲁恩贝恩，1999）[43]。

尽管现实说明美国债券市场会对地方债务的风险进行定价，因而不能进行财政援助的地方债务拖欠将会受到惩罚，但有一个更基本的问题：市场定价能够反映出全部的风险吗？美国的地方债券市场中信息是充分的吗？这是一个更难回答的问题，但是贝凡查尔德和科克（1998）对于信息公开或不完全公开的州政府债券价格进行了对比，所得的结论还是有意义的。处于信息公开州的政府需要满足政府财政监管联合会[44]（Government Finance Officers Association）的标准。如果地方政府债券市场是信息充分的，那么是否有公开的规则将对地方债务的价格没有显著的影响。对于那些较大的、经常举债的借款者所发行的债券，贝凡查尔德和科克发现情况的确如此；相反，那些较小的且不经常举债的借款者所发行债券的价格所受是否存在公开规则的影响较大。在那些具有公开规则的州，政府举债的平均成本要小一些[45]。这些结果的含义是：在美国，通过利用地方财政和赤字的信息制定利率，地方政府债券市场能够为经常举债的借款者合理地定价；只有对于较小的地方政府或者新的借贷者，借贷的信息才是不充分的，也只有对于这些政府，要求财政状况满足会计准则的管制措施才可能有效果。

经验 6：动机恰当，地方政府的举债行为将会更有效率

面对中央政府不进行财政援助政策的现实，以及要求地方纳税人偿还所有债务的管制措施和一个将会惩罚赤字政府的债券市场，美国的地方政府除少数特例之外，不会再选择债务拖欠—财政援助策略。特例包括 19 世纪 40 年代很多州政府的债务拖欠、19 世纪 30 年代的经济低迷造成的债务拖欠、19 世纪 70 年代投资于地产开发和铁路扩建的地方政府债务拖欠，以及现在一些大城市的债务拖欠。如果这些政府知道将没有财政援助，它们为什么还要造成过多的赤字进而欠债不还呢？事实上，19 世纪 40 年代拖欠债务的州政府认为中央政府很可能会进行财政援助。在 1840 年以前，联邦政府没有拒绝过哪一个州或地方政府或者重要的私人部门的财政援助请求。各个州有理由认为自己应优先得到联邦的援助。1790 年，亚历山大 · 哈密尔顿（Alexander Hamilton）成功地使联邦政府承担了各州政府所有的债务，他主要依据新联盟建立时达成的共识：如果联邦和各州政府想要得到欧洲的资本，联邦政府就必须要为州政府的信誉提供保障。就连极力反对为州政府承担债务的杰弗逊（Jefferson）都认可这一点[46]。事实上，哈密尔顿将为地方政府承担债务不仅视为一种信誉的保障，还是一种将整个联邦连在一起的手段。乔治 · 华盛顿总统是一个主张承担地方债务的积极分子。在这样的政治背景下，各州认为联邦政府将会对它们实行财政援助也就不足为奇了。套用 2.1 节的分析框架，ψ_i 的值（不进行财政援助的外溢性）被认为很高[47]。联邦政府接下来的行为并没有打消各州政府认为自己处于有利的财政地位的想法。在 1812 年战争中所发生的州政府债务，连同 1836 年华盛顿地区的欠款都由联邦政府承担了。这也就不难理解各州政府在 30 年内所借的债务会在 40 年代拖欠，也不难理解为什么债务会像滚雪球一样越来越多。一些所借的资金进入了产生收益的资本项目，尽管也有纽约州这样的地区经常举债来满足日常开支，但是大部分的资金都给了州立银行，用于非生产性的私人机构或者开拓运河、公路、铁路的私人建筑公司，而这些设施大多并没有被提供。当这些债务到期，而又没有新债来还旧债，各州就只能拖欠债务。州政府向联邦政府要求财政援助的请求被拒绝了，联邦政府第一次不再对地方债务的偿还提供保障[48]。

到 1870 年，显而易见，联邦政府不可能再去提供财政援助，但各个州政府会不会提供还不得而知。19 世纪 70 年代广泛出现的地方政府债务拖欠现象是两种事实导致的结果。第一，那个时期法院没有要求全部偿还债务，因而没有充分地保护债权人的利益，σ 大于等于 0.5 是很典型的情况。第二，以地方债务资助的地方投资都用于投机性的地产开发和铁路建设项目，债务的偿还依赖于未来对当地地产征收的特殊的财产税。即便投资有可能失败，或者没有来自于联邦或州的财政援助，如果这些投资成功的概率足够高，并且失败的惩罚比例（1－σ）足够低，地方政府依然会进行这样的投资。在没有财政援助的情况下，地方发生债务拖欠的概率相当于1减去项目成功的概率。考虑到许多地方政府发现这些有风险的投资有利可图，就不难理解会出现广泛的债务拖欠现象[49]。而州政府的反应是不进行财政援助（见经验3）。

20 世纪 30 年代大萧条时期和近期一些较大的美国城市（除去坎登和华盛顿）的债务拖欠，同样可以用和债务拖欠—财政援助无关的原因来解释。同发生在 19 世纪三四十年代的债务拖欠不同，20 世纪 30 年代的拖欠债务用于道路和新学校的建设，而不是用于补充政府当期开销或者用于和政治相关的私人机构。另外，不偿还债务不是为了从联邦或州政府那里得到财政援助，而是由于在大萧条期间，用以还债的地方税基平均减少了 10%。大部分拖欠债务的本金和利息到 1940 年已全部还清。

最后，最近纽约市、费城、迈阿密、布里奇波特和橙县的财政危机，同样不是由债务拖欠—财政援助的动机造成的，也是另有他因，最有可能的是通过赤字累积和纳税人迁出的办法来转移当期的成本。在每个城市，只有当长期累积的隐形赤字造成了大量的利息、补助、资本支出，也就是当地方经济（或者在橙县的例子当中，地方政府投资的资产组合）背上了沉重的负担时，问题才会产生。税收的提高不足以弥补所有的财政负债。这种情况下，这些城市拖欠债务并不是期望州政府能够财政援助[50]。

自 1840 年以来，只有坎登和华盛顿玩了债务拖欠—财政援助的游戏，它们成功了，重要的是它们的情况在美国城市中是独一无二的。

经验 7：土地市场不能有效地检测无效率的地方借贷行为

竞争性市场所决定的地方土地价格确实能够反映地方政府服务供给的现期收益和成本。但以往的例子证明土地市场不能够有效地监测未来的成本和收益——尤其是过多的地方举债或减少的公共资本。如果是这样，地方政府还有很大的希望将当期的预算成本转嫁给非居民。一些例子有力地证明美国的土地市场确实反映了现期地方税收的不同负担和现期地方服务的不同收益。但是，未来的税收和收益是否反映在土地价格中呢？爱普（Epple）和希伯（Schipper）（1981）推测了宾夕法尼亚州一些小社区的资产化公式，用该城市未支付的抚恤金债务（赤字的一个使用途径）真实水平的估计值与该社区的房产价值进行回归。他们发现资产化程度超过了100%，但他们认为估计值可能过大了，因为未支付抚恤金的真实水平估计值可能低于真实值。然而，偏差的程度并不清楚，这样资产化率也就不得而知。英曼（1982）在研究大城市劳动力预算中采取了另一种办法。从图2.1中的分析可知，对当期服务的赤字性资助会使该服务的需求从 X_e 增加到 X_1。独立地估计地方服务需求的价格弹性，再加上获悉MC、X_e 和 X_1 值的情况，英曼能够估计出地方服务隐含的补助率（Φ），并从这项估计中计算出隐含的赤字资本化率[51]。从平衡的角度讲，英曼分析的样本城市的行为是 $\Phi>0$，也就是并不满足地方赤字全部资本化的条件。地方预算将会无效率的扩大（$X_1>X_e$），并且英曼估计在他研究的样本城市中，每一美元地方支出效率损失为0.2美元。以上两种研究充其量提供了一些还不够可靠的结论：在小的社区中，完全资本化也许是可能的，但在大城市根本达不到完全的资本化。如果赤字财政在小城市中易被发现，但在大城市中不易被发现，那么这个结论就是有道理的。地方通过赤字财政转嫁成本依然被视为美国地方财政无效率的一个潜在因素。

经验8：政治独立机构所实施的平衡预算规定能够控制无效率的地方举债行为

作为防止地方政府拖欠债务的最后一条防线，中央政府可以建立平衡预算规则来限制过多的当期举债。为了确保生效，该规则必须包括财政年度报告、制度依据，并且由一个政治上独立的监管机构来实施。美国各州的历史数据说明了平衡预算政策在控制下级政府财政赤字方面的有效性。由于美国各州在19世纪40年代的债务拖欠，虽然各州同意偿还原有债务，并承诺不再拖欠债务[52]，但是欧洲债券市场仍然很不愿借款。

承诺采取了制度委员会的形式，该委员会对经常账户实行平衡预算制度——也就是说不能再玩债务拖欠—财政援助的游戏了。没有拖欠债务的州政府和1850年以后新加入联盟的州政府发现承诺平衡预算的重要性，它们也在议会上通过了平衡预算规定。今天，所有美国州政府的财政审慎都是不可思议的（除了佛蒙特），都有或者制度上的、或者法令上的平衡预算规则，其目的是限制州和地方政府的赤字行为。

这些平衡预算的规定生效了吗？是的，但前提是合理的设计。波特巴

(Poterba, 1994)、波恩 (Bohn) 和英曼 (1996) 检验了美国当代州政府的赤字决策，找出了平衡预算政策生效所必须满足的5个条件。第一，规则必须规定不仅在每个财政年度初期预算要平衡，年末也要平衡。为了达到这一点，不仅预算程序要公开透明，而且预算账户要符合公认的关于构成当期资本费用和支出项目的准则（例如，直到1975年，纽约政府发现将一部分服务性支出转化成资本费用十分重要）。第二，规则必须要基于制度性的法律而不是法规，而且只有得到绝对多数通过才能修改该规则。绝对多数（比如2/3）保证了已有的规则不会在立法中被想要实行赤字的简单多数（1/2）所篡改。第三，如果违反平衡预算规则，必须有一个政治上独立的机构来实施改规则。如何确保一个机构在政治上的独立性是一个重要的问题，而美国在现实中也没能很好地解决这个问题[33]。第四，当规则被违反，政策的执行机构必须对所有可能受到利益损害的政党敞开大门，这样才能保证赤字问题通过法律解决。最后，政策执行机构必须有一种实施办法来矫正违反规则的行为，比如一个有权设定未来预算并进行管理和改革的账户监管会。波特巴(1994)、波恩和英曼（1996）的例子证明，较之没有相关规则的各州，有规定的州政府有较低的赤字，甚至有很高的盈余以备不时之需。在1970～1991年期间，实行有效规则的州政府的财政赤字（或盈余）低于（或高于）其余州人均158美元的水平。这个差额相当于州政府同期支出的11%。

2.3 结　论

地方和州政府日益成为公共服务的重要提供者，而地方公共服务也对国民经济的整体运行状况产生越来越大的影响，这就要求我们重新审视分权下的各级政府如何分配公共资源。蒂布特（1956）认为，只有在纳税人信息充分且自由流动、没有外溢性、拥有许多竞争性机构这三点都满足的特殊条件下，地方政府才会自动地确保有效率的地方税收和服务支出。尽管对于那些坐落于美国国际化大都市周围的市郊政府可能会满足以上条件，但对于其他经济环境中（一些大城市，周围是一些郊区，城市和郊区全部隶属于更大的州）的地方公共部门来讲情况并非如此。因而不能保证现实中的地方政府会有效率地提供公共服务。这一章就说明了在更广阔的制度背景下地方政府行为的动机，同时也列举出在这样的动机下为保证有效率的资源配置所需的政治和市场制度。此处提及其中三种重要的制度：

①由全民选举产生的政党（或总统）执政的、稳定的中央政府，该政府能够使收入在不同人之间进行有效的再分配，同时能够杜绝政府间无效率的转移支付以及政府对非居民的征税。

②成熟的银行体系和统一的全国资本市场，它能够使地方政府因拖欠债务而承担经济上的后果。

③在地方土地市场上，投资者信息充分且能够准确地估量地方服务价格，这样，地方政府无效率的财政决策后果将会转嫁给当地居民。

对于一个有效率的地方公共部门来讲，有效的中央政府、银行体系、资本和土地市场都是必要的制度前提。

如果没有这些有效的政治和市场制度，就有必要实行监管措施来控制地方政府的无效率行为。这里列举出三种措施，每一项措施针对一种政治或市场制度的缺失：

①为了替代一个软弱的中央政府，在财政资金的分配上，应该将中央的转移支付限制在有经济外溢性的条件，并且将地方税收限制在对居民征税的条件。

②为了替代一个不成熟的银行体系和一个不统一的资本市场，中央政府应该采取拒绝财政援助的政策，并且应该颁布破产标准要求地方政府偿还拖欠的全部债务。

③为了替代缺失的地方土地市场，应该实行平衡预算规则，要求地方政府用税收弥补当期所有的开支。

这些财政规则必须由不受地方政治势力影响的机构来实行，并且只有当绝大多数选票通过时才能修改。但当这些管制措施生效时，它们也可能会限制其他有效率的政府决策。如果是这样，较之于有效的政治和市场制度，它们必须被视为次优选择。

对于美国财政史的回顾显示了这些制度前提的重要性。如果缺乏强有力的政党或者强硬的总统来实施财政政策，那么美国地方政府早就成功地从中央攫取到无效率的转移支付，并且对非居民的收入和财产征税了。美国在控制地方拖欠债务—财政援助方面的表现更为成功。始于 1850 年的成熟的银行体系、统一的资本市场、近年来保护债权人权益的地方破产标准，都有助于将地方政府债务拖欠所造成的财政外溢性降到最低，这样，地方政府攫取财政援助的经济动机就被减弱了。在历史上，美国贫困家庭的分布很零散，而且美国政府一直采取针对个人的转移支付项目，因此地方政府要求财政援助的再分配动机就值得考虑。最后，尽管美国地方土地市场不能很好地监测无效率的地方赤字，美国的平衡预算规则却是一个有效的替代品。概括说来，美国地方政府的确受到很硬的预算约束。如果要在美国的公共部门中进一步加强地方财政纪律的话，那么可以监测地方对于联邦财政政策的影响。

注释：

①这里的分析不同于泰勒尔（Tirole，1994）分析联邦制时采用的委托—代理方法。泰勒尔的方法只适用于州政府等不能独立制定政策，并且需要依靠中央拨款获得收入的公共经济体系。

②这个无效率是非常重要的。区间 D 可以用以下的公式计算：$D=0.5\cdot\varepsilon_{px}\cdot(X\cdot MC)\cdot\Phi^2$，在这里 ε_{px} 表示地方政府服务需求弹性的绝对值（罗森，1999）。因此，对地方政府转移支付 1 美元的效率损失平均值为 $D/(\Phi\cdot X\cdot MC)=0.5\cdot\varepsilon_{px}\cdot\Phi$。在转移支付率变化较小的情况下，对地方政府转移支付每增加 1 美元的边际无效率为 $\partial D/\partial(\Phi\cdot X\cdot MC)=\varepsilon_{px}\cdot\Phi$。

③转移支付和以贷还款的服务都为 Φ 提供了直接的补贴。无条件转移支付提供的金额要大于区间 X_e，它为 Φ 提供了直接的补贴；而只有有条件的转移支付，在美国被称为“一般利润分享”，才是有效率的和中立的。但是这种转移支付在有效率的政府间体系中是发挥不出作用的（英曼，1999）。他们惟一的作用是所得的再分配，针对个体而不是政府转移支付。

④详见温加斯特（1979），温加斯特、谢普瑟、约翰森（1981），查利、琼斯、马里蒙（1997）从地方利益出发的立法投票模型。

⑤在专栏 2.1 中，如果 $\Pi_{\sigma\gamma}>\Pi_{\gamma\gamma}>\Pi_{\sigma\sigma}>\Pi_{\gamma\sigma}$，成本转嫁的决策是一个囚徒困境。这也证实了我们的描述：$\Pi_{\sigma\gamma}=(A+B+C)>\Pi_{\gamma\gamma}=A_\sigma>\Pi_{\sigma\sigma}=(A-D)_\sigma>\Pi_{\gamma\sigma\sigma}=(A-D-B-C)$。

⑥专栏 2.1 中博弈游戏的战略必须由合作战略 γ 转化为动态的“无论怎样都最优”的战略。这将会在 $\Pi_{\sigma\gamma}>\Pi_{\gamma\gamma}$ 或 $\Pi_{\sigma\sigma}>\Pi_{\gamma\sigma}$ 时发生。当地方政府的行为符合 2.1 节中描述时，他们将会面临两个选择：（1）合作——立法者反对对地方政府转移支付，那么他们可以得到（B+C）的回报。（2）立法者支持对地方政府转移支付，将会受到失去他们联邦服务（B+C）价值的惩罚。这个结果与注释 5 中的 $\Pi_{\sigma\gamma}$、$\Pi_{\gamma\gamma}$、$\Pi_{\sigma\sigma}$、$\Pi_{\gamma\sigma}$ 直接相关。

区间（B+C）表示采取不合作行为时对地方政府净转移支付的最小值。这些奖励或惩罚不需要被支付，立法者们只需要通过呼吁现有法律或者建立新的法律就可以实现（见费茨、英曼，1992）。

⑦地方政府债务，无论是因滚动利息、对养老金支付不足还是转移支付资本再分配等原因造成，他们都可以作为显性的补贴，用来提供额外的地方政府当期公共服务。

⑧这里假设在地方公共物品的供给上不存在外溢，从而集中考虑由于金融市场外溢导致的援助。威迪逊（1997）在地方公共服务的供给上不存在显著的分配上的外溢的条件下，对援助进行了分析。威迪逊的分析只适用于美国的援助，1997 年华盛顿的案例，如上。

⑨如果存在非常重要的正的外溢（$B^c=Q^c>0$），那么中央政府确实想对地方公共物品的供给进行补贴，但是存在比财政援助更好的手段（如：目标匹配援助）。

⑩地方政府通过债务转移策略获得的净收益 $B^l-C^l_\beta$ 是区域（A+B+C）（忽略了地方净收益会随着地方政府自己的税收在国家援助中所占的份额而轻微减少：（1/N）（B+C+D)。现有平衡预算策略带来的净收益只是区域（A）。所以 $B^l-C^l_\beta$ = 区域（A+B+C）$>Q^l$ = 区域（A），得到了 2.2 的条件 2a。

⑪在图 2.1 中，$B^c=0$，C^c_β = 区域（B+C+D），（$B^l-C^l_\beta$）= 区域（A+B+C），$Q^c=0$，Q^l = 区域（A）。

⑫如果 $C^c_\eta<C^c_\beta$，那么中央政府将会采取不援助策略 η，即使此时地方政府采纳的是赤字策略 Δ，知道这一点后，地方政府在 $B^l-C^l_\eta<Q^l$（条件 2b）时也会保持现状。在图 2.1 中对于地方财政选择进行了详细说明，得到了条件 2b。如果中央政府援助没有发生，地方政府必须归还地方债务，并承担初始分配 X_l 的所有成本。在这里，地方政府的净收益等于区域（A+B+C+E+F）－区域（B+C+D+E+F）＝区域（A－D），这比现有分配的区域（A）要少，那么得到 $B^l-C^l_\eta<Q^l$，条件 2b 满足。

⑬无援助的财政成本（F_i），当政府越大时成本越大，用 ρ_i 来衡量，但是仅此还不足以说明为什么较大的地方政府“大则不倒”，因此必须进行援助。相关的是，比较 F_i 与对纳税者进行地方援助的成本（$=\rho_i\cdot\Delta$），都是随着 ρ_i 的增加而增加。可以充分说明“大则不倒”的，是随着债务增加，违约债务的资金使用低效率也在增加 [$\Psi_i=\Psi(\rho_i\cdot\sigma\cdot\Delta)$，$\Psi(\cdot)>0$]。

⑭参数 Ψ_i 被定义为违约造成市场无效时每 1 美元的价值与地方违约债务每 1 美元的价值的比率。对于违约引起的银行危机，我们可以通过 Bordo 和 Eichengreen（2000）提出的预测银行危机的经济后果来预测 Ψ_i。他们预测银行危机造成的产出损失的变动范围，大约是从现代危机数据得出的（1973～1998 年）的占 GDP 的 3% 到历史和现代危机综合数据（1888～1998 年）得出的 5%。假设地方违约带来银行危机的可能性，等于违约带来的银行流动性损失（dL）与所有银行平均存款需求（M_0）的比率，而银行流动性损失等于违约的地方政府债务乘以地方违约的“扩散”或者影响所有银行流动性的外

溢效应（κ）（$dL=\kappa\cdot\rho_i\cdot\sigma\cdot\Delta$），所以银行危机带来的违约地方债务的每1美元现值的期望损失等于：

$$\psi_i=(0.03\cdot GDP)\cdot(dL/M_0)\cdot(1/\rho_i\cdot\sigma\cdot\Delta)=(0.03\cdot GDP)\cdot(\kappa\cdot\rho_i\cdot\sigma\Delta/M_0)\cdot(1/\rho_i\cdot\sigma\cdot\Delta)$$

或者

$$\psi_i=0.03\cdot(GDP/M_0)\cdot\kappa$$

在银行体系不完善的经济体中，扩散效应 κ 一般大于1，并且随着地方违约的扩大而增长：$\kappa_i=\kappa(\rho_i\cdot\sigma\cdot\Delta)$，此时 $\kappa(\cdot)\geqslant 0$（见艾伦和盖尔，2000）。对于发展中国家（GDP/M_0）比率范围为10到15（如：印度、智利、巴西、南非），而发达国家这一比率为3到5（见戴尔蒙德和拉詹，2000）。对于一个（GDP/M_0）$\backsimeq 10$ 和 $\kappa \backsimeq 1.25$ 的发展中国家，Ψ_i 的值接近0.40很可能只是一个保守估计。而（GDP/M_0）$\backsimeq 3$ 和 $\kappa \backsimeq 1$ 的发达国家，接近于0.10的 Ψ_i 值是基本符合的。

⑮对市政当局违约的援助不力将会使生产性资本从国家性资本市场向（潜在的）效率较低的地方资本市场转移分配。借给违约地方政府的借款者将会因不援助决策而损失 $\rho_i\cdot\sigma\cdot\Delta$，而地方纳税人将会得到相同数量的收益（我们忽略如果存在不援助决策，国家借款者和地方纳税者都不会支付他们的——哪怕是很少的用于援助的全国性税收的份额）。收入损失 $\rho_i\cdot\sigma\cdot\Delta$ 将导致未来资本收益减少，$r^n\cdot mps^n\cdot(\rho_i\cdot\sigma\cdot\Delta)$，其中 r^n 是国家性投资的年收益率，mps^n 是国家性市场借款者的边际储蓄倾向。类似地，地方纳税人的收益 $\rho_i\cdot\sigma\cdot\Delta$ 将会增加未来的资本收益，$r^l\cdot mps^l\cdot(\rho_i\cdot\sigma\cdot\Delta)$，其中 r^l 是地方投资现在的年收益率，mps^l 是地方纳税人的边际储蓄倾向。资本收入的年净损失等于 $(r^n\cdot mps^n-r^l\cdot mps^l)\cdot(\rho_i\cdot\sigma\cdot\Delta)$。以 r^n 贴现，那么违约地方债务的每1美元现值损失等于：

$$\Psi_i=(1/r^n)\left[r^n\cdot mps^n-r^l\cdot mps^l\right]\cdot\left[(\rho_i\cdot\sigma\cdot\Delta)/(\rho_i\cdot\sigma\cdot\Delta)\right]$$

或者

$$\Psi_i=\left[mps^n-(r^l/r^n)\cdot mps^l\right]$$

如果地方纳税人不进行储蓄，$\Psi_i=mps^n\backsimeq 0.20$；当资本市场不完美时，违约结果的这一上限看起来是合理的。在非常成熟完善的市场中，当 $r^l=r^n$ 时，$\Psi_i=[mps^n-mps^l]$，在富裕的经济体中这一结果接近于0。

这里的讨论没有考虑无效率的分配可能影响到市政当局甚至整个国家的利率，从而影响到接下来的公共投资。这里有两点相关的评论。首先，设定初始条件为一个简单的环境，援助决策的所有收益和成本都为地方和中央政府所共知，无援助决策没有利率效应。如果中央政府决定不对地方政府进行援助，那地方政府将不会出现赤字，因此也没有违约风险。如果中央政府提供援助，地方政府会出现赤字，而接下来的违约将由中央政府进行抵补——也没有违约风险。其次，设定另一个环境，中央政府是否进行援助是不确定的，那么不援助政策将带来风险，但是债券市场将理性地预期产出的可能性，并为地方债务定价。在这种情况下，中央政府的不援助选择只是更确定了市场的预期。只有改变市场未来预期的拒绝援助决策才会影响到利率。现实中是有这样的例子的，但是我认为这一效应是次要因素，并不会影响到这里提出的所有结论。

⑯地方债务部分是由于对债券持有者违约造成的，我们把这部分定义为 σ，假设是外生的。一个更详尽的分析需要把 σ 的决定放入违约援助的博弈中，类似于纳税人和债券持有者之间三阶段讨价还价博弈的产出，条件是地方政府首先在第一阶段选择 Δ，中央政府在第二阶段选择 η。可以参见博切克和常（1992）关于破产的讨价还价博弈的讨论。

⑰这里的分析假设，相对于所有参与者的收入 Δ 很小，所以 v_i 可以看作是选择援助策略的目的的常量。

⑱v_i 正式地定义为参与者 i（v_i）1 美元政治上的加权边际效用，与一些相关的（如：中值收入）投票者 1 美元（v_t）政治上的边际效用之间的差异百分比：$v_i=(v_i-v_t)/v_t=\Delta v/v_t$。定义 ε_v 为中央政府的决策者收入时间表的边际效用弹性，那么 $v_i=\varepsilon_v\cdot\Delta y/y_t$，其中，$\Delta y=y_i-y_t$ 相对的 y_i 和 y_t 分别表示参与者 i 与相关者的收入。例如，如果 $\varepsilon_v=-1.5$（同 Mera1669 年对美国税收政策的预测一样），$y_i=\$30000$（典型的美国城市里的中产家庭收入），$y_t=\$39000$（整个美国的中产家庭收入），那么 $v_i=0.34$。在美国很贫困的城市中，如坎登（Camden）、新泽西，中产家庭收入只有 $ 17000，因此 v_i 的值上升到 0.85。

⑲例如，贫困的美国城市如坎登（Camden）、新泽西（$ 17000）和美国平均的中产家庭税收和转移支付前收入之间，或者更直接相关的是和新泽西州的中产家庭收入（$ 49000）之间，存在着较大的差距，范围大致是 $ 22000（美国）至 $ 32000（新泽西）。而税收和转移支付后的差距有所缩小，大致是对于整个美国差距为 $ 12000（$ 23000 对应于 $ 35000），对于新泽西州的居民差距为 $ 20000（$ 23000 对应于 $ 39000）。这就使美国的 v_i 值由税收和转移支付前的 0.85 下降到税收和转移支付后的 0.35，而新泽西州的 v_i 值从税收和转移支付前的 0.98 下降到 0.62，参见注释⑱。

⑳此分析采纳了费德伯格、克雷普斯和威尔逊（Kreps 和 Wilson，1982，以及 Fudenberg 和 Kreps，1987）在进入壁垒博弈中提出的信誉建立模型，从而在违约援助博弈的研究中建立起信誉。正式的扩展将在这一章的附录中提出。

㉑更正式的，当财政融资预期收益大于赤字援助时，地方税收融资优于赤字援助策略。从图 2.1 可以看出，税收融资肯定地承诺了区域（A）。如果 p_i 代表地方政府 i 认为中央政府是强硬的，那么在这种简单的情况下，并且对于债券持有者 $\sigma=0$，赤字援助政策的预期收益是 $(1-p_i)$ ⊆区域（A+B+C）$+p_i$⊆区域（A−D）。当区域（A）≥$(1-p_i)$ ⊆区域（A+B+C）$+p_i$⊆区域（A−D），或者 $p_i\geq$区域（B+C）/区域（B+C+D）时将会选择税收融资。区域（B+C+D）表示补助 Δ 的援助数量，只有区域（D）$=\Delta-$区域（B+C），才会在 $p_i\geq 1-$区域（D）时选择税收融资。那么，给定中央

政府的强硬程度（p_i），对于赤字策略来说，与Δ相关的（D）并不一定更大。

㉒虽然此处的观点有些许不同，但是竞争促使软预算约束变得更硬的结论，与迪瓦尔德里波特和马斯金（1995），西格尔（1998），以及钱和罗兰（1998）是相似的。

㉓对于地方债务的完全有效定价，需要假设债券持有者能够准确地估计违约风险，中央政府援助的可能性，以及如果没有援助，通过法律获得补偿的可能性，最后是地方政府执行补偿的可能性。最困难的可能是对地方政府的可用于补偿的财政能力的估计。这要求全面了解整个地方经济，如地方政府对外的所有负债情况，而不仅仅是目前被定价的这些借款。债券评级代理机构和市政债券保险商就在尝试为投资者提供这种重要的风险评估服务。

㉔英曼（1983）对地方政府为掩饰其借债行为而采取的各种有意的预算安排方式做了总结。如果Ω表示债务占目前支出的比例，那么每单位新增公共服务的边际成本为（1-Ω）MC，此时，$\Phi=\Omega=\Delta/MC\cdot X$。

㉕英曼（1983）对地方政府为掩饰其借债行为而采取的各种有意的预算安排方式做了总结。如果Ω表示债务占目前支出的比例，那么每单位新增公共服务的边际成本为（1-Ω）MC，此时，$\Phi=\Omega=\Delta/MC\cdot X$。

正如注释㉔所示，$\Phi=\Omega=\Delta/MC\cdot X$ 定义了来自赤字融资的补贴率。地方纳税人的税后收入为 $y=I-(1-\Omega)\cdot MC\cdot X-\delta\cdot\Delta$，其中 I 表示税前收入。由于 $\Delta=\Omega\cdot MC\cdot X$，可以得到地方纳税人的预算约束为：$y=I-[1-(1-\delta)\cdot\Omega]\cdot MC\cdot X$。在一个完全资本化市场中，$\delta=1$，$\Phi=0$；而在一个非完全资本化的市场中，$\Phi=(1-\delta)\cdot\Omega>0$；$\delta=0$ 意味着全部的补贴都来自于赤字融资，即 $\Phi=\Omega$。

㉖为市政债券的有效定价收集的信息可能有利于地方房地产的定价。由于地方政府债券的购买者要购买一次发行的所有债务，于是债券市场可使收集信息的成本内化。这避免了免费搭车问题的出现，并鼓励信息收集。在地方房地产市场上，很明显并不需要"买下所有的地产"，那么接下来的问题是：债券市场反映的信息对于地产定价是否充分。存在两个怀疑的理由。第一，债券市场揭示的是每个新发行债务的规格和利率，而地产购买者需要的是所有显著性债务的规格和利率方面的信息。第二，许多重要的地方赤字并不能通过债券市场来定价。例如，非拨款式补贴债务，公共资本的缺乏，以及利用长期债务来为活期账户支出融资。投资银行家和评估分析员都试图揭示潜在的债券持有者和可以任意使用的债券宣传资料，但是这些信息也只能反映目前地方政府新发行债券的情况。

㉗这些激励一直以来得到美国地方政府的支持。希尔豪斯叙述了费城的经验——1854年由8个独立的地方政府合并而成："一旦合并被认为不可避免，那么要参与合并的地区将加紧发展和借债，以便等到合并之后把责任转移给新的联合体。所以新城市发现自己承担着一个大于17000000美元的债务，其中有四分之一的债务是在合并前的30年里形成的。"

㉘参见注释②。这一低效不是由于这些税款用于建造商业活动场所导致的（威迪逊，1989）。

㉙美国最高人民法院日前决定起草一个明确法案来限定国家和地方之间的行为准则。这个法案源于 1976 年《National League of cities v usery, 426 US》的决定。833 法案（1976）应用了第 10 修正法案的语言（“宪法规定权利不代表美国政府……被保留在各州中”），从联邦干预制和规章方面来保护州政府“传统的政府职能”。在接下来的 9 年里，法院发现限定传统政府职能是不可能的，最后在《Garia. v. San. Antonio Metropolitan Transit Authority, 469 US528（1985）》放弃了这种想法。在最近一系列案例中，法院采用了一种新的君主立宪制策略，这种策略在是否接受中央政府行为的问题上划分了界限，同时它也使参与联邦制的理论搁浅。通过这项新措施法院的目的是为了实现州政府的民主从而保证地方的利益能够听到和尊敬，参照《NewYorkv. Unite States, 505US. 144（1992）》在《NewYorkv. Unite States, 505US. 144（1992）》中，法院规定联邦规则不能限制州政府，也不能用一个合法的联邦目标（如保护商业利益）作为根据。杰克逊（1998）批判了《纽约决定》和其相关决定的宪法基础。保护和管理地方政治参与措施的有效性很清楚地表明它不能有效地保护地方公共金融。

㉚欧盟的援助规则，这是为那些实现政治目标能力较低的政府设计的，这项规则在正确的方向上迈出了重要的一步。如果需要宪法指南会被制定的更加精确，例如罗森（1999）制定的经济溢出的工作定义，英曼和鲁宾费尔德（1996）制定的居民基础税收的限定。

㉛在 1840 年之前，美国政府总是在减免陷入困境的州或城市的债务问题。作为组成联邦和在华盛顿建立首都的妥协，美国政府减免了许多州（拉齐福德，1994）的战争税。在 1836 年，联邦政府减免了哥伦比亚地区 1500 万美元的债务。

㉜正如一名评论员所说：“通过减免州债务来建立联邦政府的策略毫无疑问地助长州政府的粗心和奢侈的风气。”事实上，它给予了州政府使用超过联邦财富的资金的权利。这项政策违反了共和政府的根本规则，这项政策把正确的使用资金和开支的责任放在了一起。（奥特）

㉝一名参加 1870 年伊利诺伊大会的代表在讨论州宪法中没有财政援助条目时发现了一个具有刺激性的问题：“我看它像个蠕动的阴影，当一项正在酝酿的计划即将变为宪法时，在伊利诺伊州 4000 万美元债务的减免就可能变为两倍或三倍。我认为作为最关键的部门，要防止有一天一盎司存起来后会变为一磅。”（希尔豪斯，1936）

㉞下面的讨论将以希尔豪斯（1936）第 1. 11 和 12 章为基础。

㉟这些数据仅能揭示新联邦和州政府援助的真实动机。衰退分析是寻求一种方法来解释联邦制帮助州和地方政府的跨境类型的方法，这种分析表明是保险动机（以失去的经济领域来衡量）而不是政府救赎动机（由 predepression income levelsl, v, and predepression exposure of state banks to bank runs w 构成），它为联邦援助制提供了一个统计方

面的勉强的解释。然而作为地方收入的保险项目，新的联邦制和州援助是最值得骄傲的。地方政府仍支付它的经济萧条期收入损失的一部分。地方联合支付的潜在比率低于50%（=0.49=（$14.09亿+$1.23亿）/$32.08亿）。

㊱在1974～1975财政年度，纽约市赤字（由短期债务计算）积累总数达到了30.3亿美元而每年的现金账目支出为117.8亿美元（参见格兰里奇，1976）。这些赤字在那些没有设立城市退休金责任的城市中可增加到50亿美元。联邦政府对这些责任将提供23亿美元的短期贷款，这些短期贷款的利率将会在6%财富税的基础上再加1%。城市的借款利率达13.2%。这样联邦政府最多将提供1.42亿美元[（=0.132－0.07）×23亿美元]。然而，这项补助对于那些债券持有者和纳税人的帮助极其微小。为了实现财政平衡和支付债券持有者，城市服务戏剧性的停止了，城市税收和使用费却增加了，债券持有人被迫接受一个有规则的为期3年的延期偿付（结果被宣布是违反宪法的）和用短期利率购买长期债券（参见莫里斯，1980）。

㊲纽约市银行在纽约市短期债券市场上占有很重要的地位，债券是由个人信用账户持有而不是由银行自己的股份单持有。纽约银行的失误是令人尴尬的，但它并没有产生银行危机。纽约市的失误暗含着利率被美国其他城市支付的意思，但是一旦投资者认识到纽约市危机的发生不是地方性的而是全国性的，那么这将会带来灾难性的结果（史密斯与布斯，1985）。目前还没有证据表明美国城市其他的失误和准失误会对当地银行利润或当地利率升高造成影响。

㊳可以通过公共雇员的逃避和外部的配备人员来估计垄断的“租”，参考O’Cleireacain（1997）。联邦政府的财政减免计划细节参考D. 怀斯和C. 钱德勒，“Clinton Proposes US Run Many DC. Services,” Washington Post, Jan. 14, 1997, p, A－1.

㊴当州政府提供财政援助时，它控制不了这笔钱的花费去向。州政府提议：当州政府和地方政府共同商议指定一位强有力的政府经理。现有的地方官员的选举阻碍了这项计划的实施，议会会长C. E说：“强有力的因素影响了用于帮助偿还城市债务和经济复苏的经费的支出。但是开除一名城市经理的观点比开除官员更有力量。”（《纽约时报》2000年11月21日）

㊵这里的讨论概括了麦克·康奈尔和匹克公布和报道的法律史和希尔豪斯公布报道的财政史。

㊶出于同样的原因，合作的股东中一个人想要扩大有限的责任。如果能够占据私人资产，富有的家庭就不会有任何地方置产而是保护与之相似的财产。

㊷被认为是一个有规律的机制。1870年间，一个波士顿的银行家写了一篇文章给《国家》杂志（公共事务方面的权威杂志）的编辑，建议设立一个基金来支付一页的宣传费。“这一宣传栏将列举不能按时支付借款的郡和州……我相信这一措施会使这些州更难贷到款项。这会对公众情感产生影响，从而阻止一种情绪的蔓延，并避免它影响整个国家。”（希尔豪斯，1936，168～169）

㊸虽然美国法院试图通过使 $\sigma = 0$，从而保护投资者的利益，但是存在着地方政府不能立即偿还的风险。这是延期支付本金和利息的“拖欠”风险，这将减少地方性市场的市场流动性。

㊹这些方针要求详细报道营运成本、财政收入以及债务的历史情况，这不仅仅是为了政府制定关于所有参与者的初始预算，而且也是为了制定补贴计划。关于就业、失业、收入、财产价值、人口和新的建筑物的历史情况都是所需要的信息（参见凡尔查尔德和科克，1998）。

㊺这里存在选择偏差，但是那只是一方面。如果市场上缺乏关于地方债券风险的信息，那么风险不同的政府将支付同样的利率——反映了在这一无差别市场中购买债券的总体风险水平。如果信息更为充分，低风险债券的出售利率将比高风险债券低。然而，现在一些面临更高借款成本的高风险政府将会决定不在市场上发行债券。在信息透明度高的情形下，因为只有相对风险低的政府才能借到款，所以平均借债成本将降低。只有在披露规则为市场提供有用的信息的情况下，上述效应才会出现。关于地方政府债券市场的这些结论与西蒙（1989）研究公司证券市场上信息披露规则的影响所得结论很相似。

㊻杰弗逊向门罗承认，他“认识到屈从于债权人的必要性……出于联合的考虑，并使它免于灾难性后果，我们在欧洲的声誉将全部消失”（麦克格雷恩，1935）。

㊼1836 年以后，连接联邦政府和各州政府的另一纽带激起了人们对于高 Ψ_i 的信念。1836 年，联邦政府成功偿还了所有债务，这包括 1790 年出现的债务。联邦财政收入盈余投资于州银行和运输公司的债券。如果这些投资项目曾经处于苦难时期，此时资金被浪费，那么各州将认为：更多的联邦资金盈余将偿还贷款和拖欠的项目（拉奇福德，1941）。

㊽拉奇福德（1941）对 1840 年的拖欠和联邦拒绝援助的决定的历史性分析，得出结论：“联邦政府表现出的对各州福利状况的轻微焦虑，足以导致政府采取援助措施。但是对这一原因的忽视，结果更有利。因为第二假设将确定会把先例转化为惯例，其结果就不容易被预计了。”

㊾当期望收益大于期望成本时，风险中性政府会决定投资。在该例子中，期望收益为 $(1+\Pi)\cdot\Delta\cdot p$，其中 Δ 表示投资于风险资产的债务额，p 表示这一投资成功的概率，Π 表示该投资的内在收益率。投资的期望成本为 $(1+R)\cdot\Delta\cdot p+(1+R)(1-\sigma)\cdot\Delta\cdot(1-p)$，其中 $(1+R)$ 表示当投资获得成功时，偿还一美元地方债务的本金和利息成本。而 $(1+R)(1-\sigma)$ 表示当投资失败时，地方政府偿还债务本金和利息的比例。如果 $(1+\Pi)\cdot\Delta\cdot p>(1+R)\cdot\Delta\cdot p+(1+R)(1-\sigma)\cdot\Delta\cdot(1-p)$ 或者 $p>[(1+R)(1-\sigma)]/[(1+\Pi)-(1+R)\sigma]$ 则地方政府将对这项地方项目进行投资。当项目成本更多转移到债券持有者身上时（$\sigma\uparrow$），风险越大的项目越具有吸引力（$p\downarrow$）。给定从 19 世纪 70 年代以来的 R 和 Π 的合理值，并假设 $\sigma = 0.5$，项目必须有38%的成功概率才会对地方政府具有吸引力。实际上，大约29%的地方债务起初被

拖欠，这要求至少71%的成功概率（希尔豪斯，1936）。我们可以很容易看到，即使在没有州政府或者联邦政府资助的情况下，地方政府为什么也愿意投资的原因。

㊿纽约市政当局可能想得到一项资助。在要求陈述城市已经面临的财政危机时，预算指导者David说道："我知道我们存在过度的扩张，也当然希望抑制这一扩张。但是，*如果经济状况或资助没有显著的提高，这必将意味着服务的减少。我并不希望看到财政危机。*"（斜体部分来自：Morris 1980，239）。一个更为全面的分析将较正式的检验对地方赤字行为的各种解释。地方赤字由 v_i，Ψ_i 的度量，来自拖欠援助模型的 σ 和来自转滚法模型的 δ 共同决定。

51参看注释24，当赤字融资 Φ 等于 $(1-\sigma)\cdot\Omega$，δ 等于赤字资本化率，并且 Ω 等于赤字占当前支出的比例时，当前服务的补贴率得以确定。英曼（1982）给 Ω 赋予一系列合理数值，并从需求曲线的估计中得知 Φ，于是推断出估计的 δ；估计的范围在0.10到0.90之间。

52传统的拖欠州像伊利诺伊州、马里兰州、宾夕法尼亚州都已经归还了它们全部的债务。印第安纳州、密歇根州、路易斯安娜州也归还了它们全部的债务；但是阿肯色州、密西西比州和佛罗里达州却拖欠了大部分的债务。直到内战之后拖欠的州再也没有借款，由于它们的拖欠行为它们一直都没有进入欧洲证券市场。拖欠的州只有归还它们的债务才能重新进入证券市场，并且只有归还巨额的利息额外费用才能恢复它们的信誉（usually by the mid－1850s；English 1996）。

53汉森（2000）估计了州选举最高法院调整政权制度行为约定的结果，假设政治独立的法院驳回代理机构的决定，这种做法可能刺激代理机构的"保护"行为。这种行为需要额外的代理群体。汉森在三个调政代理机构（保险、效用和教育）中发现了较高的代理群体，在那法官是被委任的。在维持原来的假设下，委任法官将比选举法官更具独立性。波恩和英曼（1996）假设独立的法院更有可能在以平衡预算反对立法赤字为基础加强宪法。它们发现在这些拥有宪法规则和选举法官权利的州都具有较低的赤字。在维持这个假设条件下，这些结果暗示选举法官将比委任法官具有更多的独立性。

参考文献：

Ades, A., and E. Glaeser. 1995. "Trade and Circuses: Explaining Urban Giants." Quarterly Journal of Economics 110: 195 – 227.

Aghion, E, and E Bolton. 1990. "Government Domestic Debt and Risk of Default: A Political – Economic Model of the Strategic Role of Debt." In R. Dornbusch and M. Draghi, eds., Public Debt Management: Theory and Practice. Cambridge: Cambridge University Press.

Allen, E, and D. Gale. 2000. "Finandal Contagion." Journal of Political Economy 108: 1 – 33.

Bayoumi, Tamim, Morris Goldstein, and Geoffrey Woglom. 1995. "Do Credit MarketsDiscipline Sovereign Borrowers? Evidence from the U. S. States." Journal of Money, Credit, and Banking 27 (4): 1046 – 1059.

Bebchuk, L., and H. Chang. 1992. "Bargaining and Division of Value in Corporate Reorganizations." Journal of Law, Economics, and Organizations 8: 253 – 279.

Bergstrom, T., D. Rubinfeld, and E Shapiro. 1982. "Micro – Based Estimates of Demand-Functions for Local School Expenditures." Econometrica 50: 1183 – 1206.

Bermann, G. A. 1994. "Taking Subsidiarity Seriously: Federalism in the European Com – munity and the United States." Columbia Law Review 94: 331 – 456.

Bogart, W., and B. Cromwell. 1997. "How Much More Is a Good School District Worth?" National Tax Journal 50: 215 – 232.

Bohn, H., and 1L E英曼. 1996. "Balanced Budget Rules and Public Deficits: Evidence from the U. S. States." Carnegie – Rochester Conference Series on Public Policy 45: 13 – 76.

Bordo, M., and B. Eichengreen. 2000. "Is the Crisis Problem Growing More Severe?" Paper presented at Riksbank Conference cn Asset Markets and Monetary Policy.

Bradford, D., and W. Oates. 1971. "The Analysis of Revenue – Sharing in a New Approach to Collective Fiscal Decisions." Quarterly Journal of Economics 85: 416 – 439.

Chari, V. V., L. Jones, and IL Marimon. 1997. "The Economics of Split – Ticket Voting in Representative Democrades." American Economic Review 87: 957 – 976.

Coate, S. 1995. "Altruism, the Samaritan' s Dilemma; and Government Transfer Policy." American Economic Review 85: 46 – 57.

Collie, M. 1988. "Universalism and the Parties in the United States House of Represen – tatives, 1921 – 80." American Journal of Political Science 32: 865 – 883.

Davoodi, H., and H. Zou. 1998. "Fiscal Decentralization and Economic Growth: A Cross – Country Study." Journal of Urban Economics 43: 244 – 257.

DelRossi, A. 1995. "The Politics and Economics of Pork Barrel Spending: The Case of Fed-

eral Financing of Water Resource Development." Public Choice 85: 285 – 305.

DeiRossi, A., and R. E lnman. 1999. "Changing the Price of Pork: The Impact of Local Cost Sharing on legislators' demands for distributive Public Goods." jonrnal of Public Economics 71: 247 – 273.

Dewatripont, M., and E. Maskin. 1995. "Credit and Efficiency in Centralized and Decentralized Economies." Review of Economic Studies 62: 841 – 855.

Diamond, D., and R. Rajan. 2002. "Aggregate Liquidity Shortages and Banking Crises." NBER Working Paper No. 8937, May 2002.

English, W. 1996. "Understanding the Costs of Sovereign Default: American State Debtsin the 1840s." American Economic Review 86: 259 – 275.

Epple, D., and K. Schipper. 1981. "Municipal Pension Funding: A Theory and Some Evidence." Public Choice 37: 141 – 178.

Fairchild, L., and T. Koch. 1998. "The Impact of State Disclosure Requirements on Municipal Yields." National Tax Journal 51: 733 – 752.

Fitts, M., and R. E英曼. 1992. "Controlling Congress: Presidential Influence in Domestic Fiscal Policy." Georgetown Law Journal 80: 1737 – 1785.

Fudenberg, D., and D. Kreps. 1987. "Reputation in the Simultaneous Play of Multiple Opponents." Review of Economic Studies 54: 541 – 568.

Gillette, C., and L. Baker. 1999. Local Gowernment Law: Cases and Materials. 2nd ed. New York: Aspen Law and Business.

Gramlich, E. 1976. "The New York City Fiscal Crisis: What Happened and What Is to Be-Done?" American Economic Review, Papers and Proccr, dings 66: 415 – 429.

Grossman, S., and J. Stiglitz. 1980. "On the Impossibility of Informationally Efficient Markets." American Economic Review 70: 393 – 408.

Hans, sen, A. 2000. "Independent Courts and Administrative Agencies: An Empirical Analysis of the States." Journal of Law, Economics, and Organization 16: 534 – 571.

Hempel, G. 1971. The Postwar Quality of State and Local Debt. New York: Columbia University Press.

Hillhouse, A. M. 1936. Municipal Bonds: A Century of Experience. New York: Prentice – Hall.

英曼. R. P. 1982. "Public Employee Pensions and the Local Labor Budget." Journal of Public Economics 19: 49 – 71.

英曼, R. E 1983. "Anatomy of a Fiscal Crisis." Business Review: Federal Reserve Bank of-Philadelphia Sept. – – Oct., 15 – 22.

lnman, R. E 1988. "Federal Assistance and Local Services in the United States: The Evolution of a New Federalist Fiscal Order." In H. Rosen, ed., Fiscal Federalism: Quantitative tud-

ies. Chicago: University of Chicago Press, 33 – 75.

英曼, *R. P. 1992. " Can Philadelphia Escape Its Fiscal Crisis with Another Tax Increase?" Business Review of the Federal Reserve' Bank of Philadelphia, Sept – Oct., 5 – 20.*

英曼, *R. P. 1997. " Do Balanced Budget Rules Work? U. S. Experience and Possible Lessons for the EMU. " In Horst Siebert, ed., Quo Vadis Europe? Tubingen: J. C. B. Mohr (Paul Siebeck), 309 – 332.*

英曼, *R. E 1999. " On the Design of Intergovernmental Transfers with an Application to the New South Africa. " In R. Schwab, ed., Essays in Honor of Wallace Oates. London: Edgar Elgar.*

lnman, R. P., and M. Fitts. 1990. " Political Institutions and Fiscal Policy: Evidence from the U. S. Historical Record. " Journal of Law, Economics, and Organization 6: 79 – 132.

英曼, *R. P., and D. L. Rubinfeld. 1996. " Designing Tax Policy in Federalist Economies: An Overview. " Journal of Public Economics 60: 307 – 334.*

Jackson, V. 1998. " Federalism and the Uses and Limits of Law: Pr/ntz and Principle?" Harvard Law Review 111: 2180 – 2259.

Knight, B. 2001. " On the Advantages and Disadvantages of Centralized Provision of PubUc Goods: Evidence from Congressional Voting on Transportation Projects. " Working paper, Board of Governors of the Federal Reserve System. Komai, J. 1986. " The Soft Budget Constraint. " Kyklos 39: 3 – 30.

Kreps, D., and R. Wilson. 1982. " Reputation and Imperfect Information. " Journal of Economic Theory 27: 253 – 279.

Levitt, S. D., and J. Snyder. 1997. " The Impact of Federal Spending on House Election Outcomes. " Journal of Political Economy 105: 30 – 53.

McConnell, M., and R. C. Picker. 1993. " When Cities Go Broke: A Conceptual Introduction to Municipal Bankruptcy. " University of Chicago Law Review 60: 425 – 496.

McGrane, R. 1935. Foreign Bondholders and American State Debts. New York: Macmillan.

Mera, K. 1969. " Experimental Determination of Relative Marginal Utilities. " Quarterly Journal of Economics 83: 464 – 477.

Merritt, D. 1988. " The Guarantee Clause and State Autonomy: Federalism for a Third Century. " Columbia Law Review 88: 1 – 78.

Morris, C. 1980. The Costs of Good Intentions: New York City and the Liberal Experiment, 1960 – 1975. New York: McGraw – Hill.

(Dates, W. 1999. " An Essay on Fiscal Federalism. " Journal of Economic Literature 37: 1120 – 1149.

O' Cleireacain, C. 1997. The Orphaned Capital: Adopting the Right Revenues for the Dis-

trict of Columbia. Washington, D. C.: Brookings Institution.

Palmon, O., and B. Smith. 1998. "New Evidence on Property Tax Capitalization." Journal of Political Economy 106: 1099 – 1111.

Poterba, J. 1994. "State Responses to Fiscal Crises: The Effects of Budgetary Institutions and Politics." Journal of Political Economy 102: 799 – 821.

Pgterba, J. M., and K. S. Reuben. 1999. Fiscal Rules and State Borrowing Costs: Evidence from California and Other States. San Francisco: Public Policy Institute of California.

Qian, Y., and G. Roland. 1998. "Federalism and the Soft Budget Constraint." American Economic Review 88: 1143 – 1162.

Ratchford, B. U. 1941. American State Debts. Durham, N. C.: Duke University Press.

Rosen, H. 1999. Public Finance. 5th ed. New York: Irwin McGraw – Hill.

Scott, W. A. 1893. The Repudiation of State Debts: A Study in the Financial History. Boston: Crowell.

Segal, I. 1998. "Monopoly and the Soft Budget Constraint." RABID Journal of Economics 29: 596 – 609.

Simon, C. 1989. "The Effect of the 1933 Securities Act on Investor Information and the Performance of New Issues." American Economic Review 79: 295 – 318.

Smith, R., and J. Booth. 1985. "The Risk Structure of Interest Rates and Interdependent Borrowing Costs: The Impact of Major Defaults." Journal of Financial Research 8: 83 – 94.

Tiebout, C. 1956. "A Pure Theory of Local Expenditures." Journal of Political Economy 64: 416 – 424.

Tirole, J. 1994. "The Internal Organization of Government." Oxford Economic Papers 46: 1 – 29.

Weingast, B. 1979. "A Rational Choice Perspective on Congressional Norms." American Journal of Political Science 23: 24, % – 262.

Weingast, B., K. Shepsle, and C. John, sen. 1981. "The Political Economy of Benefits and Costs: A Neoclassical Approach to Distributive Politics." Journal of Political Economy 89: 642 – 664.

Wildasin, D. 1997. "Externalities and Bailouts: Hard and Soft Budget Constraints in Intergovernmental Fiscal Relations." Working paper, Vanderbilt University.

Wilson, R. 1986. "An Empirical Test of Preferences for the Political Pork Barrel: District Level Appropriations for River and Harbor Legislation, 1889 – 1913." American Journal of Political Science 30: 729 – 754.

Wittman, D. 1989. "Why Democracies Produce Efficient Results." Journal of Political Economy 97: 1395 – 1424.

3 加拿大对地方政府财政行为的约束：不同的方法，相同的结果？

理查德·伯德，阿尔莫斯·塔沙妮

提到财政分权，人们常关心的一个问题就是它可能会引起宏观经济不稳定。一些人担心，分权化使地方政府拥有更多财政资源的同时也享有支配这些资源的权利，由此将导致地方政府尽可能地减少税收收入、增加财政支出、过度举借债务。总之，分权很有可能使地方政府财政部门作出不负责任的行为（普鲁德·霍姆，1995；坦兹，1996）。地方政府这些行为对中央政府有百害而无一利。因此，中央政府认为有责任和义务向濒临破产的地方政府提供直接和间接的财政援助。即使不提供财政援助，分权导致的中央与地方共享税收收入和拨付规模庞大的转移支付也会威胁中央政府发挥稳定与再分配的宏观调控，使中央难以实施有效的财政等宏观调控政策。目前广为人知的巴西和阿根廷等国（狄林杰和韦伯，1999a）的地方财政危机，就很好地印证了这一点。中央加强对地方政府的宪法约束或行政控制十分必要，较为有效的措施包括：限制地方财政支出、鼓励增加财政收入，最重要的是中央政府加强对地方政府向资本市场举借债务的事前控制（特·密纳莎，1996）。

本文将主要探讨这样一个问题，如果对各级政府的决策者在政治和经济方面的激励制度安排完全合理，中央政府严格的事前控制将大大减弱，甚至完全没有必要（伯德，1999a）。实际上，与限制地方政府进入资本市场的硬预算约束相比，合理的制度安排对控制地方政府的恶性财政行为更加有效（阿曼德，1999）。最近，一些分析人士认为，在特定的制度安排下，不同的分权形式造成的影响受到诸多因素相互作用，其中包括政治、经济和管理等因素（瑞登，2002；狄林杰、帕瑞和韦伯，1999）。

选取加拿大作为本书研究的案例有以下几个原因。首先，加拿大是世界上分权化最彻底的国家之一。加拿大的省级政府负责绝大多数重要的社会支出，并且拥有极大的征税权限。实际上，省级政府的税基、税率及整个征税系统基本不受宪法的限制，也不需要与联邦政府及其他省级政府进行协调。该国所有的省级政府都可以从联邦政府获得大量的无条件转移支付，而对于一些较贫困的省，转移支付成为其重要的财政收入来源，比该省征税收入在地方财政收入中所占比重还要高。而且，如果省政府有举债融资的需求，不需获得联邦政府的许可，就可以自主确定债权人，并向其借款。省政府被赋予上述如此之多的权利不可避免的会出现机会主义行为。根据 3.1 节的描述，尽管这样恶劣的情况在加拿大偶有发生，但总体上，该国还是成功地逐渐消除了省政府选择这些投机行为带来的负面影响。

加拿大的经验之所以引起我们的兴趣的第二个原因是，它为我们提供了一个鲜明的例子：一方面，面对十分宽松甚至不存在的联邦政府约束的省级政府，其市场和行政的预算约束却相当有效；另一方面，该国对地方政府行为实行高度的控制与严格的约束。与中央和省政府的关系完全不同，加拿大市政府与省政府则是委托与代理的关系。省政府对市政府实行明确的层级预算约束。就如我们将在 3.2 章所讨论的那样，加拿大省政府较强的控制力度，避免了地方政府遭遇投机行为可能引起的不良后果。从整体上说，这种层级体系与在省政府这一层级上面临的市场和行政约束基本同样有效。尽管一些规模较小的地方政府偶尔也会面临严重的财政困难，但此时财政监管会帮助他们渡过困境。从整体上说，虽然对市一级政府和省级政府采取不同的监管模式，但监管效果都是理想的。

最后，在本章的结束部分，我们将列出加拿大联邦对省级政府和省对下级政府所采用制度的重要区别。我们认为，这两种制度体系应对当前的危机都十分有效。原因可能是，最严格的预算约束来自于惨痛的经验教训，而不是上级政府或外来的强制力量[①]。同个体一样，一个国家（或者更精确地说，政党或者政府等）也会从历史经验中吸取教训，并且逐步形成自己的行为规范，这样即使没有任何硬预算约束的外在监督，他们也会自发的约束自身的行为。结论部分将对这一思路进行更深层次的剖析。

3.1

加强对省级政府的“软”预算约束

“在加拿大公共财政领域，历史就是一切；只有了解了昨天，才能了解今天。”

——佩里：税收、关税和补贴：加拿大财政发展的历史

加拿大由 10 个省组成，其中小至爱德华王子岛省，其人口刚刚超过 10 万；而最大的安大略省则有约 1000 万人口[②]。在这一章里，我们将介绍加拿大联邦—省财政和政治体系中的重要组成部分，这些内容对于建立该国的软预算约束制度至关重要，如数额巨大且无条件的联邦—省财政转移支付和财政收入均等化体系；以及能够避免那些原本可能发生的危机的原因。我们首先回顾加拿大联邦—省政府间财政关系的历史沿革及最新情况；然后介绍有关政治背景后，简要描述相关历史经验。

3.1.1 联邦政府与省级政府财政关系

有关加拿大政府间财政关系的研究中，联邦—省财政关系一直是关注的重点。本文在研究这一问题时将其归纳为三部分。

第一，加拿大在 1967 年左右开始税收收入均等化转移支付体系。通过这一项转移支付，联邦政府对最贫困的 7 个省进行补助（见附注 3A）。此项转移支付旨在提高这 7 省的财力水平。根据全国省级平均税率和相应税基计算该省人均税收收入，以该省人均税收收入低于标准数的差额乘以该省人口数，即为该省可得的补助总额。

第二，对所有省政府的固定项目补助。尽管称作卫生与社会专项补助，但实际上是无条件给予的。这项补助取代了之前的两项转移支付：一种是社会援助计划；另一种是 1977 年取代教育卫生专项转移支付（伯德，1987）而确立的一项无条件补助。补助总额以 1996 ~ 1997 年的转移支付为基数，按照 GDP 增长的移动平均数计算。补助采取现金支付和减让税收收入两种转移支付方式。税收减让，即联邦政府通过降低其征税率，使地方政府获得了原先需上缴联邦的部分税收。

第三，尽管加拿大各省基本可以自主确立其征税的税基和税率，实际上，如果联邦政府征收所得税的税基与省政府一致，则省政府的大部分所得税收入就以税收征收协议的方式上缴联邦政府。根据这一协议的规定，联邦政府在其中7个省征收企业所得税、9个省征收个人所得税。1997年，3省将联邦政府征收的销售税和联邦政府增值税（商品和服务税，即GST）合并为销售税（HAT）。而在魁北克省，省政府同时征收省级增值税（VAT）和联邦政府增值税（GST）。其余6个省中的5个则继续征收单独的零售税③。

总之，尽管加拿大联邦政府和省级政府基本按照统一税基征税，但联邦政府的税收收入要超出其直接的财政支出。因此，一直以来，联邦政府都通过以上两种无条件转移支付将它的财政盈余补助给省级政府。加拿大的宪法规定，教育、卫生和社会援助方面的所有支出由联邦政府的固定项目补助支付；对老年人、儿童和失业人员的直接收入补助计划也主要由联邦政府负担。

3.1.2 税收

在过去的50年中，加拿大联邦—省财政体制不断地进行微调，但有时改革成果也会被颠覆（帕西，1997）。以税收为例，目前，联邦和省级政府征税来源主要是所得税和消费税，但战后省政府在所得税和消费税中所占比重增长较为明显。1960年以来，省级税收收入在GDP中所占比重大幅增加，与同期联邦和市级政府税收所占比重相对稳定的情况形成鲜明对比（见图3.1）。

例如，1955年至1995年，税收收入在GDP中所占的比重从22%增至36%。其中，4/5的增长源于省级税收收入，而个人所得税则贡献了省级税收增量中的2/3（伯德、帕西和威尔森，1998）。尽管近年来人们普遍比较关注销售税，但是，战后联邦—省税收体系中最主要的还是个人所得税。

征税权利在联邦—省两级政府间的划分，与其说是对标准化准则的应用，不如说是政府间政治博弈的产物。其实，某种标准只有在被大众普遍认可的情况下才能发挥其影响力。比如，加拿大制定了一系列的协议、协定对征税权利划分问题作出明确的规定（伯德，1993）。毋庸置疑，当两级政府都在征税时选用尽可能大的税基时，无意会增大税收的经济成本。但是，纵观加拿大的历史，目前的联邦制是其政治体制的必然选择，为了维持现有的平衡，那些额外的经济成本自然是必不可少的。

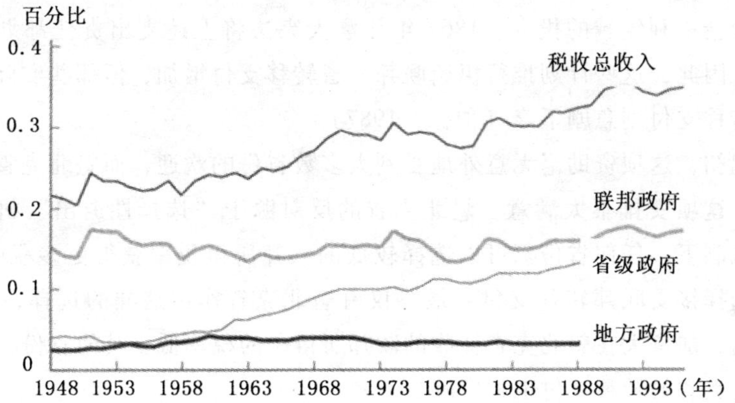

图 3.1　1948 年至 1993 年间加拿大各级政府税收收入占 GDP 比重

3.1.3　转移支付

加拿大联邦对省的转移支付力度在战后的前半期明显增大，之后则趋于稳定，且在近年有下降的趋势（见图 3.2）。20 世纪 70 年代早期，加拿大步入经济高速增长阶段，因此，联邦政府享受了这一历史机遇带来的好处，通过征收指数外的累进所得税使收入大幅增加。对此，联邦政府没有作出减税的决定，而是通过几项大规模的转移支付计划将资金补助省级政府。

第一项是加拿大联邦政府推出的均等化转移支付④。

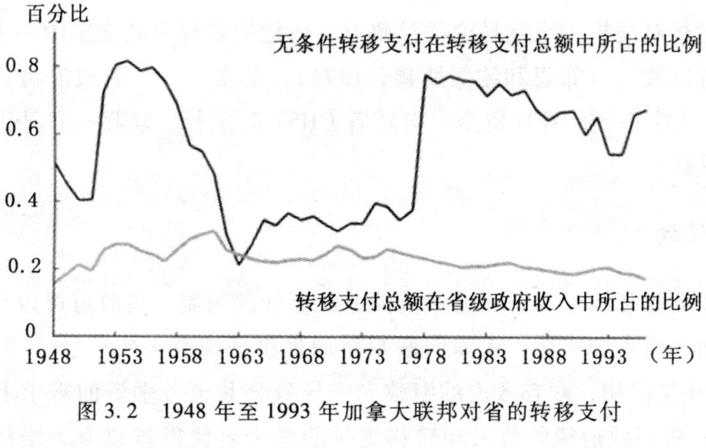

图 3.2　1948 年至 1993 年加拿大联邦对省的转移支付

第二种是有条件的成本分摊模式的补助计划，到目前为止，这是数额最大的转移支付，并且是无限额的配套拨款，旨在鼓励省政府加强对教育、卫生和社会福利领域的投入。1867 年加拿大宪法将上述支出责任都划归省级政府。因此，这些计划推行伊始联邦—省转移支付增加，但那些实际为无条件的转移支付则急剧下降（伯德，1987）。

起初，这项资助毫无意外地受到大多数省份的欢迎，而魁北克省则对联邦政府这项安排不太满意。魁北克省的反对源于“选择性退出”机制，在这种机制下，任何省份都可以选择较低的联邦所得税率获得更多税收收入，而不选择接受联邦转移支付。最终仅有魁北克省作出这样的选择，从 1966 年开始，加拿大在魁北克省征收的联邦所得税的税率低于其他省份，同期给予魁北克省的转移支付也相应减少。

但是，经济飞速增长阶段很快过去，加拿大联邦政府也渐渐陷入了漫长的财政赤字期，它希望能慢慢弥补转移支付造成的财政缺口。最后联邦政府通过转变转移支付的形式弥补了财政赤字。1977 年，联邦政府将原有的教育和卫生转移支付更名为固定项目计划补助（EPF 转移支付），该项计划是联邦无条件援助。这一转变在当时受到了像安大略这样的一些省份的欢迎，他们认为此举可以降低联邦对省政府活动的干预。截至 1996 年，当加拿大的最后一项重要的联邦—省有条件转移支付——加拿大援助计划（CAP）被并入 EPF 后，转移支付正式更名为加拿大健康与社会转移支付（CHST），此后，无条件的联邦援助又恢复了它在联邦—省转移支付体系中的主体地位（伯德，1987），见表 3.2。联邦政府通过多种方式，降低了对省政府尤其是财政状况较好的省（如安大略省、阿尔伯达省、不列颠哥伦比亚省等）的转移支付相对规模，也就是说联邦政府有效地把联邦财政赤字中一大部分转移给了省级政府（布思和约翰斯顿，1993）。其实，虽然省政府可以自由支配从 CHST 中得到的补助资金，但随着 CHST 的推行，联邦—省补助数额仍然大幅下降。

3.1.4 借款

加拿大联邦政府对省政府举借债务没有任何限制，省政府可以自由选择举债时间、地点和用途，无需向联邦政府提供任何有关的信息。20 世纪 80 年代至 90 年代初，联邦政府的财政赤字导致公共债务融资的需求上升（见图 3.3）；省级政府税收收入和转移支付的减少也使得省政府为维持必要的社会支出不得不大量举借债务⑤。其后我们还将介绍，这种模式和 20 世纪 30 年代的情况如出一辙。在省级政府这一级次，举借债务的数额与资本支出需求有一定的联系，但是，到了 90 年代初的经济衰退期，很多规模较大的省份借债数额急剧增加，并且远高于其投资支出，30 年代经济危机之后，这种情况首次出现，两者之间原有的关系也被打破了（见图 3.4）。

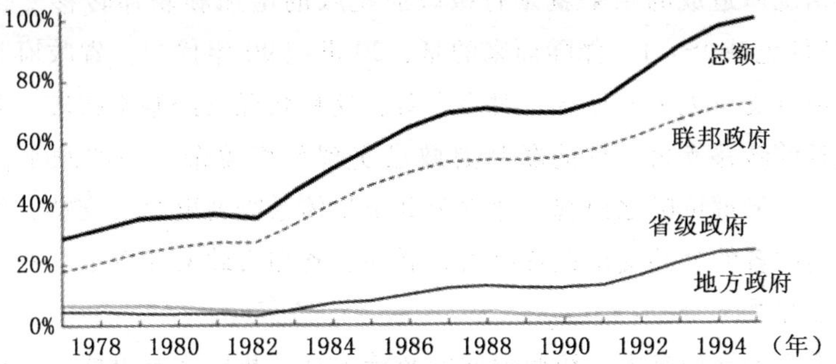

图 3.3　1977 年至 1994 年间各级政府在 GDP 中所占的比例

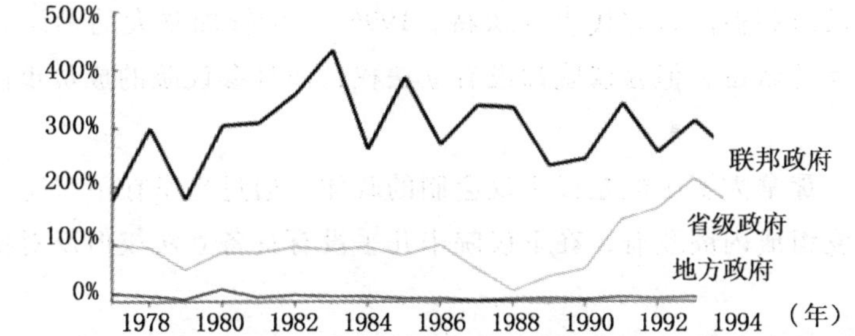

图 3.4　1977 年至 1994 年间各级政府债务在政府支出中所占的比例

一些观察人士已经注意到，这种情况的出现对合理的货币政策是很不利的，存在潜在的危险（德弗罗，1993）。换句话说，如果联邦政府不对省政府的债务进行担保，那就需要资本市场对省政府进行监管。

3.1.5　各级政府间政治关系

加拿大的联邦—省政府间的财政体制安排尽管受到现实经济的约束，但归根结底，财政体制还是由其政治体制决定的。战后的前半期，联邦政府在大好的经济背景下轻而易举地增强了其财政实力，以至于满足宪法规定的财政支出后，联邦财政收入仍有结余。但是，联邦并没有将这部分财政盈余返还给纳税者，联邦的政客们决定让省政府承担这笔支出⑥。战后的第二个时期（20世纪70年代中期以后），一方面，联邦政府调控措施不当长期存在，省和地区政府对此的不满也再次浮出水面；另一方面，联邦政府税收收入的黄金时代逐渐褪去，与此同时，正如前文所提到的，联邦不仅增加了对省政府的征税力度，也减少了转移支付（尽管转移支付条件限制也有所减少）。这两种情况所造成的结果就是省级政府税收的增加和联邦转移支付的减少（约束条件也减少了）。伴随而来的是，20世纪90年代初，省政府举借更多和投资项目支出无关的债务，时至今日，这种状况已经基本扭转。联邦通过降低对省的转移支付，目前联邦财政已实现预算盈余。一波刚平，一波又起，新一轮的辩论随之而起，建立公共卫生体系需要财政的支持，但是这项有利于当政者的公共支出耗资巨大，联邦、省和市政府在资金支持上应怎样划分责任呢？

如果不了解加拿大各级政府间的政治关系，我们就不可能完全理解上述问题的发展过程。对此，我们将从以下四个方面阐述：

第一，加拿大在所有联邦制国家中最特别的地方是，在联邦政府中没有任何省级政府利益的官方代表（沃特，1996）。尽管加拿大的参议院中有地方政府代表的席位，但参议院却没有立法权，而且参议院的成员也由联邦政府来任命⑦。

第二，加拿大实施的是民主议会制的政体，通过选举在下议院中占多数席位的政党组成内阁政府，在下议院中几乎没有具备立法权但反对执政党政策的。

第三，加拿大政党的纪律严明。执政党很可能在内部核心会议上激烈讨论有关地方的议题，但是在公众场合则不作任何表态。加拿大的政党对所有政策问题都保持一贯的态度，正如该国一直奉行符合他们利益的法律。

最后，即便省级政府（单院的）也具备上述后两个特征，但是省政府和联邦政府还是有本质不同。加拿大人认为在省级政府内支持某一个政党，在联邦政府支持另外一个政党并不矛盾，当然，他们也一直是这么做的⑧。不仅如此，联邦和省级政府之间几乎不存在职能交叉。除了少数的例外情况，省级政府的官员主要在省级层面寻求政治发展，而联邦政府的官员们则在联邦实现自己的政治理想。

综上，由于省级政府数额较少，在加拿大10省中的4个（安大略省、魁北克省、阿尔伯达省、不列颠哥伦比亚省）对于政策出台也有很大影响力，因此，对地方政府影响较大的政策问题迟早都会成为联邦与省级政府之间争论和协调的焦点。一位作者（西蒙，1972）几乎把所有的重要政治议题都称为“联邦—省外交”的产物。在联邦—省这一层面上的关系，长期以来以“协调迁就”（汉斯和威尔，1999）的议政模式为主。不管是国家政治平衡还是经济平衡的变化，都会直接反映到在不同层级政府间财政关系的变化上，也就是以降低分配效率为代价来维持政治关系的稳定。如果我们能够考虑到这种政治程序本质上的分权特点，那么他们在考虑问题时把效率束之高阁就不足为奇了。这种体制下，联邦政府几乎不存在对省级政府预算的约束，甚至政治协商的约束也不存在。因此，加拿大的省级政府经受住了分权化后市场对其约束的严峻考验。

3.1.6　实践中的预算约束

一些分析家（麦卡坦，1997）认为，在加拿大联邦对省实行预算软约束是顺理成章的。19 世纪早期的一些经验表明，以加拿大 1867 年建国前的加拿大省（今天的安大略和魁北克省）为例，确实曾经出现过一些预料中的结果。省级（和地方）政府进行基础设施建设时不断陷入财务困境，比如，在修建铁路和开凿运河时，大部分依靠外国债券融资，之后不断出现各种问题，政府会采取诸多措施从中摆脱（帕维，1992）。

但从这些早期的经验也可以看出，加拿大公共财政呈现出两种普遍的趋势，这些趋势可能会令人感到奇怪。首先，对控制灾难进行的必要努力，有助于地方财政管理水平的不断提高。正如帕维（1992）在研究中指出：“财政管理包括应对危机的措施；每当灾难需要控制的时候就会出现一些处理措施。但是，每一次危机的出现，都会出台一些改革措施，这些改革促进了政府建立一个相对现代的公共财政管理体系。”其次，对偏远殖民地的信息，国外的债券市场更为熟悉，尽管当时不可避免会出现信息滞后和信息不完全。举例来说，卡洛斯和莱维斯（1995）的证明令人信服，伦敦市场能够很轻松的事先评估 GTR 实施的可能性，并精准的定价，该项目是 19 世纪 50 年代最大的单一外国债券问题，如果最终破产则省级政府还是会施以援助之手[9]。在 150 年后的今天，无论是对政府经济和财政问题的政治和行政调整，还是国外资本市场发挥的内在机制都是显而易见的。

加拿大建国之后，大部分省级政府依然面临着同样的财政问题，实施同样的纠正措施，比如，我们可以借鉴1875~1895年间的经济衰退的经验（帕瑞，1997）。在实施联邦制之前，许多省级政府的困难都是由地方政府偶然的草率行事引起的，结果，省级政府又引入了很多纠偏的行政管理措施。举例来说，在20世纪早期，魁北克省一些偏远的小城市破产后，省政府将它们同蒙特利尔进行合并（波伊斯，1999）[10]。省级政府和市政当局在财政问题上的纠缠甚至在第二次世界大战以后仍然引发了很多问题。这些问题的出现在一定程度上可以归因于这两级政府都没有对债务的豁免有清晰界定。尽管一些新建的西部省份，（如成立于1905年的阿尔伯达省和萨斯喀彻温省）甚至从20世纪20年代就面临着债务问题，真正的危机却出现在20世纪30年代的大萧条时期。这一危机甚至导致一些东部省份的债务迅速翻了一番。而这些省份若按照一位观察家（巴克，1949）的说法，是已经在“经验教训中成了保守派”。福伯斯（1993）指出，由于联邦政府的债务援助需要统一的配套措施，这些压力在贫困省份的表现更为突出，特别是在一些贫困省份里较为贫困的地区[11]。

20世纪30年代经济危机所造成的沉重打击，可能是加拿大历史上第一例也是仅有的一例省级政府的债务拖欠，即阿尔伯达省在1936年的债务拖欠问题。阿尔伯达省曾是最贫困的省份之一，如今已是加拿大经济最发达的省份。它在经济大萧条时还受到旱灾的影响，更糟糕的是，阿尔伯达省新成立的政府体现了一位来自大草场的人民党党员“社会信用”的反（东部）银行哲学观点。这届新的政府试图通过形成一系列法律将这一哲学观点合法化，而这些法律既得不到联邦政府支持[12]，也不被超越权限[13]的省级当局认可。省级财政已经处于相当危险的境地，而此后联邦—省政府间激烈的争论亦没有任何帮助。举例来说，阿尔伯达省拒绝参与贷款委员会的一项提议，原因是这样做可以有效避免联邦政府对省级政府举债的控制（布思，1995）。

这样做的结果是在1936年，加拿大联邦政府拒绝了对阿尔伯达省的财政援助，以至于该省对大约1/3到期债券无法清偿（尽管它还在按照降低了的利率支付利息）。这一决定一定程度上成了政治问题（布思，1995）。以下的一些例子可以说明，几乎在同一时期，邻近的萨斯喀彻温省财政也陷入了同样的困境，但是联邦政府帮助它渡过了危机，债务均如期偿还[14]。阿尔伯达省的债务拖欠持续到了1945年，经过长期的协商谈判，联邦政府才给予该省有效的援助使其从困境中走出，其明确的目的就是为了重塑加拿大在国际市场上的信用[15]。联邦政府的财政部长在解释这些措施时说："我希望公众确信，*任何*加拿大政府承诺的支付，都会付诸实施的"（引自巴克，1949，其中斜体字是作者增加的）。

表面上看，这个宣言，以及加拿大联邦最终为省级政府债务买单的行为都清楚地表明省级政府事实上面对的是一种预算软约束，并且联邦政府无形中就为所有省级政府债务提供了隐形的担保，将来一旦省级政府不能清偿，则联邦就要为其买单。战后的其他发展状况印证并巩固了这一结论。联邦—省政府的税收制度安排清晰、稳定，也同样印证了这一点。

但是如果从更深层次看，已经发生的其他变化彻底地改变了政府间博弈的领域。战争来临，一份来自皇家专门调查委员会有关地区—省政府间关系（瑞威尔—西瑞斯，1938）的建议并未受到人们的关注。该委员会认为联邦政府应该承担起全部的财政救援，而这种救济支出实际上几乎可以成为省级和地方政府渡过 20 世纪 30 年代财政危机的决定性支持。不仅如此，1941 年和 1951 年两项重大的宪法修订案（失业保险和养老金）有效地契合了这一目标。从此之后，个人收入分配的职能主要是由联邦政府而不是地方政府来执行。此外，战时新推出的高额征收的个人所得税，极大地改善了省级政府的财政状况，1947 年以后更是成为省和联邦政府的重要财源[16]。

随着省政府支出和收入结构的逐渐完善，加拿大进入了第二次世界大战之后的一个崭新时期。联邦政府充足的财力决定了它可以给予省政府大量的转移支付，省级政府的教育和卫生支出由其自有税收收入和联邦政府转移支付提供财政支持，但 20 世纪 70 年代，收入大减，随着这两项支出急剧增加，引发了最终近期的联邦—省财政危机。但是回过头看，前面提到的诸多因素在一定程度上大致抵消了长期以来我们以为彻底的分权会对加拿大宏观经济造成的有害影响。

同以前的经验相比，尽管 20 世纪 80 年代和 90 年代早期政府债务、特别是联邦政府的债务持续增长（见图 3.3），但我们可以看出加拿大的财政体系经历短短几年滞后期后，已进行了充分的调整，可以完全适应不断变化的现实（凯尼波和麦肯齐，1999），对此人们对那些根深蒂固的传统问题仍感到很困惑（布鲁斯，1995；德威瑞克斯，1993）。事实上，早在联邦政府为了避免在 90 年代后 5 年内出现更严重的问题不得不支援下级政府之前，很多省级政府就已经开始着手处理面临的问题：有些由经济衰退引起，还有的是联邦政府减少对省级政府的转移支付所造成的连锁反应（布思和约翰斯通，1993)。有趣的是，无论是政治从属关系还是政府间转移支付的依赖关系，都不能决定谁在什么时候做，做什么的问题。一个严重依赖转移支付的省份，虽然是由社会主义者管理的（萨斯喀彻温省），却是最早采取补救措施的省份之一；而另外一个对转移支付依赖程度较小，由保守党控制的省份，却属于采取措施较晚的省份之一。在决定省级政府采取调整措施的时间和力度方面，对转移支付的依赖和意识形态似乎并没有起到决定性作用，相比之下，省政府面临的财政危机程度则更具有决定意义。一般来说，财政实力最弱小的省份（税基最窄）对危机的反应比较快且强烈，而其他投资相对分散，财力相对雄厚，并且不太依赖转移支付的省份则反应相对较慢，也没有那么强烈[17]。

社会标准、制度形态、政治关系和市场力量的相互作用，使得加拿大和它的省级政府有能力跨越一些由不加限制的分权在长期内引起的，传统上被认为不可逾越的宏观经济困境，这些困境大多数要归因于以前的经济危机。当前纠正过程中一项很重要的举措，就是一些省（见附注3C）首次引入“预算平衡机制”，这一举措已经引起一些人的关注。但是，这些制度自我调节的本质和没有任何一个议会可以约束议会这一普遍原则表明，这一发展可能更具有象征意义，而非实际意义[18]。在3.3章我们可以看到，真实地情况是加拿大弹性的政治体系，以及加拿大政府对市场信号反应的能力和意愿。

另外，加拿大省级政府举借外债也值得关注。同联邦政府相比，省级政府长期以来都依赖国外资本市场，其举债中大约有一半是外债。这样，他们的举债成本除了受利率的影响之外，对汇率的波动也比较敏感。由于联邦政府对影响利率和汇率的政策有决策权，因此省级政府的预算对联邦政府的依赖程度可能会比看上去更大（沙释，1998）。不仅如此，考虑到省级政府和举借外债的重要性，省级财政的困难反过来也会影响汇率并进而影响联邦的预算。一些人把上述关系视为是联邦政府关心省级政府预算的原因（哈利斯，1993），并由此得出结论：联邦政府实施“不实施援助”的政策是不可信的（布鲁斯，1993）[19]。但是这一原因好像离题太远了。

布思（1993）指出，随着债务水平的提高，信用等级会逐渐降低，因此会提高债务成本。如果20世纪末国外资本市场能够像19世纪中期那样很好地解读加拿大的政治信号的话（卡洛斯和莱维斯，1995），那么渥太华的任何人都不用为省级政府的债务问题担忧得彻夜难眠。省级政府决策者的任何不负责任的行为，都会迅速及时地通过资本市场引起注意，并通过选举者的放映进一步加强这种受关注度[20]。

3.2

加拿大公共财政的“次级世界”：地方政府

> 税收、转移支付和举债，其架构是相似的。省级政府提出建议，并且从整体上进行部署。
>
> ——伯德和陈，1998

与省级政府不同，加拿大的地方政府面临的是上级政府通过行政控制给予的硬预算约束。省与地方关系和联邦与省的关系形成了鲜明对比，地方政府的大部分财政行为都受到了很严格的约束（伯德和陈，1998）。例如，地方政府举债必须事先得到省级政府的批准，并受到严格的限制（安布斯瑞科 1998）。而且，地方政府的收入和支出决策都受到严格的控制，省级政府给予地方政府的较为重要的转移支付通常都有很严格的条件限制（见图 3.5）。20 世纪 30 年代以来就有了许多对地方政府财政的规则和规定，到目前为止都没有改动。尽管一些小的地方偶尔也会遭遇到相当严重的财政困难，并被置于财政监管之下（原则上来说，所有的成本都需要当地来承担），这种完全不同的体制从整体上来看也经受住了 20 世纪 90 年代财政困难的考验，并且其结果令人相当满意。比较有意思的是，最近的危机结果是放松而非加紧了省级政府管理者对地方举债的控制[21]。

在加拿大的三级政府中，地方政府是当地居民主要的公共服务供给者。地方政府负责提供服务的范围非常广泛，从需要大量资金注入的服务（如供水），到劳动力密集型产业（如社会服务）。由于加拿大大部分居民住在城市，选民对农村的偏见由来已久，省级政府的政客们的演说也总是在强烈地暗示，尽管公共服务名义上是由地方政府的预算安排，但实际上却是由省级政府提供隐形的保障[22]。现代城市经济发展对资本密集型产业的依赖与日俱增，如供水、污水处理和交通建设等。地方政府的财力需要满足提供公共服务所需的资金和运行成本，当财力受到外界的威胁时，省政府通常会插手干预。威胁通常来自市政财政体系建设中再分配公共服务的竞争性支出压力，或是执政的地方政府无法妥善处理来自相邻地方的流动人口引起的问题以及无法建立广泛的财政基数的影响。当然，这种情况绝不是最近才有的。

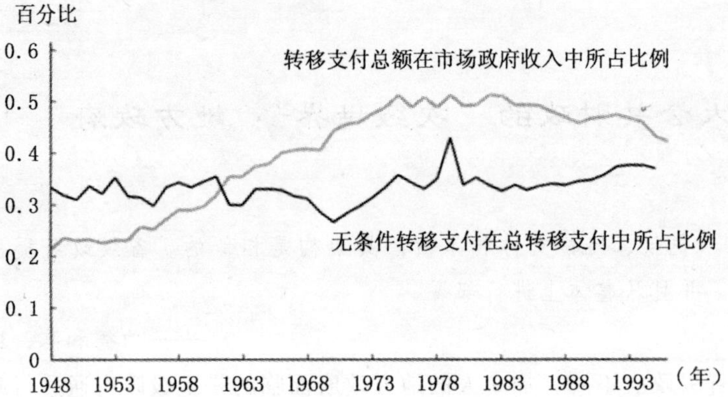

图 3.5　1948 年至 1993 年省对市的转移支付

3.2.1　早期经验

在加拿大地方政府发展的早期，常常会出现地方财政危机，随后省级政府着手干预。例如，最初加拿大省级《地方政府合作法》（1849 年）实施的部分目的就是为了避免由于授予地方政府征税权、举债权和为地方发展提供财政支持的权利而造成的省级债务的不断增加。1852 年，当地方政府最终无力以其政府信用获得融资时，地方政府统一贷款基金成立。地方政府可以从这个基金举借资金发展交通运输事业。最起码从官员的角度看，如果不是债权人必需的话，这一基金发行的省政府债券不会逐渐增多，因为这一基金并不是由统一收入基金提供保证的（帕维，1992）。

大多数地方政府的早期法律，都是为了阻止地方行为的滥用，而不是支持或控制地方行为。举例来说，魁北克省是在 20 世纪早期，实施这类法律最广泛的省份，但该法律条款限制性并不是很强。但是当地方政府希望在法律允许的限额（当利息和沉没成本超过地方政府年收入一半的时候）以外举借债务时，需要向上级政府申请。安大略省的情况也基本一样。其他的省份（新不伦瑞克省、新斯科舍省、不列颠哥伦比亚）除了在审计方面略加控制以外基本上没有明确的法律规定。只有新成立的两个省，即阿尔伯达省和萨斯喀彻温省，拥有正规的地方事务管理部门，并拥有广泛的监督权力，包括财政、债务和审计等（泰勒，1991）。

3.2.2 20 世纪 30 年代的危机

20 世纪之后，吸取 30 年代经济危机的经验，省级政府对地方政府的立法控制变得越发广泛。很多省建立了地方事务监管部门，这些部门权限广泛，包括监督、向地方政府下拨资金的权力。省级政府对地方政府的直接控制得到了广泛的延伸（巴克，1949）。以安大略省为例：大萧条时期，省和地方政府都遭受严重打击，导致省级政府彻底改变了目前的举债融资和财政管理框架（塔西龙，1994）[23]。

第一次世界大战以后，西部的一些地方政府以不断增值的土地为担保，为基础设施建设过度举债，最终无法偿还其债务（佩里，1955）。尽管如此，事实上是大萧条引发了地方政府的债务拖欠，由此而出现的违约债务在地方政府的债务总量中所占比例达到了 10%（巴克，1949）。其中，以安大略省的情况最为严重。截止到 1934 年底，安大略省 40% 的市政府和学校董事会无法偿还其举借的债务[24]。大部分的拖欠是在 1932 ~ 1933 年形成的，其中很多都是像捕杀鲟鱼这样的单一行业占主导地位的工业城镇。

自从阿提比尼纸业公司（该地最主要的企业）在 1930 年底停止营业之后，这个安大略省北部的工业城市大约有 5000 人因失业陷入绝境。两年之后，这个城市的债券余额已达 35 万美元，每 4 个居民中就有 3 个需要援助，并且每年还要上缴 5.6 万美元的税收。从 1932 年 7 月开始，省和联邦政府同意为这个城市 85% 的债务给予援助。但安大略的官员很快意识到，这样下去省政府的钱会以惊人的速度被这个地方消耗掉（斯特拉斯，1991）。

吸取了这些惨痛教训后，安大略省在随后的几年里即建立了对地方财政的调控框架，明确了管理、审计、调查和检查地方财政管理的权限。1932 年，该省成立了安大略市政委员会，赋予这一机构包括批准地方政府的举债、评估其担保的实质、考核地方政府的财政状况、确定现存债务规模的权力以及严格地将地方政府举债行为限制在该委员会的审核内等权力[25]。几年之后，安大略省管理与预算办公室于 1935 年被授权可以管理所有地方政府的资本支出，地方政府未经管理与预算办公室批准不得举债[26]。在此之前，省级政府已经设立了一个比率用于在一定程度上限制地方政府举债行为，即税收收入的增量需能够偿还债务，但是地方政府试图通过人为增加实物资产价值来规避控制。

管理与预算办公室还有权监管地方政府的债务违约。对地方政府的监管可以在参议会的请求下进行，也可以在地方政府存在债务违约或违约的可能性极大时由占债务总额20%以上的债权人提出进行。对地方政府的管理最终是属于监管委员会的职责，该委员会拥有管理地方政府财政事务的权力：征税、确定支出、确定估值资产、设定税率、短期借款、资产处置、负债合并，以及同债权人协商新的条件。长期举债业务只有获得管理与预算办公室的批准才能开展，而管理与预算办公室有权审核监管者的决定。

许多地区危机相当严重以至于一方面引起了地方官员的创造性的应对措施；另一方面，就像我们在鲟鱼秋城镇所提到的那样，省级政府对地方政府的意图感到不安。举例来说，在约克镇区的一项调查表明“官员们的愿望是帮助失业人员，并且希望从中央政府和省级政府那里获取尽可能多的资金保障，他们承担了很多在那个时期原本不属于其职责范围的工作。他们要求的支出数量也不在同省级政府的协议范围之内”（咨询委员会，1933）。

迄今为止最严重的危机出现在温莎公爵地区（在同美国的边界上，底特律的对面）。在温莎公爵的东部地区，债务占了1931年支出中的45%。1934年当地根本没有任何收入，而此时温莎公爵东部地区、温莎公爵地区和沃克维尔地区的市政当局所拥有的住宅资产价值中，40%属于欠款。之后在这些自治市都建立了监管委员会。其中最关键的问题是“预算支出是在税收收入100%取得的基础上设计的，并且预算在年度早期并没有被通过”（马克培森，1935）。其他两个常见的问题是，短期举债的追索权是以地方政府征税的权力没有受到限制为基础确定的，以及评估过程中对税收收入基础的无限制扩大。

对于每一个温莎公爵地区的地方政府，有人建议实施发行新债取代旧债的计划，即宣布40年以上的债务以3%～3.5%的利率计算。最初，他们只需支付5年的利息。温莎公爵地区问题的严重性引起了皇家专门调查委员会的注意，他们在1935年提交了一份报告。在那时，当地29%的居民靠救济生活，而其资产的价值与最高点相比降低了40%。

皇家专门调查委员会（1935）认为：边境地区的情况正在给当地带来拖欠所有债务的威胁。当前的预算在一定程度上完全是纸上谈兵，因为他们对每个部门的物资供应都呈现不足状态……如果按照当前的支出规模发展下去，即保持适当的维持费用以及地方政府需要支出的一部分救济款，地方政府能够留下的用以支付对外债权的本金和利息款项就相当有限。最终的必然结果是当地信用的崩溃，包括公共信用和私人信用。

针对当地问题日益严重的状况，省级政府最终改变了地方政府的权力范围：将温莎公爵地区、温莎公爵东部地区、三明治城和沃克维尔地区合并，成立温莎公爵财政委员会，为合并后的地方政府的巨额债务提供财政和再融资支持，以使他们从按以前权限所借的款项中恢复过来。这一委员会所拥有的权力，与省级政府提供给监管委员会的权力类似。

省级政府的地方事务委员会成立于 1934 年，其目的是为了处理全省范围内的大量地方政府危机，这一委员会最终于 1936 年取代了众多的监管委员会。到了 1939 年，这一部门已经成功地完成了 15 项再融资计划，还有 6 项仍在协商中（安大略省，1939）。这些计划基本上都是按照当初在温莎公爵地区所实施的计划模式进行的，其中涉及同债权持有者以及地方政府协商，从而可以对地方政府日益增加的债务提出一个可行的支付模式。一直到 1944 年，仍然有 15 个地区处于监管之中，但是在大部分地区，监管委员会的权力已经大大减小，主要保留了在批准年度预算以及监督预算的执行几个方面的权力。

3.2.3 对地方政府财政行为的约束

涉及地方政府的税收安排时，历史上一直存在以下两种观点：一种观点认为，大部分税收应当分配给中央政府；另一种观点则认为，只要有可能，不同的税收应该分配给不同的政府（伯德，1999）。在联邦—省关系这一等级上，加拿大同时违反了这两项规定；而在省—地方政府关系这一等级上，则基本上贯彻了上述两项原则。准确地说，在大多数省份只有在地方这一等级的政府才拥有清晰、独立的税收来源：财产税。尽管近来有一些省份把财产税纳入到省级政府的税收收入中，上述情况在不太远的将来似乎没有完全改变的可能。尽管财产税属于地方政府，财产评估（决定税基的程序）也是由省级政府来完成[27]，而且虽然地方政府一般可以设定自己的税率，这一权利也常常会受到限制，比如限定住宅和其他财产税率变化的幅度等[28]。

更为普遍的情况是，加拿大的地方政府在所有重要的财政方面都受到省级政府的控制；一般的规定是，他们不能征税、收费、举债，或者未经省级政府的直接批准而支出款项（伯德和史莱克，1993）。尽管地方政府可以设定财产税的税率，他们整体上只能获取省级政府允许他们保留的税收收入。在当前的财政体系下，任何省级政府都不可能让地方政府来征收像所得税和营业税这些拥有巨大税收潜力的税种，因此图 3.1 所显示的地方税收的超强稳定性在近期似乎没有改变的可能[29]。

伴随着地方税收的稳定性出现的是加拿大城镇化过程中地方政府支出的重要性逐渐增加，这主要是通过省级政府提供给地方的转移支付规模（相对于 GDP 来说）的逐步扩大实现的。从 1955 年到 1975 年，这种转移支付在地方政府收入中所占的比重几乎翻了一番，并且从此以后，这一比重一直保持在 50% 左右（见表 3.5）。但是就在同一时期，省级政府的收入中用于地方政府的转移支付所占的比重大致上是逐步降低的，说明联邦政府收入的增加速度要比地方快得多（伯德和陈，1998）。

几乎所有大额的省—地方转移支付的形式都是有条件转移支付，这同联邦—省转移支付的情况形成了鲜明的对比。二战后以来，无条件转移支付在地方政府收入中所占的比重，一直都是既低又没有什么变化。地方政府从省级政府那里得到充足的资金来保证他们日益扩张的支出。但是这种资金大部分都是附带严格的限制和管理的，而省级政府这样做的目的就是把自己的意愿施加到地方政府上[30]。

跟大多数其他的国家一样，加拿大的大部分基础支出也是由地方这一级政府来实现的。举例来说，加拿大 1993 年用于道路、桥梁、水利、污水处理等类似工程的支出中，地方政府占了 52%，剩下的部分则主要属于省级政府的支出范围（史莱克，1996）。这些基础支出中的某些部分（比如用在兴修水利上的）可以通过征收使用费直接获得补偿收入。其他的基础支出（如道路）可以提高生产力，从而提高当地税收支付的能力。此外，地方政府用在基建上的支出毫无疑义的可以在以后的年份获得回报。正是由于这些原因，常常有人提出地方政府用于基建的支出可能并且应该通过举债来筹资。但是加拿大地方政府比较显著的一个特征，却是地方政府举债相当少。实际上，地方政府的举债在好几十年里都呈现缓慢下降的趋势。此外，不论任何情况地方政府的资本支出中都只有极小部分是通过举债来筹集的（见图 3.4）。

3.2.4 为什么地方政府不更多的举债？

有关加拿大地方政府的举债行为的研究很少，其中一个可能原因就是地方政府很少利用完善的资本市场进行筹资。为什么会出现这种情况让人迷惑不解。我们以前就注意到，地方政府只有在省级政府严格的限制和管理之下才能开展举债业务：债务类型、举债期限的长短、所借资金的用途都受到严格控制。尽管各省的规则可能不一样，但相当严格（凯森，1984，阿曼诺斯科，1998）。整体上来说，加拿大的地方政府除非事前得到省级政府的批准（有些时候还需要当地纳税人的批准），否则一般是不能借大额长期债务的。“对于加拿大地方政府来说，这种情况一个重要的好处就是……他们不大可能会破产。但代价却是对地方自治的严格限制。”（伯德和史莱克，1993）

有关省级政府在地方政府预算、举债、条款和预防财政危机的监管等方面的规则框架，各个省份都有自己的特征（凯森 1984）。在安大略省，法律中适用于监管地方政府的条款在 20 世纪 30 年代就已经通过，并且保留到今天都没有什么变化。在地方政府的债务水平和重要财政事务的管理上，安大略省地方政府董事会和地方政府事务委员会都有自己的重要作用。法令允许董事会或者是委员会派人接管地方政府的财政工作，并把相关费用计算在地方政府的税基上。最近的例子涉及渥太华加里顿法语学校董事会，时间是 1991 ~ 1998 年。

每一个省都会要求地方政府作出平衡预算。例如在安大略省，不管是什么原因导致了财政赤字，它都必须在下一个财政年度中得到补偿。地方政府必须接受上级委派的审计员，并且按照公认的方式开展工作。它的短期举债只能有两个原因：在债券最终出售前为在建项目融资，或者在税收征收和政府收入未获得之前需要履行短期义务。这种举债在 1 月 1 日到 9 月 30 日之间不能超过预计总收入的 50%，而在 10 月 1 日到 12 月 31 日之间则不能超过 25%[31]。任何官员为了当前目的借出超额款项的话，都会被处以开除职位两年的处罚。

每个省份都对地方政府的长期举债进行了严格的限制（阿曼诺斯科，1998）。一些省份设立特殊的代理机构来代表地方政府举债[32]。在另外一些省份，地方政府可以直接开展长期举债业务，但是要受到省级政府所设规则的限制，并且在程序上需要经过省级政府管理机构或者代理机构的批准。安大略省一直到最近，所有需要债券担保或者融资时间超过一届理事会任期的资本支出，都需要由管理与预算局（管理与预算办公室）来批准。为了解决债务问题，理事会必须通过一项授权法令。负责债券买卖和实施工程的委员会，必须在获得一项以一定成本实施的项目的许可之后才能成立，而不存在任何可以追溯任命的机构。我们从下面可以看到，近年来这些规则在一些方面已经相当宽松了。尽管如此，即使是拥有良好信用记录的地方政府，也不能得到他们希望的举债数额。

通常，管理与预算局对安大略省地方财政和管理能力的差异非常敏感(见附注3D)。他们每年都要为多伦多城市、地域性的地方政府、一些提交申请的地方政府以及一些替其他人申请的政府安排资本支出配额，其依据是地方政府提交上来的信息。地方政府需要向董事会汇报其他形式的长期责任，比如支出配额的计算、债务限制等。举例来说，出租协议的筹资工作如果涉及理事会资本条款之外的现金的话，为了统计上的需要就会将它资本化[33]。

除了20世纪80年代末90年代初的财政恶化期外，安大略省的大部分地方政府都一直保持着他们的债券等级，这在一定程度上归因于安大略省的地方政府一直受到批准工作和限制框架的约束，同时也与他们本身实施保守预算的策略有关。尽管没有任何明显的证据可以说明安大略省的地方政府在本地或者国外市场上筹资的能力存在障碍，但是20世纪70年代中期以后，他们的融资方式从利用举债转向了即用即付策略，即倾向于从建设项目中收取使用费来为资本支出筹资，并且尝试在一定限度内利用公共—私人融资渠道。虽然现行的用私人举债代替公共举债的经济效率可能还有待研究（史莱克和伯德，1991)，但是如果站在地方政府预算的角度来看，可能会得出完全不同的结论。比如，地方政府可能会觉得自己被当地的税基挤出，而且如果以牺牲基础设施的维护和改善为代价来为社会服务筹资的话，他们发现压力很大[34]。

20世纪80年代末经济下滑和联邦政府转移支付削减所造成的财政危机给安大略省带来了巨大的压力，他们试图把一些问题下移给地方政府。省级政府特别提出，地方政府应该在基础设施如道路建设等的融资中承担更大份额的财政支持（安大略省，1989)。无条件转移支付和道路建设专用转移支付都被冻结在既有的水平上。安大略省的地方政府在既有的财政约束下正常运转，但是这种保守的管理所获得的奖励就是资金削减。

当地财政保守的行为所获得的另外一项报酬可能有点奇怪，即省级政府认为，众多地方政府所实施的即用即付政策（他们采用这种政策部分目的是为了应对现行的长期举债利率）说明他们仍然存在未发挥的举债能力，因此他们应该为增长中的基建提供更大份额的财政支持。意料中的是，最终使地方政府一点都高兴不起来。举例来说，多伦多城镇认为“省级政府单方面的行为造成了财政不足，已经把财政合伙人打击到了破产的境地了”（多伦多城镇地方政府，1989）。此外，在 1992 年，省级政府为了鼓励地方政府开展更多的举债业务，放松了地方政府在资本市场上的权利限制，并且为地方政府的偿债能力、以国外货币的形式举债以及所使用的举债工具提供担保。实施长期举债融资委托事项的程序也得到了改进。

当前有关债务总额的限定是自身总收入的 25%[35]。从 1993 年开始，安大略省的地方政府只要不超出上述债务限制，就可以在议会条款之外举债和承担财政责任，而无须经过管理与预算局的批准。而超过上述限额的举债则同样需要在事前得到管理与预算局的许可。安大略省的地方政府可以为了筹资进行举债或者发行债券。区域性的地方政府、农村、农村的当地政府和单独政府可以以自己的名义举债[36]。有意思的是，尽管区域性地方政府可以征收财产税，但是他们却不能以自己的名义举债。相反，尽管地方政府的债券是以当地政府的收入为担保的，而且债务和债务利息是低级政府的责任，但是却只有高级政府有权力举债。尽管债权可能同某一项工程的收入没有关系，地方政府却被允许使用这一系列的融资工资，包括可回收债券和偿债基金。他们也可以以外币的形式举债，尽管这种举债必须满足加拿大基金的限制。

整体上说，安大略省地方政府最近的财政记录表明，在大萧条的低谷中建立起来的管理结构经受住了当前财政困难的考验。安大略省的地方政府在国内外的资本市场上都有不错的声誉。尽管如此，这一体系仍受到指责。有些人认为这一管理结构过度限制了融资能力以及对资本市场的充分利用。另外一些人则认为地方政府所追求的即用即付哲学给当地的纳税人带来了过重的压力。

但是一个更基本的问题是，安大略省地方财政仍然相当依赖过于狭窄的税基，而此时地方政府需要负担相当份额的社会救助。在困难时期，必须支付的债务利息和当地政府对社会救助的责任综合起来，可能会对地方政府将其他的服务维持在同一水平上的能力构成威胁。尽管一些诸如为了加强地方政府同资本市场的关系而采取的政策算是一种改善，但是财政责任在收入再分配服务上的准确划分以及给地方政府分配一些弹性税收收入的权利（比如个人所得税），才可能为这个问题提供一个彻底的解决方案。

加拿大所有的省级政府都开始认识到实施更灵活的管理机构的重要性。安大略省和阿尔伯达省最近的改革简化了管理程序，并且在一定程度上加强了地方政府在资本市场上的权利，但是其他地方的管理系统仍然相当复杂

（阿曼诺斯科，1998）。在不列颠哥伦比亚，地方政府的举债（范库弗峰除外）仍然是由一个省级政府的机构代理，长期举债则需要省级政府的批准并在议员中以2/3的多数通过（也有可能是公民投票）。在魁北克，除了蒙特利尔和魁北克城以外，地方政府的举债既需要公民投票通过，还需要省级政府的批准，而以国外货币所借的款项则受到省级政府的控制。而阿尔伯达省在1995年之前，举债计划需要地方管理董事会的审批。尽管省级政府的监管已经取消，但是只要举债额度超过了限制，省级政府就会检查所有的债务，并且偿债的能力（收入的25%）必须在许可范围之内[37]。

3.2.5 省级政府的决策

总之，地方政府可以做什么、以怎样的方式做，主要是由省级政府来控制的，而省级政府则很难处理他们在这方面的权力[38]。以安大略省为例：在20世纪70年代，该省郊区的大部分地区是由两级地方政府管理的。虽然地方政府和当地居民都没有要求进行重组，但是上级政府实施了一种新模式。在A村住了几十年的居民，突然发现自己成了C区B城的居民，在此过程中政府根本不管他们是否愿意接受这种改变。当然，加拿大的民主政治渠道是相当公开的，如果人们真的不满意的话，他们的不满必然会引起注意。如果这种感情足够强烈的话，当地居民深入且广泛的不满就有可能改变甚至完全扭转政策的方向。安大略省向区政府的转移最终于20世纪80年代落下了帷幕，在一定程度上正是由于上述原因，而一系列没有益处的报道，则起了推波助澜的作用（史莱克，1997）。尽管如此，最近省级政府强迫多伦多地区的政府合并，一定程度上充分利用了省政府的权力，尽管最终的结果没有任何经济或政治意义。

省级政府虽然在近期可以按照他们希望的方式对待地方政府，但是从长远来看，政治系统会在实践中建立起在理论上无限制的省级政府权力的约束机制。事实上，如近期的多伦多事件所表明的一样（见附注3D），尽管省级政府向地方政府的转移支付的重要性减小了、举债限制也降低了，但是省级政府的控制能力却反而增加了，其中部分原因就是转移支付减少。无论在什么情况下，加拿大省级政府都可以按照他们的意愿和希望来控制地方政府。其中一个原则就是，他们的目的就是把地方政府牢牢的置于掌控之中。他们实现这一目的途径包括限制他们的收入、规定他们的支出方向，以及通过各种方式控制他们在资本市场上的权力等。尽管如此，如果地方政府遇到财政困难，省级政府会通过各种方式进行救援——调整地方政府的权力范围、接管其职责，在极端的情况下会控制其财政。因此，从对地方预算的约束越来越多的现状，我们可以看到省级政府对地方财政的控制非常严密，但矛盾的是，这种情况也存在强烈的暗示：省级政府会保证地方政府职责的最终实现。那些最初试图加强预算约束的规定，其效果至少在一定程度上被如下事实所抵消：看起来好像所有有能力、有责任感的政府最终都会出面。由于省级政府监管的大部分成本仍然由地方承担，当地居民仍需要为地方政府错误的财政行为付出代价，但是债权人通常却没有任何损失。

3.3
两条通向现实主义的道路

我们可以从最近的事件看出一些矛盾：等级制度中以预算规则的方式加强了对省级政府的监管，同时显然放松了对地方政府举债的约束。如加拿大以前对下面两级政府所制定规则的巨大差异一样，所能起到的作用并不像想象中那么大。最后，财政纪律的两条路径，即顶端（联邦与省）的软约束与底端（省与地方）的硬约束取得了同样效果。条条道路通罗马，虽然这两条道路在前进中会出现分叉，但是最终他们都指向现实主义和稳健的财政行为。但是这一结论能否在加拿大以外的地区得到推广，却仍不能断然下结论。

事实上，因为起关键作用的可能并不是解决困难的方法，而是实施这一方法所需要的体制（或者说是文化背景）。加拿大作为一个国家成立的时候，所追求的并不是“生命、自由和幸福”，而是“和平和良好的政府”[39]。加拿大的先驱们所遗留下来的这一理念代表的并不是牛仔式的狂野和自由，而是警察所制定的规章秩序。即使在私人的层面上，人们眼中的加拿大人（最起码魁北克附近的居民）即使在寒冷的冬天，也会在空荡的十字路口等待交通指示灯变绿，而不是冒险穿越马路[40]。与我们当前的主题有直接关系的是，加拿大地方政府甚至不会利用他们的举债空间，他们对自己的克制感到自豪。正是因为这样，即使越界对于人们无疑是轻而易举的行为，但是几乎所有规则最终都可以在加拿大取得理想的效果。

无论如何，加拿大的经验说明，要想完全分析政府的行为，一方面要考虑决定分权程度的政治和经济力量，另一方面还要考虑在特定环境下起作用的重要角色，即那些重要社会标准和观念，这些标准和观念主要是通过对共有历史经验的理解而形成。准确地说，一方面需要完善的市场，它可以为政府提供有关财政政策的准确信号；另一方面还需要政治制度，它可以对这些信号作出反应（当然会存在时滞效应），并且根据这些信号在长期内调整自己的行为。麦克卡顿（1999）提出，要想资本市场下的硬预算约束有效，必须具备以下四个条件：（1）举债人之间不存在任何联盟；（2）出借方对举债人的信息充分了解；（3）需要有一个可信的无援助政策约束；（4）举债人会对信号作出反应。我们之前的介绍在本质上说明，加拿大不具备条件（1），同时在形式上任何等级的政府也不具备条件（3），条件（2）和（4）则基本适用，而且它们确实起到了作用。

一些制度特征单独来看可能会使省级政府作出大量不当的财政行为，但是民主和市场的综合力量克服了他们的影响，最起码在经济萧条的环境中取得了效果。在加拿大的制度和政治体制之下，不管其预算规则是自我管理（一些省级政府）还是靠上级管理（地方政府），都只有借助同样的力量才能取得效果，而且如果这些力量起作用的话，我们也不能确定这些效果中多少是通过将这些规则合法化来获取的。按照本书前面设定的框架，尽管不存在任何等级约束，尽管这一组织机构中的许多组成部分，比如大省中独立于联邦政党的执政党以及联邦政府通过平等化和稳定化协议为省级政府收入所提供的部分保险，也有益于软预算约束，实际上加拿大省级政府的行为，遵从的正是经济中的边际激励原则[41]。三个原因可以解释这一结果：第一，尽管我们引用的一位联邦财政官员55年前的话里提到救援，实际上人们普遍认为联邦政府不会作出任何援助行动；第二，很明显，借贷市场的纪律有效约束了加拿大公共部门举债人的行为；第三，日益谨慎的财政行为已经成为加拿大的一项制度性规则，部分原因就是不负责任的财政行为虽然在选举年度里很难被发现（肯尼博和麦肯兹，1999），但是从长期来看并不是一项有效的选举策略。

另一方面，地方政府遵从的是等级上的硬预算约束，部分是因为对于他们，良好行为的制度激励不是很强。尽管地方政府同样要遵守信用市场的纪律但是出借方可以适当的依赖省级政府的援助。当地居民可能会承当这些援助的成本，但是加拿大盛行的无党派市长制度意味着当地对行为的制度激励效果要比省级政府低得多。当加拿大地方政府的谨慎行为——“在经济不好的环境中举债”，受到冲击时，省级政府对地方政府行为的控制在一定程度上意味着省级政府会承担无限责任，亦即这些等级约束的效用在一定程度上被抵消了。总之，加拿大公共部门的两个世界所实施的完全不同的制度，所取得的效果几乎是一样的。

虽然同样的因素也会影响到联邦政府，但是就像萨什（1998）所提出的那样，归根结底很可能是联邦政府相对柔性的预算约束，造成了加拿大次级财政中的所有问题。在20世纪70年代财政收入（伯德、帕瑞和威尔逊，1998）下降后的20年里，联邦政府的赤字实际上为这一时期省级政府（并且间接的为地方政府）不适当的扩张提供了财政支持。联邦政府一直到20世纪80年代中期才最终开始削减对省级政府的支持，而省级政府的赤字也是直到此时才开始增加。但是省级政府的赤字一旦增加，所有省级政府都迅速把自己的预算调整到控制范围之内，它们的速度要比联邦政府快了。任何政府都不能一直保持赤字，但是联邦政府能够保持的时间显然要比省级政府长得多。但最终清算的日子总要来的，但是截止到现在的历史证明，加拿大的政治系统有足够的能力应付这些情况。

事实上目前加拿大所有的政府不是存在盈余就是接近平衡，所以真正的问题是所有层级的加拿大政府，特别是联邦政府能否证明他们在管理盈余方面会比以前做得更好。硬预算中至少有两种类型的盈余需要特别注意。第一种可能是加拿大所独有的：无论联邦政府做什么都必须在联邦—省的体制关系中得到反映。如果加拿大想走向未来的话，它不仅需要保持长期的经济平衡，还需要稳定的政治平衡。原则上保持政治平衡最好的方法不是削减联邦税收或者联邦债务，而是像在20世纪60年代全盛时期所做的那样扩大省级政府的支出，因此省级政府的税收和债务至少会有潜在的减少。不幸的是，至今还没有人是因为解决省级政府的问题而赢得联邦选举的，因此不会有人会努力在国家关系层次上解决这些问题。

第二个特点比较普遍。原则上来说，任何层级的政府设定税收和支出的目的，都是社会福利的最大化。按照这一观念，如果财政政策理想的话，财政在短期里（目的是为了税收平衡或循环）、甚至长期（例如财政的代际转移）都应该是或多或少盈余。但在这种条件下如果盈余不断增加的话，一个理性的政府首先应该考虑的，不应当是通过扩大支出或者降低税收将它“消费出去”。相反，政府应该把注意力放在如何“储存”它这一完全不同的问题上——比如购买国外或国内的高技术资产。因此，帕累托最优应该是任何解决财政盈余问题策略的核心组成部分。尽管按照这种理念联邦政府（放松约束的话也要考虑省级政府）不断出现财政盈余并不是理想状态，出乎意料的是，没有一个加拿大政府按照这一思路认真考虑过这个问题，尽管在20世纪90年代早期债务比率急剧增加的时候曾出现过关于这一问题的内部讨论（哈里斯，1993）。

与此相反，有人认为（布什曼和瓦格纳，1977）民主政府、最起码加拿大的民主政府在管理赤字时的表现比管理盈余好些，我们认为，这主要是市场的作用。这无论如何都不是一个小问题，因为盈余管理不当的话会引起许多其他的问题。有人认为硬预算约束应该从两个方面进行削减，经济形势好的时候和经济形势差的时候，硬预算约束应维持在同等水平。我们已经提到，分权的财政危险在他们发生的范围内，会引起市场和政治的互相反应（至少加拿大的例子是这样的），从而对最初的错误进行纠正[42]。不幸的是，盈余并不能建立起相似的补偿力量，并且不断会有更多的错误出现。

但这些问题并没有出现，即使是赤字领域也没有扩大，出现这种情况的主要原因是省级政府的行为不当，而在安大略省的例子中，甚至地方政府也相应地参与到贫困救济这一非常敏感的领域[43]。联邦政府认为失业保险和养老金（包括加拿大相应的联邦—省项目和魁北克养老金计划）是自己的基本责任，这就意味着20世纪30年代的救济危机不大可能会重演，但是省级政府在一定程度上仍然相对脆弱，因为他们的收入相对敏感（德威鲁克斯，1993），并且其他一些社会资助项目仍旧是他们的基本责任。

收入的边际效应在一定程度上被共同分担减弱了，而这一分担实际上是由平衡化和稳定化协议所引起的。直到1996年为止，类似的共享风险通过加拿大资助计划——本质上是一种开放的有条件资助，按此计划联邦政府要承担省级政府社会资助成本的50%，抵消了支出的边际效应。但是按照新的加拿大健康和社会转移支付（CHST）制度，省级政府社会支出和联邦转移支付之间的关系受到了严重的冲击，这样就增加了省级政府所面临的循环财政风险。加拿大的联邦—省转移支付很好地将支出和（程度较小）收入决策的边际效应施加给省级政府，这样就可以基本消除一些原来的大型转移支付项目可能固有的问题[44]。人们通常认为（罗登，2002）越“依赖转移支付”的省份越容易作出不当的行为，但是在加拿大根本没有证据可以支持这一说法，实际上，这些省份更容易受到经济冲击，其证据就是反过来，他们不大可能开展巨额的长期举债业务（肯尼博河麦肯兹，1999）。

3.4 结论

我们吸取了加拿大的经验，即加拿大的省级预算本质上不存在任何管理和形式上的约束。同很多其他民主国家一样，加拿大实施的软预算约束显然经受住了日益增加的随机债务（亚历山大和爱默斯，1998）的考验。实际上，选举过程和有效市场的结合，使得加拿大省级政府的收入和支出之间呈现出相当强烈的事后维克塞尔关系[45]。当然，这种关系在地方政府表现得更加强烈，其原因则主要是省级政府法令的事前作用。此外，经验表明尽管存在这些约束（在一定程度上可能是因为这些约束），那些可能会造成软预算约束失误的不当行为在地方政府表现出来的可能性更大一些，对此省级政府的规定一般会起到事后补救的作用。但结果是，历史、民主和市场的综合作用，使得加拿大的次级政府在财政方法的选择上尽管各有不同，但是大体上他们的方法要比联邦政府更加审慎。

按照本书第 1 章所讨论的机制，加拿大的省级政府在政治和管理上基本是独立于联邦政府的，他们有清晰的责任范围，而且尽管其中一些省份相当依赖转移支付，大体上面临的还是边际效应的激励，这在一定程度上是因为在立法结构没有省级利益的代表。另一方面，加拿大的地方政府基本上依赖于省级政府，尽管他们的责任范围也相当明确，但是他们却更加依赖于转移支付，并且大体上面临的边际激励较少，这种情况主要和施加于他们的严格的等级约束有关。联邦—省系统在一些方面的柔性本质——注意无条件和平等化转移支付的重要性，主要受到资本市场纪律和政治体制交叉作用的冲击，导致省级政府很难转变成本和赤字增加的现状。另一方面，地方政府对省级政府依赖的内在柔性则主要被管理控制所抵消。在约束次级政府的财政行为方面，至少到现在为止，加拿大两种完全不同的制度都发挥了重要作用，当然还要加上历史经验对两级政府作出谨慎财政行为的影响。

附注 3A：财政均衡

财政均衡是加拿大《宪法》36（2）款提出的，指出“国会和加拿大政府有义务提供均衡支付，以保证省级政府有足够的收入能够在可比税收水平的基础上提供相近水平的社会服务”。尽管这一条是 1982 年才加入到《宪法》中的，但是均等化计划实际上从 1957 年就已开始实施，当时是作为战争时代极端集权原则指导下重新安排税收权力的一部分引入的。

1967 年，均等化制度随着所谓的典型税收体制方法（RTS）的引入而呈现出现在的结构。典型税收体制方法最初起源于美国政府间关系宪法咨询委员会，但是实际上美国并没有实施这一制度。按照典型税收体制方法制度，每年都要（由联邦财政部门）按照各省每一项收入来源的人均财政能力之和与以平均财政能力处于中间水平 5 个省份（包括石油资源丰富的阿拉巴马和其他 4 个小且穷的东部省份）为基础计算的标准财政能力之间的差异来计算各省的财政能力。该制度所采取的步骤如下：

①明确并测量与能力计算相关的所有收入。大约有 30 种以上来源的收入需要计算。

②明确每一项税收来源的税基，该税源应该反映税基在实际中的典型应用。在一些税种的计算中，比如个人所得税在全国的税基基本上是统一的，因此非常简单。但是其他一些税种，比如财政税，就很难确定一个可以比较的税基并进行计算。

③针对每一项税收，根据所有省份按照标准税基实际征收的比例计算出概念上的全国平均税率。

④对每一税源按照上述平均税率和标准税基计算各省该项税源的财政能力。

⑤把各项单独结果总和得到各省的估计总收入能力。

⑥用这一估计结果除以当地的人口从而得到人均财政能力。

⑦把这一估计能力同 5 省标准相比较。如果某一省的人均财政能力低于标准，它就可以收到一笔足以将它提高到 5 省标准的均等化支付，这一标准平均起来代表着按照全国 90% 计算的平均人均财政能力。

有关这一均等化制度我们需要注意四个重要方面：第一，它没有尝试去计算支出需要方面的差异。这一问题被提到多次但是都没有通过，主要是因为测量这一差异所需要的数据可信度太低。第二，尽管“标准”之下的省份获得了均衡转移支付，对于标准之上的省份却没有作出处理，均等化的成本全部是由联邦政府支付的。第三，原则上来说，支付的总数是由上述计算决定的。但是操作中均等化总额不能超过 GDP 的 1.2%，这一限制通常都会导致计算出来的均等化支付的规模下降。第四，尽管加拿大这一体制的大量实践是成功的并且被政治领域中相关的当事人满意地接受，但是很多人对这一体系的许多方面提出了技术上的批评，并且将来大量的变化并不是不可能的。比如，为了综合支出需要，将 RTS 的能力计算基础转移到其他方面，包括作为均等化计算来源的其他联邦转移支付，或者减小该制度所能影响的省级政府税收决策的范围等。

附注 3B：联邦—省稳定性协议

从 1957 年开始，一项正规的平等化规定成为加拿大联邦—省财政安排中的重要组成部分（帕瑞，1997）。这一制度一直坚持到 1967 年典型税收体制方法均等化制度（见附注 3A）的引入。本质上，法律规定那些收入（按照公式中的同一税基和前年的税率进行计算）与前年相比降低的省份都可以获得补偿性平衡化支付。虽然这项规定在以后的几年里不断变化，特别是与一般来源的收入下降有关的支付限制，但是实际上一直到 1987 年才有省级政府要求获得这一支付。

在这一年，阿尔伯达省要求获得 5390 万美元的收入来补偿它一般来源收入的急剧下降。经过对这一数字的几次争论之后，这一要求最终在 1991 年得到解决。随着 20 世纪 90 年代初经济不景气的出现，一系列的省份（比如，安大略省）开始提出申请，截止到 1995 年，联邦政府拿出的均等化支付的总额达到了 12 亿美元。毫不奇怪的是，作为 1995 年紧缩性财政政策的一部分，联邦政府宣布从此以后，只有那些收入降低到前年收入 95%（这一约束在 1967～1972 年间曾经实施）以下的省份才能够获得这种均等化支付。

关于联邦政府所制定的稳定性协议，最大的争议本质上是关于公平的争议：向那些没有获得均等化支付的省份（比如安大略省和阿尔伯达省）提供补偿，它应该与其他省份按照均等化公式所获得的收入大致相当，而这些省份如果收入相对平均水平下降的话，他们按照公式获得的均等化支付就会相应提高。但是帕瑞（1997）注意到，稳定化协议通过设定省级政府收入的下限，实际上向潜在的举债人发出了“安慰信”，即联邦政府发出为省级政府的债务提供担保的信号。

附注 3C：省级预算约束

从1993年开始，一些省就颁布了某些形式的预算规则（米勒，1997）。阿尔伯达省的做法是通过1993年法令要求在1997年之前消灭赤字，并于1995年通过了另外一项要求实施平衡预算和消灭赤字的法令。马尼托巴省差不多也是在1995年通过平衡预算的法律，并附加了一项特殊要求即如果这一法令不能实施的话就要降低内阁成员的工资。牧区省份的清扫完成以后，沙斯喀彻温省在同一年通过了一项相当温和的平衡预算法，要求预算计划在4年内保持平衡。

在东岸，新不伦瑞克省于1993年提出平衡预算的目标，而新斯科舍省则于1994年提出降低支出的目标，并于1996年开始要求预算拨款不能超过预期收入，实际支出在任何年份超过预算的额度都不能高于1%。最后，魁北克通过法令提出1996~1999年间的赤字降低计划，并将在此之后实施平衡预算。

对于法令需要注意四个方面。首先，它无疑代表了本章（第2章）所讨论的调整过程的一部分。也就是说，这些预算规则最好被看成是公众偏好变化的征兆，而不是本身的独立因素。其次，这种解释的现实基础是这些规则的引入并没有明显的影响预算行为（米勒，1997）。再者，若按照其他国家比如新西兰和美国的标准来看，这些规则是相当温和的。其中的一些被看作“计划”、“目标”以及“预期”，而另外一些则是跨年度的目标。除了马尼托巴省之外，其他省都没有提到有关违规的处罚：此外，所有的省级政府预算约束规则都提出了大量的“偶然事件”或者“难以预测的环境因素”来软化他们的实施。最后，可能最重要的是这些法令只是法令，可以随时改变、随时废除。最后这一点非常关键。加拿大的省级政府没有宪法。任何省级政府法令都不能约束之后的法令。上述的预算规则至多代表了执政党的意见或者是对公众压力的反应。通过这些法令的政府在一定程度上会感觉到它们所带来的精神或者是行政约束，但是任何一届成功的政府都没有被这一约束所限制。

附注 3D：安大略省地方政府结构

安大略省的100万人口分散在540个市区，这些市区在人口、政府责任、管理资源和收入获取能力等方面都有很大差异。大多数市区面积小、人口稀少，少数几个大的市区主要分散在多伦多周围，他们占了人口的大部分。安大略省 75% 的地区人口在 5000 以下，只有 2% 的地区人口超过了 10 万。这些地方政府在资源、交通和市场、单一产业与平衡发展之间的差异，表现在提供本地服务的地方政府结构的差异上，包括那些交由省级政府托管的地区。举例来说，在安大略省北部，除了萨德伯里以外，都是由单一层级的地方政府提供本地服务。而在安大略省南部，除了 23 个“独立市镇”之外都存在两级同等的政府，谁也不比谁高。南部的农村地区被安排在郡县体系中，而城镇地区则属于市区系统。

两极政府结构在 1954 年被用以重组多伦多的地方政府，到了 20 世纪 70 年代则成为其他地方政府重组的模型。重组来源于创建财政实体的压力：它必须足够强大以承担城镇快速发展所带来的地方成本，同时还要有足够的数额以保证地方服务的有效安排和实施。市区、郡县和（直到最近）首都多伦多被视为上级政府，而他们选举出来的政府则被称为下级政府或者是地方政府。并不是所有的上级政府拥有同样的权力。市区议会的权力一般包括当地的警察、卫生服务、社会服务、固体废物处理、资本借贷、下水道和净水管理等。下级政府的责任一般有火灾防护、娱乐、地方疗养服务、公共运输、税收征管、图书馆和许可证管理等。两级政府的共享责任包括公路、制订计划、下水道和净水服务以及经济发展。

安大略省的郡县体制产生于 1849 年。郡县政府潜在拥有的权力远远小于市区政府，而他们实际执行中所拥有的权力则更小。郡县政府的责任包括郡县公路、老年人公寓和社会福利。郡县同样有权提供警察、公共效用、停车、净水服务和交通（尽管没有一个郡县这么做）。在一些郡县，一些社会福利是由下级地方政府提供。

其他代理机构和董事部门则负责一些特定的地方服务，并依靠地方税收进行部分融资。除了现有的 168 个学校董事会之外，安大略省现有的代理机构主要包括北部的儿童救助协会、地区社会服务和老年人之家董事会和南部的保护机构。

在很多方面，安大略省地方政府结构上突出的地方可能在于所有它涉及的方面实际上都是由省级政府单方面决定的。最近在首都安大略省实施的大城市一体化就是一个实例。这一变化反映了省级政府政策的变化，而不是考虑到首都地区经济或政治改革。实际上，在一体化政策实施之前，两项认真详细的研究建议并不是在首都多伦多取消下级政府，而是取消首都多伦多及周围的一些市区政府，建立新的“大多伦多政府”，它在扩大了的版图上对地方政府进行管理，就像之前首都政府在狭小的地理版图上进行管理一样（史莱克，1991）。在加拿大，不管涉及的问题是疆域调整、支出功能、收入管理还是举债限制，省级政府在关于地方政府的事情上是想要什么就能得到什么。

致 谢

我们要感谢弗兰柯斯·维尔卡特和乔丹·瑞登，他们为我们的初稿提出了有益的建议。但是我们在此发表的看法，则由我们全权负责。

注 释：

①另外一个历史因素在解释财政现状方面起重要作用的例子是哥伦比亚，其谨慎财政行为一直与拉丁美洲的做法不同（迪林戈和韦伯，1999）。

②阿克提克地区目前仍有三个领土政府。这些地区人口稀少，对联邦转移支付的依赖性很强，同省级政府在很多地方都不一样（史莱克，1991）。他们不在讨论之列。

③最近关于税收系统的改革请参见伯德和简德恩（1998）。

④实际上，它甚至不能为税收的下降融资，尽管加拿大跟其他的国家一样，很多证据都表明大多数政府接收转移支付之后所做的最后一件事情才是降低税收——证明了“扑蝇纸效应”：资金用在它偶然碰到的地方。

⑤有关这一时期财政赤字影响因素的详细分析，参看肯尼博和麦肯兹（1999）的文章。

⑥关于联邦政府“支出权力”使用的正确与否在加拿大有深入的讨论，并且这一问题确实存在（沃兹，1999）。

⑦科罗玛（1999）认为上层会议如果有权力并能代表影响地方议会的不同政党的时候，就可以促进政府间合作。这两种情况在加拿大都不存在。

⑧例如，在上届联邦选举中，自由党在三个沿海省份中只输了一个席位。当时所有这些省份都是由自由党当权。现在，这三个省都是保守党政府。实际上，2001 年自由党只在纽芬兰一个省份当权。联邦政府对自己的政治朋友可能会比敌人好；我们在以后就会注意到，这就是布什（1995）对于 1936 年阿尔伯达省失败的看法。作为参考，它的邻居沙斯喀彻温省已经证明，认识到只有相信自己（如果你在渥太华没有朋友的话）才有可能得到更多的财政创新和相应的政策。最后，就像魁北克所认识到并且也证实的那

样，即使是敌人有时候也可以做得很不错。

⑨经过很多变化之后，这条铁路最终在1920年得到援助脱离了困境（由联邦政府提供）。

⑩在这个例子中，由于一些地方决策者作出的不谨慎的投资决定，正好造成破产以及与税基较大的相邻地区合并，因而明显存在转移成本和保护地方财产价值的机会主义行为。

⑪就像费尔兹斯坦（1975）所说的那样，配合援助除非按“财富”（税基）调整，否则就会损害贫困地区的利益。

⑫在这些实践中，联邦政府在1867年宪法中运用了它的批准权力，这在加拿大历史上是最后一次。这一权力在当前如果还存在的话，就是处于休眠状态。

⑬这些规定由加拿大最高法院和伦敦私人理事会的宪法委员会制定，在1982年之前，这一理事会负责对于加拿大有关宪法的争议作出最后裁决。

⑭沙斯喀彻温省由联邦政府投资，它以极其优惠的价格购买了省级政府的国库券，其利息靠以后发行的债券支付。

⑮有人可能会把这些看成是联邦政府对事实的解释。最近的例子里有意思的是“西部转让”中，布什（1995）提出1945～1946年的债务重组是由省级政府主动进行的，强调了省级政府和为降低债务和提高收入所作出的努力，并且还提到协商中的联邦转移支付远远低于阿尔伯达省所“欠”的。毫不奇怪他对此最后的结论是“渥太华没有使用它的财政资源来防止省级政府1936年的拖欠，尽管处于相似境地的沙斯喀彻温省得到了联邦政府的救助”。这一解释似乎有可疑之处。帕瑞（1997）指出，这两个省的情况并不一样，因为阿尔伯达省的问题要归因于它早年累积起来的债务负担，而不是导致沙斯喀彻温省的转移支付的减少。另一方面，一项新的研究表明新成立的加拿大银行和联邦财政委员会认为，最好是孤立阿尔伯达省随他拖欠，从而破坏阿尔伯达省管理层的信念及在债务救济和宏观经济政策上“特权”思想（阿斯卡，1998）。有关这两个省份在20世纪30年代情况的对比分析可以参考贝兹（1939）的文章。

⑯顺便指出，阿尔伯达省在1947年发现了丰富的石油和天然气资源，从而将它的财政地位从国内最弱变成了当前最强的省份。无论如何，阿尔伯达省在加拿大的省级财政中总是一个特例。

⑰参看肯尼伯和麦肯兹（1999）关于省的详细分析。这些作者认为，意识形态和选举因素应该影响财政调整的本质。比如，“左倾”政府倾向于提高税收而不是降低支出，但是调整强度和时机的最清楚的预言者是之前的债务情况，它主要反映了地区经济相对于国民经济的强度。

⑱如果打破这些规则能够增加对危机的市场预期能力的话，以后的政府一定会这么做的。但是，事实表明他们并没有这种效果（米勒，1997）。这些规定可能让以后的政府很难再沿袭扩张的路子，尽管同样没有证据可以解释。比如，不列颠哥伦比亚于1991

年通过了税收支付者保护法，同时提出了限制支出（同以前的 GDP 增长有关）和 5 年制平衡预算的要求。第二年新选举的政府就废除了这一法令。

⑲布鲁斯（1995）提出了灵巧的弯曲，即省间的迁移让省级政府稍后便很容易“卸载”他们的财政负担，尽管他并没有提出任何实证根据来证明存在这些效果。这一说法需要经过验证，特别是在迁移可能性较小的魁北克，他们主要讲法语。

⑳联邦政府征收用于加拿大养老金计划的工资税，实际上（通过基本计算）却支持了省级政府的举债，这一事实是多年来都存在的重要问题。帕瑞（1989）指出，当 CPP 好像没钱的时候省级政府却通过提高贡献率而提高举债收入。但是这一制度已经发生了变化。尽管 CPP 资金仍然需要投资（现在是通过“独立”的顾问委员会），对于省级安全，省级政府不再拥有迷惑性的市场来获取比正常市场利率低的举债。

㉑阿姆博斯克（1998）提出，这一改革早在对地方举债的约束没有被地方政府察觉之前就已经发生了。我们将在以后讨论这一问题。

㉒尽管初级和中级教育由加拿大负责，实际上它并不是地方政府而是单独选择出来的学校董事会的责任。该委员会在很多省份可以征收财产税，地方政府没有权力决定教育率，也不会替他们征税。在安大略省和其他一些省份，教育的融资和控制开始主要由省级政府负责。有关教育财政这一复杂体系的讨论，可以参考奥德和肯琪（1995）的文章。

㉓这一部分的材料主要来自塔斯尼（1994、1997）的文章。

㉔其他一些拖欠主要出现在城镇周围的郊区，比如温尼伯湖、蒙特尔和范库弗峰，它们的债务在 20 世纪 20 年代迅速扩张。甚至蒙特尔本身也于 1940 年出现了拖欠，它的财政管理在 1944 年之前由省级政府接管（迪戈尼斯，1992）。

㉕早期的机构比如安大略省铁路、地方委员会和地方事务委员会都有类似的权力，但是他们一般没有实权。

㉖举债被限制到预期收入的 70%。这一限制对于那些人口在 10 万以上的省份是 80%，而对那些无须批准的省份则是 90%。资本和短期举债之间则没有区别。

㉗相比之下，随着不公正的增加地方政府很少能参与改革的评估过程。

㉘此外，由于安大略省的下级地方政府除了自己征收财产税之外，还要代表学校委员会和上级（地区）政府征收，这样最起码在安大略省，本地税收和支出之间的“维克斯莱恩关系”就被破坏了（罗克和托斯尼，1993）。

㉙尽管一些省份（比如阿尔伯达省和安大略省）近年来由于教育财政的改革而不断超出财产税基，但是一般认为由省级政府自己征收财产税会比较容易，因为这样做可以降低省级教育财政所带来的地区间税收竞争。对此本文不展开讨论。

㉚“加拿大的大多数省—地方援助是有条件的、结果明确、需要配套资金的援助，它既不能实现分配效率也不能实现财政公平。加拿大的省—地方转移支付看起来是为了保持省级政府对地方支出和税收的一定控制，同时还要让地方政府提供本地服务。实际

上，加拿大的地方政府在一定程度上相当于代理机构，按照省级政府的要求支出它的资金。”（伯德和史莱克，1993）

㉛作为财产税改革的一部分，1998 年限制在最后一个季度变成了 35%，到了 1999 年则是 60%，以平衡先进支出。

㉜吉尔伯特和派克（1999）证明了这一推动有助于降低服务成本。

㉝负责运营的长期协议包括了超出议会任期的融资协议，它需要管理与预算办公室的批准，尽管这一协议的当前价值没有形成配额和限制累计。这些细节报告需要严格对比联邦和省级政府的情况（亚历山大和埃莫斯，1998）。

㉞比如，鲁克和托斯尼（1993）与托斯尼和鲁克（1993）论证了同学校董事会和其他一些特定的机构共享税基会带来决策压力，而肯琪和史莱克（1993）认为提供柔性服务的压力降低了地方政府用在刚性（基础设施）服务上的支出。

㉟之前的管理与预算办公室公式限制了有关债务和财政义务的支出不能超过收入的 20%。这一度量有两个限制。首先，这一度量没有认识到并非所有的收入都由地方政府控制。比如省级政府的有条件资助，不能用以应付债务利息的紧急需要。此外，支出的增加会自动降低债务负担在支出中所占的比例，从而可以加强债务能力的度量。如果社会资助支出增加，尽管地方政府所拥有的资源可能会减少，但是债务能力依然增加，这就可以证明上述说法。在自有收入中得到的比例变到 25%（1995 年末）即是为了解决这些问题中的第一个。但是除此之外，它实际上降低了地方政府对省级政府资助的依赖程度。

㊱他们还可以代表学校董事会举债。我们之前就注意到，学校董事会的财政在加拿大地方财政中是很重要的部分，但是在此不再进行详细讨论。

㊲阿尔伯达省的两个大城市卡尔加里和埃德蒙顿获得了特殊许可：总的债务负担可以是收入的两倍，而债务利息的限制则是收入的 35%。

㊳联邦政府在 20 世纪 70 年代早期发现，省级政府并不欢迎联邦同地方的直接联系。当时联邦试图为城镇事务设置专门的联邦部门，但是实际上他马上被告知放弃这一计划并停止插手省级政府事务。省级政府确实是这么想的。

㊴第一句话引自美国独立宣言；第二句出自加拿大 1867 年宪法的关键部分。

㊵这种情况在一定程度上是事实，它更适用于魁北克以外的地区，反映了加拿大联邦政府的本质。

㊶肯尼博和麦肯兹（1999）的文章详细讨论了这一观点。

㊷有关这一点的普及可以参看哈格达（1999）的文章。

㊸所有关于安大略省的省—地方财政关系的结论是社会资助的全部财政责任都应该由省级政府承担：比如，安大略省社区和社会服务部门（1988）。此外，很多当前的财政功能再分配仍然不适当地把一些敏感性支出的财政责任分配给了税基固定的地方政府。

⑭我们的看法与麦肯尼不同，我们认为“维克塞里恩关系”（布里顿，1996）一直保持在省级政府的边缘，由于决策是在边界上作出的，所以这正是关键所在。

⑮尽管这一章我们没有讲清楚本地市场的作用，但是即使粗略的去看加拿大的财政历史（帕瑞，1995；吉尔斯皮，1991）也能注意到加拿大人对土地和自然资源价格变化的极度敏感——加拿大所有等级的政治也是如此。与美国的经验相比（伊曼，1999），加拿大最主要的结论不是在于地方政府，尽管地方政府也表现出同样的作用，但是他们在制定地方财政政策的时候处于省级政府的控制之下，而是省级政府，因为省级财政中自然资源所带来收入非常重要。比如，正是这一因素导致之前阿尔巴达的情况与加拿大的其他省份不同，其背后则反映了加拿大在处理政府间迁移方面出现的财政困难的处理态度（戴恩和温纳，1991；鲍德威和弗莱特，1992）。有关这些问题前景的讨论将需要更深入的研究。

参考文献：

Ahamd, Junaid. 1999. "Decentralizing Borrowing Powers." In Jennie Litvack and Jessica Seddon, eds, Decentralization Briefing Notes. Washington, D. C.: World Bank Institute.

Alexander, Jared, and Joel Emes. 1998. Canadian Government Debt. Vanconver: Fraser Institute.

Amboriski David. 1998. Review of the Regulatory Environment of Municipal Capital Borrowing. Toronto: ICURR Press.

Ascah, Robert L. 1998. Politics and Public Debt: The Dominion the Banks and Alberta' s Social Credit. Edmonton: University of Alberta Press.

Auld, Douglas, and Harry Kitchen. 1995. Financing Education and Training in Canada. Toronto: Canadian Tax Foundation.

Bates, Stewart. 1939. Financial History of Canadian Governments. A Study for the Royal Cornission on Dominion – Provincial Relations. Ottawa.

Bird, Richard M. 1987. "Federal – Provincial Transfers in Canada: Retrospect and Prospect." Canadian Tax Journal 35: 118 – 133.

Bird, Richard M. 1993. "Federal – Provincial Taxation in Turbulent Times." Canadian Public Administration 36: 479 – 496.

Bird, Richard M. 1999a. "Intergovernmental Fiscal Relations in Latin America: Policy Design and Policy Outcome." Inter – American Development Bank, Washington, D. C.

Bird, Richard M. 1999b. "Rethinking Tax Assignment: New Directions for Subnational Taxes." International Monetary Fund, Washington, D. C.

Bird, Richard M., and DuanJle Chen. 1998. "Federal Finance and Fiscal Federalism: The Two Worlds of Canadian Public Finance." Canadian Public Administration 41: 51 – 74.

Bird, Richard M., and Pierre – Pascal Gendron. 1998. "Dual VATs and Cross – Border Trade: Two Problems, One Solution?" International Tax and Public Finance 5: 429 – 442.

Bird, Richard M., David Perry, and Thomas A. Wilson. 1998. "Canada." In Ken Messene, ed., The Tax System in Industrialized Countries. Oxford: Oxford University Press.

Bird, Richard M., and Enid Slack. 1993. Urban Public Finance in Canada. 2nd ed. Toronto: WIley.

Boothe, Paul. 1993. "Provincial Government Debt, Bond Ratings and the Availability of Credit." In Richard G. Harris, ed., Defic/ts and Debt in the Canadian Economy. Kingston: John Deutsch Institute for the Study of Economic Policy, 40 – 47.

Boothe, Paul. 1995. The Growth of Government Spending in Alberta. Toronto: Canadian Tax Foundation.

Boothe, Paul, and B. Johnston. 1993. Stealing the Emperor's Clothes: Deficit Off – Loading and National Standards in Health Care. Toronto: C. D. Howe Institute.

Bradshaw, T. 1935. "Maintenance of Public Credit." Canadian Chartered Accountant, Feb. 119 – 133.

Breton, Albert. 1996. Competitive Governments. Cambridge: Cambridge University Press.

Brittain, H. L. 1934. "Why Municipalities Go Wrong." Canadian Chartered Accountant, Nov. 387 – 392.

Bruce, Neil. 1993. "Provincial Budget Deficits and the Debt Crisis in Canada: Comments." In Richard G. Harris, ed., Deficits and Debt in the Canadian Economy. Kingston: John Deutsch Institute for the Study of Economic Policy, 85 – 96.

Bruce, Neff. 1995. "A Fiscal Federalism Analysis of Debt Policies by Sovereign Regional Governments." Canadian Journal of Economics 28: S195 – S206.

Buchanan, James M., and Richard E. Wagner. 1977. Democracy in Deficit. New York: Academic Press.

Buck, A. E. 1949. Financing Canadian Government. Chicago: Public Administration Service.

Carlos, Ann M., and Frank D. Lewis. 1995. "The Creative Financing of an Unprofitable Enterprise: The Grand Trunk Railway of Canada, 1853 – 1881." Explorations in Economic History 32: 273 – 301.

Colomer, Josep M. 1999. "Comment: Political Conditions of an Efficient Decentralization." Paper prepared for Annual World Bank Conference on Development in Latin America and the Caribbean, Valdivia, Chile, June.

Commission to Enquire into the Handling of the Unemployment Relief Fund in the Township of York. Toronto, King's Printer, 1933.

Dagenais, M. 1992. "Une bureaucratie en vote de formation: Uadministration municipale de Montreal dans la premiere moitte du XXesiecle." Revue d'histoire de l'Ameriquefrancaise 46: 177–205.

Devereux, Michael B. 1993. Provincial Budget Deficits and the Debt Crisis in Canada. In Richard G. Harris, ed., Deficits and Debt in the Canadian Economy. Kingston: John Deutsch Institute for the Study of Economic Policy Harris, 59–84.

Dillinger, Williafft, Guiuermo Perry, and Steve B. Webb. 1999. "Macroeconomic Management in Decentralized Democracies." Paper prepared for Annual World Bank Conference on Development in Latin America and the Caribbean, Valdivia, Chile, June.

Dillinger, William, and Steve Webb. 1999a. "Fiscal Management in Federal Democracies: Argentina and Brazil." Washington, D. C.: World Bank.

DJ! linger, William, and Steve Webb. 1999b. "Decentralization and Fiscal Management in Col 管理与预算办公室 *ia." Washington, D. C.: World Bank.*

Feldstetn, Martin. 1975. "Wealth Neutrality and Local Choice in Public Education." American Economic Review 65: 75–89.

Forbes, Ernest R. 1993. "Cutting the Pie into Smaller Pieces: Matching Grants and Relief in the Maritime Provinces During the 1930s." In Kris Inwood, ed., Farm, Factory and Fortune: New Studies in the Economic History of the Maritime Provinces. Fnedericton: Acadiensis Press.

Gilbert, Mark, and Richard Pike. 1999. "Financing Local Government Debt in Canada: Pooled versus Stand-alone Issues—An Empirical Study." Canadian Public Administration 42: 529–552.

Giilespie, W. Irwin. 1991. Tax, Borrow and Spend: Financing Federal Spending in Canada 1867–1990. Ottawa: Carleton University Press.

Haggard, Stephan. 1999. "The Politics of Eh' centralization in Latin America." Paper prepared for Annual World Bank Conference on Development in Latin America and the Caribbean, Valdivia, Chile, June.

Harris, Richard G., cd. 1993. Deficits ami Debt i, Iht Cnmdian Economy. Kingston: John Deutsch Insitute for the Study of F. c, nomic Policy.

Hettich, Walter, and Stanley I, . Winer. ICe) t). Democratic Choice amt' Taxation. Cambridge: Cambridge University Press.

Inman, Robert E 1999. "Local Fiscal Discipline in U. S. Federalism." Washington, D. C.: World Bank.

Kitchen, Harry M. 1984. Local ~ nment Finance in Canada. Toronto: Canadian Tax

Foundation.

Kitchen, Harry M., and Enid Slack. 1993. "Business Tax Reform." Government and Competitiveness discussion paper, School of Policy Studies, Queen's University, Kingston.

Kneebone, Ronald, and Kenneth McKenzie. 1999. Past (In) Discretions: Canadian Federal and Provincial Fiscal Policy. Toronto: University of Toronto Centre for Public Management.

Kulisek, L., and T. Price. 1988. "Ontario Municipal Policy Affecting Local Autonomy: A Case Study Involving W' mdsor and Toronto." Urban History Review 16: 255 – 270.

Locke, Wade, and Almos Tassonyi. 1993. "Shared Tax Bases and Local Public Expenditure Decisions." Canadian Tax Journal 41: 941 – 957.

McCarten, W. J. 1999 "Issues in Subnational Debt Control: International Evidence in Light of India's Neecls—A Survey." Washington, D. C.: World Bank.

McKinnon, Ronald I. 1997. "Market – Preserving Fiscal Federalism in the AmericanMonetary Union." In Marlo I. Blejer and Teresa Ter – Minassian, eds., Macroeconomic Dimensions of Public Finance London: Routledge.

McPherson, L. G. 1935. "Some Aspects of the Municipal Problem." Canadian Chartered Accountant; May 325 – 392.

Millar, Jonathan. 1997. "The Effects of Budget Rules on Fiscal Performance and Macroeconomic Stabilization." Working paper 97 – 15, Bank of Canada, Ottawa.

Municipality of Metropolitan Toronto. 1989. The Crumbling Financial Partnership: Metropolitan Toronto's Responsc to Provincial Retrenchment, Toronto.

Ontario. 1939. Budget Address Delivered by the Hon. Mitchell E Hepburn. Toronto: Queen's Printer.

Ontario. 1989. Ontario Budget 1989. Toronto: Queen's Printer.

Ontario Ministry of Community and Social Services. 1988. Transitions: Report of the Social Assistance Review Committee. Toronto: Queen's Printer.

Perry, David B. 1997. Financing the Canadian Federation, 1867 to 1995. Toronto: Canadian Tax Foundation.

Perry, J. Harvey. 1955. Taxes, Tariffs and Subsidies: A History of Canadian Fiscal Development. Toronto: University of Toronto Press.

Perry, J. Harvey. 1989. A Fiscal History of Canad – The Postwar Years. Toronto: Canadian Tax Foundation.

Piva, Michael J. 1992. The Borrowing Process: Public Finance in the Province of Canada, 1840 – 1867. Ottawa: University of Ottawa Press.

Poitras, Claire. 1999. "Construire les infrastructures d' approvisionnement en eau en banlieue montrealaise au tournant du Xxe siecle: le cas de Saint – Louis." Revue d' histoirede i' Amerique francaise, 52: 507 - 532.

Prud' homme, Remy. 1995. "The Dangers of Decentralization." World Bank Research Observer 10: 201 - 220.

Rodden, Jonathan. 2002. "The Dilemma of Fiscal Federalism: Grants and Fiscal Performance Around the World." American Journal of Political Science 46 (3): 670 - 687.

Rowell - Sirois. 1938. Report of Royal Commission on Dominion - Provincial Relations. Ottawa: King's Printer.

Royal Commission on Border Cities Amalgamation. 1935. Toronto: King's Printer.

Shah, Anwar. 1998. "Fiscal Federalism and Macroeconomic Governance: For Better or Worse?" Washington, D. C.: World Bank.

Simeon, Richard. 1972. Federal - Provincial Diplomacy. Toronto: University of Toronto Press. Slack, Enid. 1991. "Yukon and the Northwest Territories." In Melville McMillan, ed.. Provincial Public Finances: Provincial Surveys, vol. 1. Toronto: Canadian Tax Foundation.

Slack, Enid. 1996. "Financing Infrastructure: Evaluation of Existing Research and Information Gaps." Report prepared for Canada Mortgage and Housing Corporation, Apr.

Slack, Enid. 1997. "The Harris Government and Municipalities: Who Does What and Who Pays for It?" Paper presented to the Centre for Study of State and Market, University of Toronto, Oct.

Slack, Enid, and Richard M. Bird. 1991. "Financing Urban Growth Through Development Charges." Canadian Tax Journal 39: 1288 - 1304.

Struthers, J. 1991. "How Much Is Enough? Creating a , Social Minimum in Ontario, 1930 - 1944," Canadian Historical Review 52: 39 - 83.

Tanzi, Vito. 1996. "Fiscal Federalism and Decentralization: A Review of Some Efficiency and Macroeconomic Aspects." In Michael Bruno and Boris Pleskovic, eds., Annual World Bank Conference on Development Economics. Washington D. C.: World Bank.

Tassonyi, Almos. 1994. "Debt Limits and Supervision: An Issue in Provincial - Municipal Relationships in Times of Fiscal Crisis - A Comparison of the 1930s and the 1990s." Government, md Competitiveness discussion paper, School of Policy Studies, Queen's.

Tassonyi, Almos. 1997. "Financing Munidpal Infrastructure in Canada's City - Regions." In Paul A. R. Hobson and France St. - Hilaire, eds., Urban Governance and Finance: A Question of Who Does What. Montreal: IRPP, 171 - 205.

Tassonyi, Almos, and Wade Locke. 1993. "Accountability, Special Purpose Bodies and Local Public Expenditures." Paper presented at the Canadian Economics Association, Ottawa.

Taylor, John B. 1991. "Urban Autonomy in Canada: Its Evolution and Decline." in Gil-

bert A. Stelter and Alan E J. Artibise, eds., The Canadian City. Ottawa: Carleton University Press, 478 – 500.

Ter' – Minaaatan, Teresa. 1996. "Borrowing by Subnational Governments: Issues and Selected International Experiences." IMF Paper on Policy Analysis and Assessment PPAA/96/4, Washington, D. C.

4

挪威：福利国家的纵向失衡和财政行为

乔恩·拉提素

地方公共部门是北欧福利国家政府的重要组成部分。中央政府将主要的公共福利服务（如教育、卫生医疗等）分给地方公共部门提供，以避免中央政府的负担过重。这种政府组织结构反映的与其说是分权关系，还不如说是委托代理关系，可称之为“管理联邦制”。中央政府的职责主要由地方和郡县政府代理实行。福利国家的主要目标是提供全国性的统一福利服务，该目标的实现与集权化的财政融资、行政指令及公共服务细则密不可分。然而，集权化的财政融资削弱了信贷市场的作用。土地和房屋市场尽管反映了劳动力市场中的区域间不平衡，却不能反映地方公共部门的绩效。这种模式实际上限制了地方民主和责任。

集权化的财政融资和福利服务再分配带来了双重问题。福利服务成本既不是由个人承担，也不由地方政府承担，而是给中央政府带来了巨大的支出压力，这对于国家政治体系来说，显然是一个巨大挑战，因此，中央政府需要掌握所有能够影响各个市、郡县经济状况的工具以应对这一挑战。财政的纵向失衡和福利的重新分配可能会导致地方公共部门的投机行为。地方政府充分利用了国家对福利服务途径和质量的关注。虽然地方公共支出增长按照支出压力来推定，但似乎政治体系抵抗住了所有来自地方财政纪律混乱的压力。尽管比例代表制使得北欧国家政党体系支离破碎，但政党本身在使其代表进入国家政策中的行为仍然是有效率的。

财政制度的关键在于它是政治系统的一项功能。出于政治压力，中央政府官员必须忠实地为这个系统工作。政治活动可能破坏管理机构的内部系统。福利国家财政集权（温格斯特、谢普瑟和约翰逊，1981）的内在化成本很高，这在部分地区、部分议会、少数党派和联盟政府中的确存在。一些人数多但弱小的党派能够选出它们的代表来制定一个国家的政策。联盟跨越党派界线的情形很少见。党派之间的合作是一个关键问题，但缺乏形成一个多数党派联盟的能力，在这种情形下，政府的力量显得尤为重要。

泛泛地评价预算约束结果并不容易。但是，对任何地方政府而言，摆脱这一约束是困难的。如果责任分担不清，地方政府缺乏责任感，则不会缩减成本和调整服务体系以适应不断变化的需求。由于生产率增长缓慢，公共服务中竞争和私有化有限，具有强烈内部和外部利益要求的集团将会利用地方政府脆弱的政治体系，这可能导致地方政府发生道德风险问题，而中央政府的管制有利于维持地方政府硬预算约束以防止这种道德风险的发生。

本章将讨论一些福利国家纵向财政失衡的主要经验。本章第一节将展示一个北欧模式的管理联邦制主要框架，其余篇幅将集中分析挪威的情况。第二节和第三节将探讨层级制的政治体制，其对财政收支平衡的影响将在第四节论述。第五节将讨论财政转移支付和策略行为的问题。最后一节将关注财政体制改革。

4.1

北欧模式的管理联邦制

马斯格雷夫、奥茨和蒂布特的传统理论认为，分权的地方政府拥有地方公共品、流动性和利益税。该模式和实现财政联邦制的北欧模式途径相去甚远。第一，地方公共部门对福利服务具有强烈的再分配特点，地方公共物品支出仅占地方支出的很小一部分。第二，人口的流动性很低，地方政府对于福利服务和地方公共物品的偏好的权限是多样的。第三，财政收入是集权制的，并由中央政府转移支付、受管制的所得税收入分成决定。中央与地方的关系不是俱乐部形式的，地方政府只是中央政府的代理机构，地方公共部门的工作不适用于标准的理论模型。伯尔格、拉提素（1998）和洛兹（1998）指出北欧经济学家的失败之处，即地方公共财政理论的指导方针不当。拉提素（2002）基于这个观点引出了一个关于欧洲和美国在财政管理上不同之处的争论。

实际上，在地方公共部门提供福利服务的同时，在决策制定和分配上产生了新的问题。现有文献对这些“优等品”（穆斯格雷，1959）或者“再分配服务”（福斯特、杰克曼和伯尔默，1980）提供一个明确的标准。北欧福利国家一个基本目标是，实现福利服务均等化和标准化，中央政府对国家绩效负有责任。然而，福利国家的分权制令人费解。委托应该被理解为一种避免中央政府负担过重的途径，但地方公共部门也能够根据本地区的情况帮助调整福利服务。福利服务的再分配具有地方自治的特点，这使得地方政治决策很重要。学校结构（规模和位置）的选择是一个很好的例子。地方和郡县政府在偏好和成本上有信息优势，因而能更好地考虑到地方的特点。

二战后，福利国家数量增多，北欧国家的分权政府增强了其在经济中的重要性。目前，地方和郡县政府提供大约2/3的政府公共服务产品，大约占GDP的15%~20%。这些支出中的大多数是通过行政指令发生的，并且与福利服务有关，比如，幼儿园、小学到中学教育、初级卫生医疗和医院以及护理老年人。此外，地方公共部门也提供一些更典型的地方公共品，比如基础设施和计划编制。

一方面，福利支出分权化，而另一方面，财政融资却高度集中化。事实上，集权化的财政融资制度一定程度上扮演了国家控制工具的角色，也表现了对福利服务均等化的渴望。福利服务分配不受家庭和地区经济条件的影响。集权化的财政融资是由地方税税源不足所致，财产税和使用费显然不能满足财政支出的需求（这一需求达GDP的15%~20%），而所得税不如受益税那样合理，尤其在所得税为地方、郡县和中央政府分享时更是如此。由于应税收入水平在城市和乡村地区之间有很大差异，统一的税收均等化体系会割裂地方所得税税率和所得税收入之间的联系。同时，支出均等化转移支付策略增强了对地方的控制，主要包括一揽子转移支付和配套转移支付，这些转移支付既可以用来弥补由于人口数量、年龄结构和居住类型所形成的差异，还可以直接为地方提供公共品。

本书主要通过研究，来解释这种纵向财政失衡的影响。集权化的财政融资和分权化的支出表明，通过转移支付和受管制的税收分享，地方政府对地方公共产品的成本只支付很少的份额。在北欧国家中，自地方政府利用中央政府对福利支出的重视以来，这个问题变得越来越严重。中央政府制定政策旨在解决分权制下的分配问题，并且该政策显示出地方和国家两个级次政府战略合作的可能性。卡尔森（1994，1998）建立了理论模型来确定战略的相互作用，以及在此背景下对于管制的争论。现行地方公共部门的规则可以被看作一种避免中央政府救助的途径，该途径通过限制操纵扭曲地方决策的空间起作用，这也是解决地方政府竞争问题的一种方式。尽管地方政府之间的竞争对公共服务再分配起到不良作用，但激励了地方政府吸引“廉价的”纳税人，同时，阻碍“昂贵的”移民进入。

有趣的是，北欧国家政治领导人和相当一部分财政部长认为集权制融资是抑制政府支出的一种方式。支出压力已经开始困扰再分配的福利服务，并且他们认为中央政府比地方政府更有解决压力的能力。严格的层级管理制度是解决集权制融资缺陷的途径。这种制度设计与近期国际上的测评结果一致。冯·哈根和艾兴格林（1996）认为“财政约束确实在高度纵向财政失衡的国家中很流行”。钱和韦恩格斯特（1997）也认为，通过硬预算约束规则也维持了市场导向。在国际背景下，本章很难证明北欧国家在抑制公共支出上是成功的，但是它们在控制财政平衡上是成功的。

4.2
分权化支出的集权化财政融资体制：分级控制

挪威拥有 450 万人口，是一个小而富有的福利国家。它是以原料（石油、鱼类）作为经济支柱。公共部门直接管理大约 45% 的 GDP，还包括一些福利政策，例如：免费的健康护理、教育和全面的社会安全系统。挪威是一个中央集权制的国家，而不是一个由大量地方公共部门和地方政治制度构成的复合体。435 个市和 19 个郡县按照比例代表制和多个党派（大约是 10 个）来选举自己的委员会。由于大约 20% 的劳动力（大约 450000 人）在地方公共部门工作，无论从社会上说，还是从经济上说，地方政府都是重要的机构。1998 年，挪威基本情况见专栏 4.1。

集权化的财政融资和财政控制是财政制度中一个重要机制。由于地方政府只是中央政府的代理，而非具有独立统治权的主体，只是拥有中央政府的担保。当流动性较低时，土地和房产市场将会受到长期区域失衡的影响，当地财政责任变得不再重要。财政管理与下列主要因素有关：

专栏 4.1 挪威基本情况

- 人口：4500000
- 人均国民生产总值：$ 20000
- 地方公共部门支出占 GDP 的比例：18%
- 地方公共部门支出占公共部门总支出的比例：36%
- 地方公共部门服务支出占公共部门服务总支出的比例：65%
- 地方公共部门的收入：当地税收 46%，转移支付 40%，使用费 12%
- 地方公共部门投资：占地方公共部门流动收入的 10%
- 地方公共部门的净债务：占地方公共部门流动收入的 30%
- 市数量：435
- 郡县数量：19

- 转移支付大约占财政收入的 40%。大部分的转移支付都基于客观标准被分类为一揽子转移支付，而一种专门为新的政治立法提案准备的配套的转移支付和基金，则是用来在适当的时间刺激国家政治家们的雄心。剩余的可自由支配的转移支付用来补偿客观标准之外的因素和（反常的因素）造成的损失，比如洪水。
- 所得税和财产税中大约 45% 的收入由中央政府分享。税收规则由国家议会决定，地方的税率被限制在一个狭小的范围内。所有地方和郡县政府从 1979 年起都采用最大税率，在这种情形下，除非当地政府能随着时间的变化影响计税基数，否则税收工作就变成了一揽子的转移支付了。
- 财产税并不是所有的地方政府都有资格征收（事实上 435 个市中只有 200 个可以征收财产税），仅限于市区和某些设施（如著名的发电站）。税率被限制在一个狭小的范围内。
- 使用费的重要性逐渐增加，现在已经达到了收入的 15%。它们由法规来控制，并且不能超过单位成本，但是成本的覆盖和水平的份额有所不同。
- 《地方政府行为准则》要求在利息支付和债务分期付款之间达到预

算均衡。投资水平是由地方决定的，但是全部的贷款融资却由中央政府批准。最近由于存在潜在的金融失衡，地方政府的信贷管理受到了限制。实际上，赤字是允许转入下期的，但必须在两年之内付清。

作为地方收入来源，地方税收和使用费总计接近全部收入的60%。这个数据相对于其他国家来说是高的，这种现象迷惑了外部观察家，使他们认为挪威的融资机制更接近分权制。为了正确理解这个机制，必须考虑中央的规章制度。实际上，地方政府的收入是由这些规章制度（如所得税基点）决定的。在全部收入中，地方税收平均占比为46%，下列事实证明了多样性的收入基础：在各市中该比例的范围为11%～75%，而在各郡县中该比例的范围为25%～63%。

形式上，地方政府有着在一个小范围内设立所得税率的权力，但它们都是使用最高税率。它们使用最高税率其实是一种策略。如果任何一个地方政府降低所得税税率，并使其低于最大值，它们就有可能会因为“太富”而遭到中央政府的惩罚。中央政府不会宣布惩罚的策略，但它可以自由决定转移支付数额，并通过一系列特殊的政策来提供新的服务以影响地方的收入。如果地方政府看起来足够富而减少所得税，它们在赢得这种边缘资金上就会处于劣势。中央政府看起来并不担心这种软预算约束所带来的潜在影响，而是非常热衷于去影响每个地方政府的收入水平。

税收均等化将会考虑收入分配的作用，并根据需要设计一个转移支付计划。税收均等化试图提高那些税收基础薄弱的市和郡县的收入。这种制度使得各地基本上没有太多动机提高其税收基点。有趣的是，基于均等化的转移支付机制又带来了新的不平等。由于各地标准不一，对外围地区，尤其对小的市和郡县，存在着过度转移支付的问题。结果，市区在私人收入方面相对富有，而在公共服务方面贫瘠，而外围地区却是在私人收入方面贫瘠，而在公共服务方面相对富有。这个结果和雷登（2001）描述的德国有点相似。在德国“末尾的将会是第一”。另外，根据此项复杂的均等化制度，服务是由一系列配套转移支付控制。通常，由于中央政府的优先权，配套的转移支付被用于提升新增服务和扩展原有服务。

作为每年国家预算的一部分，每个地区公共部门的财政状况由国会决定，然后才会将其与宏观稳定政策联系起来。在每个财政年度之前，中央政府都会分别宣布一系列的预期增长率，包括：地方政府收入的增长率、税收和转移支付的增长率。议会将根据整体收入目标，设置一个最大的所得税税率和转移支付数额。依据国家规定的经济状况，地方政府制定它们自己的预算。地方政治决策将围绕预算进程组织起来。

地方预算受到《地方政府行为准则》的约束，主要要求保持预算平衡，经常性收入应大于经常性支出、利息支付和债券的分期还款。通过信贷为当期支出融资是不允许的。最终的预算是由中央政府控制和批准的，但是最近这个程序只在市和郡县存在潜在金融失衡时才实行。如果可能出现预算赤字，那么该预算将不会被批准，并被发回地方政府重新修订。当账户固定时，一个平衡的预算将不会考虑实际的赤字。某年中的所得税收入和与规章制度和权利（如社会救助）有关的支出可能偏离预算。实际的赤字也被允许转入下期，但有一个重要条件——必须在两年内“偿还”。按照中央政府的要求，如果较快偿还会给地方服务的提供带来戏剧性的结果，地方议会可以把偿还期扩展为 4 年。

平衡预算规则对于合理的财政和高效的资源使用来说有至关重要的作用。由于允许通过贷款为投资提供资金，所以短期的获利方式是允许的。这条规则可能减少短期的灵活性，当经常性支出与经常性收入有较强关联性时，服务的提供是不稳定的。然而，中央政府可以随着时间的变化拉平地方政府的收支，尽管这种做法没有必要。地方政府清楚，大规模贷款融资的投资意味着未来的债务要用经常性收入偿还。更重要的是，地方政府知道，投资会出现新的服务产品，这也需要购买劳动力和原料作为未来的经常性支出。

最近由达芙洛（2002），欧文斯和诺里高德（1991）完成的一篇文章表明，在大多数经济发展合作组织国家中，中央政府控制着地方政府信贷融资水平，还有一些国家甚至可以有目的提高信贷水平。和经济合作发展组织国家相比，挪威地方政府在投资政策上非常谨慎，如果预算约束考虑了利息支付和债务分期还款，那么全部的贷款融资会得到批准。这种制度旨在鼓励，在硬预算约束下的集权化的财政融资机制。

除了财政管理之外，法律对福利服务也做了具体规范。这些规定包括福利覆盖范围（如所有小学生）、服务标准（班级大小）以及具体服务数量（每个雇员每天照顾孩子的数量）。地方政府必须满足这些规定，这些规定在教育、健康医疗及社会援助中非常重要。这种由国家法律定义个人权利（例如：所有的年轻人都有机会接受高等教育）的做法逐渐流行开来。在国家管理系统中，这些行政规定与地方政府结合，简化了中央和地方的职责划分，但也导致了一种体系上的脱节，尤其是在教育和健康医疗系统，成了与地方民主自治相对独立的部门。因此，虽然地方政府的支出可以占到 GDP 的 15% ~20%，集权化支出必须与集权化的财政融资相适应，集权化的财政融资必须在福利服务的管理规则背景下来理解。

复杂而全面的控制系统是不允许地方财政自治的。广义地说，福利服务的支出占地方政府预算的 70% ~80%，而在郡县该比例高达 80% ~90%，其余的则是地方公共物品支出，这些公共物品包括基础设施、文化活动和规划。但是管理上存在着矛盾的地方。初等教育是一项具体的福利服务。然而，城市会谨慎的选择学校的大小和地点，可能一个简单的决定会给城市带来巨大的经济影响。在城市每个学生的平均花费从 5000 美元到 12000 美元不等，这种现象部分反映了当地的决策。收入方面的处理权被限制在财产税和使用税 15% 的比例范围内，现实中比例会更小。一个强权且富有野心的地方政治领导人当然能随意的调动资源，但是在这个系统中有一个现实的约束条件，许多领导人都希望从中央获取“新”的资金来做一些新的实事。

4.3

政治控制机制

挪威是一个实行多党议会制的国家，议会采取比例代表制，这些代表来自 20 个不同地区，拥有获得普遍支持的 8 个主要政治党派。政党为国会提名每个地区的候选人，选举每 4 年举行 1 次。议会的党派构成是影响国家政策的决定性因素。议会相对于各政党而言是比较分散的，分散的程度决定了“政府的强大”程度（伯尔格和拉提素，2002）——政府是由多数党还是由少数党构成，以及政府是否基于一个党派或一个联盟。强大的政党好像会把一国政治内化为地区性的政治。由不同地区代表组成的政党联盟，在国会中很少受到关注。一直以来，地方主义都是充满了激烈冲突的政治战场，这些冲突主要针对公共资源的分布，尤其是转移支付的方案。

地方委员会的选举被全国各党派所掌控。虽然存在地域差异，但选举结果仍在很大程度上反映了该国政治状况。另外一些无党派人士，则处在政治边缘。地方委员会并不像国会那样运作（首都奥斯陆除外），执行董事从委员会成员中选举产生，委员会实行各党派（和无党派）比例代表制。该体制有利于协商，并允许为相关政治特权展开公开的竞争。董事和副董事由选举产生，它们都来自委员会，往往是执行董事中的领导者。政治领导人一般将在执行董事和地方委员会中赢得多数的选票。

地方的政治和行政领导人员都要受到地方政府部门的监督，实际上是受到地方委员（来自中央政府的各地方的代表）的监督。这是一种双渠道交流方式。各地方政府之间存在一个全国联盟，它将促使中央政府发放更多的资金。有一个地方权威人士游说国会中各个地方代表，从而为该地区赢得更多的资金，这种情况非常罕见。即使在同一个政党控制了中央和某一地方政府的情况下，给予特殊的转移支付也是不可接受的（例外情况将在第五节中讨论）。

集中化融资会招致支出压力，这些压力来自地方政府联盟、敌对政治人士和媒体。在分析国家政治系统如何处理这一支出压力时，伯尔格和拉提素（1997，2002）采用了公共服务基准需求模型，该模型强调价格、收入以及挤出效应。模型经调整能够解决由于纵向财政失调导致的权责不清问题。财政资金来自税收和中央政府的转移支付，那么分权化政府支出的利益能汇集到每个市和郡县。国家政治系统必将内部化地方公共服务的成本。而美国实行的是普选制，国会、议会的政党构成以及在议会民主政体中的联盟，对上述成本的内部化来说都是至关重要的。计量分析表明，政治力量（由党派分散程度和联盟类型度量）对分散化支出增长影响显著。一个由少数党派联盟组成的政府，从长期看，在分散化支出方面要比由一个政党组成的政府多20%。

除政治力量外，议会中多数党的政治意识形态也会影响政府支出。如果多数党为社会党，将会提高支出。由于社会党占多数，且非社会党较分散，在议会中社会党也就最有实力，于是投票人就面临在政治力量和意识形态之间的交换。有趣的是，据伯尔格和拉提素估计，当非社会党占多数，且较为分散时，政治力量会优于意识形态，会导致更高的分散化支出。在决定地方公共支出的经济因素中，瓦格纳法则得到了强有力的支持。地方公共财政占全国经济的比重随着人均收入的增长而增加。

地方政治领导人也会面临支出压力。福利服务的当事人及其组织，连同代表公共劳动者的联盟（比如教师协会）都是政治的强有力的参与者。卡尔塞思和拉提素（1998）考察了各地的政治力量，并且像一个政治群体（占多数或少数，一个政党或联盟）那样运作。它们发现政治力量可以使地方行政管理成本下降。法尔狮和拉提素（1999）研究表明：在每个郡县，由构成委员会的政党成分度量的政治力量使成本下降，并扩大高校入学人数。它们的研究也包括对地方支出压力的度量。拥有许多小型市的郡县会施加更大的支出压力。计量结果表明，城市平均人口的减少将导致教育支出的增加，并且这一效果会用政治力量来缓和。

大规模的福利再分配安排表明，利益群体之间分配的冲突是主要的政治事项。强势利益群体将会争取更多的分配，对福利的需要将会指向地方公共部门。财政联邦制被认为是减轻国家政治压力的一种途径。地方政府要调节来自公众的福利需求和由中央政府决定的经济约束之间的矛盾。国家的各种规则已经避免了财政上的失调。

4.4
财政绩效评估

挪威地方公共财政系统试图为每个市和郡县建立一个硬预算约束。中央政府主要决定各地区私人和地方公共消费之间的平衡，分权化则意味着鼓励如下三种效率形式：地方公共服务的配置效率；在财政收入既定的情况下，以更低的成本提供较好服务的成本效率；以及允许应用借债方式为财政投资支出融资的跨期效率。财政管制决定财政纪律，管制主要包括中央政府对新增贷款的批准和预算平衡的要求。

地方公共投资总额约占总公共投资的 50%。由于地方服务多为劳动密集型，所以这一比例低于地方就业人数占全国就业人数的比例。固定资本投资一般占当前财政收入和借款金额的 10%，占长期平均投资的 50%。35% 的投资资金来自实际的经常性结余，其余部分来自内部资金。平均的债务——财政收入比率大约为 30%。自从 1980 年以来，该比率就一直在 20% ~40% 之间波动，这主要由周期性的财政收入波动引起。伯尔格和拉提素（2002）详细考察了普遍推行的信贷制度，认为这一借债制度在经济稳定时期运行良好。

第二次世界大战之后，投资占财政收入的比例曾急剧增长，但是，大约从 1970 年以来，该比例一直处于停滞，甚至下降的状态。在美国，类似情况已经被称为“基础设施问题”（霍顿和皮特森，1984）。投资停滞可能是短视决策或中央监管的结果。对地方政府投资总量分析的结果支撑了已采用的跨期决策。拉提索（1999b）研究了如下情况：最近投资停滞是否反映了对未来财政收入增长和人口流动的要求，或者反映了决策系统的不完善。该分析采用了附带理性预期假设的跨期最优化模型，并得出结论：未预期到的 GDP 和失业的变化对投资起到决定性作用。GDP 增长的停滞会降低投资支出提高率，甚至当中央政府保持地方公共部门财政收入高度增长且稳定的情况下，结论依然如此。地方财政收入的稳定增长并没有导致投资的稳定增长。地方公共部门的投资决策更大程度上取决于潜在的国家经济发展状况，而不是其财政收入的增长。同时，宏观经济的不稳定性会导致地方公共投资的波动。这些结论与前瞻性模型一致。

在财政管理中，地区间的差异是很重要的因素。投资中负债的比例在不同地区差别很大，其中有 10% 的城市的负债率在 70% 以上。人均财政收入和经常性结余之间存在很强的正相关。更多的财政收入意味着将有更多的内部资金用于固定资本投资，而且财政收入和盈余都处于平均水平之上的地区将会有更多投资和更少债务。低债务—财政收入比率与高财政收入水平紧密联系。

国际上，对预算平衡规则效应的实证研究的文献非常少。波特巴（1995）和英曼（1996）对美国情况进行过综述。美国的情况比较特殊，因为预算平衡规则的形式在不同州之间差别很大。尤其是波恩和英曼（1996）的研究有助于我们准确认识预算平衡规则的特性对形成赤字的重要性。实证研究表明，最重要的特征是：预算平衡规则是否考虑到事前和事后的情况。也就是说，赤字安排是否可以跨越财政年度。效率原则不允许赤字延期到下一个财政年度。事前的预算平衡规则和赤字可以延期的规则仿佛都是缺乏效率的。

在挪威，财政收入的安排和刚性支出承诺（比如劳动合约）并不允许经常性账户有太多的灵活性。波动对当前赤字的直接效应可能相对较大。另外，根据波恩和英曼的研究，由于实际赤字允许跨越财政年度，所以预算平衡规则被弱化了。关于地方政府面对波动反应的一项计量研究表明，当前支出和财政收入并不受赤字波动的影响，投资水平则是主要的减震器。在实际中，当财政失衡已经不重要时，幅度有限的波动就是一个明显的解释。波动的出现常常与中央政府政策的变化有关，而且弱化的赤字规则包括了这一要求——赤字必须在两个财政年度内填平（跨越四个财政年度是较为特殊的例子）。这一规则的严格实行似乎是控制赤字的有效手段。

赤字一直以来都经常出现，甚至在法律明文要求预算平衡的情况下也是如此。赤字可以反映，在一个由预算平衡转变为实际赤字的财政年度内，财政收入和支出的波动情况。但是，负的预算可能被有意的财政收入高估或支出低估所填平。这使得我们很难区分什么是真正的波动，什么是有意的预算安排。如果赤字主要是由于财政收入波动的结果，那么在频繁实施赤字政策的地区，我们可以预计财政收入将更为不稳定。为了检验该假设，伯尔格（1996）把 1981 ~ 1990 年期间的城市分成两组，一组为没有出现过财政赤字的城市，另一组是至少有一年出现财政赤字的城市。研究表明，由财政收入增长率的标准差所度量的财政收入波动性，在两组中几乎是一致的。而且，对于人均财政收入或平均增长率来说，两组之间也未表现出差别。财政收入波动好像并不导致违反预算平衡法令的行为；虽然支出的波动并未考虑在内，但我们仍有理由断定：采用高估财政收入或低估支出的有意预算安排，可能对违反预算平衡法令的行为影响更大。

伯尔格（1996）关于预算赤字的一项计量研究表明，经济和政治因素对赤字的影响同样重要。短期或暂时性的财政收入增长会减少预算赤字，而且持久性财政收入增长的影响要比暂时性增长影响小。据估计，暂时性的转移支付将会减少目前支出——占财政收入损失的 60%，并且将会增加经常性赤字——占财政收入损失的 40%。另一方面，对地方税收的暂时性减免，将增加经常性赤字——占财政收入损失的 80%。由于地方税收收入的变化比来自中央政府的转移支付的变化更不容易被预计到，所以上述两种政策效应的差异是合理的。然而，对地方税基增长的预测存在困难，并不能解释这两种政策长期效应的差异。据估计，地方税收的持续性减少将增加赤字——约占财政收入损失的 40%，而转移支付的持久性减少所增加的赤字仅占财政收入损失的 20% 左右。政治因素可以解释这一赤字差异，其中，政治领导能力较弱的城市倾向于具有更大的预算赤字。

大体上，自二战之后，挪威地方公共财政就没有出现过严重的赤字和债务问题。上面相关分析表明，用这些约束建立的财政系统是有效的。地方政府遵守预算平衡规则，地方一般只用当前的盈余来进行部分投资。由于利息的支付以及债务的分期偿还必须控制在平衡经常性预算内，所以用借款方式为投资融资受到了严格的限制。预算和借款的控制避免了毫无节制的开支，这种控制往往是采用中央和地方政府磋商的方式，而不是强制性的方式。

4.5 策略行为与转移支付

纵向财政失调与福利服务的分权化相结合，导致了地方公共财政的策略行为。地方政府可以利用中央政府对地区福利问题的忧虑进行策略选择。任何一个地方福利出现问题，中央政府都难免会遭到指责，即使这些福利问题是由于地方政府的责任。同时，中央政府掌握着影响每个市、郡县经济环境的工具。如果某一地区忽视了一些特殊群体的福利，收取过高的费用或积累了过高的债务，但该地区仍可以争辩道：这是经济环境迫使它们这样做的。此时中央政府将面临强大的政治压力，以使处于管辖范围内的地区摆脱财政上的困境。当地方服务和成本的信息不完全时，还可能出现道德风险。

在此情况下的被迫转移支付，可以理解为一种从中央政府到某个特殊地区政府（该政府由于其不当的行为导致了地区性经济问题）的资金转移。频繁的被迫转移支付必将导致财政上的管理混乱。这种资金转移并不属于已有的转移支付安排，也没有持久性。关键问题是在这种转移支付中，地方政府是否采取了策略性行为。我们的论点是：地方政府试图利用中央政府对福利问题的忧虑，但是实际中策略性行为的反作用很小。对于高支出，虽然政府存在持久的压力，但并不意味着扭曲了资源配置。上面问题可以概括为如下三个方面：相机转移支付、分类财政转移支付以及为获得额外资金的活动。

4.5.1 相机转移支付

以规则为基础的一揽子转移支付可以避免策略性行为，地方的优先权也取决于地方上的偏好和成本。许多国家通过转移支付改革来执行一揽子转移支付，并且努力发展较强约束的准则来达到税收平等，同时也很需要对税收平等的措施进行设计。寻找外在客观的准则和追求已有的平等目标是互相矛盾的，因为许多相关的准则（例如：失业）都会受到地方政府的影响。这就意味着这两种计划很容易扭曲经济上的动力（税基、成本因素和社会因素）。挪威一揽子转移支付体系在经济上主要的不利因素是对于小城市的过度补偿（这种补偿延缓了小城市向较大城市发展所必需的巩固进程，高成本的补偿与分散化的地方组成体系）导致了低效率的成本配置和税基平等，限制了工业发展的动力。税基平等的效果适得其反，使得关于补助的游说越来越活跃，而并非预想企业家创办企业积极性的提高。

当设计或讨论补助的规则时，地方政府会千方百计地使得准则有利于促进它们的利益，在挪威，关于税收和税收平等就有上千场辩论（参见伯尔格和拉提素，1998）。换句话说，基于规则的一揽子转移支付甚至可能有一天还会出现自由使用的情况。规则与国家政治进程是同步发展、逐步修正的。当对于规则的决定有争议时，我们不会认为这就会造成地方的策略性行为的扭曲。

虽然我们非常强调基于规则的转移支付，但是没有国家可以避免出现一些相机转移支付。因为国家法规很难作出详尽的规定并加以执行，中央政府需要保留分散的规则以应对诸如洪水等突发情况。同样，由于在基于规则的体系中很多相关因素难于表述，所以相机转移支付还可以对税收平等的计划进行补充。在挪威，相机转移支付比例很小（只占所有转移支付的 1% ~ 2%），但却是广泛存在的，它们可以在对城市和郡县之间所有的“不公正”都加以考虑时被分配。虽然相机转移支付的补助比例不大，但是它们会造成边际上的不同。同时由于相机转移支付是如此之广泛，它们可能鼓动策略性行为以取得回报。

惟一可用的关于自由使用的补助配置的研究数据是从 20 世纪 70 年代开始的（凡沃尔丹和索伦森，1983）。在这段被调查期间内，非常多的投资被用于教育和医疗保障，一些城市出现了为福利服务而负债的问题。凡沃尔丹和索伦森发现由于服务成本引起的高负债（利息支付和分期付款）造成了更多的自由使用的补助。然而，债务紧急转移支付却同时包括了大量的资金和中央政府的更直接的控制（通过地区委员进行）。贷款监管的加强看起来也会遇到这一问题。

20 世纪 90 年代以来相机转移支付的配置在城市以及各郡县之间是非常稳定的。由于相机转移支付需要对地方的外在冲击加以考虑，因此这种稳定是让人惊奇的。地方委员声称对现状的偏见可以用来解释这种稳定。相机转移支付一般被认为是对一揽子转移支付的平等计划的修正，而对于城市来说，这种修正看起来是持久的。地区委员需要就新的和变化的经济情况提出非常有力的论据，才能说服城市接受每年对自由使用的补助的配置进行修改。任何现状的变化都会招致利益受损方的反对。现状看起来很难改变，甚至在现状配置是过去历史环境下的产物时也不例外。在这种情况下，策略性行为被排除在外了。

4.5.2 分类财政转移支付

中央政府使用一些无条件转移支付（通常以配套的形式）来提供新的服务。最近的例子包括为郡县运输部门的环境工程和为城市老年人照顾提供的配套的转移支付。当政府把各种动议综合起来增强福利服务时，这样的转移支付往往是政府采用的一揽子政策的典型组成部分。这些资金是本地公共部门的附加项目，而不是转移支付体系的常设项目。特别值得注意的是，政策组合更多的是提起政策上的注意，而并非是对复杂的转移支付体系作出修正。因为这些政策上动议的发展与国家的政策体系是不相关的，所以并不会影响各市或郡县的策略性行为，但是它们在一个大的范围内表现为利益的问题。

提供新服务的政策组合带来的结果是各地区应该坚持“逆向最优”。当只有新的环境工程才能获得中央政府资金转移支付的时候，执行运输环境改造项目前期工程的郡县突然发现自己是不利的。新资金会使得所有完成的环境项目都被关闭，然后把全部项目重新作为新项目进行申报。有意思的是，环境项目被拖延的原因反而是执行了为加速它们进展而配套的分类转移支付政策。首先进行加强老年人照顾的项目的城市也面临相同情况。引入新的分类财政转移支付是为了加强当地对老年人的照顾能力，但是开始执行的当地政府需要靠自己的资金来增强能力，而执行迟缓的地区反而可以依靠中央政府的资金来解决问题。而一旦新的分类转移支付需要加以讨论和引入，地方政府就会停止为老年人建设新居。国家层面上的政策动议反而会造成不当的地方效应。现在国家的政策执行者正在讨论一项新的关于激励学校建筑翻新的动议，尽管这项动议的执行还需要很长的时间，但是却很可能反而会延迟学校的翻新。

在挪威，涉及医院财政的策略性行为就是一个最坏的例子。在这个国家里，医院并不多，却占了财政预算的一半。作为该国政策的主要议题，健康保障正面临着许多信息和控制方面的问题。该国的中央政府最近承诺将通过为药物治疗和等待申请名单制定相关法规来加强地方的健康保障，医院和地方都将从中央的这一承诺中受益。而这一转移支付体系的引入（意味着地方需要更谨慎的决策）使得问题恶化了。转移支付改革截断了地方支出决策与转移支付水平之间的联系，所以地方就得面临它们的优先权带来的全部成本。然而，转移支付改革却使得地方能够把国家的承诺用于医院服务。如果地方把资金从医院和等待申请名单中转移出来，那么中央政府的健康保障部门将很容易动员起来加以支持。

卡尔森（1995）详细考察了地方上的一家地区性大医院的策略性行为。该地方计划非常多，甚至包括参加新的无医院活动，从而耗尽了财政能力，并需要补助资金。对此中央政府再三拨款进行额外转移支付，但是也会引入一些新的控制措施。地方与中央之间的这种斗争还没有结束，地方就会就新医院的融资问题和中央政府讨价还价。这一例子正好符合韦尔德森（1997）的“大而不倒（too big to fail）”的观点。地区性医院的倒闭带来的后果很严重，所以政府不敢忽视它们的要求。然而，中央政府已经注意到这一问题，并且开始着手改革医院的财务。现在它们的转移支付主要由地方的一揽子转移支付和与医院服务配套的分类财政转移支付组成。健康保障部门也改善了控制体系，并安排了相关报道来比较医院的表现。

政策组合的存在以及对于医院的补充转移支付必须放在国家政策体系的背景之外来理解。当健康保障部门对地方医院进行干涉以“解决问题”时，他当然看起来会非常强势和活跃。政府政策制定者对于老年人和环境项目的转移支付资金改革的动议是有其政治目的的，地方公共部门的资源浪费并不会使它们的政治利益受到损害。它们一定会说地方政府不能执行这一系列的福利措施，因此需要中央的帮助。一般来说，改革和革新都是自上而下的。中央集权体系提出动议是不考虑地方的，这正好与奥茨提出的“实验室里的联邦制（laboratory federalism）”背道而驰。

4.5.3 为获得额外资金的活动

大城市，特别是首都，也或多或少地长期从事一些为获得额外的资金而进行的活动。它们热衷于媒体炒作或进行政治游说，或者雇用顾问为它们提出意见。在大多数欧洲国家在安排首都的地方政府结构时都存在问题的背景下，大城市中还有一些特殊问题。由于它们是不同的，所以它们的支出需求就很难在国家的收支平衡表中反映出来。社会问题和移民倾向集中于大城市，并且存在许多基础设施的使用者来自邻近的城市。考虑到大城市并不多，所以很难分辨它们支出中的哪些部分是无意中造成的成本损失，因此应该进行补充，而哪些是无效率的成本。由于中央政府的事务和项目很多与首都有关，因此也很难评价它们的这些活动是否成功。同样，尽管在首都，人均收入水平和公共服务领域的支出都很高，但也没有必要优先考虑服务水平。当支出扭曲的策略性行为可能不是博弈的组成部分时，大城市中这些长期活动会对财政纪律产生较强的反向效应。

其他的一些市有很强的从中央政府获取额外资金的意愿。它们也是不同的，不过是相对应的另一种类型。它们的行为在挪威的公开讨论中是人所皆知的。在20世纪80年代中期，“卢罗行动”震撼了媒体。卢罗是北海岸的一个非常小的城市，大部分人口居住在岛上。该市的人口呈下降趋势，老龄化问题也很突出，其市长和主要行政长官在议庭上陈述了糟糕的经济状况和匮乏的公共服务，因而请求额外的资金。它们的陈述引起了媒体的注意，不幸的是，别的许多城市马上也陈述了它们的情况，因而卢罗的情况和其他城市看起来没什么不同，一些靠近市区的地区甚至可以展示更为糟糕的公共服务水平。最后卢罗并没有得到多少转移支付。

列贝斯比是成功获得额外转移支付的代表。这是海岸线上的另一个小城市，位于挪威的最北端。渔业是当地的主要产业，而该市为本地的一些渔业公司的贷款提供担保。由于渔业的失败，很多公司倒闭了，政府提供的担保需要用一大笔资金来弥补，因此政府不能维持现有的公共服务，只能向中央求助。中央政府提供了额外的资金，但是也接管了该市一段时期。而这一条件也可以使得其他受到渔业失败影响的城市不会申请相同的转移支付。

某一城市申请特殊转移支付的要求总是不时地出现在媒体上。最近一个有趣的例子是格鲁市，当地政府部长的家乡。当1998年秋天讨论包括政府转移支付在内的国家预算时，格鲁市提出大幅削减就业人口和申请额外资金的计划，挪威最大的报纸立即派出小队前往格鲁市进行报道。和一般媒体描述的“危机”不同，这队新闻记者转而调查反对该城市的政治和管理，质疑该城市要求的合理性，并通过当地账户指出该城市领导“数字欺骗”。新闻报道使得中央政府处理这次事件变得轻而易举。一般情况下，获得额外资金的城市会得到地区委员的充分信任，并且作为部门的代表出现，这样的例子并不少见。

一般的，与“大而不倒”相对应的是“小而不虑（too small to worry）”，由于许多小城市有相同的问题，中央政府不可能都一一满足它们的要求。只有当出现明显的外来冲击时，并且设立了严格的条件以保证别的城市不会仿效时，中央政府才有意愿给予额外的补助。

4.5.4 整体评价

尽管集权化的财政融资和分散化的福利服务措施引起了策略化行为，但是在挪威的体系中，道德风险和政府转移支付并不是特别严重的问题。对于不同的市和郡县来说，预算约束是很强的。首先，任何市和郡县都不能轻易打破常规。中央政府和地方公共部门都同样知晓经济状况和地方部门所提供服务的情况。当地方部门向中央部门求助以缓解地方的危机时，中央政府很清楚这是由外来冲击造成的还是由于地方政府行为不当而造成的。相互竞争的市和郡县将密切关注这些情况，不会再忽视对不当行为的惩罚。其次，策略化行为对于地方的政治进程来说是存在风险的。地方当局的领导通过制造危机来向中央政府申请转移支付，但是一旦不能成功的话，它们将很难向选民交代。因此，只有公开地方政府的行为和表现，以及建立起透明化的地方政治体系，才能在集权化的财政融资制度中真正保证硬预算约束。

4.6 改　革

一般认为，地方分权能够促进地方政治民主和经济效率，但效率不是现行地方政府机构设置的主要标准。无论是按地域划分，还是按社会阶层划分，福利国家都优先提供各地、各阶层居民都能享受到的服务。在这个体系中，并不注重强调配置效率，因为服务的提供被看作一个基本的福利问题。福利服务的成本效率是很难衡量的，因为服务质量与成本密切相关，比如，照顾一定数量的老年人相应就需要一定数量的护士。而且，低成本往往就意味着低质量的服务。地方自治可能会使得不同的郡、市处于不同的福利服务水平上，这与福利服务的目标是冲突的。地方分权带来的奥茨效应（à la

Oates）在这个体系中体现得也不明显。

参照国际标准，挪威的福利服务是昂贵的。虽然很难就此在国际上作出比较，但就用于每个小学生的教育支出和每个患者的治疗支出这两个指标来说，都是较高的。导致这一现象的部分原因是挪威各地区福利服务的均等化要求。另一部分原因是福利服务是垄断性质的，缺乏竞争性。因此，福利服务的供给方看起来比需求方更占优势。目前福利国家面临的主要挑战是引入竞争、消费者选择以及私有化。

拉提素和索伦森总结了评价这一体系绩效的研究（1998）。他们得出结论，福利国家模式限制了地方民主。按照对福利服务兴趣的不同，选民被分成不同的组，可以看到他们在作为特殊兴趣的消费者比作为对政治感兴趣的市民时要活跃得多。因而在这种情况下，政党体系并不能代替服务选择体系。决策问题对于地方经济是有较大影响的。中央政府分担的提供福利服务的职责阻碍了效率激励。而公共部门一般很难产生效率，特别是当服务质量与成本联系而且难于监督的时候，就更难期待公共部门能高效运行。人口的低流动性限制了各级政府间的竞争，另外，部分程度上出于对有组织的生产者利益考虑的原因，地方政府也会抑制市场导向。复杂的决策体系，即地方自治和地方作为中央政府的代理人并存，影响了地方政府降低服务成本及重组服务以适应需求变化的能力。地方政府通常被看作是刚性的、成本控制弱的典型代表。

挪威的中央联邦制在地方和中央两级都是失败的。整个国家都在指责中央政府的政治家们在解决福利问题上的失败，甚至在那些应该是由地方政府为提供福利服务负责的情况下，人们还是会指责国家的政治领导人。地方的政治家则受制于操作的空间太小以及地方民主的缺乏。或许从政治家的角度看，这种职责不清的体系反而是政治家的最爱。地方的政治家可以抱怨以上问题，但是资金的决定权仍由中央掌控。中央的政治家可以强迫地方的政治家进行更多的福利支出。然而长期来看，该系统可能会产生“模糊的公共机构”的印记，因而也会威胁到该体系的合法性。

在公开讨论中，经常出现强烈要求改革地方政府财政的呼吁，但是如何进行，在学术界并没有达成共识。有人提出通过进一步的中央集权把福利服务的职责都归于中央，由中央完全控制这些资金。在极端情况下，所有的收入都作为转移支付分配，而给予各政府部门控制各地区福利服务供给的权力。在这种情况下，同一个国家内不同地区的孩子却拥有不同数量和质量的学校，而其享受的健康保障也依赖于不同地区的财政状况和优先次序，这看起来是不可接受的。最新的改革决定是医院国有化，现在的医院由郡县负责的制度就是这一改革方向的步骤之一。但是另一种观点认为，地方分权才能解决职责不清的问题，同时地方分权也会增加地方的责任，加强地方民主和自律。最近，为了给予地方管理组织以更多自由而采取的提供大量补助和修订地方政府条例的措施，就是在进行这方面的尝试。另外，还提出了一系列关于政府委托权的改革，主要体现在地方分权的方向上（参见伯尔格和拉提素，1998）。主要建议是，在设立主要的财产税时，所有市自行决定涉及当地的税收。从经济学的视角看，税收是生产性的，通常，这一观点并不被认同。因为财产税不受欢迎，这项改革进程可能会中止。还要更深入考虑的问题是福利服务如何操作，这决定了未来地方公共部门的职责。竞争和抉择将改变福利服务的融资和控制。以后或许地方政府主要着力于提供地方公共物品，并且在运行上更接近于标准财政联邦制理论的规定。

致　谢

本研究得到挪威研究委员会和世界银行的资金支持，同时，还与拉斯·爱立克、弗雷德里克·卡尔森、泰杰·P. 豪格、乔森·洛茨、拉尔斯·蒙德斯托姆及若尼·索伦森就文章内容进行了相关探讨，并合作完成本文。衷心感谢冈纳·埃斯克兰德、乔纳森·雷登及一位文学评论家对本章的第一稿提出的意见。

参考文献：

Borge, L. – E. 1996. "The Political Economy of Budget Deficits: A Study of Norwegian Local Governments." Mimeo., Department of Economics, Norwegian University of Science and Technology.

Borge, L. – E. and J. Ratto. 1997. "Local Government Grant and Income Tax Revenue: Redistributive Politics in Norway 1900 – 1990." Public Choice 92: 181 – 197.

Borge, L. – E. and J. Ratto. 1998. "Reforming a Centralized System of Local Government Financing: Norway." In J. Ratto, ed., Fiscal Federalism and State – Local Finance: The Scandinavian Approach. Cheltenham: Edward Elgar.

Borge, L. – E. and J. Ratto. 2002. "Spending Growth with Vertical Fiscal Imbalance: De-

centralized Government Spending in Norway 1880 – 1990." *Economics and Politics*, 14 (3): 351 – 373.

Borge, L. – E. and J. Ratto. 2002. "Local Government Budgeting and Borrowing: Norway." In B. Dafflon, ed., *Local Public Finance in Europe: Balancing the Budget and Controlling Debt.* Cheltenham: Edward Elgar.

Bohn II., and R. P. Inman. 1996. "Balance Budget Rules and Public Deficits: Evidence from the U. S. States." Working paper 5533, National Bureau of Economic Research.

Carlsen, E. 1994. "Central Regulation of Local Government Borrowing: A Game – Theoretical Approach." *Environment and Planning C: Government and Policy* 12: 213 – 224.

5 软预算约束与德国的联邦制度*

乔纳森·雷登

德意志联邦共和国乍看好像是世界上公共部门分权最彻底的国家之一。州政府和市政府的支出合起来占政府总支出的60%以上。然而德国的公共部门并没有较好地体现财政分权的优点。相反，这种德国式财政联邦制成为德国公共部门提高效率的主要障碍之一。虽然德国联邦政府以它谨慎的货币政策和财政政策闻名于世，但是其基层部门的财政表现却乏善可陈。很多年来有学者已经认识到德国财政分权制的成本，而德国的统一进程和最近的宪法委员会决议使这些成本进一步增加。联邦制的成本已经成为学术界和政界争论的焦点。虽然学者和政治家们似乎都认为政府间财政体制亟须改革，民众也逐步认识到这一点，但是对于基本的联邦制度的重新审议仍是未来几年德国面临的最严峻的挑战。

德国财政联邦制所带来问题的最突出表现，是地方政府预算约束的软化和持久的地方赤字和公共债务。图 5.1 把财政赤字同联邦、州和市政府的综合财政收入进行了简单比较。

德意志联邦的大多数借款以及大部分统一的费用是在联邦政府层次上产生的，但是州通常是利用财政赤字和各种各样的短期、长期借款，市政府在一定程度上也是这样。与古巴和阿根廷省级政府借款所带来的灾难性后果不同，德国州政府的借款行为所带来的后果有些麻烦。本章试图从体制和政治两个方面来分析联邦政府在20世纪90年代实施软预算制度和援助的原因。与本书中所描述的其他软预算制度和援助的经历相比，德国财政纪律的激励

* 1990年后，民主德国与联邦德国重新统一，此文所称东德、西德现指德国东部、西部地区。

主要集中在少数几个州上面。在德国统一之前，这种问题被限制在宏观环境不断恶化的两个州：不来梅州和萨尔州。这两个州在最近20年不断有大量的赤字出现，并且在债务水平不断恶化的情况下（见图5.2和图5.3）依然拒绝削减支出。联邦议会通过一项有争论的决议，扩大了对不来梅州和萨尔州的债务援助，这一决策有可能加剧了其他地区的道德风险。这一不当激励的问题是，软预算约束、连续高额赤字和超额债务负担在新成立的东德地区也一样严重[①]。

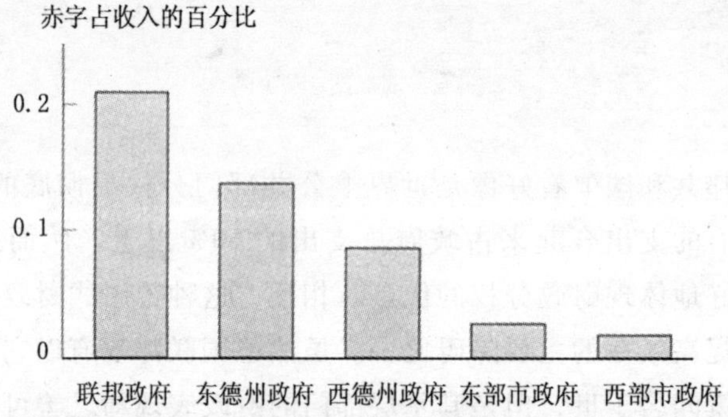

图5.1 1996年德国赤字在各级政府收入中所占的比例

数据来源：Sachverstandigenrat（1997，120）与作者自己的计算。

东德在1990年的债务是零，但是到了1998年他们的人均债务水平已经超过了西德（史提斯，1999）。本章要表达的内容就是，柏林市的财政危机沿袭的似乎是一条最熟为人知的路，最终通向联邦政府的援助（史提斯，1999）。经济和货币联盟所通过的稳定和发展合约中有规定财政赤字范围的条款，但是德国在州层次上实施的软预算约束却似乎威胁到它将自己的赤字维持在这一范围内的能力。如果东德和西德在当前条件下继续执行赤字政策，联邦政府就会因违反欧盟制度而受到惩罚（OECD，1998）。

毫无疑问，不来梅州和萨尔州的一些财政问题与在高个人成本和高失业率之下管理小州所带来的挑战有关，而且东德的赤字在一定程度上说明有必要同大规模失业和基础设施过度投资进行斗争。不过，本章认为德国联邦制财政最近出现的危机可以视为德国联邦制潜在的制度缺陷在战后的显现。明确来说，联邦体制内收入的决策、征收和分配的综合作用破坏了税收和支出决策之间的关系，而这种支出决策对于政府能否有效提供公共产品和服务来说至关重要。尽管州承担了广泛的支出责任，但是他们在筹集收入上的自主权却非常小。尽管大多数支出和政策实施出现在州和市政府层次，大多数税收决策却是由联邦政府作出的。因此，选民无法判断究竟是哪级政府提供哪些产品和服务并为之征税，并且他们既没有能力也没有动力去监督或者约束州或市政府的财政决策。本章的主旨是，德国复杂、互相依赖、协作风格的联邦制度冲淡了财政责任，并软化了预算约束。

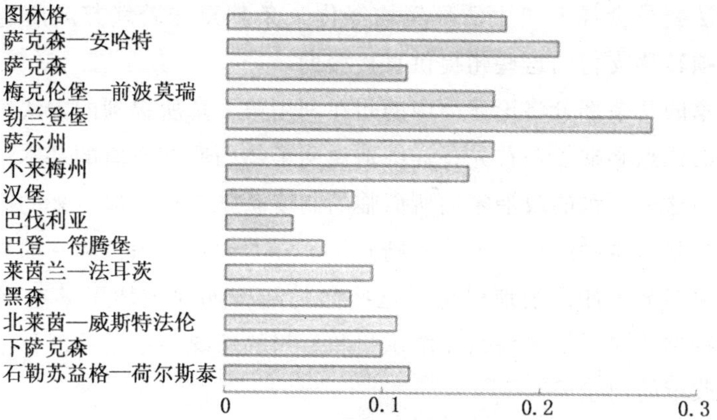

图 5.2 平均赤字在德国州政府中所占的比例

说明：西德所选的年份是 1975 ~ 1995 年，而东德则是 1992 ~ 1995 年。

数据来源：德国联邦议会统计数据和作者的计算。

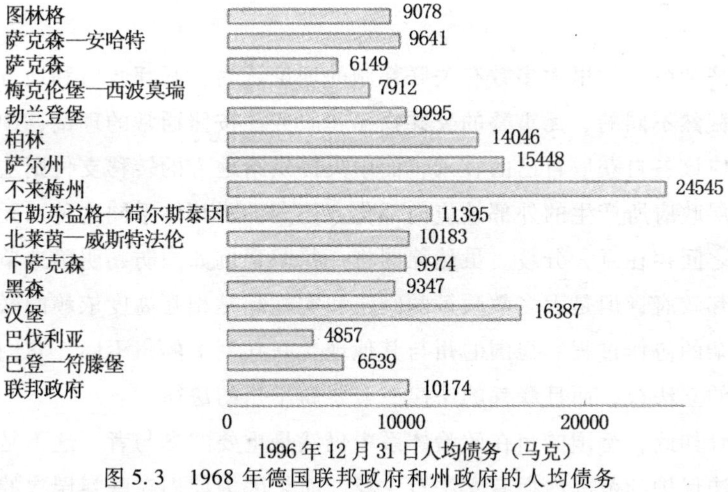

图 5.3 1968 年德国联邦政府和州政府的人均债务

数据来源：Sachverständigenra（1997，195）。

德国联邦制的基本制度结构也破坏了层级监管机制。德国的制度虽然被称为联邦制管理，它在大部分行政领域的特点却是联邦决策、地方实施。戈瑞德杰斯特（宪法）要求通过复杂的财政均等化制度在整个联邦实施“生活环境均等化”。我们下面会解释，这种均等化制度对一些州不负责任的财政行为产生了不当的激励。最近，为了解决不来梅州和萨尔州的财政危机，联邦宪法委员会规定“生活环境均等化”条款意味着联邦政府有义务通过年度专项转移支付向这些州提供直接援助。

本章的其余部分将论述德国的州在利用第1章所提到的方法维持财政制度方面的优点和缺点。首先，详细地说明了德国联邦政府的基本结构，并且评估了州这一层级的政治家们所面临的制度激励结构。接下来的第二节考察了另外的政治激励结构，第三节则介绍了资本市场的角色和它的规则。本章的倒数第二节更加详细地讨论了这些激励结构如何破坏了某些州的财政制度，并特别关注了不来梅州、萨尔州和新州的情况。最后一部分得出结论并描述了改革的前景。

5.1
层级制度和政府间财政关系

经济和政治学里大多数有关联邦制的理论认为，联邦政府和地方政府应该提供截然不同的、无重叠的公共物品和服务。按照通常的理论，中央和地方政府应该各自获取自己的收入，而中央提供给地方的转移支付则主要是为了将基层政府所产生的外部效应内部化。德国的联邦体系同这种二元联邦制的观点之间存在巨大分歧。虽然德国将一些职责例如国防，明确地单独分配给了联邦政府，但是大多数政策的制定和实施却是相互高度依赖的联邦和州之间复杂的协作过程。德国的州与其他现代联邦制下的州不同，它们几乎没有独立的立法权，而且联邦的法律一般要高于州的法律。

尽管如此，德国的州在政治体系中仍然是重要的参与者。这不是因为他们在宪法保护的范围内拥有立法自主权，而是因为他们在联邦层次的决策制定和州层次的决议实施中扮演了关键角色。德国的州与其他联邦制下的州不同，他们在联邦上层议会即德意志联邦议会中有直接的代表。即使是影响到州利益的法律也必须经过联邦议会的批准，因而这些州在联邦的决策过程中就成了重要的投票角色。此外，与其他联邦制相比，德国的联邦政府自己控制的官僚机构非常小，大多数联邦政策需要州和市来实行。由于和州之间制度上互相依赖的关系，这两级政府中任何一个都需要通过同另外一个进行讨价还价、让利或合作来实现自己的目标。

互相依赖的联邦政府和州政府之间的多边协商同样体现在税收的征收和分配上。所有重要的税收都由联邦政府和州政府共享。大多数涉及税基和税率的决策都由联邦政府作出（需要经过联邦议会的批准）。虽然一些税种是由联邦政府征收的，但是其他大多数还是由作为联邦代理机构的州税收部门进行管理的。财政均等化制度促进了收入从富裕州向贫困州转移，而这一体制的影响因素则是州和联邦政府之间周期性的协商。

5.1.1 支出

德国宪法明确规定了联邦政府的职责：对外事务、国防、货币政策、公民权利、海关、铁路和航空运输、邮政系统以及电信业。州政府则负责一些诸如文化、教育、法律秩序、卫生、环境保护和地区经济政策等事务。市政府负责当地的卫生设施、体育和娱乐、学校建设、道路、公共场所以及其他的社区服务（兰菲，1994）。尽管宪法试图对不同政府的权利进行划分，但是仍然很难确定哪一行政领域只会单独涉及一级政府。如前所述，州负责实施大部分联邦政府的政策，与此类似，市政府的很多任务也是由州来委派。因此，无论是宪法还是不同政府的开支都没有准确地反映出政府间权利或支出的准确划分。

即使在以前由州政府负责实施的行政领域，联邦政府和州政府的事权和财权也逐渐互相交叉起来。1969 年修订的《基本法》是远离二元联邦制最重要的步骤，它建立起的制度被称为联合作业。州政府同意放弃一些行政领域的执行权，作为交换，政策制定和融资要通过多级政府间复杂的协作形式。这些行政领域包括大学建设、区域性产业政策和农业结构政策（第 91a 条，《基本法》）；住房、城市更新、市内交通和医院（第 104a 条，第 IV 款，《基本法》）；以及中等教育和研究基金（第 91b 条，《基本法》）[②]。从 1969 年引入联合作业后，公共事务的政府间计划和联合融资日益重要。从 20 世纪 70 年代末到统一之前，联邦政府用在联合作业上的支出实际上升了

15%（OECD，1998）。

州在很多领域的支出决策都受到统一联邦法限制。尽管如此，它们在执行中有相当宽泛的自主权。严格的专项转移支付只占很小的比例——大多数转移支付实质上都是一般性的。联邦政府在大多数联邦法的执行中并不向州下达具体的指令，并且对于州的管理行为也没有监管或者具体审批的权力。州享有预算自主权，虽然联邦法规定它们要向很多项目提供支持，但是在很多领域里它们可以调整这一支持的数量，而且可以自主决定对联邦法令所规定服务项目的补充。

州政府是德国公共部门最大的雇主，他们可以自主决定自己的规模，当然也要在联邦法律规定的限制之内。州政府虽然可以自主决策，但是它们必须遵守联邦公共服务法，这一法律严格地限定了每一个职位所需的条件。这样的结果就是州的每一个部门都存在严重的官僚作风。

5.1.2 收入

同支出决策一样，德国联邦政府和州政府在收入立法和管理上的责任也是互相交叉的。宪法详细规定了联邦政府和州政府的收入，并且联邦财政安排大的修改只能通过修改宪法来进行，而修改宪法同时需要联邦议院和联邦议会2/3以上的多数通过。德国宪法所安排的支出在联邦财政手册里都有表现。德国宪法并没有为某项特定的支出责任而给某级政府安排配套的税种，而是保证所有重要的收入来源都是共享的。直接把某种税分配给某级政府的意义不大。所得税、公司税和增值税（VAT）都是共享税[3]，它们大概占所有税收收入的3/4。税基和税率的决策由联邦政府制定，而管理则是由州的税务机关实施。在共享税的管理上，州政府是联邦政府的代理人，他们遵守统一的联邦管理规则。

共享税在联邦政府和州政府之间的纵向分配一直非常稳定，因为实际的份额是由宪法规定的，因而只有通过修改宪法才能改变。为了保证州政府在不断变化的财政环境下能够获得足够的资金来实现他们的联邦委托管理责任，增值税的纵向分配经常通过联邦政府和州政府之间的谈判调整。协商的结果必须通过州政府和联邦议会的批准。增值税是惟一一种可以变动的纵向分配资源，虽然重新分配的结果经常有争议，但是当面临新的政策或者外来冲击的时候，这一结果可以用来调整资金的纵向分配（伦兹，1991）。

5.1.3 均等化和转移支付

在德国，州政府的支出实际上要高于联邦政府（见图 5.4），但是它们只有很少的独立权限来筹集收入。迄今为止州政府最重要的资金来源就是共享税（见图 5.5）。首先，共享税的基础体系将主要的共享税收益分配给州，其方式如下：所得税的收入按照来源地标准分配，公司税收入按照企业所在地原则分配，而增值税的一部分则按照人均份额进行分配。接下来，收入均等化的二级体系分三个步骤进行。其中前两个步骤是横向分配，第三个步骤则涉及联邦政府的纵向转移支付。

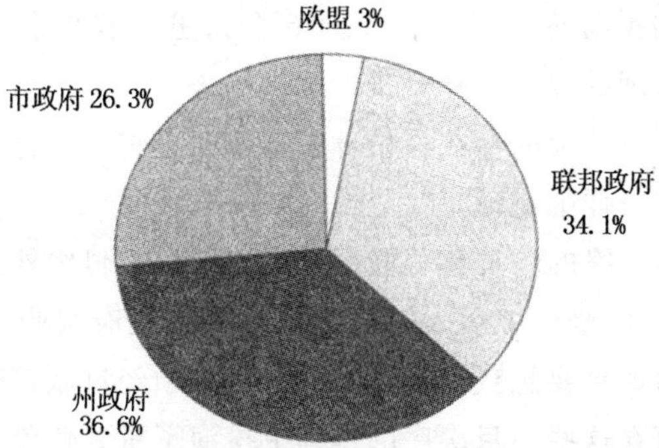

图 5.4　德国各级政府的公共支出

数据来源：德国财政部（1996，328）；斯潘和佛林格。

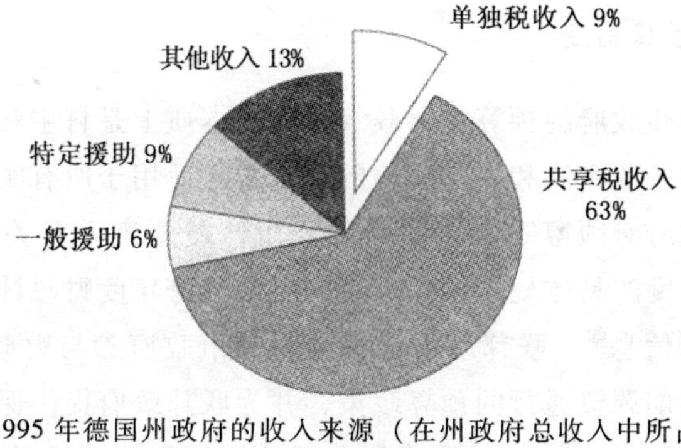

图 5.5　1995 年德国州政府的收入来源（在州政府总收入中所占的比例）

数据来源：德国财政部（1996 年）；斯潘和佛林格（1997，321）。

在第一个阶段，大约 75% 的增值税按照人口进行分配，而另外 25% 则被重新分配到基本的共享税收收入计算之后收入最低的州政府。通常，这种均等化程度只对新州政府有利。斯潘（2001）指出这种共享增值税再分配的作用是真实的，东部的州获得的人均增值税收入大概是西部的两倍。经过这个阶段之后，每个州的财政能力（基础财政）已经被计算出来并同它的财政需要（贝多弗财政）进行比较。然后在均等化的第二个阶段，收入从那些能力高于需要的州转移到那些实际情况相反的州。需要的判断是以整个国家的人均税收收入为标准进行的[4]。经过这个阶段，收入较低的州大概可以达到其财政需要的95%。

联邦政府在均等化制度的第三个阶段插手，通过补充援助的形式将弱势州的财政能力提高到其财政需要的99.5%水平上。在这一阶段，联邦政府也向某些州提供额外的补充援助，以补偿他们的“特殊负担”。当前，新成立的联邦州是这些援助的主要受益者。16个州里边有9个是通过获得联邦援助来分担行政管理的成本。补充援助也被用来向不来梅州和萨尔州提供援助，而由于债务利息约束的存在，柏林也许不久也将获得补充援助，这些情况我们将在后面进行详细讨论。

最后，除了与最终的均等化相联系的纵向转移支付之外，联邦政府按照1969年《基本法》的修改中引入的机制来支持州政府某些特定的行为和资本投资。一个项目如果要想获得资金支持，就必须经过联邦政府和大多数州的批准。联邦政府在这些项目次序的排列上扮演了重要角色，一方面是因为他们在管理委员会中有席位，另一方面是因为他们可以威胁对方说要收回对项目的联合投资。

5.1.4 政府间预算制度

联邦政府和州政府的预算和财政管理程序本质上是自主和独立的。尽管如此，州政府要按照宪法和联邦法律的规定遵守适用于所有实体公共部门的统一规则。州政府必须遵守大量的一般规定，还要遵守有关预算准备、会计、审计和透明度的具体规定。它们还需要参与跨年度财政计划并且互相交换与预算相关的信息[5]。联邦政府、州政府和市政府参与财政项目理事会，该理事会负责定期调整通行的预算政策，并为联邦政府提供保证宏观经济稳定运行所必需的信息。财政项目理事会帮助协调不同层级的政府间预算计划，但是它本身并不做任何确定的决策。虽然联邦政府和州政府之间保持高度协调和信息共享，但是最终任何一方都不能强制对方做任何事情，而且当为了维持公共部门全面的财政平衡而需作出巨大牺牲时，双方就很难达成妥协。

5.1.5 借款

公共借款委员会是财政项目理事会的补充，其职责是协调联邦政府、州政府和市政府之间的公共借款。但是它本身也不做任何决策，并且联邦政府没有任何权力约束州政府的借款规模，州政府的借款决策也不需要通过联邦政府的批准或审议。但是州政府和联邦政府一样，有自己的体制和法律约束，从而它们的借款受到预算中列明投资目的的资金需求限制。但是州层级上这些所谓的黄金法则，有很多众所周知的漏洞。首先，“投资目的”是一个难以确切定义的概念，因此不难把一些支出定义为投资支出。其次，同当地公共基础设施项目合约相关的财政安排，提供了一种独立于“黄金规则”之外的方法。政府可以为私人投资提供担保，并要求他们完成基础设施建设项目并为之进行事前融资。这种建设完成之后，政府会在一定的时期内补偿它的建设成本（斯潘和弗朗提戈，1997）。除了这些漏洞之外，一些州还选择直接违反他们的章程，就像我们将在第 5 章第 5 节中提到的萨尔州和不来梅州的行为一样。

需要特别关注的是，尽管大多数联邦债务是以债券的形式存在，州政府和市政府赤字的消除主要依赖直接的银行贷款。州政府间接控制着商业银行体系——州立银行向市政当局和州政府提供贷款。州立银行官员大多数在州这一层级上有着极好的政治关系。州政治家们经常接受州立银行监管董事会的有利调节，并且虽然被证明很难获取，有些人还是认为州立银行习惯于向政治家们偏好的行业提供低息贷款[6]。在地方，社区的市长通常也是当地储蓄银行监事会的主席（斯潘和弗朗提戈，1997）。

5.1.6 州政府软预算约束的含义

二战以来，德国联邦制管理独有的结构在很多方面保持了良好的运转。德国的内部管辖市场可能比其他任何一个联邦国家都要完善。德国风格的合作联邦制通过共有认知和其他协议促进了辖区之间货物和服务的自由流动。由于州政府在执行联邦法令的很多时候可以自行抉择，它们就可以选择执行符合当地实际的那些规定。但是这一制度还保证了在整个联邦范围内提供大致均匀的服务，并且联邦的规定确保州政府的官僚体制有足够的管理能力。

德国式合作联邦制的缺点是它破坏了税收和利益之间的联系并造成了责

任扭曲。这一体系对州政府造成了一系列不当的激励，从而导致了软预算约束的问题。首先，联邦政府和州政府的支出责任几乎在每一个政策领域都有重叠部分，并且1969年引入联合作业之后这种交叉更加严重。因此，选民很难判断哪级政府为哪些行为承担了哪些责任。此外，州政府太过依赖于共享税和援助基金，自主税一直在下降。均等体系很难激励州政府提高自己的经济表现和税基。对于每一个独立的州来说，所得税收入（个人或者公司）增加100万德国马克，只会造成8万至29万德国马克的额外税收收入（经济合作与发展组织，1998，胡博和里保罗，1998）。实施均等化之后，本来人均财政能力最低的州（不来梅州、萨尔州和东德）最终却实现了最高的人均财政能力。同时，本来财政能力最高的州（汉堡、汉森和巴登—符滕堡）最终在转移支付之后的财政能力却最低。

结果，州政府很少有动力关注低水平的税收征管或赤字。沃恩·汉戈和赫普（2000）的经验分析表明州政府税收收入在GDP中所占的比例随着时间的推移逐渐降低，他们认为这种结果证明均等化的激励效果降低了州政府的税收努力。这种激励结构造成了税收负担增加而税收征收水平却不断下降，这一问题被德国顾问理事会视为德国公共财政最严重的问题之一（萨什，1997）。由于州政府承担了税收管理的大部分成本，并且增加的税收收入中只有一小部分分配给他们，因而它们面临的加强审计和提高税收征管力度的激励非常小。这一问题在很多依赖转移支付的州更为严重，因为他们从增加的税收征管努力中几乎得不到任何利益（经济合作与发展组织，1998）。最近的一份报告指出逃税和避税给政府所带来的税收损失大约是1250亿德国马克，或者是GDP的15%⑦。

德国复杂、互相依赖的联邦制度所有的这些特点共同作用削弱了领导者承担责任的激励，而均等化制度的一个特点，即前面所提到的补充转移支付明确地鼓励了不负责行为。这些弥补缺口的转移支付明确无误地奖励了那些以前财政状况差的州。我们在下面就会详细说明，这些转移支付最近被用作萨尔州和不来梅州的直接援助。经济分析表明，这种情形很大程度上是与转移支付在适应消极收入冲击时是缓慢的（瑞登，2001a）和长期赤字的不断增加（瑞登，2001）相联系的。

《基本法》和国会对它的解释要求应当为达到州之间的均衡而作出不懈的努力，与此同时，他们对联邦政府现有的层级监管和管理机制施加了大量的约束。尽管有均等化造成的消极激励，如果联邦政府能够控制州政府的借贷，那么软预算约束所带来的问题也会消失。然而，在当前的制度之下对于州政府的常规借款，联邦政府根本没有任何管理或限制的权利。激励机制的重要修改需要州政府的同意，而由于他们能够从当前的体制中获益，所以他们很难同意进行修改。

5.2 行政体制

德国独特的联邦制财政管理体系是同高度统一却不易误解的联邦政治体系相一致的。这种体系激励了选民和对州政府财政行为有直接影响的政客。德国联邦制的结构弱点决定了州政府的选民和政府官员本质上是委托—代理关系，并且破坏了对选举的监管机制。州政府不同层级的选民有权投票让不负责任的官员下台，但是他们缺乏信息并且没有这样做的动力。不过，高度一体化的德国政党体系可能会阻碍本书巴西和阿根廷那两章中所描述的破坏性的、系统的赤字转移现象的出现。

大多数德国学者认为州政府的选举主要是对联邦官员及其政府声望的投票，而不是对州层级政治家的施政表现进行的独立评价。这种假定是从多次选举的实证分析中得出的。州层级政治家的重新当选受到他所在政党的党员在联邦胜利的强烈影响[⑧]。这种现象一点也不会令人觉得奇怪，因为联邦议会拥有否决、延迟或者改写大多数联邦法令的权力，而州政府的选举决定了联邦议会的组成。因此，公众、选民、政治家本身都认为州政府选举类似于不同时期举行的联邦选举（阿布罗梅特，1982）。

其次，由于对德国联邦体系存在严重的依赖性，市民很难获取和理解他们的代表在州政府的竞争力和表现的信息。由于州政府的官员并不能自主控制地方税率，而大多数决策都是依照政府间的合作程序作出的，并且他们支出的目的就是为了实施联邦的计划，所以他们完全可以宣称地方政策失误或收入降低的责任不在他们，尽管这并不总是事实。选民根本无法精确地挑选出结果的荣誉和过失。因此，对于信息不足的选民来说，评价波恩的综合管理表现并因此惩罚或者奖励每一层级政府的同一政党是有道理的。

结果，州政府财政政策对选举的激励被削弱，州政府官员们轻率的财政政策很容易就能避开选举决策。同样，逃避指责在对立政党控制的州更加容易[9]。此外，在这种情况下，州政府的官员实际上会受到进行超额支出和实施赤字政策的选举激励。均等化制度使得一些支出较高的州政府的公共物品的成本被其他州政府分担。最近的例子明确无误地说明过度赤字可能会被援助所弥补，因此如果选民认为赤字会在以后带来更多的转移支付的话，他们就有动力去支持这种不负责任的财政行为。如果州政府的债务负担无法承受，选民很可能去游说联邦政府实施援助，而不是对州政府施加政治压力使其大量削减支出。

但是，违规的政治激励不能被夸大。事实上，综合的政党制度对于州政府官员在一般收入上过度支出的自私行为施加了补偿限制。希望获得联邦援助的过度借款，特别是出现在大的、重要的或者相对繁荣的州的时候，对于那些野心勃勃的州政府官员来说无疑是职业生涯上自己涂抹的污点。相反，谨慎财政官员的荣誉对于那些希望成为财政部长的官员来说是一笔财富。对于不来梅州和萨尔州的政府来说，尽管20世纪80年代和90年代日益增长的债务负担好像并不是政治责任，但是当援助分配下来的时候，这些援助最终让政党的领导在政治上非常头疼。此外，对于造成柏林财政危机萌芽的指责在参与下一轮选举的政党间是非常热门的政治问题。

5.3 资本市场及其规则

这一部分转向关注信用市场在加强德国州财政纪律中的角色。在功能完善的资本市场上进行借贷的需求可能会促使市政府领导作出谨慎的财政决定。毕竟，信用层级和利率对于选民来说是政府能力高低的重要信号。如果不谨慎财政决定所造成的高利率的成本需要当地居民以增加税收或者降低资产价值的形式支付，他们就很可能会投票让责任人下台。目前德国在州政府上不存在这种激励，州政府在很大程度上无需为信用等级担心，而且资金成本对于所有的州政府来说一贯都是一样的。但是这种体制可能会改变，因为一些州政府及他们的代理在寻找新的信用形式。这一部分主要是对州政府战后的举债行为进行总体介绍，并且分析那些可能会在将来提高信用市场纪律的近期发展。

第二次世界大战以后，州政府通过债券市场和贷款（*schuldschein*）市场实现其举债需要。除了德国马克，州政府禁止发行其他货币的债务。州政府发行的德国马克债券，即兰德债券（州政府债券），通常由州立银行进行管理。但是由于贷款市场的吸引力，债券在州政府举债中的地位并不重要。贷款不是有价证券，它是由被称为贷款书的可转移本票所证明的信用，在任何交易中都不会被提及，但却可以通过书面协议方式转移给第三方。贷款这种举债方式盛行的原因是其低成本、流动性强以及具有可协商的特点[10]，其协商条款大部分与州立银行一同确定。州政府举债大部分依靠贷款，如 1993 年，州政府贷款达到了 4892 亿德国马克，而发行债券总额只有 1041 亿德国马克[11]。但是，这种方式的一个缺点是州政府无需使用信用等级，从而无需应对更有竞争力、更加透明的国际债券市场的严格约束。

在 20 世纪 90 年代中期，一些州政府随着自身整体债务需求的增加和国内外市场限制的减少开始利用更多的举债工具。尽管州政府只被允许举借德国马克债务，但他们在从海外市场举债方面却没有受到限制。最近一些州开始采用新的债券形式来吸引国外的投资者。1993 年年末，由于国外投资银行的引导，德国出现了好几个州政府发行长期德国马克债券的热潮。尽管这些交易表现并不好，但是看起来州政府在将来会继续寻找国外投资者。如果这种趋势持续下去，州政府最终必须通过严格的信用评级。按照标准普尔的说法："如果数额增大，投资者不会仅仅凭借德国'州政府'这一标签就接受债券。他们会评估按照信用能力的不同而产生的收益。"[12]

促成信用市场纪律的另一个因素可能来自于州立银行。不但州政府开始从国内市场之外融资，而且州立银行也开始寻找国外资金来源。一些大的州立银行开始发行欧洲债券，并且拥有大量外币形式的资金。州立银行被视为是半独立的债务人，而他们吸引投资人的地方在于他们由自己代表的州政府进行担保。由于这个原因，每一个州立银行至少有一个 3A 等级——来自国际银行评级机构（IBCA，伦敦），并且其中一些还拥有穆迪、标准普尔给予的相同评级（见表 5.1）。我们可以看到信用等级在不同州政府之间很少有差别，并且没有一家州立银行的穆迪评级在 Aa1 以下，或者标准普尔评级在 AA + 以下，尽管这些州立银行的表现并非和具有 3A 评级的机构一样好，而且不同的州立银行之间也有很大的差异。

国际银行评级机构统一的 3A 层级背后的逻辑是，如果任一银行陷入困境，州政府都会为它提供支持，而如果这一支持可能会造成州政府的财政危机的话，联邦政府就会介入。另一方面，标准普尔则不大信任联邦的援助，因此并没有都给予 3A 评级。标准普尔认为信用评级和本息的及时支付有关，即使在出现危机的时候联邦会进行援助，危机和援助之间的时滞也应视为损失⑬。因此，它根据政府的经济和财经表现评级。西部州立银行（West LB）是最大的州立银行，却因为北莱茵·威斯特法伦的财政表现而受到标准普尔降低评级的威胁。诺德州立银行（Nord LB）也由于下萨克森州的财政表现在获得 3A 评级的时候遇到困难。在这种情况下，州政府也会通过州立银行感受到间接的压力，从而改善其财政状况。穆迪最近受到来自国际投资者的压力，要求其为州政府建立一个更为实际的评级制度。表中银行财政实力层级与以前层级制度相比有更多等级，其范围是 B 到 D +（见表 5.1）。由于州立银行继续多样化经营并试图吸引国际资金，信用评级对于他们来说将更加重要，并且要求州政府改善财政的压力也会越来越大。

表 5.1　州立银行信用层级（1997）

州立银行名称	莫迪	标准普尔	国际银行评级机构	莫迪银行财政实力层级
巴伐利亚州立银行	Aaa	AAA	AAA	C +
不来梅州立银行[a]	Aa1	—	AAA	C
DSL 银行	Aaa	—	AAA	D +
赫拉巴州立银行	Aaa	AAA	AAA	C +
柏林州立银行	Aaa	—	AAA	B
莱茵兰—普法尔茨州立银行[b]	Aa1	AA +	AAA	C +
石荷州立银行	Aa1	—	AAA	C
LKB 银行	Aaa	AAA	AAA	C +
诺德州立银行	Aa1	—	AAA	C +
赛博西州立银行	Aaa	AAA	AAA	C +
西部州立银行	Aa1	AA +	AAA	C

[a] 由诺德州立银行支持，因而间接由下萨克森管理。

[b] 由赛博西州立银行支持，因而间接由北莱茵—威斯特法伦管理。

最终，同州立银行借款相关的整个体系可能不会持续很久。不仅信用评级机构开始给予州立银行比较实际的信用评级，而且他们实力的关键，即债务的公共担保，也受到欧洲委员会的威胁。此外，一些受到现金约束的州政府也开始逐步卖出州立银行的股份。比如，不来梅州政府当前在不来梅州立银行中只占了 7.5% 股份，不来梅州立银行已经通过将其份额的 75% 转移给上市的德国柏林银行而实现了部分私有化，而州政府作为德国柏林银行的主要股东，依然保持着它的直接担保。许多分析家认为州立银行私有化的压力将会不断提高。无论如何，欧元的引入和国际竞争的加剧都有可能将州政府推向信用市场。

5.4

不来梅州和萨尔州的赤字与援助

前面的章节已经讲过，尽管德国的联邦制可能有许多优点，但是它最大的缺点在于它可能会在州层级上促进财政无纪律和软预算约束。我们所提到的很多问题在近期不来梅州和萨尔州的危机中都可以看到[14]。虽然萨尔州在财政均等化过程中一直处于接受的地位，但是不来梅州在 20 世纪 70 年代之前都是给予者。这两个州政府都遭遇了经济大幅下滑，同时在最近几十年里一直要应对令人头疼的失业问题。因此，他们在公共财政领域面临具大压力也就不足为奇了。考虑到他们缺少自主收入并且规模较小，他们很难单独承受调整的成本。

事实上，并没有人强迫他们独立承担调整的成本。在统一之前，他们就成为均等化进程的最大受益者。最近几年，均等化之后萨尔州和不来梅州的人均财政能力在所有州政府中间一直数一数二。尽管对均等化支付和相关转移支付的依赖性不断增加，这两个州在 20 世纪 80 年代和 90 年代仍然持续增加支出、出现大量赤字，并且严重依赖贷款来为当前的支出筹资（见图 5.6）。

州政府在削减支出上没有收到任何来自层级制度、政治或者市场上的激励。联邦政府和其他的州政府对于他们拒绝削减支出并平衡预算感到失望，但是他们没有任何可以影响不来梅州和萨尔州决定的手段。考虑到他们对其他州政府和联邦政府高度的财政依赖，不来梅州和萨尔州的政府可以对选民解释他们对于日益增加的赤字和债务负担没有责任；相反，他们认为联邦的其他州没有完成在他们需要的时候表示支持的体制义务。尽管债务水平日益增加，萨尔州和不来梅州的政府可以轻易地保护他们的州立银行免受信用负担的影响。

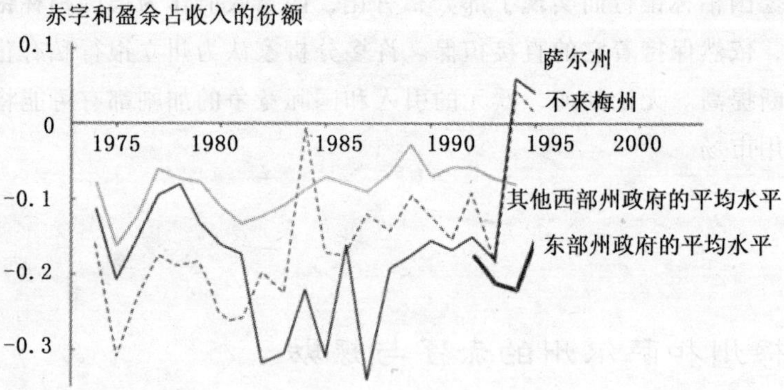

图 5.6 1974～1995 年德国州政府的财政支出

数据来源：德国联邦议会统计数据和作者的计算。

萨尔州的法规中规定了黄金规则，即公共债务不能够超过投资支出。然而政府完全忽视了这一规定，尽管事实上州最高法院多次宣布它的预算违反了州的制度。萨尔州的政府并没有遭受公共阻碍，而是利用自己赤字“违反宪法”的本质作为进一步证明联邦其他州没有履行体制义务的证据。

到了 20 世纪 80 年代中期，不来梅州和萨尔州的债务水平已经明显到了无法承受的水平，并且两个州都宣布自己面临着财政危机，要求联邦和其他州提供特殊基金来解决他们的部分债务。不来梅州最终要求联邦政府直接接管这一责任。20 世纪 80 年代见证了州政府在财政制度细节上对于宪法委员会的大量怨言，萨尔州和不来梅州则向法庭请求援助。1986 年作出一项决策就是联邦的补充转移支付可以用来援助陷入财政困境的州政府。这就给了不来梅州和萨尔州政府最终能够获得联邦特殊基金的希望，并且在 80 年代剩下的几年里根本没有提高自己财政能力的动力。他们依旧向宪法委员会诉苦以获得他们想要的基金，终于在 1992 年 5 月，委员会宣布“团结”义务要求联邦政府开始使用补充转移支付向不来梅州和萨尔州提供总额 170 亿德国马克的援助，并成为 1993 年均等化制度修改的一部分[15]。

不来梅州和萨尔州于 1994 年开始接受特殊基金。不来梅州每年接受额外的 18 亿德国马克，而萨尔州则是 16 亿德国马克。与本书中其他部分描述的援助不同，萨尔州和不来梅州没有任何义务作出偿还。这一援助涉及联邦政府和州政府之间的协议，即州政府同意限制他们的支出增长，并且承诺额外资金只用于降低债务。这一援助足以用来平衡当前的预算（注意图 5.6 中的急剧增加）。尽管如此，联邦政府还是没有任何“胡萝卜加大棒”政策可以用来奖惩支出变化或降低债务的进展，而且两个州在降低债务上的进展都远远落后于预期的速度。史提兹（1998）的实证分析表明，萨尔州和不来梅州在援助实施之后其基本支出的增长速度仍然高于其他的州。事实上，这两个州都认为所得到的援助不足，而且他们对自己没有能够降低债务的解释是遭受到意料之外的收入下降[16]。

危机最危险的地方可能在于为其他困境中的州政府提供了示范，特别是国会对联邦政府义务的解释。不来梅州和萨尔州的政府利用下属的规模小且依赖转移支付的地方政府来扩大自己的利益。联邦制度的本质让他们相信自己支出和借款的成本在将来不可能完全单独承担。他们认为宪法让最终的援助成为必要，并且既然宪法委员会肯定了这一说法，他们关注的问题就是将来其他高度依赖转移支付的州政府也会减少自己解决赤字和债务负担的努力。考虑到东德对转移支付的依赖水平，道德风险问题就显得更为严重了。

5.5 结论和改革的未来

州政府所面临的软预算约束最重要的根源很可能在于德国宪法本身。宪法不断地向州政府提供广泛的自主权、确保生存状态均等化并保护州政府在联邦政策制定中的作用，因而为一些联邦约束机制的实施制造了障碍。制度结构将税收和支出决定分离，为州政府提供大量支出自主权的同时却限制了他们的税收自主权。均等化制度的存在使得州政府作出谨慎财政决定的动力非常小。而当地市民和债务人则由于职责不清和援助可能性的同时存在，既没有办法掌握信息也没有动力去根据州政府的财政决定对他们进行批评或赞扬。

宪法没有向联邦政府和富裕的州政府提供有效制度来约束那些依赖援助的州政府制定的支出或者借款决策。在不来梅州、萨尔州以及偶尔出现的其他西部州政府的例子中这种机制的缺乏已经成为令人头痛的事，但是由联邦和富裕的州政府买单的财政体制混乱所造成的损失已经成为失败的根源，并开始破坏德国联邦制度运行中所独有的团结和合作。巴伐利亚和拜恩—符滕堡是最富有的两个州政府，他们在国会和政治进程中已经向均等化制度提出了强烈的抗议。联邦政府要承担统一的大部分成本，同时还要给不来梅州和萨尔州提供援助，因此它要求州政府在这一负担中承担更大的份额。

随着州政府继续向宪法委员会提出抱怨，富裕的州政府威胁要从均等化制度中退出，这种制度逐渐变得岌岌可危。面对议会中的挑战，宪法委员会于1999年11月11日通过了一项重要法令，规定联邦政府和州政府在2002年结束之前重新协商均等化制度，并通过了一些指导性原则[17]。除此之外，决议还批评了补充转移支付分配中所使用的标准和均等化制度极端的再分配，并在承认《基本法》所规定的团结和同等化生活环境两项原则的基础上，提议建立更有竞争力的联邦制度来维护平等以及州政府的自主权。这就在政府间引起热烈的协商还有大量的改革建议，富裕的州政府要求更大的税收自主权和均等化制度的全面检查[18]。联邦政府对于体制改革特别感兴趣，这是因为按照稳定和增长协议的条款它有义务监督一般政府的赤字限制，并且还要接受包括违规情况下的罚金在内的批准。联邦政府认为尽管他们现在没有任何可以控制州政府借款的机制，州政府不负责任的借款决策也会让德国的公共部门陷入马斯赫里科特赤字约束的困境，而且联邦政府还要为此支付罚款。

最终，联邦政府试图建立稳定和增长协议（经济合作与发展组织，1998；斯坎，1996）的内部均衡。政府建议同时在纵向的联邦政府和州政府之间以及横向的各州政府之间分配马斯赫里科特赤字约束的法定捆绑份额。这些条款只有在德国的赤字超出马斯赫里科特标准的情况下才能生效。这一想法的初衷是将欧盟的罚款在联邦政府和州政府之间分配。当然，这引起了大量的冲突，冲突焦点主要是关于全部赤字在联邦政府和州政府间的分配比例以及罚金在州政府间的横向分配。但是，关于如何对超出赤字限额的州政府进行处罚才能与均等化制度以及宪法委员会关于居住条件均等化条款的解释相一致，依旧没有形成一个明确的说法。

2001年6月，联邦政府和州政府之间达成了一项新的均等化法令，并将在2005年开始生效。旧的三阶段制度的基本体系没有改变，而富裕的州之所以愿意接受新的体系是因为这一体系允许他们保留本身所征收的大部分税款[19]。但是这一协议不会降低那些相对贫困州政府的收入。显而易见双赢的游戏之所以可行是因为联邦政府同意额外提供数十亿德国马克来弥补这一体系的缺口。换句话说，联邦政府与州政府之间将以直接的、纵向再分配取代部分州政府间的横向再分配，而最贫穷的州政府对转移支付的依赖只增不降。这一协议是否能够通过宪法批准尚不明确。

为了保证德国国内稳定和增长协议与其他相关改革顺利实施，基于联邦体制基本框架的分税制制度和均等化安排将会改变，这意味着联邦政府与州政府间潜在的制度契约将会重新审议。这将是一个困难的过程。因此，我们很难将这一协议视为当前现状的重大改变。事实上，任何重大改革都需要改变宪法，这需要 2/3 以上的州政府批准，也就意味着必须获得一些均等化受益人的批准。富裕的州政府和贫穷的州政府已经各自结合成目的明确又截然不同的集团，并且很难在他们之间达成协议。州政府也表明他们可以为了保护自己的利益而联合起来对抗联邦政府[20]。

在以前，尽管一些州政府的利益会由于州政府的相互独立而难以改变，但是联邦制财政体系的更改还是有可能的（瑞兹奇，1995）。但是这些分散的力量正随着财政体制的分裂而联合起来：社会民主党在较为弱小、依赖性较强的州的势力最大，而基督民主党则在那些富裕的州拥有强大力量。此外，PDS（东德之前的共产党）已经成为代表东德利益的地方性政党。由于在这个存在多方有效参与者的体系下很难形成一个改革联盟，德国试图提高公共部门效率的努力都付之东流。提出的国家稳定和增长协议将会朝着正确方向迈进坚实的一步。但是，较差的州是否会同意遵守严格的、固定的赤字限制仍需要进一步观察。由于这些原因，在以后相当长一段时间里，有关财政联邦制的争议将依然是德国政治领域的关键特点。

注释：

①新的州是勃兰登堡、萨克森、萨克森—安哈特、图林格、梅克伦堡—前波莫瑞。

②有关联合作业的评论分析，可以参看斯卡福·瑞森特和斯卡贝尔（1976）、斯卡福（1988）和胡博（2001）的文章。

③更详细的信息参看斯潘和佛朗提戈（1997）的文章。

④决定税收能力差异的一般标准是：人均税收收入乘以各个州的人口。但是，这一程序的执行有利于城镇地区，具体情况参看斯潘（2001）的文章。

⑤更详细的信息参看斯潘和佛朗提戈（1997）的文章。

⑥“德国银行：短腿能否变长？”，《经济学》，1997 年 1 月 4 日。

⑦IW 的报道引用了皮特·诺曼的话："纳税人正在反抗"，《经济时代》1997 年 2 月 3 日。

⑧参看法比瑞提斯（1978），罗曼、布雷迪和瑞威（1997）与罗登（2001c）的文章。

⑨比如，德国联邦财政部部长奥斯卡·拉方泰无需为其在科尔时代担任萨尔州部长时连续出现的巨额赤字承担责任。同样，吉哈德·斯克德在下萨克森所留下来的预算问题和大量债务并不妨碍他参与联邦选举。实际上，他利用本州的经济和公共财政问题来攻击科尔政府。

⑩"德国：欧盟周刊信用排行——州政府成了新的热点"，《欧盟周刊》1994 年 11 月 30 日。

⑪ IBID。

⑫ 引自"德国：欧盟周刊"。

⑬ 劳诺·坎威尔："德国：当银行家手中有钱的时候"，《欧洲货币》1994 年 12 月 28 日。

⑭ 关于更详细的援助记录，参看史提兹（1998）的文章。

⑮"Bund fordert Lander zur Mitfinanzerung auf", Handelsblatt, Mar. 3, 1998.

⑯"Streitum Hilfen fur das Saarland and Bremen", Frankfurter allgemeine zeitung, Feb. 25, 1998.

⑰ BverG, 2 BvF 2/98, Nos. 1 – 347.

⑱ 巴登—符滕堡的部长埃文·特菲的声音最响。参看"Eigene Steuern fur die Lander," Focus, Feb. 23, 1998 和"Attacke der Reichen", Focus, Feb. 23, 1998. 也可以参见"Letzter Einigungsversuch zum Finanazausgleich", Frankfurter Allgemeine Zeitung, Mar. 2, 1998. 关于改革理论建议的评论，参看经济合作与发展组织（1998）、闰兹奇（1999a, 1999b）和胡博与里奇保罗（1998）。

⑲ 州对均等化的贡献总量有一个最高额度——不超过它按照全国平均水平所得到的税收总额的 72.5%。州政府可以将税收收入中超过全国平均水平的部分按其年度增长总量的 12.5% 的份额保留己用。

⑳ 大多数与统一、联邦财政体系中新州政府的成立和对萨尔州与不来梅州的援助相关的财政负担都落在联邦政府头上，因为州政府可以在涉及 1993 年"团结协议"的协商中联合起来共同对抗联邦政府。

参考文献：

Abromeit, Heidrun. 1982. " Die Funktion des Bundesrates und Streit um seine

Politisierung.” Zeitschrift fur Parlamentsfragen 13: 467 – 471.

Fabritius, Georg. 1978. Weckselwirkungen zwischen Landtagswahlen und Bundespolitik. Meisenheim am Glan: Verlag Anton Hain.

Federal Ministry of Finance. 1996 Finanzbericht 1997. Bonn.

Huber, Bernd, and Karl Lichtblau. 1998. “Konfiskatorischer Finanzausgleich verlangt eine Reform.” Wirtschaftdienst 3: 31 – 52.

Laufer, Hein. 1994. “The Principles and Organisational Structure of Federative Constitution.” In The Example of Federalaism in the Federal Republic of Germany: A Reader. Sankt Augustin: Konrad – Adenauer – Stiftung.

Lohmann, Susanne, David Brady, and Douglas Rivers. 1997 “Party Identification, Retrospective Voting, and Moderating Elections in a Federal System: West Germany, 1961 – 1989.” Comparative Political Studies 30 (4): 420 – 429.

Organization for Economic Cooperation and Development. 1998. OECD Economic Surveys, 1997 – 1998: Germany. Paris: OECD.

Renzsch, Wolfgang. 1991. Finanzverfassung und Finanzausgleich. Bonn: Dietz.

Renzsch, Wolfgang. 1995. “Konfliktl’ osung im parlamentarischen Bundesstaat.” In Rüdiger Voigt, ed., Der Kooperative Staat: Krisenbew#! tigung durch Verhandlung? Baden Baden: Nomos.

Renzsch, Wolfgang. 1999a. “Modernisierung der Finanzverfassung: Moglichkeiten und Grenzen.” Unpublished paper, Otto – von – Guericke Universitat Magdeburg.

Renzsch, Wolfgang. 1999b. “Reform der Finanzverfassung: Zwischen Okonomischer Effizienz, bundesstaat Ucher Funktionalitat und politischer Legitimitat.” Paper presentedat the conference F’ manzverfassung und F6deralismus,’ Zentrum for Europaische W’ u – tschaftforschung, Mannheim, Apr. 14 – 15, 1999.

Rodden, Jonathan. 200la. “Breaking the Golden Rule: Fiscal Behavior with Rational Bailout Expectations in the German States.” Unpublished paper, MIT.

Rodden, Jonathan. 200lb. “And the Last Shall Be First: The Political Economy of Federalism and Deficits in Germany.” Unpublished paper, MIT.

Rodden, Jonathan. 2001c. “Creating a More Perfect Union: Electoral Incentives and the Reform of Federal Systems.” Unpublished paper, MIT.

Sachverstaindigenrat. 1996. Reformen Voranbn’ ngen: Jahresgutachten 1996/1997. Stuttgart: Metzler – Poeschel.

Sachversttandigenrat. 1997. Wachstum, Besch#fiigung, Wtahrungsunion – Orientierung ft’ ir die Zukunft: Jahresgutachten 1997/1998. Stuttgart: Metzler – Poeschel.

Scharpf, Fritz. 1988. “l’ he Joint – Decision Trap: Lessons from German Federalism and

European Integration." Public Administration 66: 239 – 278.

Scharpf, Fritz, Bernd Reissert, and Fritz Schnabel. 1976. Politikverfiechtung: Theorie und Empirie des kooperativen Foderalismus in der Bundesrepublik. Kronberg: Scriptor.

Seitz, Helmut. 1998. "Subnational Government Bailouts in Germany." Unpublished paper, Center for European Integration Studies, Bonn.

Seitz, Helmut. 1999. "Where Have All the Flowers Gone? Die 6ffentlichen Finanzen inden neuen Landern." Prepared for presentation at the University of Magdeburg, Oct. 1999.

Seitz, Helmut. 2001. "Haushaltsnotlage in Berlin?" Unpublished paper, Europa – Univer sit, it Viadrina.

Spahn, Paul Bernd. 2001. "Maintaining Fiscal Equilibrium in a Federation: Germany." Unpublished paper, University of Frankfurt.

Spahn, Paul Bernd, and Wolfgang F6ttinger. 1997. "Germany." In Teresa Ter – Minassian, ed., Fiscal Federalism in Theory and Practice. Washington, D. C.: International Monetary Fund.

Von Hagen, Jurgen, and Rail Hepp. 2000. "Regional Risk Sharing and Redistribution in the German Federation." Unpublished paper, Center for European Integration Research, Bonn.

III 经历过联邦制和财政分权历史的发展中国家

6 阿根廷：强化地方预算约束

斯蒂芬·韦伯

通过对地方财政施加硬预算约束，阿根廷从20世纪80年代的最落后国家之一跃升为90年代中等收入国家中颇具发展前景的一员，而这些中等收入国家的共同特点之一就是全部通过民主制选举地方政府。阿根廷实行的硬预算约束政策尽管在20世纪90年代呈现出很大的发展潜力，但仍然相当脆弱。1999年以来国民经济中所遇到的困难暴露了该政策的不足，并促使联邦政府转向更加灵活和广泛的战略政策。在2001年全国整个财政及宏观经济出现问题的大背景下，该政策的实行也遇到困难，但是这一时期已经超出了本章所讨论的时间范围。

20世纪80年代中期，阿根廷州政府面临的是软预算约束，因此，正如我们可以预料的，它们的财政赤字相当高，大概占整个公共部门财政赤字的一半。为了解决这一问题，在接下来的10年里，阿根廷进行了一系列政策转变，尤其是在联邦政府层面，主要表现为硬化预算约束，填平各种预算缺口。但是由此产生了两个问题：为何80年代的预算约束如此之松？之后又如何使硬预算约束变成可能？我们将会看到，后者是一个更加困难的过程，并且将受到更多关注。

了解阿根廷省政府预算约束的衍化过程，有必要首先了解阿根廷的宏观经济以及政治体制背景。

6.1

宏观经济背景

20世纪80年代的阿根廷经历了严重的通货膨胀。1989年，通货膨胀达到顶峰并将国民经济及整个社会带到了崩溃边缘，这一现象有目共睹。当时新成立的以卡洛斯·梅内姆为首的行政当局颁布了一个指令，希望采取严厉的措施来稳定经济。在几个月的犹豫及反复之后，梅内姆任命多明哥·卡瓦洛为经济部长，正是此人在整个公共部门中实施了一套成功的稳定并调节经济的方案。州政府的财政调节促成了整个公共部门的改革，梅内姆也由于参与其中而获得了政治支持（见表6.1）。

表6.1 阿根廷的经济增长率、通货膨胀以及财政收支差额（1983～2000年）

以分数表示

	1983～1987年	1988～1990年	1991～1994年	1995～1997年	1998～2000年
实际增长率（年度平均）	1.77	-3.43	8.89	2.69	-2.4
通货膨胀率（年度平均）	370	1910	53	1.3	-0.34
总体财政平衡（占GDP的百分比）					
中央政府	-5.11	-0.87	0.27	-1.32	-1.86
州政府	-4.90	-1.99	-1.33	-0.88	-1.1
主要财政平衡（占GDP的百分比）					
中央政府	-3.44	-0.07	1.40	0.28	-1.13
州政府	-4.84	-1.76	-1.16	-0.56	-0.6
公共企业			0.73	0.02	

资料来源：阿根廷经济部、国际货币基金组织GFS和员工估算及作者估算。

从国家财政的角度看，该稳定方案促进了税收收入的快速增长，而联邦政府将这些税收收入与各个州政府分享。税收增长是新政策的直接结果，归功于税种征集与强制税收上的进步，同时它也是稳定方案的内在结果。通货膨胀消除之后，因支付滞后导致的税收收入实际价值降低的情况也消除了。

受这种支付滞后影响最大的是州政府，因为它们自身的税收以及和联邦政府分享的税收都是以本币核算的（其他来源于贸易的联邦政府税收是以外汇核算的）。

同联邦政府一样，通货膨胀使得州政府税收收入实际价值降低，迫使其不得不依靠通货膨胀税。它们从各自的州立银行借款以贴现其在中央银行的债务，这种做法实际上是分享了因通货膨胀产生的铸币税。

6.2 法律及政治体制

阿根廷的联邦制由来已久，目前它拥有23个州以及首都布宜诺斯艾利斯。与拉丁美洲其他国家一样，阿根廷是一个总统制的国家，法律赋予总统很大的权力。通常国会必须通过由总统提出的主要财政政策提案，但是总统必须提出实际的激励措施与规则使国会信服。同时，总统拥有广泛的紧急状况行政权力，该权力至少在1994年国会成立之前被经常使用。此外，还有两个特征值得注意：

第一，政府的行政部门或军事部门经常会中止正常的国会程序。1950年以来，军事部门已经两次接管国民政府，最近一次是在1976～1982年间。在民用和军事的双重规定下，国民政府经常接管州政府，而在此之前是通过竞选产生州行政长官。20世纪90年代中至少3个州遭遇了这种干预，而科多巴（Cordoba）在过去50年的24年中都经受着这种联邦干预（尼克理尼等1999；科多巴，1997）。阿根廷的州政府在法律及日常事务的自治权上都面临着严重的限制，这种限制不允许它们在规则上出现任何差错。而巴西的州政府并不面临这种严重的限制，结果是它们常常忽略或逃避中央规则。

第二，尽管法规并没有规定对某个州政府实行特殊待遇，但受政治地理因素的影响，阿根廷联邦政府对各州政策仍然存在不平衡情况。布宜诺斯艾利斯州拥有全国38%的人口（如果加上布宜诺斯艾利斯市就上升为48%），同时两者相加后对全国GDP的贡献超过总量的一半，这使得该州在国会中居于强有力的地位，并且在经济以及公共财政方面也居于首要地位。确实，作为税收收入的主要来源，布宜诺斯艾利斯从谨慎的宏观财政政策中所获的收益足以弥补它在其中所承担的成本。该情况与我们在第一部分中所指出的联邦体系的一般形式正相反。在一般形式中，任何州通常都不期望谨慎的财政政策，期盼有机会在宽松的财政政策环境下搭便车。不平衡表现的另一极端是，那些人口规模小于平均水平的州，他们在参议院中每人拥有的代表权却高于平均水平。如果法律规定最小规模为每州拥有5位代表者，那么他们所享有的代表权就要大大高于其在一人一票选举体系下的权利。因此，如果一位参选者赢得任何一州的支持都需要花费一定的费用，那么他在寻求低人口规模的州的支持时花费会相对较少。

6.3

联邦财政关系的历史演变

尽管1853年宪法限制了联邦政府在对外贸易上的征税能力，不过它同时也赋予了其在特定时期征收国内间接税的权利，这随之引起的是联邦政府可以与州政府同时征收国内间接税（墨菲，1995）。20世纪30年代中期，作为对日益下降的对外贸易税的反应，联邦政府开始征收全国收入与销售税，这取代了之前存在的州政府所征税种的大部分。为了弥补州政府的税收损失，联邦政府建立了一套税收分享体系（称为共同分享计划，coparticipation）。税收分享体系越来越复杂，但仍是州政府税收的主要依靠对象。不同于州政府分享税收的历史起源，这次由联邦政府决定所有被分享税种的税率。

根据其历史起源，共同分享计划的分配是由一种高级法律（同意法，a ley de conveno）决定的，它同时需要征得国会所有议员、总统以及所有州行政长官的同意。然而1976～1983年间，军事部门实施干预，强制制订并施行这个规则，此举使阿根廷的民主在重建之后的20世纪80年代再次陷入僵局。激进派坐拥总统之职，但是对下议院控制较弱；而公平派（裴伦主义者）控制着州政府的大多数，并进而间接控制参议院的选举。分裂的政府在如何分配税收方面不能达成一致，因此税收以不同行政目的被分配，这正是所谓的ATNs[①]（aports del tersoro nacional）（世界银行，1990；威尔斯、加曼和哈格德，1997）。ATNs已经存在了几年时间并将继续存在下去，如今它已成为联邦政府向州政府进行转移支付的主要渠道。尽管在行政分配这些基金时可能存在着多变性，但主要问题似乎仍是州政府需要有额外的基金以备在必要时支持软弱的总统。80 年代中期这种现象表现出了州政府软预算约束的缩影。

1987 年，公平派夺得了对下议院的控制，并扩大了他们对州政府及参议院的影响。这一变化中止了僵局，并导致了 1988 年的“共同分享法规”（Ley de Coparticipaciones）。在 20 世纪 90 年代早期，该法规仍然生效，但它已经被两次财政条约进行了重大的修改，而且急需重新全面修订。正如人们所料，公平派期望将财政资金转向州政府，并试图通过一个相对慷慨的分配模式来分配对州政府的转移支付，以使对州政府的转移支付高于 80 年代早期的水平，达到 70 年代的实际价值。这项法规对来自共享税收入的 99% 制定了详细的分配模式，其余 1% 由 ATNs 分配。大多数通过 ATNs 分配的税收收入都流向了较小的州，放松了这些州的预算约束。该方式同时也有效地做到了使行政部门不能将大部分资金分配给那些大州。法规确实在对大州的转移支付方面设立了限制，同时也进一步限制了这些州的大部分支出，因此它成功地提高了财政稳定性。然而这种模式并不会将额外的财政收入返还给创造它们的州政府，这意味着它在激励各个州财政的努力程度方面表现很弱，并最终导致了财政的低效率（世界银行，1999）。该模式在改进公平性方面也很弱，因为分配方式与贫穷指数只是弱相关，甚至与人均收入存在着负相关。

决定人均转移支付份额的最重要因素是国会中的人均代表权、呈负相关关系的人口密度（也被称为人均政治分布），以及是否是总统的故乡州（波尔图和桑吉内蒂，1998；琼斯、桑吉内蒂和托马西，1997；克雷玛，1997）。尽管几乎所有人都知道现行的转移支付分配模式存在严重的问题，但由于存在着层层的否决关卡，这就使在 1994 年宪法以及阿根廷所推行的民主制背景下对该模式修订变得极为困难。

在 20 世纪 80 年代后期及 90 年代，不足的税收收入和严重的通货膨胀极大地损害了各个州从共同分享计划以及其他来源所获税收收入的实际价值。实际上，通货膨胀对州政府造成的利益损害比对联邦政府的损害更大，这是因为州政府所获的共享税收都是国内税收并且征收存在更长的时滞，而不在共享税收之列的联邦贸易税则是由外汇缴纳的。因此，联邦以及州政府都转向依靠铸币税和通货膨胀税。谨慎的转移支付政策的可行性、联邦政府自身预算约束的放松以及州政府筹集资金的渠道（之所以包括这一方面是因为联邦政府并不能保证有规律地向其提供预算资金）对州政府硬预算约束程度起着至关重要的作用。

1991年之前，阿根廷各个州政府的借款额极高，其中大部分来源于本州的银行，州银行之后向中央银行借款，该做法有效地保证了州政府从铸币税及通货膨胀税中分得一部分收入。当时存在超过20家州立银行，在门多萨（Mendoza）和科多巴分别拥有两家。1990年，这些州立银行向州政府提供的贷款额满足了其贷款需求的60%以上，而这种贷款均是以低利或零利计息。同时，中央银行通过再贷款向一些州立银行提供了很大数额的资金，以防止它们由于糟糕的贷款回收率以及大量冗员的存在而倒闭。到了1989年，对地方政府以及其他机构的补助金达到了80亿美元左右，占GDP的5%以上，并且几乎是所有公共部门赤字的一半。这是预算约束中存在的最大漏洞，因为它刺激了州政府的超预算支出，并且隐藏了实际的成本，将实际成本与其他来源的通货膨胀成本混淆在一起。

到20世纪80年代末，宏观经济中的不稳定因素达到了高潮，并出现了恶性通货膨胀，随之而来是一系列失败的稳定经济计划。其失败的主因在于未能减少公共部门的财政赤字。1989年大选到来之际，实际工资骤然下降。通货膨胀率在一周内上涨了17%，银行系统性危机迫在眉睫，政府最终由于没有能力收税而崩溃（佩拉塔·拉莫斯，1992）。

当1989~1990年间的恶性通货膨胀将整个国家进一步推向发展停滞的深渊时，人们开始变得绝望，并企盼着强有力的政策措施的施行。梅内姆总统以及他的新经济部长多明哥·卡瓦洛由于激进的应对之策而取得了政治支持，其关键一笔在于1991年4月推行的可兑换计划。该计划将阿根廷本国货币汇率（比索）与美元汇率挂钩，并规定货币基数不得超过国际储备的美元价值。该举措实际上将中央银行变成了一个货币局，命令其在发行高能货币时必须满足100%的储备要求（之后法律规定允许1/3的储备可以以联邦政府债券的形式持有）。可兑换计划还将贬值货币的权利从经济部转移给了议会，在议会中尤其是在实行联邦总统制国家的议会中，若要通过一项政策改变的决议，必须取得绝大多数席位的赞成，这就使货币贬值变得相对困难。这些措施都有助于紧缩整个公共部门的预算约束，并激励联邦政府与州政府之间制定硬预算约束计划。而其他国家的中央政府由于本身就缺乏硬预算约束，因此更不可能紧缩其他层面政府的预算约束（狄林杰、帕瑞和韦伯，1999)。

在强制实行比索可兑换制的条件下，通货膨胀率在1992年下降为3%，1993年降为0，1994年为6%。由于聚集效应、反坦兹—奥利维拉效应(Reverse—Tanzi—Oliveira)，经济出现增长态势，税收收入大幅增加，其中共享税收入增加尤为突出。从州政府层面来看，州政府税收收入的实际价值在1991～1992年间提高了25%，达到了GDP的1%还多，而此时GDP也已经有了大幅回升（见表6.2）。

表6.2 1991～2000年州政府收入与支出变动情况占GDP百分比

收入种类	1991年	1994年	1997年	2000年
现金收入	8.19	9.45	9.52	10.9
州政府税收收入	2.59	3.42	3.21	3.9
州政府非税收收入	0.40	0.62	0.77	0.8
中央政府转移支付	5.20	5.42	5.55	6.2
现金支出	7.77	9.10	8.25	11.5
资本支出	1.21	1.40	1.55	1.2
主要盈余（赤字）	(1.34)	(1.34)	0.11	(0.15)
总体盈余（赤字）	(1.48)	(1.55)	(0.29)	(1.15)

资料来源：1991～1994年，世界银行（1996c）；1997年和2000年，《阿根廷共和国地区经济报告》。

在联邦政府进行艰难的财政调节时必须要减少公共雇员并私有化国有企业（世界银行，1996c）。众多的公共关系都说明了为何通过结构调整来防止通货膨胀反弹是必须的。另外，在未公开的政治交易中，行政部门利用了联邦体系的代表制。那些在不同议院获胜的州（包括布宜诺斯艾利斯州）在法院享有重要地位；而那些人口较少的州则是在参议院拥有重要地位。芳德·康纳巴诺②赢得了布宜诺斯艾利斯州的支持，使该州在经济稳定的头两年实现了财政盈余，并在之后保持支出增长低于收入（尼克理尼等，1999）。对于较小的州来讲，由于他们人口少而人均代表权高，在议院尤其是参议院中为赢得它们的支持而投入的费用并不高（吉布森，1997）。

1991年经济稳定时，所有层面上的恶性通货膨胀已经极大地降低了政府的国内债务价值，但是外部债务价值仍然很高。1991～1992年间，联邦政府与州政府重新磋商了他们之间的未偿还债务。州政府没有偿还长期存在的联邦政府债务，联邦政府则拖欠州政府许多应付款项。两者在相互之间义务的确切价值上存在争议，尤其是1989年以来的恶性通货膨胀已经扭曲了它们的实际价值。最终的磋商结果是，联邦政府成为净债务人，州政府不对联邦政府负债。该结果不仅对州政府有利，将来也会对联邦政府有利。这是因为州政府最终将不对联邦政府负债，而只是享有来自联邦政府的转移支付，这使中央政府拥有更强的手段强迫州政府行动协调一致，以应对随后的财政变动。1991～1999年间，州政府的债务总额以比索（或美元）计算时上升很少，且它在GDP和州政府收入中的份额也降低了，其中大部分债务是对私人部门、国内和国外负债，并且至少在2001年全国财政危机前已经付息。

从1993年直到20世纪90年代末期，一项经济部的决议明令禁止任何联邦机构用其自有资金代州政府还债。国家银行也果断地作出了回应，减免共同分享计划中用作州政府贷款抵押金的利息。这项决议虽然使债权人更有意向向外贷款，但它却阻止了州政府的过度举债（最终1995年后实现）。

为了加强自主权，中央银行在1992年9月修改了章程，成立了一个由议会批准的独立董事会，该董事会成员拥有固定的任期。章程中的两项条款对州政府有着重要意义：第一，章程规定中央银行不得接收任何国内固定资产，这意味着州政府不能再将州银行对其的贷款进行再贴现，并因此中止了它们获得铸币税和通货膨胀税的渠道。第二，章程规定中央银行不得对任何银行的存款提供担保。如此一来，州银行只能依靠存款者对其自身的信心来维持流动性。这两项条款均降低了中央银行作为最后贷款人的作用，并紧缩了州政府的财政预算，因为它们限制了州政府从银行举债的能力并撤销了它们借助中央银行筹资的渠道。起初，这些限制并没有作用于州政府财政，因为州政府的税收收入同时在高速增长。然而，后来的事实已经证明保留这些限制在可兑换计划之后的繁荣时期是很重要的，因为当繁荣时期过后，赤字财政压力会增大，而此时这些限制正恰如其分。

利用州政府在税收收入上的迅速增长，联邦政府在1992～1994年成功地协商了一系列财政协定。

财政协议一（Pacto Fiscal I）（1992年8月）将共同分享计划基金转移到全国社会保障体系，该体系严重资金不足，急需补助金。在该协定下，州政府同意将来自于共同分享计划中税收收入的15%转为国家社会保障体系改革的经费。为了完善该协定，中央政府保证每年将共同分享计划支出中的87亿比索每月定额度地转移给该体系。在保证以比索作为支付货币时，中央政府确信收入会上升（同时转移支付的常规模式会超过其保证要支付的数额)。在接下来的3年中，中央政府的预期实现，州政府并没有在保护措施下获得资金。

作为对第一个协定的补充，中央政府针对规模小且贫穷的州制定了财政协定二（Desequilibrio Fiscal II)。由于规模小的州在议会所有议院中都拥有超额代表权，它们拥有的政治权力与其人口规模不成比例，因此这项资金以更低的成本获得了政治支持。中央政府还向布宜诺斯艾利斯州代表团呼吁政治义务，要求它们支持该财政协定作为对最近颁布的芳德·康纳巴诺[3]的奖励。

财政协定一是在联邦政府的医疗健康及中学转移支付计划之后颁布的，它包括向州政府提供284000位联邦雇员。在该协定中，联邦政府保证1992年对每一州的转移支付与其支出相等。该支付的资金并非来源于中央政府税收收入，而是来源于各个州在共同分享计划中的税收收入，这使中央政府可以在不增加转移支付的同时避免一大部分的支出[4]。

1993年8月，联邦政府协商通过了财政协定二，该协定对州养老基金进行了改革。在这次改革之前，各个州拥有独立的养老基金，该基金为本州雇员服务。用于支付利息的基金来源于特定的工资扣除以及州财政收入的补贴，财政补贴的范围控制在GDP的0.5%以内。但实际推算表明，大部分州的养老资金来源不稳定。尽管养老金在法律上只涉及州政府自身，但经济部担心发生重大的崩溃，尤其当一些人事部门来源于联邦政府层面时，联邦政府也会受到影响。

在第二个财政协定下，联邦政府同意接管任何一个州的养老基金体系，只要该州立法赋予了联邦政府这一权利。一旦接管之后，联邦养老基金体系将会最终赋予联邦以及各州公民相同的退休条件、补助款以及私人部门的既得利益。各个州在推行改革时动作缓慢，由于这一调整将会减少当前雇工的利益而遭到了来自工会的反对。同时，也并不是所有的州都会从这一转移中获益。尽管将各个州的养老基金联合起来的计划使他们不再需要对养老基金提供补贴，但在某些情况下，这样可能会提高对雇工的补助款。那些规模小的州以及科多巴将会是主要的受益者（世界银行，1996b，1996c)。布宜诺斯艾利斯州与圣菲州不会获益，因为从消除补贴中节约的资金不足以弥补雇工向全国系统直接支付的上升额[5]。作为对签署第二个财政协定的回报，联邦政府担保为共同分享计划基金中的一小部分提供资金。同一时期，政府也为私有化州立银行筹资，但在1995年之前只有4个较小的州（科连特斯、拉里奥哈、查科和恩特尔里奥斯）这么做了。如果因接管养老基金而减免州政府的义务可以看作是一种财政援助的话（桑吉内蒂等，1999），那么把它与州行政长官任期的义务联系起来时就成了一项固定帮助。同时，其条款消除了州政府重新收回养老基金的可能性，因此它可以被看做是财政约束过程的一部分。

尽管在 1991～1994 年，州政府的财政收入高速增长，但与此同时一些州政府的支出也以相同或是更快的速度增长。1991～1994 年，财政收入增加了 GDP 的 1.4%，而支出增加了 GDP 的 1.5%。其中个人消费覆盖了支出增长中的一半左右；对社会保障体系、私立学校以及市政建设的转移支付的增长占了16%；资本支出占了 13%；利率的低水平保持大约占了 2%。尽管其税收收入已经大幅提高，但财政不稳定的州政府在可兑换计划之后的繁荣时期之初仍不稳定，规模较小的州连同科多巴与布宜诺斯艾利斯一起都处于极大的危险之中。换句话说，尽管法定条款对州政府施加的是硬预算约束，但是很多州政府的行为都让人感到似乎他们面临的是软预算约束。这可能是因为阿根廷各级政府对预算约束的逃避由来已久，这些规则仍缺乏可信性。

1994 年，发生在墨西哥的国际国内债务危机（“特奎拉”危机，the Tequila crisis）打击了整个拉丁美洲的金融市场，并且中止了阿根廷在可兑换计划实施后出现的税收收入上升。由于其国内经济严重依赖于国外资本的流入、固定汇率制度的实行以及可兑换计划对稳定的金融系统的要求，阿根廷政府对金融危机尤其敏感。1995 年阿根廷 GDP 的实际价值下降了 4%，而州政府的财政收入下降了 8%。“特奎拉”危机也促使大部分的州立银行发生挤兑，只有布宜诺斯艾利斯州幸免于难。由于可兑换计划及新的中央银行章程的实施，州政府知道不可能再从中央银行获得援助，因此，它们不得不运用自己的资金来防止州立银行的倒闭，并对它们进行资本重组。通过一个由世界银行及美洲发展银行提供资助的计划，联邦政府对一些已被州政府接管的州立银行进行了资本重组，但是要以这些银行的私有化为前提。

“特奎拉”危机考验了诞生不久的硬预算约束，这个硬预算约束是通过可兑换计划及新的中央银行章程实现的。开始阶段，州政府通过举债来应对税收收入的下降，它们直接从财政部或是私人银行取得贷款。另一种应对之策则是从联邦政府取得临时补助。因此，在这期间州政府的债务急剧上升，到 1996 年中期达到了 173 亿美元，这一数字比 1991 年以来上升债务总和的

2/3 还多（见表 6.3）。它们主要有三种资金来源：首先，它们拖欠对供应商及个人的债款。其次，在耗尽了他们对拖延支付的耐心之后，它们借助于强制举债手段，支付给供应商及私人债券。这些债券在州立银行能够以一定的贴现率转换成现金并用来纳税。这两种形式的强制举债额占发生在第一年全部债务的一半以上，是危机期间形成的总债务的一半。最后，尽管阿根廷自身正处于金融危机，州政府仍然可以把从共同分享计划中获得的转移支付作为抵押继续从私人银行获得贷款。联邦政府也是这种安排的参与者之一，它通过国家银行（Banco de la Nacion）扣除了税收收入中的利息，只把剩余部分转移给州政府，甚至在“特奎拉”危机之后联邦政府仍然坚持这么做。这种做法大大地减少了对承受着大量银行债务的州政府的净转移支付，只是把相当于共同分享计划中 1/3 的资金支付给了债权人。但是，这同时提高了规则的可信性，然而这些规则在某些情况下也发生过扭曲，这些扭曲都需要州政府进行艰难并且持久的财政调整。

表 6.3　　阿根廷的州政府债务（1996～2000 年）　　单位：美元

	1995 年	1996 年	1997 年	1998 年	1999 年	2000 年
州政府全部债务	15393	17292	16249	13164	16565	21227
银行 a		5771	4382	5315	6459	7599
政府 b		768	473	233	235	158
国际机构		1525	1997	3071	3736	2677
州政府债券	1124	2248	3640	3825	4911	7079
联合债务 c		5142	5582	628	1222	1090

资料来源：1996 年，阿根廷财政经济研究院经济部（Ministerio de Economia IEFE）；1997 年，《阿根廷共和国地区经济报告》，1997 年 12 月、1998 年 11 月、2001 年 2 月。

财政调整的时间在各个州是不同的。20 世纪 90 年代早期，布宜诺斯艾利斯州就进行了大规模的财政调整，因此它在经济危机时期调整需求较小。在可兑换计划实施后的初期，该州的财政赤字是其全部财政收入的 10%，在 1991～1994 年间，尽管其支出增长很快，仍没有超过财政收入的增长。在 1992 年提出的芳德·康纳巴诺的帮助下，布宜诺斯艾利斯州在 1992 年实现了全面盈余。但是，“特奎拉”危机又使其实际财政收入下降了 3%，当州政府通过降低资本支出来应对，降低的数额占了当年财政收入的 4%，这足以使其全部赤字保持在 1994 年的水平。1997 年，布宜诺斯艾利斯州的债务总额仍然低于财政收入的1/3，而其中大部分都是零息债券。

直到1996年，布宜诺斯艾利斯市都是中央政府的行政机构。可兑换计划生效时，该市的赤字总额占财政收入的12%。20世纪90年代早期及“特奎拉”危机时期进行的部分财政调整将赤字降低为1994年年度财政收入的8%，其中大部分是通过拖欠债务来融资，这些债务随后便转换成了债券。直到1996年，该市取得自治并选举出自己的市长之后，真正的财政调整才开始进行。新的行政部门（激进派）推行了大规模的财政调整措施，并在1997年实现了盈余，将其债务重新转化为长期债券。“特奎拉”危机之后的财政调整是一个经典案例。1991年该州的财政赤字占其财政收入的16%，在繁荣年间，它主要是因为增加了雇员工资而导致赤字的进一步增长。1995年，新的行政部门实行了重大的调整措施，将工作时间及薪水暂时下调了30%，把薪金支出降低了40%，解雇了6000名非固定雇工，并向市政当局转移了1500名义务的医疗雇工，不需要支付薪水。在随后的两年中，科多巴州的财政平衡得到了改善，1996年的赤字只占财政收入的3%，而且在1997年实现了财政盈余。欠款被转化为短期债券，并进一步重新安排对私人银行的长期债务。州立银行（Banco de la Provincia）被重新建构，而且政府同意将其私有化。

其他各州沿袭了财政紧缩的模式，这些州政府都与联邦总统处于同一政治立场，这种模式似乎回到了20世纪80年代（琼斯、桑吉内蒂和托马西，1997）。除布宜诺斯艾利斯州之外，圣菲州（Santa Fe）是另一个政治立场为公平派，而且在刚刚稳定化之后就迅速进行财政调整的案例。这两个在1995年危机之前就进行财政调整的州成为那些财政健全的州政府的代表，它们的行为对中央政府至关重要，正是他们使90年代的财政调整能够在其他各州被强制执行。

梅内姆—卡瓦洛（Menem - Cavallo）的政治组合之所以可以成功地劝诱及强制州政府与中央政府合作进行财政调整计划，得益于一次不同寻常的历史契机。在某种程度上，他们是在政治压力下建立及实施了一套完善的规则，并使硬预算约束得以制度化，但是资本市场及政治环境仍然会对其进行考验。

1999年开始，阿根廷在一连串的国际冲击（如商品价格的下降、利率的提高、其主要贸易伙伴巴西货币相对于美元与比索的贬值）以及一些国内困难（如恶劣的气候与不确定的大选）的共同作用下经历了一次衰退。

州政府财政的方方面面都遭受到了打击，财政平衡恶化，表现为从1997年的零赤字到1999年财政赤字上升为财政收入的11%，未偿还债务由1997年占财政收入的61%跃升为1999年的75%。

为了应对这一情况，1999年12月10日正式上任的新一届联邦政府在财政调整的前提下制定了一项债务减免以及重新安排的计划，只有一个州没有签署。“发展与财政规则联邦协定”（The Federal Agreement for Growth and Fiscal Discipline）为个人合同提供了背景，另外它还包括在财政规章与税收分享方面更广泛的改革协定。针对小规模的州，联邦政府成立了一个新的机构即州发展信托基金（Provincial Development Fiduciary Fund），该基金为那些采纳了财政调整的州政府提供长期且低利率的资金。到2000年3月，已有9个州加入了该计划，而其他各州也随后纷纷加入其中。那些规模大的州则希望通过国际金融机构获得援助。对两个团体来讲，资金都只能成批地获得，并且必须连续地进行，以达成一致的改革计划；而且联邦政府也对它们提供了债务担保。在联邦政府接管州政府债务的程度上，其形式与巴西最初实行的形式是一样的，它总是以州政府不偿还被联邦政府或中央银行接管的债务而告终（狄林杰和韦伯，1999）。另外，2000年阿根廷的政府体系在政治上是分离的，它在中央层面上是一个政治联盟，但其对立政党却拥有更多的州行政长官，这与20世纪90年代的一党占据绝对领导地位不同，但是，它并没有像巴西的政党体系那样一团混乱。

巴西的经历与阿根廷在制度上以及政策上都有重要的差别。首先，阿根廷联邦政府面临的是一个硬预算约束，至少在2001年开始支付债务之前是这样的，而且受可兑换法的限制，它无法从中央银行筹集资金。其次，对税收分享中转移支付利息减免被国有银行坚定地制度化了，而且也在公众预期中确立下来。因此，任何财政援助所需的资金都必须在中央政府层面立法通过。

6.4 预算约束的演化

纵观历史我们发现，州政府预算约束必须在不同的范围内实现，以确保财政状况的稳定并防止任何崩溃或必需财政援助的情况出现。表6.4列出了三个主要的财政政策手段：财政收入、财政支出、举债。在中央政策控制放松的情况下，不可避免地会出现联邦体制下的民主竞争，因此，必须严格执行财政政策。20世纪80年代以来，阿根廷各级政府之间财政关系沿着以上三个分支的演化过程说明了该国在过去10年中改革已经走完的进程以及需要更长远发展的地方。

表6.4 州政府硬预算约束的演化

	1985年	1995年	2000年
收入及转移支付			
从中央政府获得的以规则为基础的转移支付	否	是	是
州政府增加收入的能力	否	是	是
支出			
支出责任在公司间的分配	否	是	是
州政府对支出及成本加以控制	否	是	是
借贷			
事前限制			
从中央政府获得	否	否	是
自己施加的	否	不明确	不明确
事后结果及造成的激励			
地方政府强制性支出	否	是	是
对信用不佳的地方政府（SNGs）不能收回贷款造成的银行损失	否	是	是
中央银行对整个公共部门施加预算约束	否	是	是

6.4.1 财政收入与转移支付

与1984~1987年间的情况相反，大部分中央向地方的转移支付都转向按规定进行。但存在的问题仍然是在州政府的资金筹集中中央政府转移支付所占的比重过大。1994年，来自于共同分享计划的财政收入就占了州政府总财政收入的64%。一般共享收入（共同分享计划）是数额最大的一种单项转移支付，它占据所有转移支付的比例如下：1991年为72%，1997年与2000年均为57%。共同分享财政收入对各个州的重要性是不同的，但不管怎样，对州政府收入的总体而言十分重要。在布宜诺斯艾利斯市，它只占总财政收入的9%，但是在规模较大的州它大约占总财政收入的一半以上：布宜诺斯艾利斯州为46%，科多巴州为51%，圣菲州为57%，门多萨州为58%。在规模较小的州中，转移支付通常占财政收入的75%以上，在拉里奥哈（La Rioja）及火地岛地区（Tierra del Fuego）达到了95%。

联邦政府在税收分享上的自由并没有减弱州政府的权利。法律规定分享的税收收入是属于州政府自身的，并且没有明确地对联邦转移支付基金分配额的规定⑥。在众多的转移支付款项中，用于共同分享的基金可以由某些明确税种的一个固定份额来决定，也可以由一个固定的数额来决定。基金在各个州之间的分配大多由一个模式决定，这个模式就是1988年颁布的《共同分享法》。联邦政府可以在不同政府间确定转移支付的数额，这时它们在州政府之间起到杠杆作用。由于转移支付的数额可以通过立法产生或修改，所以新的转移支付可以被看做是对州政府响应联邦政府提议的奖励，例如上文讨论的在1991~1994年间的一系列财政协定就属于这种情况。由于转移支付之前的债务利息已经被从原始资金中扣除，因此转移支付同时也为商业银行提供一种保证债务利息支付的手段。这样一来，就消除了商业银行在贷款时的担心。然而从系统的角度来看，这却是一个漏洞，它促使了州政府的过度举债并导致阿根廷进一步进入了1996年及1999~2001年的经济危机。

从20世纪90年代早期至2000年，联邦政府限定了共同分享税收的最低数额，以鼓励州政府签订有益于联邦政府的协定。尽管这一最低限额在90年代以来从未给联邦政府带来损失，但是，从2000年开始它却成为后来的经济衰退的严重羁绊，并在一定程度上（小于一半）造成了2001年的全国财政危机（内萨雷斯、罗森布拉特和韦伯，2002）。

州政府从自身税收中获取40%的财政收入。4种税收占据了其中的主要部分：总收入税、财产税、机动车税及印花税。而其中总收入税占了这4种税收收入总额的60%，并且大州的税收占据了所有州政府税收的很大比例。1996年布宜诺斯艾利斯州与布宜诺斯艾利斯市的税收收入达到了所有州税收收入的三分之二，而最大的5个州（包括布宜诺斯艾利斯市）的税收收入则占据了全部税收收入的87%。阿根廷并没有实现各个州的税收收入独立，但它却实现了对转移支付总额的限制。

6.4.2 支出及公共服务责任

在20世纪90年代早期的《分权法》及与州政府签订的财政协定中就

已经阐明了州政府及市政府应该承担的责任，如小学及中学的教育等。它还规定了州政府不得推给中央政府的责任。州政府有权削减成本，但是公共服务的相关政治与法规使该举动并不容易。同时，1998年全国范围内的教师抗议活动最终使联邦政府干涉进来，并且随后开始对机动车征收一个特殊税种，以支付教师工资的上涨部分。

6.4.3 举债

20世纪90年代前期，阿根廷并没有对州政府从商业银行举债进行限制。90年代中期，这种有效限制来自于市场及州政府的自觉控制。联邦政府的关键一步在于明令禁止了州银行对州政府的贷款提供。1991年的《可兑换法》中止了州银行依赖中央银行作为最后贷款人的情况，迫使它们自己必须积极地追回拖欠的债务（包括对州政府的贷款）、退出举债市场或从州政府获得资金输入。于是，仍然掌握银行所有权的州政府就不得不支付额外的资金以满足银行资产负债比率要求。中央银行不允许再对任何州银行的隐含贷款贴现，而州银行仅有极为有限的自己出资的贷款保险。1996年以来，中央银行开始通过要求州银行之间发行其他银行愿意持有的次级债券来进行互相监督。严厉的法规限制了银行向任何贷款者包括州政府提供贷款，并且要求银行实施条款以保证所有的债务都必须支付利息。

从此，州政府债券以及一些州政府贷款受到了联邦政府的控制，债券的发行必须经过经济部的复查及登记。但是直到《财政责任法》（Fiscal Responsibility Law）颁布之前，经济部对这一职责都只是敷衍的履行，一些债券甚至没有经过事先检查就在国际市场上流通，如布宜诺斯艾利斯州债券（埃格斯，1999）。尽管这种放任自由的态度一开始看起来与省政府硬化预算约束的理念分歧很大，但它的一大好处就是打消了联邦政府会对州政府债务负责并最终提供财政援助的预期。

20世纪90年代对举债的控制集中表现为州政府需要为其债务提供担保，这涉及州政府需要将从共同分享计划中获得的收入作为担保。具体的操作是由国家银行执行的，它是一个半自治的联邦机构，在其众多职能中包括一项就是，将共同分享计划中的税收收入分配给各州。对于州政府来说，保持该机构不被联邦政府干预是有利的，因为这使联邦政府无法拖延需要支付给州政府的共同分享税收入。从债权人的角度看，该机构的自治使得与其相关的担保拥有极高的信誉度。信用不佳的州政府必须同意该机构执行以下的程序：在向其分配共同分享税收之前，扣除应还债务利息。信用好的州政府可以不用对债权人作出如此严格的承诺，只需保证债权人在这些州违约时能够从该机构获得本息即可。在任何一种情况下，都需要与债务或是债权州政府以及债权人商定一个比率限制，作为从共同分享税收额中扣除的每日利息流量。该比率限制通常设定在这样一个水平：即使扣除预期的共同分享税收后，州政府财政余额也足以偿还常规的债务利息。这一比率限制当然是低于100%的，目的在于使州政府知道它们还有余下的共同分享税收收入以备它用。在违约的情况下，即使接下来会采取一系列的追踪手段，也并不是所有的债权人都能够如期获得支付，支付滞后的时间取决于每一个债权人在众多债权人中的位置以及其比率限制的大小。比率限制的大小及期限是每一个债权人事先就知道的，根据这两个条件能够计算出需要多久才能将资金取回，并可以据此商定其他贷款项目的价钱。信用最佳的州政府，包括布宜诺斯艾利斯州与市，可以不用将其共同分享收入作为抵押就获得贷款。

6.5
20世纪90年代的教训

在20世纪90年代结束时，阿根廷州政府面临的财政预算约束无疑比90年代初期更紧，但是仍存在着很多考验。如果想评价稳定政策之后制度的软硬度，首先需要对财政援助有一个清楚的定义。州政府是从90年代初期的软预算约束中走过来的，它们显然在抵制着各种限制，支出和举债也经常不稳定，或是即使处于一个稳定的物价系统中履行债务或补助义务时也不够统一，但是通货膨胀可能拯救了它们。稍后就会出台的政治决策并没有显示出财政援助或是软预算约束的迹象。更为重要的是这一决策是否会以允许或鼓励历史重复的方式出现，也就是使过度支出者比它们谨慎支出时的获益更多。在这样的标准下，稳定政策之后尽管没有消除对阿根廷州政府的财政援助，但数额确实减少了。

首先，结构重建的要求往往会消除将来不谨慎支出的机会：如将商业银行私有化和将补助体系交由联邦政府接管。在这两种情况下，州政府都可以建立最终可能会威胁到全国金融及财政系统安全的资产，联邦政府必须谨慎地对其进行干预。

其次，过度支出的州政府会面临政治损失，显然，这主要表现在因政治干预而使州行政长官丢掉职位的案例中。从共同分享税收中扣除债务利息的做法也使州政府在政治上很痛苦，因为它们不得不削减工资支出或是其他的花费。

再次，看来州政府并不喜欢财政调整过程，他们大多都推迟接受这一计划，直到财政压力使其不得不接受，而且他们中的极少数重复了调整过程。那些重复了的，大多是少数人口州。因为政治原因，针对他们的政策比较温和。

联邦政府对大多数州政府成功地紧缩了其预算约束。由于州政府仍然强烈地依赖于转移支付，因此，在资金的分配上，阿根廷比那些更多依赖自筹资金的国家更加固定。这种固定化以及随之带来的低效率与不公平削弱了该系统。

20 世纪 90 年代中期各种不同的致力于州政府硬预算约束的措施之所以能够成功，得益于在它之前进行的广泛的财政调整计划，这些财政调整计划的实施恰如其分，对整个经济的重建极为重要。由于州政府实施并接受预算约束的动机在减弱，制度结构变得更加重要。90 年代的制度改革提高了激励手段的权重并弥补了一些重要的漏洞。这表现在不同范围内，最显著的是《可兑换法》的颁布以及对联邦政府向州政府举债的禁止，因为它有可能通过集中行动的形式再次使约束变松。

1999 ~2001 年的经济危机席卷了阿根廷所有的州，并带来一次政治上的一致：决定通过联邦资助对债务进行重组，并以进行连续的重大财政调整为条件。尽管“发展与财政规则联邦协定”代表着在一贯地抑制过度举债的原则上的退步，但是它仍然包含着对举债的事后限制，而这是以阿根廷全国及地方的财政状况为基础的。对过度举债行为进行抑制是必要的，因为这种过度举债在 90 年代就曾经发生过，尽管当时存在着对偿还的强制措施。事实证明，仅在事后施加影响是不够的，所以后来的新计划试图将事后控制与事前控制结合起来。但是，这个教训以及“发展与财政规则联邦协定”是否能够起作用，以及如何与 2002 年之后建立的联邦财政体系合作仍然有待观察。

致 谢

本章属于作者自己的观点，并不一定与世界银行的立场一致。本章参考了狄林杰与韦伯（1999）的研究。克里斯蒂安·冈萨雷斯提供了极有价值的研究帮助。本章还得益于乔纳森·雷登、大卫·罗森布拉特、弗朗西斯科·埃格斯与冈纳·埃斯克兰德的意见。当然，文责自负。

注释：

①用于共同分享计划的税收包含联邦收入税、附加价值税、烟酒消费税以及固定资产税——除了对燃料和社会保障所征税以外所有的联邦本国税收。在转移支付之前分配给各个州的税收收入需要经过一些扣除，这些扣除流向社会保障体系以及各个州的特殊基金。为了各个州的特殊基金而进行的扣除中最大一部分有两个用途，其一用于补偿各个州的教育和健康医疗服务花费；另外则是流向芳德·康纳巴诺，这些资金公开用于帮助布宜诺斯艾利斯州为布宜诺斯艾利斯市的周边地区通过基础设施服务。这些税收收入在共同享有之前还需进行一项扣除，即为陷入财政困难的州提供财政转移支付，但这一部分被限定在税收收入的一个小的比例之内。除了共同分享计划联邦政府还将燃料所得税收入与州政府分享，分配固定的比例给州政府用于住房、道路及基础设施建设工程。另外出产石油的州还可直接从石油公司获得开采税的一部分。

②芳德·康纳巴诺是一种针对布宜诺斯艾利斯的特殊基金。尽管它在共同享有计划之外是一种特殊基金但仍法定享有固定份额的转移支付，并不是为行政方向而设。

③基于对路易斯·安东尼奥·萨帕塔的采访。

④州政府过后宣布它们被该协定蒙骗了。在1994年对宪法的修订时，它们坚持要求增加一项条款禁止任何没有充分补偿金的联邦政府转移支付计划。

⑤合并那些净损失者对联邦政府会造成损失。联邦政府不得不提高对这些州的补贴并支付更多，这是因为联邦补助体系中的出资率低于州计划，因此出资额就会下降。而付给已退休者的救济金是不变的，因此出资额与补贴支付之间的缺口将会拉大。然而一段时间之后联邦政府的损失就会下降。一部分原因在于在转移支付之后退休的接受补助者会开始接受全国救济制度的补贴，该补贴比州计划要少。另外，由于中央体系中规定的退休年龄高于州计划中的规定，退休人数将会降低。最后一旦被联邦体系接管之后，补贴就会受制于1995年颁布的连带法（Solidarity Law），该法取消了针对接受补贴者的自动工资指数调整法，并对每月支付的补助金限定了最高额度。

⑥2001年存在于地方政府转移支付中的主要问题是联邦政府未能实现它所保证的转移支付额，尤其是在州政府作出其他让步的条件下它所保证的资金未能保证支付。

参考文献：

下文某些地方出现的Processed. 一词表示经过非正式再次修改的作品，它们可能无法从图书馆获得。

Cordoba , Province of . 1997. Gobernadores y legisladores de Cordoba 1820 —1996. Cordoba.

Dillinger , William , Guillermo Perry , and Steven B. Webb. 1999. "Macroeconomics Management in Decentralized Democracies : The Quest for Hard Budget Constranints in Latin America." Work Bank , Washington D. C. Processed.

Dillinger , William , and Steven B. Webb. 1999. Fiscal Management in Federal Democracies : Argentina and Brazil. Policy research working paper 2121. Washington D. C. Work Bank.

Eggers , Francisco. 1999. "Control sobre el endeudamiento subnacional : las experienceas de Argentina y Brasil in los '90." Processed.

Fornasari , Francesca , Steven B. Webb , and Heng - Fu Zou. 1998. "Decentralized Spending and Central Government Deficits : International Evidence." LCSPR/DECRG Work Bank , Washington D. C. Processed.

Gibson , Edward l. 1997. "Federalism and Electoral Coalitions : Making Market Reform Politically Viable in Argentina." Department of Political Science , Northwestern University , Evanston , IL. Processed.

Gonzalez , Christian , David Rosenblatt , and Steven B. Webb. 2002. "Stabilizing Intergovernmemtal Transfers in Latin America : A Complement to National/Subnational Fiscal Rules ?" Work Bank Policy Research Papper.

Jones , Mark P. Pablo Sanguinetti , and Mariano Tommasi. 1997. "Politics , Institutions , and Public Sector Spending in the Argentina Provinces." In James Poterba and Juergen von Hagen , eds. , Budget Institutions and Fiscal Outcomes. Chicago : National Bureau of Economics Research and the University of Chicago Press.

Kamemer , Moritz , 1997. "Intergovernmental Transfers and Political Representation : Empirical Evidence from Argentina , Brazil , and Mexico." Inter - American Development Bank , Washington , D. C. Processed.

Murphy , Ricardo , 1995. Fiscal Decentralization in Latin America. Baltimore , Md. : Johns Hopkins University Press for the Inter - American Development Bank.

Nicolini , Juan Pablo , Juan Sanguinetti , Pablo S Sanguinetti , and Mariano Tommasi. 1999.

"Decentralization , Fiscal Discipline in Sub – National Governments , and the Bailout Problem : The Argentina Case. "Inter – American Development Bank , Washington , D. C. Processed.

Peralta – Ramos , Monica. 1992. The Political Economy of Argentina. Boulder , Colo. : Westview Press.

Porto , Alberto , and Pablo Sanguinetti. 1998. "Political Determinants of Intergovernmental Grants : Evidence from Argentina ". Mimeo. Torcuato Di Tella University , Buenos Aires.

Rudolph , James. 1985. Argentina : A Country Study. Washington , D. C. U. S. Government Printing Office.

Saiegh , Sebastian , and Mariano Tommasi. 1999. "Why Is Argentina 's Fiscal Federalism So Inefficient ? Entering the Labyrinth. "Journal of Applied Economics 2 (1) : 169 – 209.

Tanzi , Vito. 1995. "Fiscal Decentralization. "Annual Bank Conference on Development E-conomics 1994. Washington , D. C : World Bank.

Ter – Minassian , Teresa , and Jon Craig. 1997. "Control of Subnational Government Bor-rowing. "In Teresa Ter – Minassian , ed. Fiscal Federalism in Theory and Practice : A Collection of Essays. Washington , D. C : International Monetary Fund.

Tiebout , Charles. 1956. "A Pure Theory of Local Expenditures. Journal of Political Econ-omy 64 : 416 – 424.

Treisman , Daniel. 1998 "Decentralization and Inflation in Developed and Developing Countries. "Department of Economics , University of California , Los Angeles. Processed.

Wildasin , David E. 1997 "Fiscal Aspects of Evolving Federations : Issues for Policy and Research. "Policy research working paper 1884. Policy Research Department , Work Bank , Washington D. C. Processed.

Willis , Eliza , Chistopher Garman , and Stephan Haggard. 1997. "The Politics of Decen-tralization in Latin America. "Department of Political Science , University of California – San Die-go , La Jolla. Processed.

World Bank. 1990. Argentina : Provincial Government Finances. Washington D. C. World Bank.

World Bank. 1996b. Argentina : Cordoba Public Sector Assessment : Proposals for Reform. Washington D. C. World Bank.

World Bank. 1996c. Argentina : Provincial Finances Study. Washington D. C. World Bank.

7

巴西的联邦体制与财政援助

乔纳森·雷登

在发展中国家里，巴西的地方分权程度最高。它的联邦制与地方分权历史悠久，而且在过去20年中，其分权程度还在逐步增强。到1995年，巴西的州和地方政府共承担着将近60%的公共消费支出（特·密纳莎，1997）。与其他发展中国家相比，巴西的州政府自身同样能征到数目可观的税收。1995年，地方政府的税收占总税收的将近38%（同前）。不幸的是，这几年巴西在分权进程中获益甚少，反为其付出了不少代价。近年来，巴西财政和政治的分权进程给宏观经济运作带来了严峻挑战。令人遗憾的是，巴西政府不得不面对地方政府债务——这一迄今为止世界上最严重、最持久的债务问题。

从20世纪80年代至今，巴西经历了3次严重的州政府债务危机。几个关键州未解决的债务问题将可能促成长期危机。迄今为止的每次危机，几乎都是由于人力资本高企和举债水平过高使州政府不得不面临不稳定的财政形势，再加上未曾预料的几次外来冲击从而最终导致了债务危机的发生。危机发生时，州政府的第一反应都是要求中央政府财政援助，而联邦政府也都会采取应对措施，设法使州政府的债务联邦化。

这一案例研究的目的是考察20世纪80年代及90年代，巴西政府特别是州政府地方软预算约束的政治和经济基础。研究显示，《宪法》及各级政府间关系的基本架构破坏了那些最重要的、保证地方政府财政规则运作的制度。选民没有获得足够的激励或信息，以便其可以有效地利用选举机制。信用市场未能充分地规范州政府的行为，因为债权人总是相信州政府债务将由中央政府清偿。更为最重要的问题在于，中央政府不能明确承诺不对危机期间陷入困境的州政府提供援助。这一承诺的可靠性首当其冲地被以下事实所颠覆：州政府在中央政府对地方政府财政问题的所有决定上都有否决权，因为他们在议会里有着强有力的代表权。此外，出于相同的原因，试图在债务危机的萌芽阶段改进对地方政府支出及债务分级监管的努力，也同样宣告失败。

本章内容如下：第一部分将考察巴西政府间的组织结构，并评估中央政府对地方政府支出及举债决策进行分级控制。第二和第三部分考察选举和信用市场的控制机制。第四部分通过分析债务危机，深刻解读原有管理机制崩溃的原因。本章结尾将推断和讨论改革的前景。

7.1 国家结构形式

1988 年《宪法》规定了巴西联邦系统的国家结构形式：包括联邦政府、26 个州政府加上联邦首都巴西利亚以及大约 5000 个市政当局。巴西实行的是总统共和制，其众议院（下议院）共 513 名议员，每个州的议员数目取决于该州人口的数量。参议员每州 3 人，组成参议院，任期 8 年，可连选连任。政党纪律的约束力在巴西尤为薄弱，下议院特别是参议院，强烈地代表了地域集团的利益。州长们对本州的众议员和参议员有着巨大的影响力。因此，州在大多数中央事务上有着实际的否决权，且任何重大的改革都需要与之进行广泛的协商，而这又以向州长们和地区利益集团的妥协而告终。

参议院不仅良好的代表了州的利益，而且州的政治自治和市政当局的地方自治也都被刚性的宪法约束所保护。只有在外敌入侵之时，中央政府方可使用联邦军队介入各州事务。另外，各州都拥有强有力的民兵组织，足以应对联邦干涉的威胁。州和市政府的活动范围十分广泛，而且自身的财政收入也相当可观。州政府拥有广泛的财政自治权，尽管联邦政府进行了多次努力，试图限制其举债行为，但是他们仍有途径通过广泛的资源和手段获取贷款。

本章列出巴西政府间系统最重要的宪法性以及非正式制度的特征，它展现了收支权力的分配、税收系统的分享、政府间拨款和借贷法规。最后一小部分评估了中央政府利用分级机制对州政府施以硬预算约束的能力，并认为，宪法存在着明显的障碍，阻止了分级中央控制体制对州支出尤其是借款进行控制。更为重要的是，甚至当中央政府看上去有明确的权力去约束州政府时，它却缺乏相应的政治动机去这么做。

7.1.1 支出

毫无疑问，没有一种联邦宪法会是各级政府间支出和职权范围分配的完美指南，而巴西1988年《宪法》在这方面的表现更是极其糟糕。《宪法》慎重地列举了联邦政府的一些特有权限，包括标准的联邦财政主义理论中通常会划分给中央政府的大部分责任：国防、统一货币、州际商务以及全国高速公路。《宪法》也明示了市政当局的支出权限：市内公共交通、学前及基础教育、防疫健康医疗、土地费用以及历史文化保护。然而，《宪法》却没有逐条列举州政府的特有职责，反而列出了州和联邦政府合作或是“共同”承担的职责，覆盖多个重要支出领域：包括健康、教育、环境保护、农业、住房、福利还有社会治安。在这些共同决策的领域，《宪法》规定，联邦政府制定标准而州政府负责具体执行。《宪法》亦规定，州有权对所有《宪法》未明确列举权力归属范围的事立法。

在实践中，大多数领域的政策制定往往被两级或三级政府共同把持。在教育、健康、城市交通、文化娱乐、儿童和老年护理及社会保障领域，所有三级政府以未经协调的方式共事，从而导致提供无序和混乱的服务（沙阿，1991）。比如，在教育领域，《宪法》赋予了联邦政府扮演的角色，其被限制为仅制定准则与指导方针，而把具体事宜交给州和市政府去办。而事实上，联邦政府仍然直接提供了中等教育、专科和大学教育的服务，有时甚至还包括基础教育（沙阿，1991）。

《宪法》对州的财政支出只做了很少的明确限制，各个州政府很大程度地参与了政策的制定。在一些与联邦政府共同负责的领域，州政府甚至会通过商定转移支付的方法，来使中央政府向其优先项目提供资金。《宪法》并没有有效的限定州的自治权，除了公共部门人事管理方面之外。根据1988年《宪法》，州政府无权解雇冗余公职人员，或是减少名义工资。在20世纪90年代，退休的州政府雇员有权得到养老金，其数额按照在职时的工资加上离职后这一职位的薪金增长幅度计算。这些《宪法》条款严重限制了州政府控制人力资源费用的能力，由于这一部分支出在州支出中的重要性，州政府在被迫削减支出时很难作出相应的调整。如下详述，这些管制在债务危机中间扮演了重要角色。

7.1.2 财政收入

巴西联邦系统最显著特点之一是各州政府在征税过程中发挥着重要作用，这在非 OECD 联邦政府中是独有的。州政府拥有一种动态的、宽税基的增值税——商品流通税（Imposto Sobre Circulacao de Mercadorias e Servicos）。除此之外，州政府可以取得机动车税、房地产税以及赠品税，而且联邦政府准许州政府将个人及公司所得税率在联邦税率的基础上提高 5%。联邦政府享有对个人所得（IRPF）、公司所得（IRPJ）、薪金所得、财产、对外贸易、银行、金融及保险、农业资产、水力发电和矿产等方面征税的特权。联邦政府还管理着一种特殊的增值税：工业产品税 IPI（Imposto Sobre Produtos Industrializados）。联邦政府的所得税、农业资产税和工业产品税的收入必须与州和地方政府分享[①]。这些税收分享如何安排，将在下文详加讨论。最后，市政府可以对服务（服务税，the ISS - Imposto Sobre Servicos）、城市资产、燃料销售收入、财产转移和其他“特殊税种”征税。

商品流通税是州政府一个极为重要而又特殊的税收来源。巴西州政府与加拿大省政府是世界上仅有的独立管理自身增值税的地方政府。货物流通税是巴西的最主要的税种，它占据了全部税收的 23%，并占所有州政府税收的 84%（摩拉·瓦尔沙诺，2001）。虽然商品流通税由州政府自己征收，税基和税率却由联邦参议院决定[②]。每个州有权准予免税或是针对一些特殊部门予以特惠待遇。而这些优先权须经财政部副部长掌管的国家财政政策委员会（CONFAZ）一致同意。尽管有全体一致的规则，委员会成员之间互投赞成票也使免税得以扩散，这让税收监管变得极其复杂，同时加重了州际贸易的税负。货物流通税通常被看做是一个糟糕编制的税种，其中存在着许多低效率。首先，货物流通税是对来源而非终端征收的，这就使那些欠发达的州政府（他们的消费往往超过产出）难以取得税收收入。这种体系也使州政府易于将其税收负担转嫁给他人（世界银行 2001）。此外，州与州之间为了争取流动投资者的竞争十分激烈，并且这些竞争在技术上是非法的，他们通常会对生产者降低税率或是减免税收。这使一些持否定态度的学者抱怨各州之间存在的“财政竞争”缩减了州政府的税收基础，增加了各州之间的商业压力，使税收管理变得更为复杂，并且加剧了州与州之间收入的不平等[3]。

正如财政支出权力中存在的问题一样，税收权力的重叠与财政联邦主义的基本准则是有所抵触的，而这将导致混乱和无效率。尤其是联邦政府的工业产品税、州政府增值税与市政府的服务税在课税基础上的重叠，使其以一种不协调的方式被共同管理着。

7.1.3 州政府间转移支付

尽管巴西的州政府可以取得那些重要的、有广泛税基的税收收入，并且较富裕州的大部分支出都来源于当地财政收入，但政府间的转移支付仍然是巴西联邦财政体系中一个极为重要的方面。尽管巴西在整个州级层面上的纵向财政不平衡并不严重，但是各个州对联邦政府转移支付的依赖程度却相差极大。

表 7.1 的最右列列出了 20 世纪 90 年代巴西各州对转移支付的平均依赖程度。在这一时期，圣保罗对联邦政府的依赖仅占其总财政收入的 7%；而对于阿克里（Acre），该比例却达到了 75%。与州政府不同的是，几乎所有的市政府都严重依赖于转移支付，超过 75% 的市政府支出是靠来自中央政府及州政府的转移支付来实现的（奥利维拉，1998），甚至于某些市政府自身的税收收入只能占到其总收入的 2%（沙阿，1991）[4]。转移支付的内容主要包括法律指定的税收分享计划以及非法律形式的特殊转移支付。

表 7.1 巴西州政府重要的财政及人口统计指标

（1990～2000 年的平均数） 单位：美元

州政府名称	人口	贫穷指数	人均实际 GDP（1995R）	人均州政府支出（1995R）	州政府财政赤字占收入的份额	转移支付占州政府收入的份额
阿克里（Acre）	468867	30.66	2066.34	890.76	-0.098	0.753
阿拉戈斯（Alagoas）	2636603	51.40	1680.58	277.73	0.030	0.463
阿玛帕（Amapa）	355923	37.19	3206.24	1299.55	-0.017	0.706
亚马逊（Amazonas）	2377339	32.83	4849.87	565.16	0.009	0.249
巴伊亚（Bahia）	12480193	51.12	2252.30	332.57	-0.018	0.273
塞阿拉（Ceara）	6731876	54.11	1832.65	307.42	0.022	0.311
联邦首都（Distrito Federal）	1774824	12.98	7836.46	1714.53	-0.007	0.551

续表

州政府名称	人口	贫穷指数	人均实际GDP（1995R）	人均州政府支出（1995R）	州政府财政赤字占收入的份额	转移支付占州政府收入的份额
圣埃斯皮里图（Espirito Santo）	2773477	28.24	4234.46	645.81	-0.088	0.198
哥亚斯（Goias）	4405601	24.45	2740.13	456.99	-0.139	0.139
马拉尼昂（Maranhao）	5187500	64.20	1024.06	207.57	0.056	0.557
马托克鲁索（Mato Grosso）	2227149	25.83	2994.60	600.56	-0.125	0.239
南马托克鲁索（Mato Grosso do Sul）	1905740	23.48	3542.96	573.29	-0.131	0.188
米纳斯吉拉斯（Minas Greais）	16517107	27.64	3824.05	504.97	-0.043	0.158
巴拉那（Parana）	8867247	21.59	4417.68	450.72	-0.011	0.147
帕拉伊巴（Paraiba）	3300224	47.48	1589.76	288.81	-0.086	0.536
帕拉（Para）	5425679	38.34	2367.17	276.29	0.004	0.385
伯南布哥（Pernambuco）	7375282	46.84	2373.88	311.16	0.002	0.280
皮奥伊（Piaui）	2673439	60.59	1137.13	271.97	-0.038	0.555
北里奥格兰德（Rio Grande do Norte）	2545940	44.32	1924.42	365.71	-0.086	0.482
南里奥格兰德（Rio Grande do Sul）	9560723	18.65	5604.92	675.65	-0.032	0.118
里约热内卢（Rio de Janeiro）	13305537	14.40	5580.57	642.50	-0.070	0.125
隆多尼亚（Rondonia）	1243090	22.90	2469.33	530.27	-0.140	0.452
罗拉伊玛（Roraima）	246824	10.65	2212.90	1334.00	-0.070	0.703
圣卡塔琳娜（Santa Catarina）	4824261	15.27	4951.90	552.24	-0.070	0.151
塞尔希培（Sergipe）	1603101	46.24	2395.81	506.83	-0.013	0.437
圣保罗（Sao Paulo）	33704209	9.89	6850.41	893.38	-0.080	0.069
多甘蒂斯（Tocantins）	1023999	51.57	1192.50	588.80	-0.135	0.630

资料来源：巴西统计调查局（IBGE），财政部（Ministerio da Fazenda），经过了作者的计算。

巴西《宪法》对税收收入分享的安排规定得相当详细。《宪法》规定了在州政府及市政府间进行税收收入分配的严格准则，但是它并没有具体指定这些收入的最终用途，只是要求市政当局必须将税收的至少25%用于教育。州政府最重要的基金是州分享基金（State Participation Fund，FPE），它由三种主要的联邦税收组成：个人所得税（IRPF）、公司所得税（IRPJ）及工业产品税（IPI），其数额占这三种税收净收入的21.5%。基金在州政府间的分配比例由1989年颁布的104－A号法案确定，该法案主要依据各地区的再分配准则制定了分享系数。该系数在各州之间差别很大：从巴伊亚的9.4%到圣保罗的1%（特·密纳莎，1997）。另外，基金为贫穷地区即北部、东北部及中西部地区预留了其总额的85%。

这项基金从降低各州在个人收入及公共支出方面的不平衡上来讲是不成功的。图7.1中，横坐标上表示各州人均平均实际GDP，纵坐标上表示各州人均平均实际支出，用来说明这种不平衡。那些最富裕州的人均收入是那些最贫穷州的5倍，而且也存在着与之相对应的各州在公共支出方面的差别。这样的关系在过去10年中是相当稳定的[5]。图7.1呈现出的是比世界上任何一个国家都严重的地区间收入不平等，税收分享对改善这一状况几乎毫无作用（桑卡和沙阿，2000）。

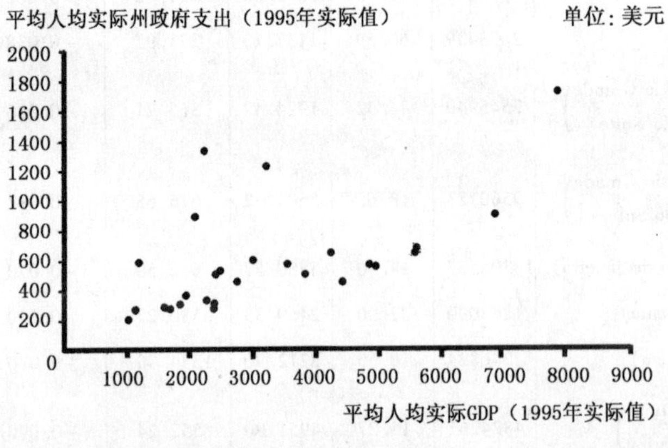

图7.1 人均GDP与人均州政府支出，巴西州政府1990～2000

资料来源：巴西统计调查局、巴西财政部，最终数字经过了作者的计算。

《宪法》也为市政府提供了相似的基金，即市政分享基金（Municipal Participation Fund，MPF）。市政分享基金由所得税及工业产品税（IPI）净税收收入的22.5%组成。资金分配模式与州分享基金FPE不同，较多注重人口规模，较少注重再分配。该基金还偏爱州首府和大都市。除了市政分享基金，市政府还得到其他多方面的转移支付。首先，他们可享受来自于联邦政府农业资产税（ITR）净额50%的资金，该农业资产税与市政府辖区的地产价值成比例。其次，他们可以得到市政雇员薪金扣除额即所得税的100%。另外，他们可以得到黄金税的70%，按照黄金原产地分配；原油税的2.3%，按照产出价值分配；电力和矿产税的50%，按照原产地的销售价值分配。最后，州政府必须将其从州增值税中所得收入的25%转移给市政府，并且《宪法》规定这部分转移支付中的75%要在市政府中间，完全以税收来源为基础进行分配；剩余的25%由州政府自行制定准则进行分配。

除了这些多方面的税收收入分享计划之外，联邦政府还对州政府及市政府以各种特殊目的进行拨款。首先，许多拨款并非根据《宪法》而是根据法律设立。州政府及市政府亦可代表联邦政府从事投资项目，这往往通过一般收入基金和社会投资资金筹资。此外，许多转移支付是通过特定的中央政府机构转移给州政府及地方政府的[6]。

除税收分享计划之外，按照惯例转移给州政府的资金是通过协商的转移支付进行的。这并不需要根据法律的规定，而是基于联邦政府和每个州政府或市政府的单独磋商。这种支付为一系列公共服务筹资，包括地区发展、农业、教育、健康及住房等。大多数情况下，转移给州政府或市政府的收入都流向《宪法》划分给中央政府的支出领域。在1987年，契约由占政府间转移支付22%的金额和占联邦总税收收入的8%的金额构成。州政府通过这种方式获得基金90%的金额，市政府得到剩下的10%（沙阿，1991）。

事实上最为有趣的是，根据一份政府报告，契约是在“特定的决策和缺乏正规标准”的基础上制定的[7]。总统及其管理部门享有决定这些拨款如何分配的广泛权力。艾姆斯（2001）证明每一任巴西总统都倾向于将这些拨款分配给属于其政治同盟的州政府。例如，1988年萨内尔总统（Sarney）的故乡马拉尼昂州（Maranhao）通过协商获得的转移支付金额比整个北部地区州政府所获得的转移支付总和还要多（沙阿，1991）。相对富有的东南部州获得了这些转移支付的大部分份额，最富有的州——圣保罗（Sao Paulo）成为其最大赢家。阿莱特奇与雷登（2001）指出在卡多索（Cardoso）任职期间，可商定转移支付还是偏好流向那些在下议院中与总统结成立法联盟的州政府。这种转移支付往往不成比例地流向那些政治强大且常常是较富裕的州，这与税收分享机制的再分配目的是相违背的。

7.1.4 举债

巴西州政府的债务来源多样化，包括国内私人部门、国外私人部门、联邦金融机构及各种非正式机构。

首先，他们在国内私人银行的举债主要用于短期资金的管理及中期融资。短期举债的一种重要形式是预期收入贷款（ARO），这是管理现金流的一种方法。与此同时，州政府也在国内资本市场上发行债券。在近期的私有化浪潮出现之前，有20个州政府都至少拥有一家银行，它们通过认购州政府债券的方式帮助州政府筹资。如同公有企业一样，这些银行也持有预算外负债。他们的举债行为很大程度上被政治化了，其贷款全部流向政治同盟（沃尔兰恩和弗拉加·内图，1992）。其主要官员的任期都很短，而且多属政治任命，银行员工的雇用也大多是因政治目的。这些银行中的大多数在20世纪90年代中期都倒闭了。圣保罗直接从其商业银行（BANESPA）举债。州政府还从国际私人机构取得贷款，其中大多数是以中期契约式债务形式存在的。90年代一些州政府及其企业成功地发行了欧洲债券（狄林杰，1997）。

其次，州政府还从联邦金融机构取得贷款。从20世纪60年代开始，长期资金由联邦住房及储蓄银行（Federal Housing and Saving Bank，CEF）及联邦经济与社会发展银行（Federal Economic and Social Development Bank，BNDES）提供给各州。另外联邦政府通过其商业储蓄银行使存款流通，商业储蓄银行中最主要的一家是巴西银行（Banco do Brasil），它已经被州政府租用（狄林杰，1997）。正如下文中详加讨论的那样，在近期的财政援助计划中，联邦财政部与中央银行也成了州政府的债权人。

最后，州政府通过各种非正式机构取得贷款。短期的州政府赤字经常通过拖欠供应商货款及州雇员工资来弥补。另外，州政府有时会利用司法程序上的时滞来获得一种特殊形式的借款。如征用土地时，可能会被法庭宣布无效，但是等到判决下达时州政府已经逃避了支付。甚至当一个不利的判决作出时，州政府有时也可以通过一种特殊的债券（Precatorios）来进行融资（狄林杰，1997）。

联邦政府采取了一系列措施来限制州政府举债，这给人的初步印象好像是，通过《宪法》、其他联邦法律以及中央银行组成的分级控制机制对地方政府举债进行控制[8]。这些机制已经被众多漏洞或是不良激励所损害，使得其强制执行难以实现。首先，《宪法》规定参议院有权规范州政府的举债行为。参议院对新的债务进行了数量限制，主要包括两方面内容：债务利率范围及总债务存量增长[9]。这个决议只是一个指导方针，参议院有权批准一些例外情况，实际上它也经常这样做（狄林杰和韦伯，1999）。既然参议院中代表州政府的利益团体居于统治地位，那么由它对州政府举债行为进行监管是很不适当的选择。正如在7.4节中将会详加介绍的那样，最近州政府债务危机的历史表明，将参议员放在监管州政府举债及保证其硬预算约束的位置上，无异于监守自盗。

除了参议院之外，理论上仍有其他《宪法》条款和联邦法规来限制州政府的举债。联邦法律规定预期收入贷款（AROs）必须在该财政年度结束后的30天之内归还。国内债券的发行由《宪法》约束，它规定从1993年到2000年不得再发行新的州政府债券。然而，州政府可以发行债券为法庭的判决筹资以及用已发行债券来周转本金和资本利息。州政府的国外贷款不受这些联邦法规的限制，但大部分国际借款人（包括世界银行）都要求有联邦政府的担保，这种担保不一定会得到财政部的批准。州政府向捐赠机构的借债由联合执行会（COFIEX）管理。联邦财政部的一个部门也对地方政府的融资进行监督，并对参议院和中央银行提出建议，但后两者有权决定是否采纳。

作为州政府从国内银行部门举债的监管人，中央银行在其权力范围之内对州政府的举债进行监督。当前的中央银行决议禁止私人银行以任何形式增加州政府债务（除了债券），但是，“这些规则自身的混乱及其后来的调整并没有增加其可信度”（狄林杰和韦伯，1999）。中央银行的规则还禁止州政府从本州商业银行举债。但是这一规定总是或明或暗地被成功规避。最常用的伎俩之一就是事前达成协议，让某一项工程的承办者向州银行举债，之后违约，这就会给州银行留下一项不良贷款，该贷款之后被州政府接管（狄林杰，1997）。

7.1.5　软预算约束问题

现在，巴西政府间转移支付体系的基本结构已经明了，可以来考察分级机制的运作了。在多大程度上，中央政府可以运用其权力对州政府施以硬预算约束？由于以下两个相互联系的因素，使硬预算约束比较困难。（1）《宪法》在很大程度上限制了中央政府影响州政府财政决定的权力；（2）从某种程度上来说，中央政府只是一个地区利益集团的松散联盟，这使其不能有效使用其权力。接下来将一一讨论这些问题。

首先，《宪法》中可行的分级机制对控制州政府债务起到了反作用。重要的是，最近州政府已将《宪法》理解为：禁止其为应对财政紧急状况而改变公共就业水平。在政府间关系中，与政府间转移支付有关的情况和相关规定可能予以中央政府优势地位，去强迫依赖转移支付的地方政府执行财政纪律。毫无疑问，近来巴西联邦政府已能够以削减转移支付等手段，来迫使那些最依赖于转移支付的州政府接受当前的改革。但联邦政府的优势地位并不是最强的，大部分财政自主的州都可以从其增值税中获得大部分税收。按照惯例，与专项转移支付有关的条件对加强财政纪律的作用微乎其微。相反，这些拨款已成为一笔依据政治逻辑协商的飞来横财。

或许，对中央政府最有用的机制是分级政府间体系，它可以对政府间借债进行有效限制。因受到联邦制政治的影响，巴西联邦政府控制州政府的举债手段软弱且不充分，其最大障碍在于中央政府在规范州立商业银行方面的能力上仍有待完善。

中央政府之所以不能有效地对州政府举债进行控制，其最重要原因并不在于宪法缺乏权威，而是因为众议院与参议院都太易于被州长或代表各州利益的政治集团影响。政党忠诚度的缺失以及议员在国会中频繁改变其所属党派，使得议员如果只关注全国或是州范围内的事务将会很难得到发展，他们必须将工作重心转向公共计划或其他与本州或某些市政利益相关的事务上去（艾姆斯，1995）。为了在所有政策制定过程中建立成功的联盟，制定一揽子大规模且复杂的区域转移支付是必要的（奥利维拉，1998）。在众多的联邦制国家中，如在美国和德国，中央政党对州政府的选举影响重大，州候选人会将与联邦总统或议会选举中的政党力量联合起来。而巴西却遵循相反的模式：国会议员候选人倾向于在州长候选人周围联合起来，也就是在州层面而不是国家层面上组织竞选（塞缪尔斯，2000）。这造成中央政府最多只是各州利益集团相互妥协的松散结合，使得中央政府极不适合对州政府举债进行管理。

参议院拥有很多限制州政府举债的正式权力，而且它是当前正在进行的债务重组中最主要的监督方。然而，当参议员的利益掌握在州长手中时，期望参议院与州政府立场相反是很难的。平均来讲，1/3 的参议员都是正式的或者未来的州长（狄林杰和韦伯，1998）。参议院似乎以一种约定的模式来运作，相当程度上是一个无政党纪律的立法机关，据此，不同州的议员可就相互间的补助系统援助体系达成一致[10]。在这个注定遭受厄运的控股公司结构或如艾尔弗雷德·钱德勒和奥利弗·威廉森描述的H型企业结构（中央行政机构由许多区域集团组成，这些集团为其项目互投赞成票雷登，1998）中，巴西参议院可能是最接近于公共部门的机构。巴西参议院中一种类似的"滚木策略"（log－rolling），似乎可以使州彼此间免除借贷管制及商品流通税规则。美因瓦林和塞缪尔斯（2001）提供了一些从萨内尔政府到卡多索政府中的极具价值的案例，这些案例介绍了总统试图通过各种手段控制州政府支出与举债，却因州长们的反对而被迫放弃。在每一个案例中，那些州长都在立法会及参议院中拥有政治同盟，而这些成员的选票正是总统所需要的，因此每次总统都不得不冲淡或是放弃最初控制州政府举债的提议。

7.2

政治机制

前面的章节认为，分级机制深入到巴西政府间结构中，并没有激发强有力的应对州财政危机的动力。本节从一个更为明确的政治视角来审视一些相同的制度，探究财政规则是否可能自下而上地被选民们强迫执行。首先，考察选民是否有必要的信息和动力去监督州财政危机，以及是否会因为财政和其他结果，以选举来奖惩他们的代表。一方面，上述政府间制度造成了有关州政府表现的信息混乱；另一方面，州领导人所面临的选举激励使他们缺乏动机去维持财政纪律。

首先，巴西的选民并没有得到暗示认为州长该对其州财政的健全性负责。选民都有这样一种观点，认为任何赤字或债务都不是州长或任何州政府官员的责任。这种观点往往会被媒体甚至国会议员渲染（索萨，1996）。这种现象可能是由于州政府代表中央政府进行大规模举债的历史是先于民主宪法的。20世纪80年代开始，民主选举出的州长可以相当合理地宣称他们所继承的负担其实是联邦负担。另外，尽管薪金支出占州政府总支出的60%以上，但是巴西《宪法》给予州政府人事方面的控制权仍然很小。此外，三个层次的政府在支出责任上的重叠使得政府间责任不清。在收入方面，州大部分收入来自于增值税，虽然商品流通税可能给了州更大的征税自主权，然而实际上它扭曲了州政府和选民之间的关系，因为税率是通过政府间合作制定，而不是州政府单独制定，它不仅没有为大规模的选民联盟提供激励，以使他们争取到更有利的税收水平及公共服务或是提高州公共部门的效率，相反却鼓励规模小的特殊部门团体展开游说以获取特殊利益[11]。

一些最贫穷的州及所有的市政府的财政收入都主要来源于一般转移支付。在那些依赖转移支付的州，当地大部分支出的资金来源于其他辖区的事实使监管变得松懈。阿方索与德梅洛的研究认为：虽然联邦政府增加税收同样会通过税收分享增加州政府收入，但是税收分享计划分配方式的固定导致地方财政调整滞后于中央财政调整（2000）。即使在那些规模大的、相对富裕的及财政独立的州，选民也没有动机去惩罚那些增加财政支出造成财政赤字和不稳定债务水平的政府官员。尽管在《宪法》决定的转移支付分配方式中这些州并没有被照顾，这些政治力量强大的州已经非常善于争取可协商的转移支付。

对选举过程进行监督的最重要措施将在 7.5 节详细分析：当巴西的州财政危机开始显露时，联邦政府再次证实了公众间存在的关于州债务是由联邦政府在背后支持的怀疑。大部分的州政府外债明显是由中央政府背后支持的，并且在 1989 年第一次主要财政危机发生之时，联邦财政部就承担了这些义务。在 20 世纪 90 年代，由于联邦政府承担了其他形式的债务甚至暂时接管了州商业银行，这种观点被再次证实。在联邦财政援助可能提供的情况下，选民面临的对造成财政赤字州政府官员进行惩罚的力度更为有限。相反，他们可能会奖励那些将现阶段的地方支出转嫁给其他辖区的州政府官员。

更加认真的考察公共官员面临的竞选及事业激励对我们来说也是有帮助的。对巴西政治体系最普遍的评价之一是：在各级政府中想要得到提升的最可靠方式不是依靠政党，而是通过向特定的选民团体提供特殊的商品（艾姆斯，1995；美因瓦林，1991、1992）。巴西开放的比例代表制的竞选体系使极端的政治自由主义得以长存，同时又保证各级政府间政党在选举与立法联盟方面只有有限的权力[12]。各个州都有 2 到 4 个候选人竞选州长，这些候选人都在努力争取尽量多官员的支持，但这些官员的党派并不重要。每一个政治同盟都制定协议来划分内阁责任，并确定州和联邦立法院的选举名单（塞缪尔斯，2000）。因此，即便对于州长候选人，他所面临的向大规模选民进行竞选呼吁的激励也是很小的。“在每一个州，这一过程都牵涉到各具特色的协商，而对党派之别政见之分并不重视”[13]（塞缪尔斯，2000）。

任期限制使选举出的官员任职时间很短。政府官员并没有受到再次参加竞选的激励，他们努力建立广泛的关系网使自己能够向其他层次的政府移动：市议员努力成为州议员，州议员努力成为联邦众议员，联邦众议员努力成为州长，州长努力成为参议员。与立法职位相比行政工作更受青睐。这是因为它提供了对资金及资助的权力（狄林杰和韦伯，1999）。大城市的市长是巴西政坛中举足轻重的政治人物。个人在不同职位之间的不带政党标志的转移，使政府问责机制特别是财政结果问责机制变得尤为困难（塞缪尔斯，2002）。另外，卸任的行政官员往往留下巨大的财政赤字有待下届政治联盟处理。比如，在参加新职位的竞选时，为了鼓舞其竞选班子的士气，已卸任州长的传统做法是保证提高公务员的工资。

7.3 信用市场机制

地方政府信用的来源以及中央政府可行机制的监督，都在上一节得到了分层级的论述。这一节将提到，巴西《宪法》为中央政府提供了一系列措施用于监督、约束甚至阻止地方政府的举债行为；接下来指出，这些措施在控制地方财政赤字和过度举债方面大多是不成功的。而正是由于中央政府过多介入地方财政，帮助其筹资、提供贷款以及进行监管（并不成功），使得选民和债权人预期地方债务背后有中央政府担保。这种预期不仅削弱了对选民的激励，损害了选举监督机制，也破坏了信用市场的规律。即使巴西州政府接受了很大部分私人银行贷款，他们的支出和举债行为也并不完全受私人市场投资需求约束。大多国际投资者要求有明确的联邦政府担保，而国内贷款人可能只要求暗示担保。这一论断的正确性在20世纪80年代和90年代得以证明。

目前已有15个州政府和2个市政府发行政府债券，而所有的州政府都通过预期收入贷款来借款。按照惯例，债券由各州商业银行认购并且出售给私人银行和投资者。这些债券5年到期，但在到期前它往往已被数度易手

(狄林杰，1997)。随着20世纪80年代后期州政府财政稳定性降低，信用市场也开始向州政府施加压力，这使得私人银行贷款利率升高，债券期限缩短。最终在任何价格下私人投资者都拒绝持有州政府债券。来自信贷市场的压力迅速转化为联邦政府的政治压力，最终使得联邦政府不得不在州政府无力偿还时承担其债务，正如将在下一部分详细讨论的那样。1989年，联邦政府同意州政府将由联邦政府担保的未偿还外部公债转换成财政部的长期债务。这一举措证实了州政府债务最终会由联邦政府担保的假设，该假设已被多次进一步证实。巴西案例的重要教训之一就是哪怕地方政府的举债主要来源于私人市场，如果债权者有理由认为中央政府在背后担保地方债务，资本市场仍不能约束地方政府行为。

7.4

州级财政危机和财政援助

过去的10年中巴西州政府经历了3次值得注意的债务危机。这一节首先将会简要地讨论前两次危机，然后将会更深入的分析最近一次危机[14]。20世纪60年代中期，所有州政府的债务加起来接近于GDP的1%；而到了1997年，州政府的债务综合占到了GDP的18%～20%（奥利维拉，1998）。

州债务的迅速增长是由一系列危机产生的，而州政府对此难以控制。由于巴西政府间固有的道德风险，每一次危机最终都会加速发展并转化为一次系统危机。危机发生时，州政府面临着不断增长且极不稳定的债务水平，他们拒绝承担财政重组成本并要求联邦政府帮助偿债。每次事件中，州政府都公开宣称他们无法独立地对危机作出充分反应（许多情况下这是真实的），这增加了其对联邦政府财政援助需求的可信度。另外，联邦政府承诺不对州政府债务负责的可信度，每次都会被其提供财政援助的历史以及州政府在国会和行政管理部门拥有强大代表权的事实所削弱。

7.4.1 背景

第一次危机是在20世纪80年代国际性的债务危机之际发生的，它起源于私人部门的贷款。政府债券及预期收入贷款（AROs）都是由私人银行持有的。由于不能周转其外部债务，还面对着外汇紧缩，州政府没有能力支付其国外债务的利息。在80年代的大部分时间中，联邦政府以特别的方式对那些保证对其各自债权人履行义务的州政府都予以表彰。1989年，经过了长期的谈判协商，联邦政府同意将不断积累的州政府欠款及其滞留债务的本金转化为一种对联邦财政部的单一债务。

第二次危机牵涉到州政府对金融中介机构的债务，其中主要是对联邦住房基金与储蓄银行（CEF）的债务。1993年这一项债务也被转化成了对联邦财政部的债务。这两次债务转化中，重新规定了重组债务的到期时间：利率按照以前合同中约定的为基础，20年到期。在第二次交易中，联邦政府与州政府的协商存在困难，为了完善协定，联邦政府作出让步并制订了一项免除条款：如果州政府需要偿还的债务利息与其财政收入的比率超过了一个由参议院规定的值，超过部分可以延期支付。允许州政府将延期支付的债务利息资本化，转换为债务存量，这一部分只有在其债务利息额降到规定的上限之后才需要偿还。

联邦政府向州政府的这一利益让步产生了新的反向激励。协定极大地降低了州政府现金方式偿还的直接债务利息负担，并使其债务存量大规模扩张。在新的债务利息上限下，州政府能够将现存的债务利息资本化为债务存量，这些债务存量的规模将随着实际利率的上升而加速扩大。对于负债状况最严重的那些州，债务利息上限的规定极大地降低了现在举债和利息资本化的未来预期成本。另外，新的激励结构很有可能会使现任行政部门降低自己的债务利息负担并继续举债，而把糟糕的财政状况留给下任。这一协定证实了州政府债务受联邦政府支持的观点。

7.4.2 最近的危机

新产生的反向激励与巴西政府间体系中固有的反向激励一起促使了20世纪90年代中期债务危机的发生。这一危机并非由于新增债务的增加而是由债务存量利息负担的增加造成的。危机发生以后，州政府接受联邦政府的财政援助，但其支出规模却并未减少，尤其是在竞选活动期间及之后的一段时间中。图7.2描绘了整个时期内巴西州政府人均支出的变化情况，它显示出在竞选年份中：1986年、1990年、1994年和1998年支出存在明显高峰，而从1993年财政援助开始之后一直到1998年，人均支出存在着高速增长。

在通货膨胀率保持高水平期间，支出的增长是持续的。高通货膨胀时，州政府保持名义工资不变的情况下可以降低实际薪金成本。但是在20世纪90年代中期，在努力降低通货膨胀成功的情况下（黑奥经济计划，the Plano Real），显著下降的通货膨胀率降低了州政府通过通货膨胀降低实际薪金和补助金的能力，而《宪法》限制了州政府在削减雇员成本方面的权力，州政府无法解雇工人或降低工资，进而导致州政府实际薪金成本的急剧上升。另一方面，州政府大部分债务都极易受到短期利率波动的影响，而Plano Real所实行的紧缩货币政策造成持续的高利率。综上，不断增长的人力资源成本及巨大的债务利息使得州政府出现债务违约情况，其表现形式包括：（1）债券利息的远期资本化；（2）州银行倒闭；（3）对预期收入贷款和欠款的违约（狄林杰，1997）。

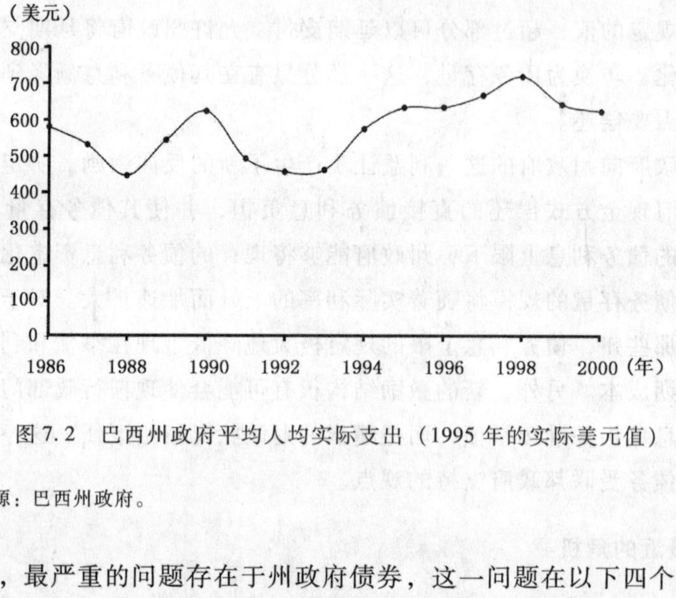

图7.2 巴西州政府平均人均实际支出（1995年的实际美元值）

资料来源：巴西州政府。

首先，最严重的问题存在于州政府债券，这一问题在以下四个州的表现尤为严重：圣保罗、里约热内卢、米纳斯吉拉斯（Minas Gerais）与南里奥格兰德州（Rio Grande do Sul）。20世纪80年代后期，州政府开始在市政债券方面出现困难。在债券债务失去流动性的情况下，州政府被迫寻求联邦政府救助。联邦政府一旦拒绝，州政府只能违约。联邦政府担心这种违约会损害到整个国内资本市场的稳定性，他们觉得有责任对州政府提供被称为外汇（troca，葡萄牙语）的财政援助计划。该计划中，联邦政府授权州政府可以将其本州债券转换为联邦债券。该计划条款规定，州政府债券将会由中央银行在其资产组合中持有，该资产组合将会以相应数量的中央银行债券形式流通并转移给州政府。参议院被授权确定到期时这些债券中必须被清偿的比例。无需惊讶，在开始的几年中，负债程度最严重的州能够从参议院获得他们满意的结果：100%债券转移[15]。另外，参议院同意，在每次转移中，州政府将其债券上积累的到期利息转换成债券存量中的已发行股份。通过这种方法，参议院使州政府既能逃避以现金支付债券利息，也能够巧妙地避免违约。由于这些债券利率以联邦债券利率为基础，而联邦债券利息仍然保持在高水平，当利息被资本化时，州政府的债券存量将会以迅猛的速度增长。

其次，一些州政府也对其本州银行的债务违约。至今为止，这方面最严重的问题发生在圣保罗州对巴尼斯帕银行（BANESPA）的债务上。在整个20世纪80年代，圣保罗州政府成功逃过中央的限制并对巴尼斯帕银行背上了巨大的债务。州政府直接与商业银行签订合同并从国外银行获得贷款，这些都是短期收入预期贷款，之后这些贷款被转变为长期债务及对州有企业的贷款。从90年代开始，圣保罗州政府无力偿还这种债务，到了1994年已经全面停止对所有债务付息。到1996年，州政府对巴尼斯帕银行的负债总额达到了210亿美元，这些债务成了该银行最主要的“资产”（狄林杰，1997）。到了90年代中期，巴尼斯帕银行不得不开始从中央银行举债以履行其现金支付义务。这一时期还有许多其他州立银行遭受着严重的运营损失，他们也通过向中央银行借款来维持经营。由于圣保罗州及巴尼斯帕银行对整个国民经济极其重要，中央银行认为他们“过于重要以至于不能倒闭”。财政部害怕巴尼斯帕银行倒闭会引发系统性危机并造成存款挤兑，这会削弱人们对整个银行系统的信心。1995年，中央银行以私有化为目的，接管了巴尼斯帕银行以及里约热内卢的州立银行，但是最终中央银行并没有对他们进行改革而只是向其注入了资金并在一年后归还给了州政府。厄布鲁斯欧（1998）认为，中央银行是在圣保罗州州长及该州国会议员的压力下作出这样的选择，中央银行只是短期接管了这两家州立银行，然后又继续对他们及其他州立银行提供债务支持，这一举动不仅允许这些州立银行继续营业并继续对其拖欠借款人的利息实行资本化，而且，再次证实了银行负债背后是由联邦政府担保的观点。

再次，20世纪90年代，州政府对短期资金管理债务也无法履行责任。随着州财政危机的深化，州政府开始缺乏清偿其短期债务的资金，他们请求借款人将这部分债务继续延长。州政府还开始对供应商和员工拖欠支付。州行政部门责备中央政府没有能够对合同人及雇员进行支付，因此中央政府面临的政治压力加大了。1995 年 11 月，联邦政府设立“州政府重组及财政调整计划”（Program for State Restructure and Fiscal Adjustment）以应对这一情况。该计划通过两个信用渠道向州政府提供帮助：一是代替他们偿还对雇员及合同人的欠款，二是对其预期收入贷款进行债务重组。作为条件，州政府理论上同意将这些贷款用于进行一系列改革措施以解决人事管理、州有企业、税收管理、减少债务及全面支出控制方面的问题（狄林杰，1997；贝维拉瓜，2000）。然而联邦政府强制执行这些条件的能力极为有限，贷款往往在这些条件实现之前已经被重新分配（狄林杰，1997）。

每一次州政府违约时，联邦政府的所作所为都有效地将州政府债务联邦化。以前由私人银行持有的债券现在转而由中央银行持有。以前州政府对商业银行的债务极大地困扰着该银行的股票持有者及存款者，但之后该债务暗中被中央银行担保了。以前预期收入贷款和欠款是对私人银行及个人的债务，而重组之后却变成了对联邦财政部的债务。1996 年 12 月，联邦政府接管的诸如此类的债务总量已经达到了 1230 亿美元。

7.4.3 政府间债务协商

当联邦政府和州政府为了减轻这些债务，尝试着进行一些改变时，将面临巨大经济压力和政治挑战。正如长久存在于印度与阿根廷的状况一样，巴西州政府债务问题已经不是存在于州政府及私人部门债权人之间的问题，而主要是州政府与联邦政府之间的问题。如 2001 年 9 月，84% 的州政府债务已经被联邦财政部接管（巴西中央银行，2001）。因此缩减州政府债务以及改善州财政健全性现在已经变成中央政府的代表——国会和行政机构，与州的代表——州长们的政治博弈。20 世纪 90 年代后期，巴西的联邦体制给改革的成功实施设置了层层障碍。行政机关如作为惟一可以响应选民要求机关的财政部，由于害怕加重道德风险而使自身进入进退两难的境地，勉强准许缩减显性债务。主要的负债州——里约热内卢、南里奥格兰德州、米纳斯吉拉斯以及圣保罗（参看图 7.3），几乎没有得到任何在协商中作出让步的激励。上文所述的联邦政府的计划使州政府的债务利息负担变得很轻，而且没有给州长任何激励以使他们签署将会增加其债务负担的协定。债务负担最重的州恰恰是财政自治权最高的州，他们的资金主要来源于增值税收入，而联邦政府对这种收入的控制力很小。因此，联邦政府冻结政府间转移支付的威胁对一些重要的州来说作用不大。

对债务再协商和改革阻碍最大的可能是参议院。在这一原则下，参议院必须通过全部的债务协议。每一个州都拥有3个参议院席位，这就意味着主要负债州只控制了81个席位中的12个，那么来自于中等负债州的参议员为了他们自身的利益通过投票赞成主要负债州的债务协议，而不是与负债较小的州结成联盟。这是反映参议院“一致性”准则的经典例子：即所有的参议员都不会阻挡任何其他州的支出计划或债务减免[16]。由于巴西的政党纪律极其薄弱，总统没有能力利用党派政治促使不同地区的代表同意一项有损本地区利益的全国性议程。所有的参议员都面临着延长债务偿还过程的激励（高梅兹，2000），并且在1995~1997年债务存量仍继续升高的情况下，债务到期日总是一拖再拖。

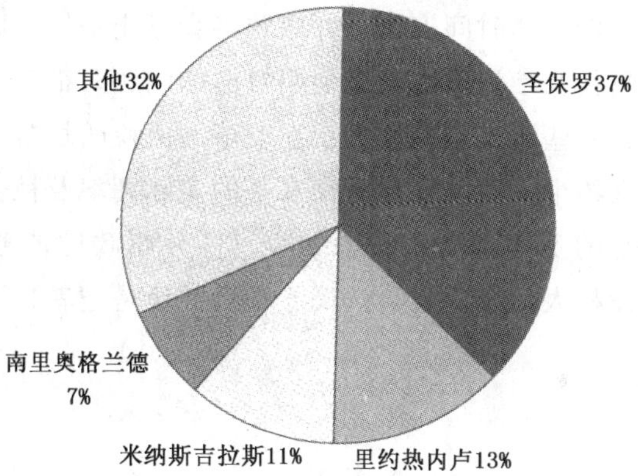

图7.3　地方政府间的债务分布（2001年9月）

资料来源：巴西中央银行。

1997年12月，联邦政府与一个主要的负债州——圣保罗签订了第一份协定。在该协定下，联邦政府同意承担圣保罗州的所有债权债务及其对商业银行的债务。一大笔债务（大约是总数的80%）被债务重组为一项对州政府的贷款，该贷款期限为30年，实际利率为6%，这大大低于现行的巴西国内利率。另一部分债务（总数的12.5%）通过在州企业中的存量转移支付方式进行分期偿还。联邦政府免除了剩余部分的债务。该协定同时制定了一个债务利息上限，这一上限不仅适用于最新进行债务重组的债务，也适用于前两次进行过债务重组的债务（狄林杰，1998）。对于圣保罗来说，这一安排最终结果是州政府实际的现金利息丝毫没有增加，而且债务利息的大部分可以被无限期延迟。

在圣保罗之后，南里奥格兰德州以及米纳斯吉拉斯州也与联邦政府签订了相似的协定。在立法辩论过程中，国会倾向于对所有其他州政府的债务也实行相同的债务重组。尽管这些协定降低了州政府所支付的债务利率，但联邦政府将继续是州政府的债权人，并继续支付隔夜拆借利息作为举债资金的边际成本。另外，州政府并没有被禁止将其对联邦政府的债务利息资本化，州政府债务将会继续增加，因此整个公共部门的总利息成本并没有下降，只是被明显地转移给了联邦政府。

此外，州政府要求进一步延长清偿期限的要求更加强烈。1999 年，米纳斯吉拉斯州的州长，即前总统法朗哥（Itamar Franco）严厉地谴责了协定的财政目标及债务偿还的时间安排，并威胁将会停止一切对联邦政府的债务支付，而实际上州长及参议员在处理他们自己的问题时都是处在理性而坚定的立场上。比如，一些州长争论说，旨在改革增值税的坎蒂尔法案使他们不仅面对着财政收入约束，而且还面对高水平的实际利率及社会保障支出，这使得债务清偿协定的负担过于沉重。如今，区分州政府债务是内生还是外生，对于潜在的债权人、投资者、选民、学者甚至是记者，都将变得非常困难。

7.5

改革努力

这一节的主要目的是，对在 20 世纪 80 年代和 90 年代的大部分时间里阻碍巴西联邦财政体系效率的严重问题提供解释。不过，比起阿根廷，还有理由保持乐观。虽然许多重要改革都没有奏效，但也有一些取得成功。

在最近的财政援助及债务协商发生之际，巴西各州之间出现有效市场的前景更加黯淡。财政援助的重心在于大部分的州政府债务，而且为了能够清偿，现在只能依靠谈判、威胁以及司法部门渐渐加强的行政管理规则。作为财政调整的一部分，卡多索政府尝试着将全世界分权化最严重的联邦制国家之一转变成一个实施紧密管理的国家。以下文字来源于阿方索与德梅洛

(2000):

最近发生在立法上的改变已经为我们提供了建立在规则之上的分权化联邦体系基础。这一体系中不存在地方政府任意制定政策的空间。这是因为:对地方财政的市场控制应该由财政规则、适当的法律限制以及对各级政府间不同的制裁来取代或加强。更重要的是,同一级别政府间平行的财政政策应该被政府间财政关系的上层协调取代。

但现在对这些改革措施是否成功作出评价为时尚早。正如上文所述,在与立法者及州长进行谈判时存在着不少困难。联邦政府正试图缓和巴西财政危机下的道德风险问题。银行部门有一个重要目标:从1994年开始,一些新的银行规制开始生效,另外旨在增加全国货币委员会(National Monetary Council)及中央银行自治权的行动也已经开始进行(法利亚,1996;索拉、加曼和马奎斯,2000)。重要的一点是,一些属于总统同盟的州长希望能够通过成功降低通货膨胀率以取得事业上更大的成功。因此,总统面临着一个潜在的机会,使其能够利用激励促使不同州长和立法会的联合。通过债务再协商、行政管理活动以及与州政府在立法方面的双边谈判,联邦政府从州政府那里取得了众多让步。最重要的是,在长时间的努力之后,大部分州立银行最终都被私有化了。减少政府间转移支付随意性的重要一步已经迈出,与阿根廷相比,中央政府有能力以削减转移支付作为与地方政府协商的筹码。

巴西中央政府实行了一系列新的分级机制,这些机制旨在限制州政府未来的信用渠道。78号参议院决定(1998年9月)对从州立银行举债作出了进一步限制:规定了新的举债上限,限制新债券的发行并禁止对合同人发行承诺票据(狄林杰,2000)。78号参议院决定还剥夺了那些在过去的12个月中没有取得财政平衡的辖区进行举债的权力。新的自治权被赋予了全国货币委员会,以使它能够禁止那些违反参议院决定的州政府举债行为。全国货币委员会通过2653号法案赋予了中央银行控制国内银行向地方政府提供贷款的权力。对公共部门的未偿债务(包括对公有企业的未偿债务)被限制在任何私人银行资产的45%以下。如果这一规定得以实行,它将会使州政府的举债变得极为困难。全国储蓄银行已经接近于这一上限(世界银行,2001)。首先,作为减免债务的条件,每一个州都同意实施一系列调整目标。1997年颁布的9496号法案说明了这些目标:包括债务收入比率有计划的降低、主要财政平衡的加强、雇员支出的限制、自身来源收入的增加、投资的上限以及实行私有化的州有企业的名单。州雇员支出方面固定化的问题得到了特别的关注。首先，州政府和市政府被限定最多只能将其税收收入的60%用于薪金支出。另外，新的法规建立了一整套旨在帮助各级政府控制支出能力的措施。法规规定如果没有能够达到限定的支出目标将会导致转移支付的减少。此外中央政府有权对不遵守协定的州施加惩罚性利率。这是改革计划中一个主要的成就，因为它向硬预算约束跨出了很大的一步。卡多索政府还推进了一些州有企业私有化的成功完成。

最后，巴西《财政责任法》（Fiscal Responsibility Law，101 号补充法，在 2000 年 5 月通过）以及《财政犯罪惩罚法》（Penal Law for Fiscal Crimes，2000 年 10 月通过）大概是 1988 年《宪法》后对巴西政府间体系最重要的改变[17]。法规试图大幅度提高中央银行操作的透明度。另外，现在中央银行不能将州政府公债转换成联邦政府公债，这是上面讨论过的最重要的转移支付机制。法规也试图解决一个上面所提到的关键问题，即为了维持高度的人力成本支出导致的州债务扩张。新法规不仅对人力成本的支出占经常支出的百分比做了限制，更重要的是，它建立了一系列旨在增强所有层级政府控制类似支出能力的措施：包括禁止薪水增长以及新的雇用规则。法规对未实现支出目标而导致转移支付减少的行为进行了限制。

此外，巴西《财政责任法》赋予了总统一项新的任务，即为各级公共部门设定年度债务限额，并规定违反限额的地方政府将会被禁止通过任何国内外渠道取得贷款而且还会被划归为违规者。法规试图通过对任何举债给违规者的金融机构施加惩罚来增强信用市场的监管力度。州政府及市政府被要求提交其财政年度计划和来源于私有化、社会保障体系基金及偶发负债的资金用途的报告。该法规还拥有一项黄金条例，即规定信用操作不得超过资本支出。另外，它阐明联邦政府有权扣留那些未偿还对财政部债务的州政府的转移支付。法规还规定将来“预期收入贷款”都必须在中央银行的监督下通过公开竞价过程实现。

该法规还致力于解决出现在竞选年度的支出高峰，这一情况在图 7.2 中被描绘了出来。雇员支出不可能在行政任期结束之前的 180 天内增加。为了在竞选年度中行使金融职责，行政官员必须证明拥有足够的资金用于本年度的偿还，另外基于未来收入的任何信用操作都不允许进行。

巴西《财政责任法》中关于举借外债的规定是，法规要求实行统一的会计规则并对各级政府都有要求作出计划及透明度的权力。各级政府必须公开不同辖区的明确财政目标及关于收入来源和减免税负的详细信息。各级政府必须作出月度之间预期及实际收入的比较，并在 30 天之内作出调整以应对收入的短期下降。关于目标完成情况、对财政风险的评价及相对于联邦政府的货币、信用、外汇政策，州政府必须每年编制财政责任报告。该法规定建立一个财政管理委员会，并授权该委员会制定程序负责有关财政账户信息的传播。计划、预算与行政管理部（The Ministry of Planning, Budget, and Administration）和巴西经济社会发展银行（BNDES）已经公布了一系列令人印象深刻的信息，其中包括州政府与市政府的及时月度数据，这些信息在其网站上可以获得。该法规的目的一目了然，即通过信息的传播、公布违规政府的名单以及征求公众关于财政目标的意见来加强公众监督。虽然这样的规定条款加强了中央政府对地方预算的行政控制，但通过向选民和债权人提供关于地方政府财政情况的信息，可以增强市场的规范性。

新法规最显著特点之一是在保证其特定条款实施方面赋予了司法和刑事体系更加重要的作用。该法规包括对非法发行债券者予以监禁惩罚。它还规定如果当地债务或雇员支出比率超过了限制，将会剥夺市长或州长的行政权力。甚至在财政预算中遗漏了一项支出项目或者收入预期中的误报都会遭到刑事起诉（阿尔梅达，2000）。

最后，巴西《财政责任法》的第 35 条规定禁止向任何联邦成员提供财政援助。这一条款试图通过宣布以后地方政府的债务筹资或债务重组都不再与中央政府有关，来与以往划清界限。整体来讲，该法规看起来是在努力使地方选民、官员及债权人相信游戏的规则已经改变了，即将来中央政府在要求财政援助的压力下绝不会妥协。

不幸的是，它不可能如此容易地改变公众的这种预期。这一法规有可能被简单看做是众多法规中最近颁布的一个，因为中央政府总是宣称要实行债务限制，但到头来这仅仅只是停留在口头上。总之，这一最近颁布的法规清楚地显示出这样一点，即联邦政府明显接受了为地方筹资的责任，这使任何法规中关于取消财政援助的条款都变成了一纸空文。

图 7.4 描绘出 1986 ~ 2000 年州政府财政盈余占州政府财政收入的比例。在整个 20 世纪 80 年代后期到 90 年代初期，财政赤字都非常严重，并在竞选年份达到高峰，其中 1994 年尤为显著。然而在 1997 年州政府实际上实现了财政盈余，并在另一个主要的竞选年度 1998 年的支出高峰之后，于 1999 年及 2000 年重新回到了财政盈余。将这一显著的改进理解为源于《财政责任法》的有效性是非常诱人的[18]。然而这是相当困难的，这是由于直到 2000

年春天该法律才生效。大部分的债务重组协定直到1998年才签署，而且上文所述的参议院及全国货币委员会的决议直到1998和1999年才签署。这里存在着许多相互冲突的对这一财政平衡改善的解释。首先，经济的增长及改善的税收管理共同促使货物流通税收入的增长每时每刻都很高。另外，州有企业的私有化为一些州政府注入了丰富的资金。而且图7.4中的州政府财政数据并没有反映出州政府对其债权利息的责任。然而不同时段的变化是显著的，而且州政府在雇员及资本支出方面的削减非常大。私有化及商品流通税带来的资金并没有花费在新项目上的事实提出了一种新的行为模式。

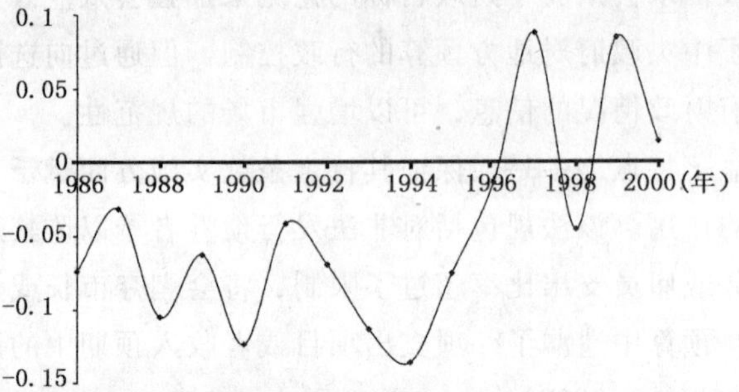

图7.4 巴西州政府总财政盈余/财政收入

资料来源：巴西统计局以及作者的计算。

现在对这次改革的成功作出评价为时尚早，而且对其长远影响作出判断也是困难的。毫无疑问州政府的举债看起来变得困难很多，而且如今存在着许多对过度举债的最新反向激励，这种反向激励包括从罚款到弹劾的各种形式。除了改变激励及限制州长和市长的权力，改革还限制了中央银行及国内银行的行为并试图弥补本章所介绍的漏洞。表面上看来州政府任意制定财政政策的权力被极大地限制了，而且大规模的举债看起来是不可能的，除非获得批准，而且它常常由中央银行实行。

当然对于未偿债务的偿还问题仍然非常严重。另外，尚未进行筹资的补助金负债是亟待解决的突出问题（世界银行，2001）。首先，这次改革是仅仅停留在口头上，还是会以巨大代价的行动来真正实施仍然有待观察。这次改革确实对存在的承诺问题进行了特殊关注，并通过把强制承诺实现的责任委托给国家货币委员会、中央银行以及司法部门，让他们帮助解决该问题。尽管这项将权力从参议院转移给独立机构的转变是向正确方向迈进一步，但这一强制承诺实现的权力是否真正置于了野心十足的参议员们的权力范围之外仍值得怀疑（高梅兹，2000）。州长已经形成了这样一种预期，认为这一限制可以在参议院被取消或规避掉。中央政府并不是使自己远离州政府的财政问题，相反他们使自己与州政府财政事务联系更为紧密。另外，尽管存在着法规的限制，债务的偿付仍然是一项政治博弈，而州长和参议员是其中的重要人物。中央银行基本的承诺问题仍然相当严重：州政府及其选民仍然相信最终中央政府在政治层面及道德层面上都会对州级行政结果负责，而这种情况或许比以往更加严重。因此中央政府关于严格履行财政规章的承诺仍会继续受到政治的挑战。

如今，人们最大的担心仍然是法规的条款是否会被强制实施。该法规将会对政法部门的每一个分支造成巨大的行政管理负担，包括管理层、立法部门尤其是司法部门。中央政府机构如今负责跟踪及审批所有州政府的举债活动，包括从现金管理到供给商对长期贷款的信用。《财政责任法》的宗旨可能是建立一个空前强大的、功能完备的民主制联邦政体。司法部门是否能够完成一些极为棘手的强制实行任务仍然有待观察。然而，最大的忧虑仍然是中央政府是否会像以前那样，在进展不顺利时在强制执行法律规定方面退却。

7.6 结　论

本章的主要目的在于介绍并分析发生于20世纪80年代后期及90年代的灾难性的巴西州政府财政援助制度的潜在不足。

每一次债务危机都有一个近似的外生原因：未预料到的通货膨胀率下降、高利率或是外汇紧缩。尽管州政府因过度举债已经使自己处于危险境地，但他们仍然可以向其选民及债权人宣称自己并不对这些财政的处理后果负责。这一事件仅仅告诉州长们这种过度举债及要求财政援助的模式是最有效地扩大中央政府支出的方式。巴西州政府在过去20年中的经历表明，低水平的分级以及以市场为基础的监管机制很容易失败。巴西的《宪法》及政府间关系的结构并没有为选民提供他们所需的任何信息或激励，来表明州政府必须对自身财政行为负责。债权人被引向这一观点，即相信州政府的债务都是由联邦政府来兜底。因此，在面临未预料的外部冲击时，州政府并没有进行自身调整，相反他们行动的逻辑过程是首先要求来自中央政府的财政援助。厄布鲁斯欧（1998）将这一行为模式称为“掠夺性的联邦主义”，即州政府利用中央政府的软弱性对其进行掠夺。

理解中央政府软弱性（为什么选民、债权人和州政府预期债务危机出现时，中央政府会进行财政援助）的根源是很重要的。是什么削弱了联邦政府不对州政府进行财政援助承诺的可信度？巴西这一问题的部分原因人所共知，即有些州政府如圣保罗州政府太过重要，以至于不能任其破产。另外，甚至在1988年《宪法》颁布之前政府间的体系结构就为以下观点提供了许多暗示：即中央政府最终会对各州的财政健全性负责。然而，中央政府软弱性的最重要原因在于其自身最多只是一个各州利益集团的松散联合。只要相关决定只是为对州和地域利益集团负责的政客选票交易联盟作出的，则中央政府在债务危机时作出的不对地方政府提供财政援助的承诺就不再可信。最重要的是，期望参议员站在州政府的对立面是不可能的，因为这些要求直接反映了州政府的利益。除非长远的制度改革能够强化政党纪律并在《宪法》中规定削弱国会中地区权利集团的势力，否则为了对州政府债务危机不进行援助，应建立一个能够代表作出重大决定的且与州政府没有任何政治关系的自治机构。最近，一些这方面的措施得以实施，不过这些新的承诺机制还未被试验。

改革的重要途径是选举机制的改进。事实上，有证据显示巴西的选举机制是可以运作的。世界银行的一份报告显示，选举机制的改革在最近塞阿拉州的改革中起到了重要作用（世界银行，1995）。在长达25年的混乱的、各政党操纵的政府统治，以及财政责任缺失、债务支出高企之后，1986年，通过许诺对州行政部门的彻底改革，新的领导人联盟得以掌权。这一联盟将其许多承诺坚持到底，找到了新的方法以削减人事支出和债务负担，增加税收。从1983年到1987年，州预算的赤字平均总计达到了税收的30%，而预算在后几年里平均都达到了平衡（世界银行，1995）。此外，改革集团的候选人成功地在随后的两次州长选举中连任。

尽管州选举机制的日常运转如上所述，可选民们有权惩罚在财政上不负责任的代表。如果联邦和州的支出责任能够得到更明确的划分，如果存在于税收和支出决策之间的联系更加清晰的话，选民们方可更有效地履行这一职权，或许新的财政责任法最有价值的好处是：增强了透明度，促进信息开放，加强了各级政府的受托责任。最重要的是，州选民们很有可能去对他们的代表施之以硬预算约束，如果他们知道，是他们，而不是别的地方的下一代来承担当地支出的成本。

最近一届政府在利用各种资源对行政管理中面临的政治障碍进行改革方面还是比较成功的。它通过授权中央银行与司法部门进行监管来试图加强各种义务的履行，但这种强制执行机制还没有经受过考验。另外，中央政府已经认识到对州及地方财政后果的义务以及对其的管理权力之间并不平衡。因此，中央政府已经开始致力于改革，以期望能够加强其权力并更好地管理地方政府的财政决定。对于一个有着相当长历史的政治及财政分权化的联邦制国家来说，这一改革是在微观管理层面上的一次大胆尝试。然而这一改革并没有削弱州长或市长的政治权力，也没有改变任何对立法者的激励。那些拥有标准的联邦主义立场的人对这一改革提出了很多批评。确实，改革措施看起来只是放弃了市场规范，之外什么都没做。

然而，当以后的政府在试图解决中央及地方的财政问题时，新法规中争议较少的方面可能有希望进一步加强市场规范：法规强调了透明度、信息获得渠道以及会计责任。很难预测中央政府是否能够在阶级联邦制中贯彻这一改革，还是会在压力面前退却。无论哪一种情况，实现自我约束的地方财政规范的最好方法在于选民能够从所介绍的事件中吸取教训并掌握相关信息，以及对那些谨慎财政监管的政治家们实施激励。

致 谢

感谢曼斯威托·阿尔梅达、冈纳·埃斯克兰德、爱德华多·高梅兹、詹妮·里瓦克、若昂·奥利维拉和斯蒂芬·韦伯提出的宝贵意见，以及乔斯·罗伯特·阿方索和塞尔吉奥在寻找资料上所提供的帮助。

注 释：

①巴西税收体系存在的一个主要问题是由于联邦政府必须将如此大份额的税收收入与州政府及市政府分享，联邦政府往往寻求过度扩张那些不再共同分享之列的无效的重叠税种（摩拉和瓦尔沙诺，2000）。

②现行税率是12%，若不包括从南部和东南部州至其他州的出口，税率则为7%。

③1996年颁布的Kandir Law极大地修改了货物流通税，它免除了出口及投资品的税收，并允许纳税人在缴纳其资产税时可以使用其之前已支付的收入税抵消。更详细的有关货物流通税中税收竞争的评论和改革建议的文章请参见瓦尔沙诺（2001），巴西国家社会经济发展银行（2000）及摩拉和瓦尔沙诺（2000）。

④联邦政府正努力提高市政府的税收管理水平并鼓励他们更充分地开放自身的税收基数。这一方面更多的内容可参考阿方索和德梅洛（2000）。

⑤各州人均实际GDP的基尼系数（经过作者自已计算）从1986年到1998年保持稳定，并维持在0.30左右；人均实际支出的基尼系数则在同一时期从0.36下降到0.30。

⑥通过政府机构发放的投资补助和款项并没有作为政府间转移支付记载在官方数据中。这样相对而言，巴西州政府对转移支付的依赖程度要比官方数据所显示的更强。

⑦巴西财政部的一项调研引用沙阿（1991）。

⑧有关20世纪70年代开始的中央政府试图规范地方举债的详细介绍请参看贝维拉瓜（2000）。

⑨最近由参议院作出的一项规定指出：（a）在举债的前12个月中，总的债务支出不可以超过州政府现金账户盈余，不得少于其收入的15%；（b）在任意12个月内，新债不能超过现有举债水平或是高于税收收入的27%（狄林杰，1997）。

⑩关于联邦主义及在“一般”议会中的约定模式，请参阅英曼和鲁宾费尔德（1998）。

⑪有关这一问题更加一般的讨论请参见雷登和罗斯－阿克曼（1997）。

⑫选民可以直接对竞选者个人或者一个党派投票。从竞选者的角度看，这对其产生了强烈的激励，即通过提供保护及资助向选民进行竞选呼吁。一个政党所有的选票等于其候选者的选票加上该党派获得的选票。获得个人选票最多的竞选者在分配政党席位时拥有优先权，所以相对于对党派的选票，竞选者更偏好对其个人的选票。

⑬最近的研究表明关于政党分割及立法同盟的重要性的共识可能已经被加强了。总统确实是通过稳定的立法同盟实行总统统治的，这一立法同盟通常是共同投票，其中政党的作用很大。然而与其他国家相比，这一体系是非常分裂的。

⑭这一部分所提供的历史信息是从世界银行以前的研究中改编的，这些研究包括：狄林杰（1997），狄林杰和韦珀（1999），奥利维拉（1998）及世界银行（2001）。其他描述性的内容包括贝维拉瓜（2000）、及里格龙和吉阿姆比阿奇（1998）。

⑮目前已降至98%。

⑯关于立法中对联邦主义的定义及一致性的标准参看英曼和鲁宾费尔德（1997）及英曼（本书的第2章）。关于巴西参议院参看美因瓦林和塞缪尔斯（2001）。

⑰这里仅给出了对这一非常详细且涉及极广的法规的一个概括，关于巴西《财政责任法》的详细内容参见阿梅达（2000）、纳西门托和迪布斯（2000）、塔瓦雷斯等

(1999)、科比茨、杰梅内斯和曼纽尔(2000)及世界银行(2001)。

⑱这一论断来源于 Economics 2001 年 11 月 19 号刊。

参考文献:

Abrucio , Fernando Luiz. 1998. Os Baroes da Federacao : O Poder dos Governadores no Brasil Pos – Autortario.

Sao Paulo : Universedade de Sao Paulo.

Afonso , Jose Roberto , and Luiz de Mello. 2000 "Brazil : An Evolving Federation." Paper prepared for IMF/FAD Seminar on Decentralization , Nov. 20 – 21 , Washington D. C.

Almeida , Mansueto. 2000. "Fiscal Decentralization in Brazil : Good Design and Bad Implementation." Unpublished paper , MIT.

Ames , Barry. 1995. Electoral Rules , Constituency Pressures , and Pork Barrel : Bases of Michigan Press.

Ames , Barry. 2001. The Deadlock of Democracy in Brazil. Ann Arbor : University of Michigan Press.

Arretche , Marta , and Jonathan Rodden. 2001. "Legislative Bargaining and Distributive Politics in Brazil : An Empirical Approach." Unpublished paper , MIT.

Banco Central do Brasil. 2001. Boletim das Financas Estaduais e Municipais. Brasilia.

Bevilaqua , Afonso. 2000. "State Government Bailout in Brazil." Discussion paper 421 , Department of Economics , PUC – Rio.

BNDES. 2000. "Guerra fiscal : Competicao tribbutaria our corrida ao fundo do tacho ?" Informe – SF 4 (Jan).

Carey , John M , and Gina Yannitell Reinhardt. 2001. "Coalition Brokers or Breakers : Brazilian Governors and Legislative Voting." Paper presented at the conference , "Brazilian Political Institution in Comparative Perspective ," Centre for Brazillian Studies. St. Anthony 's College , Oxford University , May 28 – 29.

Dillinger , William. 1997. Brazil 's State Debt Crisis : Lessons Learned. Washington D. C. : World Bank.

Dillinger , William , and Steven Webb. 1999. "Fiscal Management in Federal Democracies : Argentina and Brazil. "Policy research working Paper 2121. Washington , D. C. World Bank.

Faria , Laura Viere. 1996. "On Central Bank Independence for Brazil." In Carlos Geraldo Lanfoni , James Ferrer , and Marcio Ronci , eds. The Quest for Monetary Stability. Rio de Janei-

ro : Getulio Vargas Foundation.

Figueiredo , Argelina Cheibubm and Fernando Limongi. 2000. "Presidential Power , Legislative Organization , and Party Behavior in Brazil." Comparative Politics 32 (2) :151 – 170.

Gomez , Eduardo. 2000. "Brazil : A Political Economy of Federalism and Sub – national Debt Workouts." Unpublished paper , RAND.

Inman , Robert , and Daniel Rubinfeld. 1997. "The Political Economy of Federalism." In Dennis Mueller , ed. , Perspectives on Public Choice. Cambridge : Cambridge University Press.

Kopits , George , Juan Pable Jimenez , and Alvaro Manoel. 2000. "Responsabilidad fiscal a nivel subnacional : Argentina y Brasil." Unpublished paper , IMF.

Mainwaring , Scott , 1992 . "Brazilian Party Underdevelopment in Comparative Perspective." Political Science Quarterly 107 (4) :677 – 707.

Mainwaring , Scott , and David Samuels. 2001. "Federalism , Constraints on the Central Government , and Economics Reform in Democratic Brazil." Unpublished paper , University of Minnesota.

Melo , Marcu. 2000. "Institutional Obstacles to Market Reform ? The Politics of Tax Reform in Brazil." Paper presented at the Twenty – Second Congress of the Latin American Studies Association , Miami.

Mora Monica and Ricardo Varsano. 2000 "Fiscal Decentralization and Subnational Fiscal Autonomy in Brazil : Some Facts in the Nineties." Unpublished paper , IPEA , Rio de Janeiro.

Nascimento , Edson Ronaldo , and Ilvo Debus. 2000. "Entendendo a Lei de Responsabilidade Fiscal." Lei Complementar 101/2000.

Oliviera , Joao do Carmo. 1998. "Financial Crises of Subnational Governments in Brazil." Unpublished paper , World Bank.

Rigolon , Francisco and Fabio Giambiagi. 1998. "Renegociacao das dividas estaduais : um novo regemi fiscal ou a repiticao de uma antiga historia ?" Unpublished paper , BNDES.

Rodden , Jonathan , and Susan Rose – Ackerman 1997 "Does Federalism Preserve Markets ?" Virginia Law Review 83 (7) :1521 – 1572.

Samuels , David. 2002. Ambassadors of the States : Political Ambition , Federalism , and Congressional Politics in Brazil. Forthcoming. Cambridge : Cambridge University Press.

Samuels , David. , and Richard Snyder. 2001. "The Value of a Vote : Malapportionment in Comparative Perspective." British Journal of Political Science : 31 : 651 – 671.

Shah , Anwar. 1991. The New Fiscal Federalism in Brazil. Washington , D. C. : World Bank.

Shah , Anwar. 1999 "Incentives to Cultivate a Party Vote in Candidate – Centric Electoral Systems : Evidence from Brazil." Comparative Political Srudies 32 (4) :487 – 518.

Shankar , Raja , and Anwar Shah. 2000. "Bridging the Economics Divide within Nations : A Scorecard on the Performance of Regional Policies in Reducing Income Disparties. " Unpublished paper.

Sola , Lourdes , Christopher Garman , and Moises Marques 2000 , "Central Banking Reform and Overcoming the Moral Hazard Problem : The Case of Brazil. " Paper presented at the Twenty – Second Congress of the Latin American Studies Association , Miani.

Souza , Celina. 1996. "Redemocratization and Decentralization in Brazil : The Strength of the Member States. " Development and Change 27 :529 – 555.

Stepan , Alfred. 1999. "Federalism and Democracy : Beyond the U. S. Model. " Journal of Democracy 10 :19 – 33.

Tavares , Martus Antonio Rodrigues , Alvaro Manoel , Jose Roberto Afonso , and Selene Peres Nunes. 1999. "Principles and Rules in Public Finance : The Proposal of the Fiscal Responsibility Law in Brazil. " Paper presented at CEPAL Reginal Seminar on Fiscal Policy , Brasilia , Jan.

Varsano , Ricardo. 2001. "Brazil : Tax Reform and the 'Fisca War ' in the Federation. " Federations 1 (1) :1 – 11.

Werlang , Sergio Ribero da Costa , and Arminio Fraga Neto. 1993. "Os Bancos Estaduais e o Descontrole Fiscal : Alguns Apectos. " Working Paper 203 , Escola de Pos – Graduacao em Economia da Fundacao Getulioi Vargas.

World Bank. 2001. "服务税 ues in Brazilian Federalism. " Report of the Brazil Country Management Unit.

8 印度邦政府财政纪律所面临的挑战

威廉·迈克卡蒂

印度在法律上是一个实行分权化的联邦民主制国家，拥有10亿人口以及25个州，同时它还是一个多民族、多语言、文化多样化的国家。超过一半的政府支出由州政府和地方政府承担。印度同时还拥有许多集中制国家具备的特点：包括准联邦制的宪法、税收权力集中在中央政府、主要由公有金融机构组成的高度规范的金融市场以及经济在很多方面仍受制于中央的事实。与那些纯联邦制的国家相比，印度财政联邦制显示出了极大的独创性，但也正是由于这种独创性使其失去了一些纯联邦制国家才有的潜在利益[①]。尽管现存的联邦结构有能力施加硬预算约束，但不同层次政府间权责不清破坏了这种能力，并造成了预算约束的软化。这种软预算约束使宏观经济管理更为复杂，扭曲了州政府预算预测和债务融资决策，并导致地方公共支出结构失衡。幸运的是，州政府进行了一系列重要的改革以巩固中央政府的权力，降低地方政府的道德风险。

这一章的案例研究考察了影响州政府预算的法规和激励机制。这些机制包括：中央政府对州政府债务及赤字进行监督和控制的等级机制、信用市场激励、资本化效应对土地市场的潜在影响。

8.1 印度联邦制概览

在取得独立之后，印度的政治领导者们从长达50年的殖民统治者手中接过一个深受破坏的社会体系，其经济早已停滞不前。他们决心建立一个集中的联邦制国家以保证一个泱泱大国的凝聚力，并使新成立的政府成为推动经济增长和社会发展的发动机。印度 1950 年的宪法条约将政府权力划分为三个层次：中央政府层次、州政府层次以及一个分享管辖权的合作层次。除了州际贸易间的一般权力、宏观经济政策的制定及国家防卫权力之外，其余权力都属于中央政府。中央政府拥有广泛的干预州政府事务及对州政府监督的权力。而土地使用权、公共健康与卫生防御、农业、农业教育、灌溉与水利使用、道路以及地方政府的管理被划归为州政府权力中。而人口控制与家庭计划、教育、小型港口、电力及特定基础农业商品的交易与供给被划归为合作权力。这导致了州政府承担了大约 87% 的社会服务支出及 59% 的经济服务支出。经济及社会计划被作为合作项目。但是至少在 1950 ~ 1991 年间，州政府的计划单位作为中央计划机构的代理履行这一职能。

在防止政府间司法争端的努力中，宪法将大部分征税权在中央及州政府间无重叠地分配。这一独特的安排模式有效地阻止了州政府为了满足其不断增长的基础建设及社会支出责任而扩大税基。州政府被赋予征收拥有广泛税源的所得税的权力，但这个为州政府准备的税收区空间大部分被中央政府率先占据了，这是因为中央政府拥有对大部分商品征收消费税的权力。

8.1.1　税收来源

印度州政府不到一半的筹资需求由其自身的税收满足。尽管在 1995 ~ 2000 年间，州政府拥有众多改善州政府税收政策的机会，但是其税收收入占 GDP 的比重在这一时期基本维持在 5.7% 左右不变。最近几年，州政府的支出占到了 GDP 的 16%，但收入仅仅占 GDP 的 7% ~ 8%，其余的 8% ~ 9% 是通过来自中央政府转移支付或中央政府组织的债务筹资实现的。所以，中央政府负责为州政府支出总额的 55% 筹资。州政府在中央政府及州政府联合支出中大约占 58%，但各个州情况有所不同。例如，古吉拉特邦州（Gujarat）的税收及非税收收入占其现金账户支出的 76%；而奈尼塔尔州（Uttar Pradesh）和比哈尔州（Bihar）的这一比例分别是 36% 和 35%。有效的税收努力在各个州政府间显著不同，其占全州总产值的比例最高的是泰米尔纳德州（Tamil Nadu），达到了 12%，最低则是奈尼塔尔邦州的 6% 和比哈尔邦州的 5%。地方政府（第三级政府）的税收收入与 GDP 的比率估计只为 1%，而中央政府的税收收入与 GDP 的比率是 7.5%，州政府的则是

8.5%。

8.1.2 计划年代的税收财政关系

正式的经济计划开始于1950年印度取得独立后不久，这一运动大大增强了中央政府对州政府和私人经济进行有效指挥和控制的能力。在第一任首相贾瓦哈拉尔·尼赫鲁（Jawaharlal Nehru）的领导下，印度政府使自己对经济的所有权和控制权高度集中，费边社会主义者们将其称“高度指令”的经济。从1950年到1991年，联邦转移支付体系与其他中央计划工具一起使中央政府得以对州政府财政施加强大而集中的影响，这些中央计划工具包括：外汇管制、投资许可（这使中央政府可以影响投资的地区分配）以及对金融机构借贷政策的紧密控制。这些计划工具与对私人及公共投资制定计划的承诺极大地打击了州政府以及地方政府发展自身经济政策的积极性，并孕育了这样一种政治文化，即存在于州政府层面的严重的依赖性。

中央政府批准州年度计划的规模和结构，而州政府则利用中央政府计划资助的资源统一协调州政府的各项政策，这两者的核心都是支出责任与收入来源的匹配问题。中央政府开始利用转移支付工具，如用按比例转移支付来对收入少支出多的州政府施加影响。在计划时代，中央转移支付的首要任务是激励州政府成为由计划引导的经济增长的代理部门，并在国内储蓄增长的情况下为这一增长提供持续的动力。对主要来源于农业部门的国内储蓄的依赖，似乎是一项极为合理的增加资源调动的战略，这是由于直接对农民征税是困难的。州政府对公共部门的借贷将会继续维持在高水平，因为这些借贷资金被有效地投入了拥有社会高回报率的基础建设及社会支出项目之中。转移支付的模式以规则为基础，而且相当稳定。

直到20世纪80年代中期，这一机制很大程度上达到了目标。公共部门投资从50年代早期占GDP的4%上升到了80年代占GDP的12%左右。而其中州政府投资占据了一半以上。要使财政关系体系充分发挥作用只要：(1) 金融抑制允许以低水平的实际利率[②]贷款进行赤字筹资；(2) 对高水平补助服务如农业使用权的限制；(3) 对私人投资的许可控制，保证所有州政府在每一时期都保持其在私人投资中的份额。

市场自由化改革对这一体系形成了冲击。尤其是投资许可控制被取消后，这给予了州政府更大的经济自治权。从20世纪80年代后期开始，私人部门开始取代公共部门成为了推动经济增长的动力[③]。州政府在吸引私人投资方面的竞争发挥了积极作用。但是在90年代，经济的自由化进程开始遭受到基础不平衡的威胁。资本市场、银行系统和养老津贴方面的改革进展缓慢，但在2000年，银行系统的改革开始加速④。原则上，州政府的支出政策应该根据各州实际需要以及自身条件，但是在一个金融部门改革不完全的经济中，对州政府公共财政的放松将会增加各州的经济风险。这是因为，许多州政府可能会作出错误的财政调整决定或是单纯为了逃避紧缩的预算约束而使用创新的金融工具。

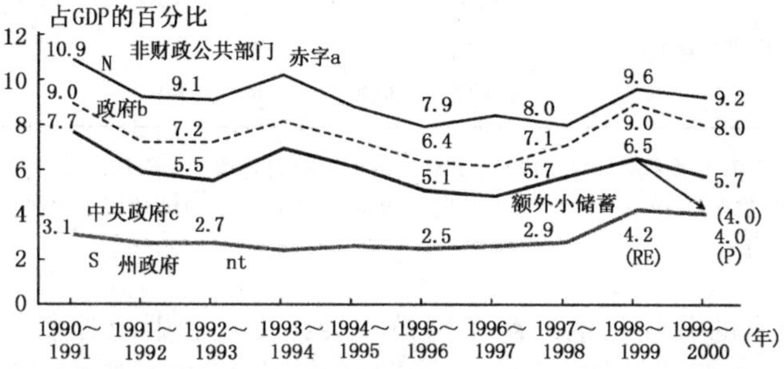

图 8.1 1990～2000年公共部门赤字（不包括收回投资收入）

a 包括总政府赤字、石油存量平衡以及市场融资的中央政府公共企业赤字（剔除了中央政府向中央政府公共企业正在发生的借贷）。

b 财政赤字＝中央政府财政赤字（不包括收回投资收入）＋州政府财政赤字－中央政府向州政府的净借贷。

c 1998～1999年间的是数据推算出来的（由实际税收收入及支出进行调整）。

资料来源：预算文件、RBI公告、RBI年度报告（1998～1999），职工估算。

当州政府的财政赤字达到了其难以承受的水平时，州政府的财政改革对宏观经济变得更加重要。1986～1987年，大多数州政府开始出现现金账户的赤字，这使中央政府的转移支付转向那些打算进行资本项目投资的州政府，以支付这些州政府的利息支出。正如图8.1中所示，所有州政府的总财政赤字对GDP的比率在1998～1999财年上升到4.2%，这是迄今为止印度财政历史上出现的最高水平。90年代，各个州政府的财政表现差别很大，其中最贫穷的州政府的财政表现显著恶化（参见表8.1）。从1993～1994财年到1997～1998财年间，奈尼塔尔邦州的财政赤字与GDP的比率从4.5%上升到了8.6%；哈尔州的这一比率从4.0%上升到6.2%；奥里萨邦州（Orissa）的这一比率从5.7%上升到6.3%。1998～1999财年，中央政府慷慨的工资决定影响了州政府行政部门的工资账单，这使州政府的财政赤字更加恶化，达到了GDP的4.2%。为这些赤字融资意味着要增加从中央政府的借贷，以及为州立公共企业提供借贷保证书。

表8.1　各州政府财政赤字筹资（以GDP的百分比表示）

	1990～1991	1994～1995	1995～1996	1996～1997	1997～1998	1998～1999（RE）	VC1999～2000（BE）
财政赤字	3.2	2.6	2.5	2.7	2.9	4.2	4.0
中央政府的贷款	1.7	1.3	1.1	1.2	1.5	1.8	1.9
市场贷款	0.5	0.4	0.5	0.5	0.5	0.6	0.5
其他（PEs，储备和存款）	1.0	0.9	0.9	1.0	0.8	1.8	1.6
收入赤字	0.8	0.6	0.6	1.1	1.0	2.2	2.2

资料来源：RBI年度报告1998/1999，RBI州政府财政公告增刊，CSO以及世界银行职工估算。

注意：GDP数据以1993～1994年为基期。1998～1999年的GDP使用了1999年7月份的估计值。

地方政府的分权化也产生了财政、会计责任和财政控制等问题。1992年之前，印度地方政府的法律地位并没有被认可。尽管如今城市地方政府的法律地位已经提升，他们仍然只是继续行使其各自州政府移交给他们的税收及支出责任。城市地方政府缺乏充分的收入来源来履行他们的责任，而且他们的责任极其分散。城市主要的基础建设负担过重，以至于妨碍了私人投资的进行。总体上说，城市税收的潜在有效形式（比如财产税及使用费）并没有使收入上涨。

在为扩张的公共服务进行融资时，市政府并不是靠收取服务费，而是依靠中央控制的贷款机构的优惠贷款，或者他们干脆完全将该项责任推给了州政府代理机构。

总地说来，尽管经济增长计划的进行在公共支出领域取得了中央政府及州政府之间高度的协调，但是相互之间信任和理解的缺乏却阻碍了他们在间接税收领域进行基础合作，这导致了一个极其无效的间接税体系。20世纪90年代，中央向地方权力的扩散急速增长。由于州政府追求平民政治并且利用中央政府控制的放松来逃避紧缩的预算约束，州政府财政在一定程度上恶化了。

8.1.3　财政转移支付

财政转移支付体系中存在四种转移渠道，它们都与等级控制相关。

(1) 财政委托转移支付 (Finance Commission Transferrs)

州政府支出在总政府支出中几乎占据57%，而其收入只占总收入的35%。为了弥补这一资金缺口，宪法规定每5年进行一次财政委托，这种财政委托是在效率和行政管理的考虑下，将原本划归中央政府负责的税收征收权力一部分委托给州政府进行。进行转移支付的规则在不同的委托中是不同的，所以，用于规范委员的一套固定原则还没有设计出来。小规模的债务减免从中央政府在接下来的定期财政委托推荐中向州政府扩展，但是，正如表8.2中所示，当债务减免的份额以当年州内产出为基础进行规范化处理之后，财政委托相对于中央政府债务减免是下降的。

在20世纪70~80年代，财政委托体现出对以下论点的支持：各个州政府之间由于委托不适当分配以及税收工具的缺乏所要求的更大份额的税收奖励以及特殊补助奖励应该以绝对卢比表示，以弥补赤字缺口。当中央政府寻求增加自己的财政收入或是进行借贷来与财政委托奖励相适应，并为不断增加的州政府支出筹资时，中央财政开始变得不稳定。而税收份额在各州之间的分配是带有一定目的的，如人口规模和人均收入的不均衡；补助金在各个州之间的分配则是以各州账户中每5年的计划收入与计划支出之间的缺口为基础的。根据宪法在非计划现金账户要努力实现平衡或盈余。

表8.2 财政委托中的债务减免

财政委托	发布年份	卢比（十亿）	GDP（十亿）	GDP的百分比
第6次	1974	19.7	667	2.95
第7次	1979	21.6	1025	2.11
第8次	1984	22.9	2223	1.03
第9次	1989	9.8	4357	0.22
第10次	1995	5.0	10672	0.05
第11次	2000	34.0	20050	0.17

资料来源：公共财政，H. L. Bhatia，表19.5。第10次财政委托报告，第11次财政委托报告。

这种弥补缺口的方法是造成原本紧缩的预算约束变松的重要因素之一，因为它鼓励了从现金账户的盈余滑向赤字的做法。古鲁姆尔斯认为，由于了解这一方法，州财政预算的制定者确实面临了反向激励（1995）。他争论说："为了最大化其在中央政府转移支付中的份额，州政府在财政委托的前一年经常进行大额支出。"即使州政府的预算行为并不像古鲁姆尔斯宣称的那样带有目的性，弥补缺口的方法仍然降低了州政府在现金账户中实现盈余的积极性。新的关于州政府自身税收努力的决定因素的研究表明，中央政府向州政府补助的增加降低了州政府征税的效率，而且，那些最贫穷的州，也就是在转移支付中受益最大的州的征税效率最低。R·吉哈等（1999）将主要几个州的税收努力决定因素进行了模型化处理，发现在政府总支出中中央政府转移支付的比率越高，该州的税收努力越低。

最近的一些税收委托采取了这样一种方法进行分配，首先用正规的方法测量各个州政府之间税收能力的差异，然后据此进行转移支付。这种方法在第9次财政委托中被部分使用。如果充分地采取这种方法，它的结果将是税收转移奖励与实际税收收入是正相关的，这就消除了对州政府税收努力的反向激励，并促使州政府增加税收努力。这种方法还可以解决横向和纵向方面的不平衡，这使它更具吸引力。

第10次财政委托寻求改革转移支付体系的激励机制，它建议分阶段降低用来弥补现金收支缺口的转移支付。另外，它在减免州政府对中央政府所欠债务本金方面建立了两项新的激励计划，一项是与现金账户财政表现的改善相联系的，另一项相配套的激励计划与实现私有化的州有企业的数量相联系。

这两项减免债务计划都可能激励州政府作出税收调整，但是在实践中，州政府从这些计划中获得的实际财政利益是不足的。在第10次财政委托报告公布之后，没有一家州属企业进行私有化，这是由反对私有化的政治压力所致。

连续的财政委托建立了无条件税收减免的传统。第6、第7和第8次财政委托对负债程度最严重的州实行了债务减免，而债务减免的程度与负债占整体经济的比重有关。

（2）计划委托转移支付（Planning Commision Transfer）

转移支付的第二种渠道是计划委托（PC），其目的是协调中央政府和州政府的发展计划。在刚开始的时候，这种委托旨在降低贫穷，减小个人及团体在收入、地位、设施和机会方面的不平等。州政府负责制定自己的计划，然而这些计划在确保州政府得到财政支持之前，就已经通过全国目标或准则的形式确定了。计划委托对规模较大的州来说都是采取大额转移支付的形式进行的，其中包括70%的贷款和30%的补助。中央政府还通过多边及双边代理机构以相同的方式对州政府借贷，以提供定期的计划帮助。

在实践中，计划委托在决定公共部门的投资项目，尤其是州政府的公共部门投资项目方面有极大的行政权力。最重要的是，对于州政府的投资项目，计划委托最终决定该计划中的援助资金如何在州政府中分配，而这种援助资金为大多数州政府提供了大额的债务融资，以及州政府实施投资计划时所需的补助资金。这些转移支付被用作为州政府的基础建设融资，并为该计划中5年期内新现金账户项目提供资金。每一个州政府都能获得一定份额的资金，而该份额的多少是与本州经济计划规模相联系的。这些资金由补助金、贷款以及从金融机构获得的中央政府担保基金共同组成。其中一项条款规定中央政府需为计划开始后第一个5年中新项目的工资提供融资，这一条款促使各州经济项目的扩张和各州民事服务的膨胀。

每一年州政府都会就其经济计划的规模与计划委托进行双边协商。此时，州政府从任何来源进行借贷权力都会受到限制，这些资金来源包括中央政府、国内金融机构以及中央政府为外部资助项目提供的额外资金援助。各个州政府借贷的历史记录以及其他经济指标在协商中都将被考虑在内，但是正式贷款偿债力分析并不包括在协商过程中。

一个主要以各州之间人口规模及其他人均收入的差别为基础的公式为进行转移支付及债务融资提供了基础。然而，尽管转移支付的分配主要是按照该公式进行，计划委托与各个州政府之间每年一次的双边协商还是使州政府的债务融资产生了一个不透明地带，并激励州政府寻求导致道德风险的财政政策。作出自由决定的可能性仍然存在于计划委托中，通过这些自由决定可以扩大州政府的转移支付来源。对于州政府债务和赤字承受力并没有一个判断或评估。为各州制定债务上限的过程看起来并没有将动态承受力这一因素，如州政府收入增长率等考虑在内。

(3) 有条件补助转移支付（Conditional Grant Transfer）

转移支付的第三种渠道是为中央政府赞助计划（CSS）和共摊成本项目提供有条件的组合补助（通常包括50%～80%的成本），这种转移支付旨在确保中央政府能够影响州政府的优先选择，以实现全国政策目标。这一渠道的例子包括基础教育扩张项目、儿童营养项目、公共职业以及减缓贫困计划。由中央政府设计并监控的州政府赞助计划和共摊成本项目的快速发展造成了以下后果：州政府依赖中央政府对边缘支出融资的程度增强了。1995～1996年间，依靠中央政府基金支持的中央政府资助计划有182个，相当于GDP的1.3%。如此多的项目，加之其高昂的管理成本，以及严格的适用性标准共同损害了它的效力并扭曲了州政府的优先选择。中央政府打算对中央政府资助计划进行流线化处理，并将大部分项目转化为大额补助，但是迄今为止还未取得任何进展⑤。缺乏进展的原因之一是，大额补助基金不如现存的计划基金充裕。

(4) 赤字融资 (Deficit Financing)

转移支付的第四种渠道是赤字融资，这种转移支付的大部分资金是由中央政府不明确的担保提供的。最近几年，州政府财政赤字总额的38%是依靠中央政府的净贷款进行融资的。1991~1992年，赤字融资降幅达50%，这反映出偿还过去债务的负担增加了。目前的赤字融资绝大部分是直接或间接由中央政府控制。

中央政府将具有法定流动性比率（SLR）的证券在州政府中进行分配，同时州政府又进行着其他形式的贷款。中央银行承担着将各个州政府协定的债务向金融机构销售及分配的责任。在自由化之前，多达1/3的中央政府财政赤字被货币化（斯里尼瓦桑，1993）。早在1993年，法定流动性比率要求达到37.75%，这意味着极大的金融抑制。但是从20世纪90年代早期到中期，金融抑制有所缓解，并且中央政府创造了一个金融环境以对新形成的资本进行市场定价。政府公债的实际利率大幅提高，法定流动性比率为25%。州政府还从各种各样的没有基金或基金很少的补助和保险基金中为公务员和公共企业雇工进行债务融资。中央政府将他代表州政府借贷的资金转移为其自身的平均基金成本。这些成本随着金融自由化的进行而增加了。

作为控制地方政府借贷的最后一种工具，从1985年开始州政府被要求在10年内清除其印度储备银行（RBI）中的透支部分，否则他们将丧失对印度储备银行的特权。这一威胁在短期支出控制和欠款管理方面提供了一些财政规则，但是从防止州政府采取难以持续的支出及债务融资政策的角度看，它并没有创造出硬预算约束。

8.1.4 该体系的逻辑及存在的问题

这一财政转移支付和债务融资体系的逻辑是：州政府应该在现金账户实现盈余，或者至少实现现金账户的非计划盈余，在这种条件下，为赤字融资而进行的借贷将只对生产性的资本账户投资提供资金。如果资本支出所产生的现金流足以分期偿还本金及利息义务，那么这一为资本支出融资的计划就是可行的。在能源、水利及灌溉方面周转资金的不足暗含着以下事实：对这些资源的利用缺乏效率，基础建设供给的不足更加严重，以及正在利用贷款为现在的支出融资。正如图 8.2 所示，甚至在 20 世纪 80 年代中期，州政府作为一个整体都显示出维持投资支出水平的不足，而他们的利息成本已经开始上升了。利息与州政府总收入（包括州政府自身收入加上中央政府转移支付收入）的比率从 1980 ~ 1981 年的大约 14% 上升到 1996 ~ 1997 年间的大约 25%。相反，州政府的资本支出（不包括净借款）与州政府总收入（州政府自身收入加上中央政府转移支付收入）的比率从 1980 ~ 1981 年间的大约 31% 下降到 1996 ~ 1997 年间的大约 17%。在能源、灌溉、道路、城市基础建设和农村水利方面的投资没有发展。对这些部门的资本资产管理和维持方面的支出下降了，但是对能源、交通及灌溉部门的直接或间接补助却提高了。同时，在征收社会及经济服务使用费上的政策失败，加上公共事业的失误导致州政府非税收入的下降。尽管州政府无法偿还贷款而造成的全面危机可能不会在大多数州发生，但是支出构成方面的危机已悄然来临。

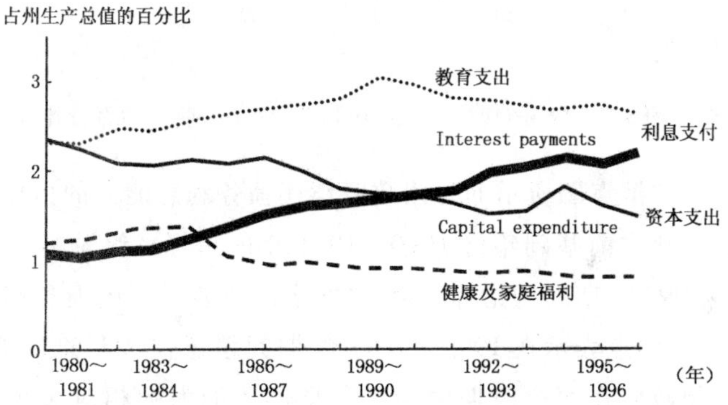

图 8.2　州政府支出的最主要组成部分

资料来源：印度储备银行。

20 世纪 80 年代，大多数州为应对平民主义者的要求，增加了公务员人数，并促使工资均等化，这导致投资性支出的减少。其结果是，各个州的公共投资满足不了州政府的计划要求，进一步造成了资本生产力的低下。当 80 年代末和 90 年代初州政府的资源限制出现紧缩时，州政府维持甚至增加了其在工资、薪金和津贴上的实际支出，但是降低了在社会生产性资本的支出，同时允许健康及基础教育上的支出维持在既有水平。随着金融自由化的发展，利率上升并且利息的支付占用了越来越多的社会资源。许多州政府逐渐清楚地认识到，它们越来越不能在印度的发展中发挥其应有的作用。

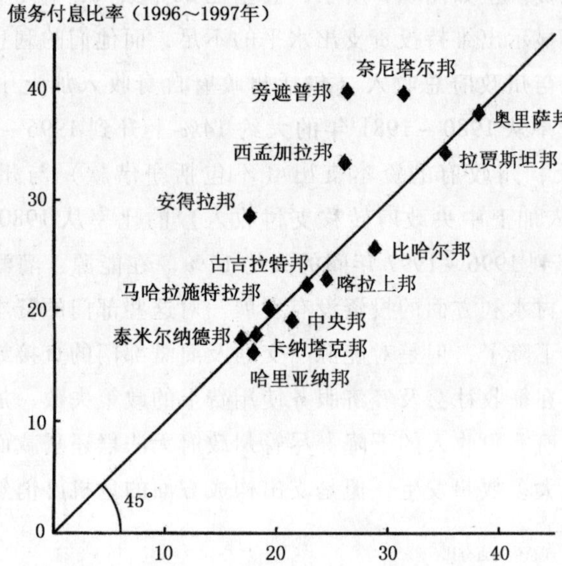

图 8.3　债务付息比率（DSR）占无条件收入的百分比

图 8.3 中的散点图所示的是州政府偿还债务利息能力的指标，其中横轴显示的是自由化之前基础年份 1990~1991 年的指标，纵轴显示的是 6 年之后即 1996~1997 年期间的指标。45°线之上的点表示偿还债务利息能力的降低，45°线之下的点表示在 1996~1997 年期间偿还债务利息的能力提高了。该图提供了州政府在两个时期中债务利息偿还能力的相对大小及其运动趋势。该指标的分子是全部的利息及分期偿还的本金。其分母是自身税收收入和非税收收入加上转移支付的收入。而计划委托中的补助和共摊成本中的补助没有包括在分母中，这是由于这一部分资金是被指定用于其他用途的。该图清楚地显示出在新的政策环境下，各州的变化是不同的，而且至少 4 个州的偿还债务利息能力在两个时期显著下降，但是该政策体系在 20 世纪 90 年代末期之前都没有对这种状况加以控制。

旧的计划体系中核心的支持因素如低实际利率和投资许可一旦被取消，则该体系的内在逻辑也就会随之崩溃。随着更多的地区之间的投资模式开始由市场决定，较贫穷的州自身基础建设不足，因此，所能吸引到的投资相对较少。不幸的是，在州政府的决策者及其顾问中存在着严重的认识时滞，这使他们难以发觉印度的宏观经济结构已经从基础上改变了，而且在经济自由化年代中州政府需要新的融资决策。

8.2

软预算约束的激励及渠道

财政转移支付体系是为了解决联邦内的纵向经济不平衡而设置的，但它的许多特征在实际工作中是与州政府的财政调整相冲突的：（1）不管州政府的信用如何，金融机构对州政府的债务融资实行相同的条款；（2）巨大的纵向财政不平衡损害了“维克塞尔关联”，即州政府的支出与其本州居民的债务负担之间的联系；（3）计划委托中有关州政府资本项目的债务支出与州政府实际的资本基础支出之间联系薄弱或者不存在联系；（4）在计划委托开始后的第一个5年中，该委托形式存在着一种内在激励促使州政府在现金账户上建立新的项目以获得从计划委托中取得贷款或补助融资的资格；（5）大多数有条件共摊成本补助计划都各自拥有一套自己适用的标准，它们能产生分离和造成优先选择扭曲。一些州政府利用了这些设计的缺陷，在不触及其基本财政问题的情况下最大化其所能获得的转移支付份额。最后，由于没有对宏观经济进行管理的责任，地方政府官员比他们在中央政府中的同行们更易于摆脱财政责任。

这些非计划或计划特征和与之相联系的中央政府财政支持限制导致了双重标准和浪费并对州政府财政产生了反向激励（库里安，1999）。不顾各州在资本以及现金账户支出上存在的差异，而对州政府的支出项目和计划提供固定比例的贷款和补助资金的做法使得经济增长缓慢的州政府承担了不适当的债务及税收组合。1969年之前，贷款和补助是在进行计划评估之后才奖励给州政府的。1969年采用的模式是70%的贷款加30%的补助组合，这反映出了当时假设的合理，即计划支出中的30%将被分配给现金账户，而剩余的70%将会用于为生产性的资本支出。与之相反的是，现在大多数州政府的计划通常都是将70%～80%的社会支出和35%～50%的经济支出分配给现金账户。

州政府和市政府通常都倾向于假定潜在的违约后果并不严重，因为它们认为债权人或是高一层次的政府会为它们安排部分财政援助。由于存在印度州政府及其代理机构中的这一预期，鼓励了印度的州政府采取高风险的赤字融资计划。在印度，直接违约至今还没有发生过，但是由州政府控制的城市发展局已经对中央基础建设银行发生了间接违约，另外州政府对由中央政府掌控的电力输送部门的欠款有时也会无法偿还。

对农民进行的高额能源税补助使州电力董事会（SEB）损失巨大，并使许多州政府处于难以弥补的透支境地。在很长一段时间中，州政府向其电力事业部门的大额补助（据估计其数额相当于 GDP 的 1.5%），覆盖了电力董事会巨大的财政漏洞。由于察觉到州政府准备展开宽松的预算约束制度，导致了州电力董事会散漫的账款回收及不支付对债权人的欠款。临近倒闭的州电力董事会“在对其供给者的支付责任上是习惯性的违约者，这些供给者包括燃煤提供者以及为州电力董事会和印度铁路系统提供能源的中央政府能源站”（达万，1997）。20 世纪 80 年代后期，许多农民甚至每天只能获得 4 小时的能源供给。通过这种方式，软预算约束以及与之相联系的补助导致了供给的短缺，这使经济增长停滞不前。具有讽刺意味的是，软预算约束使农村电力的机会成本比州电力董事会通过合适的管理制度所取得的成本周转费用高出了数倍。另外，免除州政府能源补助以及其他中央政府补助还能限制对地下水资源的过度开采。

8.2.1 州政府预算进程中的制度缺陷

印度州政府的财政预算模型是一个以投资为导向的预算体系，但是它对重复性的成本检查能力很薄弱，同时它没有对各个部门的项目之间进行权衡的机制，并缺乏中期目标[6]。预算仅仅是呈现给州政府立法部门的一份文件，但制定它的过程却是二元的。预算的准备通常涉及已有项目增长的追加资金和新增项目的开发资金。包括工资的计划支出有资格获得中央政府计划委托中的基金资助，这些计划将作为全国计划的一部分并在计划委托开始之后的 5 年内获得资金。根据中央政府方针，所有的预算都将被划分为计划和非计划两个组成部分。计划支出包括新项目的开发及运行成本，当计划时期结束之后，运行成本将会被转移到非计划账户，并从州政府自身收入及中央政府的转移税收份额中获得资金。

印度州政府层次中政策、计划及预算之间的联系是很薄弱的，这一部分是由于州政府依赖中央政府进行政策创新。制定预算过程中总体财政规则也很淡薄，而且硬性的支出目标几乎不存在，这往往可以从多达三个补充预算的传统中得到证明。补充预算约束损害了原有预算约束目标的有用性（普列姆昌德，1999）。在减少成本方面不存在任何管理自治权或是奖励。根植于印度计划过程中的不充分支出管理框架，对州政府产生了反向预算激励。制定预算的过程中没有评估计划项目的追加成本，也没有激励相关部门对可选择的现金或者资本用途的基金作出权衡。这种制定预算的方法导致了执行延迟、资本过多以及公共投资上的社会低回报率。

8.2.2 地方政府工资制定的反向溢出

印度保持着一项传统，即每10年建立一次支付委托，为中央政府对公共服务报酬的决定提供建议。该委托提出的建议只适用于中央政府的雇员。然而通过示范效应，这些建议对州政府和州有企业随后的支付奖励制定存在很大的影响。在1997年第5次支付委托（FPC）建议中央政府支付的报酬的平均水平向上调整大约30%，并建议在10年中将雇用水平降低30%。但是，由于印度中央政府知道他们的工资支出不会在政府的一般支出中占据很大的份额，所以他们忽视规模优化的建议，并通过提供一个大约35%的支付奖励使支付委托加强支付奖励水平。相反，印度的州政府拥有的劳动密集型公共责任（比如教育、健康服务即公共职业）比中央政府多出很多。州政府的工资支出与他们的GSDPs（州内生产总值）相比通常多出很多，其范围在5%～8%，因此增加35%的支付奖励会使追加支出责任上升到GSDP的1.8%～2.8%。

8.2.3 软预算约束制度

（1）小额储蓄账户贷款

小额储蓄机制是逃避硬预算约束的一种重要方法，该机制将中央政府控制的邮政储蓄账户中100%的净存款自动借贷给那些存款发生地的州政府。当净存款超过了预算目标时，州政府的赤字在补充预算的帮助下发生滑动，然而，这种方式的逃避对州政府，尤其是那些财政压力严重的州政府并不存在长期的可行性。取得这种基金的相对可能性并不与州政府的信用程度、相对经济增长表现或是任何其他衡量财政表现的指标有关。通过这一方式的筹资数额在20世纪90年代超过了预算估计。将这些资金收集到一起需要高额的交易费用，这导致中央政府在将其借贷给存款发生地的州政府时，采用了一个相对较高的利率（1998~1999年间是14%）。这种高成本的筹资方式通常是由州政府对存款者的储蓄激励支持的。这项贷款最近达到了相当于GDP1.6%的水平（1999~2000年），这一数额大大超过了市场贷款方式创造的筹资数额，即GDP的0.6%⑦。1998~1999年期间，小额储蓄和准备基金账户的应计项目发生了出乎意料的增长，而净偿还款项的收入款超过了3300亿卢比，而最初计划的水平是2160亿卢比。相对贫穷的州，如比哈尔（Bihar）和西孟加拉（West Bengal），取得了在其辖区内利用小额储蓄存款的相对成功，这放松了他们的预算约束，但是同时增加了他们高成本贷款的负担（维奇塔拉玛南尼，1999）。造成这一结果的部分原因是在较贫穷的州如哈尔，缺乏其他方便的储蓄渠道；另外，在其他州如旁遮普（Punjab）和西孟加拉，州政府通过赞助一些储蓄激励项目来刺激储蓄。

（2）州政府借款担保证及其他或有负债

印度州政府的或有负债问题在1994~1995年变得更加重要，这一时期州有公共企业的借贷被从为州政府建立的市场及法定清偿率借贷上限的范围中剔除了。在1994~1995年之前，州有企业每年都得到单独的借贷配额，并作为州政府特定市场及法定清偿率借贷上限中的一部分。州有企业合格的法定清偿率地位使其能够以相对较低的利率流通资金。同时，对可筹集资金数额的特定限制意味着州政府在可发行的借贷担保证上也存在着一定的限制。之后，借贷担保证成了州政府回避其市场借贷数额限制的方便手段。如今，每一个州政府都享有自由允许其州有公共企业在本州市场上随意借贷的权力。收入账户上的赤字抢占了对投资项目融资的资金。因此，基础建设及公共投资不断增长的需要迫使州政府通过发行债券或发行借贷担保证以流通资金，却打击了贷款人和信用评级机构对特定项目风险进行评定的积极性。一些州政府通过向毫无信用记录但却拥有借贷担保证的特殊工具或企业筹资进行债务融资以提供直接预算支持。

担保借贷的数额从1992年GDP的3%上升到1998年9月的7960亿卢比，也就是GDP的5%。担保借贷的增长在1995年之后变得尤为突出；1995年3月到1998年9月的年增长率是13.1%，而相同时期债务的增长率是7.5%。如果州政府对基础建设投资增长需求的反应是鼓励建立更多的“自己创造转移支付”，那么这些或有负债的价值将会快速上升，因为“自己创造转移支付”的建立需要对私有部门进行借款担保，可能会造成州基础建设机构的预算外筹资，而且这还是在缺乏特定项目成本回收政策条款的情况下进行的。

另一个与借贷担保证相关的重要问题是这样一个基本原理：州政府会扩大对正在招致巨大损失的公共企业，尤其是州电力董事会的借贷担保证，以保证其贷款的增长。在农业能源税改革的情况下为能源创造项目吸引私人部门投资，需要许多州政府发行的借款担保证存在补助回报率，另外需要印度中央政府扩大对等借款担保证的数量。在涉及国外投资者的案例中，借款担保证会涉及外汇风险。以往为州电力董事会及其他公共企业发行的借款担保证已经成为了改革的障碍，这是因为当对州电力董事会进行私有化时，州政府必须承担改革的前期成本。如果州电力董事会通过州政府的担保取得了大量的贷款，那么作为对州有企业进行私有化的一部分，州政府分摊这一部分财政义务是极其难以进行的。在州政府发行借贷担保证的数量方面存在着很大的不同（见图 8.4）。作为 GSDP 的比例，其范围从奈尼塔尔邦（Utar Pradesh）的 4% 到旁遮普的 14.4%。

州政府仍然承担着其他许多潜在的或有负债，比如基金不充分的补助以及准备基金债务、对州有企业的欠款，以及在州有企业私有化过程中其必须承担的成本。

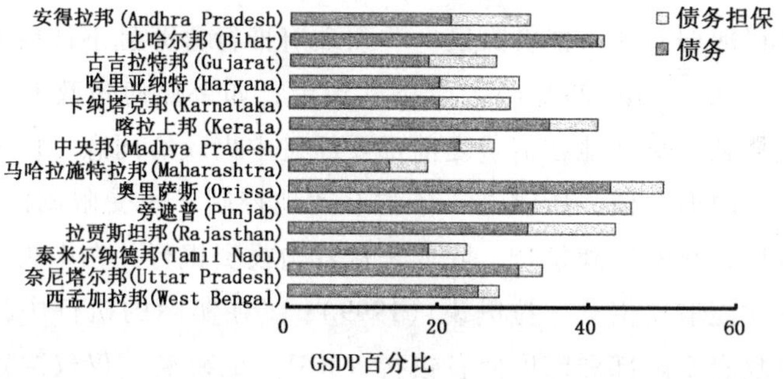

图 8.4　印度 14 个州政府的未偿还债务和发行的债务担保证（1997 及 1998 年）

8.3

潜在控制机制

为稳定印度联邦系统内的财政规则所进行的努力主要依赖于等级监督和控制，但从 1991 年经济自由化开始以来，该机制就不再有效了。这一部分回顾了这些努力，并讨论了以资本市场、政治责任和土地市场为基础的财政规则问题及前景。

8.3.1 等级控制及政府间财政规则

20 世纪 90 年代中期中央层次的同盟政府经常给人这样一个印象：它们总是默许或是忽视州政府为逃避硬预算约束而进行的计划，这一硬预算约束是由计划委托、财政部和中央银行官员进行监督的。尽管在之后的 10 年末期中央政府系统安排的政策，如收回由对等借款担保而损失的资金计划，都旨在禁止州政府逃避硬预算约束的行为，但是由于中央政府在实行硬预算约束的传递上很薄弱，这可能会鼓励一些州政府推行鲁莽且不计后果的政策。

印度《宪法》的第 293（3）号条款规定，如果任何州政府对中央政府存在未偿还贷款，那么他在借贷之前都要经过中央政府同意。由于所有的州政府都对中央政府负债，所以这一条款有效地控制了不受限制的借贷能力。州政府同时被禁止从国外借贷，除非是从双边投资银行并在中央政府作为中间人情况下才能取得借款。拉奥说（1999）：“在实际的执行中，计划委托通过与中央政府金融部和印度储备银行（RBI）的磋商，仅仅决定所有州政府可以借贷的总额并将其分配给各个州政府。”通过这种方法，州政府从非中央债权人取得贷款的能力也受到了中央政府的限制。但是，至少仍然存在两种渠道使州政府得以跨越硬预算约束这一保护性条款：其一是由于未预料到的净存款的增加使得小额存款借贷发生未预料的增长，另一种是通过担保贷款将由州政府控制的特定工具贷款划归为预算外贷款。

州政府通过预算外担保贷款成功地为其自身及其隶属的市政府筹资，解决了他们为灌溉系统、能源项目和公路铺设等项目筹资的需求。

不断积累的州政府债务、平民补助和持续增长的工资账单对州政府财政造成了压力，这使得州政府强烈要求增加其从中央政府获得资金的渠道，并要求中央政府主动对州政府经济进行调整。由官方批准的关于州政府这些要求的讨论会是每年进行一次的双边讨论，它由州政府和计划委托委员会或是印度金融部共同参与。如果没能取得他们预期的结果，将导致州政府将其需求通过媒体公开发布，并直接呼吁全体选民为正在进行的双边对话提供帮助。州政府的领导者直接向其中央政府中的政治同盟提出呼吁，要求更广阔的筹资渠道。中央政府的领导者由于担心中央政府自身的债务堆积，并考虑到传统上都是用以规则为基础的模式来决定资金分享的，所以他们对这些更多资金资源的需求是非常谨慎的，或是直接运用等级控制对州政府施加经济调整。中央政府鼓励州政府进行主动的经济调整，并促使形成一致意见来为改善州政府财政状况采取共同行动，这些行动包括向州政府收取附加价值税，以及州政府主动施加对债务担保的限制。

8.3.2 资本市场

印度州政府的信用度与地方政府所承受的利率风险溢价之间不存在相关联系的事实，阻止了州政府以市场为基础的财政规则制度的制定[⑧]。现在，任何成功地执行了财政调整的州政府并不会从金融团体中得到及时的奖励；相反，在实际检验中，它可能会招致以下形式的惩罚，即从中央政府得到的转移支付资金减少。但是印度债务市场所进行的重大自由化改革要求债务市场能够在州政府发行公债中起到有效的财政监督及制定政策的作用。有效市场债务仲裁的作用是，在特定债务中，它可以更有效地剔除那些内部回报率低的项目；另外在一般责任债务中，它可以及时传递财政放松的信号。

州政府可以取得公共企业债券的信用等级，这些企业债券都是州政府为支持主要的灌溉和能源项目提供担保的债券。两家主要的地方信用评级机构是克里西尔公司（CRISIL）和 ICRA，这两家信用评级机构记录下了众多州政府财政的恶劣表现，并相应降低其信用等级。比如，早在 1999 年当马哈拉施特拉邦（Maharashtra）出现了堆积的债务及增长的工资账单支付义务时，其信用等级被降低了一个级别。2000 年 1 月，CRISIL 这家最大的信用评级机构颁布了一项一般信用警告：“州政府发行的金融工具的信用等级可能是在以下压力下得出的：不断恶化的财政条件和州政府缺乏改善其财政状况的努力。”[⑨]该机构预测，州政府的信用可能将会出现一次系统性的恶化，这种情况将导致在缺乏广泛的财政及结构改革的条件下对州政府信用等级进行修订。

但是在现今不成熟的条件下得到的市场信号常常使州政府感到困惑。1999年，印度储备银行开始鼓励州政府将其债券直接向市场拍卖，并把开始时的限额定在市场借贷的35%。1999年，旁遮普由于积极追求平民主义政策经历了一次财政状况的急剧恶化，该州采取这种新的融资方式，向市场拍卖了6亿卢比的债券。这一债券被完全认购，其平均收益率为12.39%，而当时法定流动性比率的平均收益率是12.5%。因此，一个财政状况急剧恶化的州获得了低于平均回报率的贷款，这说明了州政府债券的购买者并不了解州政府的财政状况，或是这些购买者预期中央政府会对州政府实行财政援助。

印度的债券二级市场还未发展，尤其是短期货币市场，并且州政府的债券并不会被再贴现或是再次定价以反映财政表现的变化和违约的隐含风险。在整体二级市场上，风险管理体系是很不完善的。作出合理的定价是很困难的，而且信用评级是很粗糙的。银行以及保险公司仍是全国性的产业。尽管中央政府看起来开始严肃地实现措施以将其在银行系统中的份额降到51%以下，但它对银行系统运作的有效控制看起来仍会继续。公共部门的银行家没有对其贷款计划进行广泛的风险评估的激励，尤其是当这些贷款是发放给存在着中央政府隐含担保的州政府时，这种情况更加严重。这种情况阻碍了改革的进行，同时它和高额的政府财政赤字一起使得利率保持在高水平，并打击了发展政府债券二级市场的积极性，而这种二级市场的发展有助于实现以市场为基础的财政规则。

信用度并不是对市政府或者城市发展局提供借贷的首要标准。那些没有能够履行其对全国发展银行的义务的市政机构往往期望依靠政治渠道或程序减轻其糟糕的财政表现所造成的后果并转移违约。如果市政贷款是由缺少地方监督的发展局借贷的，或者是从如同全国基础建设发展银行这样的债权人处获得的，那么会计责任和债务利息的偿还义务是有保证的。在这些条件下，公共服务者实际上在向其他公共服务者提供贷款。市场机构需要实现以市场为基础的财政规则——债权人追求经过风险调整的高回报率，借款者追求最佳的贷款期限以及负责任的地方执行机构——但是这种财政规则在印度是找不到的。

8.3.3 政治机制：民主机构以及财政规则

印度的州政府长官，和他们的中央政府同行一样，是在公平竞争或者多数优势规则的基础上通过民主选举出来的。宪法规定选举每 5 年进行 1 次。直到最近，中央政府任命的州长通常会在中央内阁的建议下免去那些不能维持州立法机关对其信任的州政府。印度《宪法》第 356 项条款规定的这种免职之后通常伴随着一段由州长进行行政控制的阶段，这一控制被称为总统控制。新选举出的政府如果没有能够维持《宪法》规定的法律及秩序，也将会被这种总统控制所取代。1967 ~ 1991 年期间，总统控制被启动了 78 次，每一次几乎都对所有的州产生了影响。然而，在 1995 年高级法庭要求中央当局向总统及公众提供采取总统控制的详细原因的规定下，州政府被免职的事件已经开始减少[10]。

在宪法的任命下，政党规则由紧密的州政府政党控制和维持。州政府的立法委员在解决其选民的问题及向选民传递利益方面，各个州之间存在很大的差别。与中央政府内阁相比，州政府的内阁更多地牵涉到经济决定中，尤其是在同盟政府中。从获得独立到 1970 年，印度的中央政府及州政府都是实行一党代表制的。只要议会政党在中央政府及大多数州政府中任职，那么不同政府间政策的分歧，包括经济管理方面的政策分歧都可以在统治政党内部通过非正式的调停解决（哈德格雷夫和科哈内克，1993）。在失去了一党领导权之后，中央政府与州政府间的政策分歧更多地在公共讨论会中协商解决，这些公共讨论会包括首要部长会议、全国发展会议，当然还有传媒。

20 世纪 90 年代印度中央政府是一个实行政党同盟统治或者少数政党统治的时期。一个达成一致的政策禁止了新德里（New Delhi）在对州政府的结构改革中发挥强大的领导作用。90 年代中，中央政府在为了与州政府进行合作以保证其从单边的宏观经济改革中取得利益而进行的宏观经济结构改革并没有取得什么进步，1970 年之后的时期见证了州政府中区域性政党的增多，以及左翼及右翼党派的分裂，这导致了在 80 年代早期州政府以同盟政治作为其准则。在许多州政府中，政党同盟并不稳定。同盟政府的联合使其丧失了在完成宪法规定的 5 年任期之前的多数地位，另外州政府被中央政府免职的可能性的存在创造了选举出的政府的短期时间跨度。80 年代和 90 年代，存在着一股反任期的潮流，另外主要的部长们一经选举失败就几乎没有可能再次当选或恢复原职。

这一相对短的委任契约意味着政治领导者的任期。与争取那些中间立场的选民相比，州政府的政治官员们更倾向于稳固来自其主要的支持团队的支持。州政府的政治领导者们都努力维持一个稳定的核心选举团队，这一团队是以派别、阶级地位或者职位任期界定的。一旦这些政治领导者取得职位，他们就会以公共部门的工作机会、高额补助、低价的服务包括低价的电力及大学费用来奖励其支持者。一旦这些政治领导者们失去权力，但由于他们保持着这一核心的选民支持，他们就有可能在将来某一时期官复原职。

杜塔（1997）在对州政府的政治不稳定和同盟政府的研究中，分别考察了25年，15个主要的州政府中多数政党政府和同盟政党政府所追求的财政政策。他使用了一个计量经济模型，并从许多州政府及不同时期中获得数据，研究发现，不稳定的同盟州政府的现金账户支出与州内产值的比率明显高于其他州政府，而且现金账户盈余与州内产值的比率明显低于其他州政府。他所考察的时期中的统计证据表明，不稳定的同盟州政府对财政的无规则负有责任。他对这一状况提出了下面的理由：在印度由于政治权力在相互竞争的政治党派和政党团体之间转移快速而随机，所以每一任政府再次当选的可能性都极小，这使他们常常实施缺乏远见的政策。

S. 古汉，一个前任州政府财政秘书极有说服力地描述了州政府的短期任期可能产生的暗示："统治权力这种程度不稳定的暗示是很严重的。在其任期只有两到三年的情况下，不可能期望州政府或其主要部长为了长期的发展承担重要的责任，甚至不可能期望他们在其不稳定又极为有限的任期内涉及中期事件。相反为了生存下去，他们将会不得不干预行政管理或是将行政管理政治化；另外他们会为将来发生的离任做准备。"（古汉，1995）

大多数州政府都追求平民社会政策，尤其是在能源及对农民提供的灌溉服务上。20世纪70～80年代，州政府扩大了在实体基础建设（能源、道路、灌溉、港口）及社会服务上的投资，但是他们并没有建立成本回收机制，也没有建立长期维持资产的机制。对能源、水力、灌溉及其他服务的要价下降了相当于一个小额生产成本的水平，同时在生产之初他们获得了隐含或明显的高额补助，这一补助据估计占据了GDP的7%。

1960年到大约1986年期间，中央政府的农业发展战略获得了成功，在该发展战略中，中央政府扩大了绿色革命农业技术的传播。该战略的成功在农民当中建立了一个很大的赞助团体，用于在极少或无成本回收的条件下，提高农村电力的覆盖范围并扩展灌溉范围。灌溉潜力从第1个计划到第7个计划结束之时上升到了原来的3倍（维依德亚那斯恩，1994）。在促进绿色革命的扩展和提高能源生产力的努力中，大多数州政府对农民的生产投入进行了极大的补助，包括对表层灌溉及电力的补助。而在一些州，如泰米尔纳德州和旁遮普，农民用电是不收费的。在20世纪60年代和70年代，这一政策似乎可以维持，这一时期农村电力使用只覆盖了不到一半的乡村，并且农业用电力进行灌溉并不是其生产标准。但是，正如图8.5所示，到了1995年89%的印度乡村已经实现了电力覆盖，而1970年这一比例只有33%。农民用电的增长和低农业能源税率和普遍的能源盗窃一起造成了州电力董事会的财政压力。

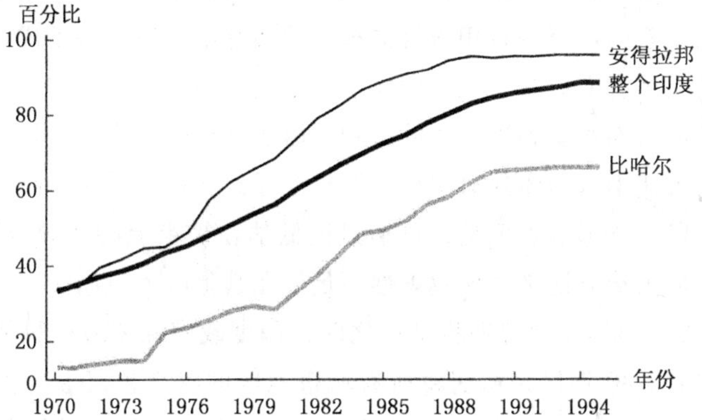

图8.5 已通电的村的百分比

资料来源：Fan，Hazell与Thorat（1998）。

全国行政定价之间的关系，对农业投入品的补助以及软预算约束的存在，使州政府难以对补助体系的某些部分逐一进行改革。除非其他被补助集团也丧失了补助，否则所有被补助集团都会抵制改革。例如，享受着高额补助权力的采用井道灌溉技术的农民反对对其资产施加高税率。他们指出，那些接受表层灌溉的农民正在享受着更慷慨的补助。中央政府对农业商品隐含税收实现的低行政定价、州政府农民受到的高额补助，以及中央政府对州政府的妥协融资之间存在着错综复杂的联系。在一段时间之内，与州政府财政、农业的家庭经济以及中央政府相联系的软预算约束漏洞开始增大。通过对农业定价和农业投入品的补助进行改革来疏理这一体系将会在利益相关者之间造成重大的差别损失，除非在州政府的不同部门之间甚至中央政府与州政府的政策之间进行协调，这种情况才可能避免。

8.3.4 土地市场和资本化对州政府财政策略的影响

州政府正在努力增加农民的收入，并通过对灌溉和能源服务提供低定价支持来间接促成高的土地租金和资产价值。那些拥有对农业土地及农业收入同时征税的权力的州政府，并不倾向于这种做法，他们宁愿选择让这些土地税收的收入缩减。为了获得自己的税收收入，州政府主要依赖于间接税体，如印花税、市场费用以及州政府间销售税。这些税收中的大部分是税率递减的，而且常常是反复无常的。大部分州政府的税收最终施加到了消费上，或者最后转嫁给农民，这些隐藏税收包括市场费用，这些市场费用是与农业产品的销售相联系的。市场费用很可能被向后转嫁给农民，并不成比例转嫁到偏远地区的农民身上。这一农民团体不可能拥有强大的政治权力，他们可能在其土地价值方面遭受到资本化的影响。由于这种收入产生方式的存在，农村资产所有者们不认为州政府支出的增加会导致土地直接税升高，或者对土地价值存在资本化影响。但是，价值过度低估在需求上必然导致谨慎不足，效益受损；从供给方说必然导致理性不足，尤其是电力方面。

从印度独立到20世纪即将结束之时，印度政府保留着殖民战争时期在租金上的控制。80年代，司法将所有城市地区的财产税义务与由租金控制授权的公平租金联系了起来，而不管这一财产是被租用还是被其所有者使用。租金控制导致了低水平的建筑维修，而且控制资金与财产价值之间的联系损害了州政府从财产税中取得税收的能力。因此，财产所有者并不会认识到堆积的市政府或州政府债务与将来由土地承担的税收之间存在着联系。于是地方土地市场不可能规范地方短期和中期借贷。

州政府财政系统提供充分的公共基础建设效率可能是影响州政府间投资决策的一股强劲的力量。在印度，投资竞争有可能会变得越来越激烈，这将促使中期财政更容易管理。这一过程可以理解为由州政府的财政表现或是资本的提巴特效应引致的州政府间资本的转移，它给那些积极参与到吸引大额国内和国外私人部门投资努力中的州政府带来了希望，使其改善财政表现与公共服务的前景更加光明。但是，它对于那些处于财政利益末端的州政府可能并未提供有效的激励。

8.3.5　为什么问题是持久的，以及我们应该做些什么

以前中央政府在小额存款借贷的规模、或有负债的增长率以及债务承受力问题上的无差异削弱了地方政府对政府财政的宏观经济控制体制。在以规则为基础的狭隘意义上，中央政府试图通过限制州政府取得市场信用及进行赤字筹资的渠道来对其施加硬预算约束。然而，以市场为基础的财政规则的缺乏意味着不存在价格信号（如利率风险溢价）或是数量信号（如信用等级），以阻止州政府相对其增长前景和债务付息能力而过多借贷。一个必然的结果是对执行谨慎财政管理的州政府没有明显奖励。各个州的借贷上限不是依据各州特定债务承受能力分析而确定的，因此，债务上限在阻止州政府债务与州内产值的比率的上升上几乎没有起作用。

由于缺乏增长自身税收收入的动力，大多数州政府倾向于继续依靠高成本的小额存款借贷为其赤字进行筹资。将来在小额储蓄借贷方面的政策将会是决定州政府财政赤字演化的重要因素。印度政府（GOI）已经开始根据其他市场上的利率对支付给存款者的小额储蓄利率进行更频繁的调整。印度政府还将小额存款的存款利息与小额存款借贷的贷款利息差额扩大了1/2个百分点，因为印度政府认识到它在管理这些存款时承担着高额的行政管理成本。另外，最近的一些迹象表明全国政策制定者想要发起新一轮的对财政联邦制体系的改革。例如，第11次财政委托的条款明确了支出“审查财政联盟的州政府以及中央政府并应对其提供建议，以帮助其恢复预算平衡和保持宏观经济稳定”（斯里瓦斯塔瓦和森，1999），然而以前的财政委托除了其自己的转移支付并没有审查任何其他转移支付。第9次计划（1999）注意了许多财政联邦体系结构上现存的不足。在合作的联邦主义的主题下，它建议与州政府一起合作迈向设计转移支付更加灵活的道路，并制定了合作发展战略。它提出“不实际的计划规模的固定化是不可行的，它影响了整个计划实施的可信度”，它还建议通过解除计划规模与中央政府向州政府提供财政帮助的级别之间的联系来消除对大规模计划的偏向。

打击州政府财政无规则的条款包括：放弃财政委托中弥补缺口的方法，在将来的税收共享中以各州的财政能力为基础来进行税收分配，并以以下方法衡量各州的财政能力：在中央政府采取无财政援助的承诺，或者至少是只对取得巨大税收调整的州政府进行部分财政援助的条件下，用表示州政府实际税收征收能力的常量来表示其财政能力。对小额储蓄体系的改革可能会以

打破存款发生地与贷款发放地的自动联系的方法完成，另外有可能在将来的分配决策中引进州政府的财政表现指标。

对各州公共企业出现的欠款的增加，中央政府是这样应对的：采取旨在紧缩预算约束的防御措施。从1997年开始，州电力董事会对印度煤矿和中央政府掌控的能源公司的未偿欠款被从计划委托中的中央政府帮助范围中剔除了，这减少了对每个州政府15%的财政帮助。印度的州政府借贷担保委员会由各州代表和中央银行顾问组成，最近他们提出了州政府借贷担保的上限的建议。该委员会报告还建议将借贷担保数量与各州的经济规模、州政府的税收收入、或州政府的统一的基金联系起来，并且建议追加的借贷担保与追加的债务之间的比率要保持不变或者下降。古吉拉特邦（Gujarat）和安得拉邦（Andhra Pradesh）已经为州政府的或有债务数量设定了上限。

为了州政府的预算设计、支出管理及州政府的债务管理，新的制度框架是必须的。州政府甚至中央政府的首要优先选择是为债务管理采取一套更加综合的方式。它应该是包括整个州政府债务和赤字的宏观经济范围，对债务上限的决定，以及对与PE债务和为基础建设的私人参与者提供借贷担保相联系的或有债务进行合理限制估计。

成熟的信用市场以及一个更加透明的政治监督过程将会改进地方政府财政政策的管理，并且会更好地区分州政府间财政表现的不同。确实，强大的宪法的等级机制可能会损害其他财政调整机制，比如强大的竞选或者信用市场的操作监督。采取马斯格雷夫提出的实现惟一会计责任的纯粹联邦主义将会加强土地市场的资本化以及竞选的影响。惟一会计责任的另一个例子是澳大利亚实行的在债务控制方面采取合作及协商的处理方式。在这种方式中，地方政府将会积极参与到以下活动中：对宏观经济目标的设定，确定一般政府的总体赤字目标，以及决定各个州政府的财政要求。但是由于印度的州政府数量比澳大利亚多出很多，而且在印度也不存在财政调整方面达成全国性统一意见的长期传统，所以将澳大利亚的行为方式引入到印度的联邦政策中是相当困难的。

8.3.6 最近的发展

印度的财政联邦安排看起来已经走到了一个十字路口。伯德（1999）在关于设计与政府间转移支付相联系的激励机制的理论文献中指出：本质上存在着两种框架，一种是对原则相互争议的形势，这时是一个双边谈判过程；另一种是一个主要机构的框架，其中居于控制地位的中央政府或者是单边，或者是通过咨询为转移支付的设计建立统一的框架。印度的联邦主义可能正在进入一个新的历史时期，它是以中央政府与实现财政调整的各个州政府之间的双边谈判为特征的，与单边或者不对称的方式相比，双边方式可能将把中央政府与地方政府的关系推向一个不同的方向，它将在合作式联邦主义的条件下对新的中央及州政府协定进行协商。另外，对现今状况的普遍不满可能是一次对整个体系更加深入和彻底的审查的序曲，这次审查将会以计划委托转移支付的激励为重心，并为改善财政表现及创造出更加平衡的全国增长服务。

1999~2000年间，政策制定者由于认识到为了与对现存反向激励相抗衡，有必要为那些着手开始进行财政改革的州政府提供明确且实际的奖励，为此他们开始为那些经历着巨大财政压力的州政府建立更加强大的财政调整机制。中央政府最初的反应是提供一个谅解备忘录（MOUs），这是在中央政府与目标州政府协商后签订的，在该备忘录下，州政府同意用包含财政调整措施的计划以换取中期贷款及对许诺的基金提供的资金。这一方案明显是在双边谈判框架之内的。与财政遭受压力的州政府签订的第一回合谅解备忘录缺乏透明度。它对财政表现的影响仍有待于评定。贷款以及所获资金的期限及条件都没有公开化。许多第一回合的评论者强调，为了实现真正意义上的公正，中央政府对州政府的财政调整提供的有条件的支持应该实现透明化，应该使州居民及金融市场能获知其条款。个别一些州政府抗议双边谈判加强了那些相对于中央政府拥有更强大谈判力的州政府的地位。另外，还存在着这样一种风险，即中央政府通过提供新的贷款基金作为对财政调整的激励时，有可能延缓财政调整的进行。

在另一次中央政府发起的行动中，印度政府在第11次财政委托即将结束时，要求“为中央政府提供的帮助性补助制定一项监督性质的财政改革计划”。因此，第11次财政委托的补充报告旨在作为一个更加透明的机构框架下进行的新谈判实行的制约性合法化工具，它还公布将会对实现了财政巩固目标或者采取了财政调整措施的州政府实行转移补助。一个与广泛的制约相联系的谅解备忘录也有可能被建立，以决定计划委托分配酌情发放基金的方式[11]。

8.4 结 论

印度提供了维持硬预算约束的等级控制，但是财政联邦体系的其他很多方面，激励着州政府探寻导致软预算约束的原因。削减过多债务积累的传统机制，如资本市场风险溢价、竞选否定、资本提巴特效应和对债务及私人资产将来税收负担的资本化，并没有为财政调整提供明显的刺激。然而，印度的政府间转移支付体系仍然是非常健全的，而且它仍继续提供着一个相对透明、可预测及以规则为基础的框架。通过使州政府借贷行为受制于中央政府，以及将州政府从外部市场或其本州银行（这在印度是的）取得资金作为前奏，印度的联邦在施加硬预算约束方面取得了相对的成功。印度并不存在道德风险或拉丁美洲的中央政府间发生的宏观经济危机。尽管许多州政府的债务与州 GDP 的比率上升了，但是州政府债务与全国 GDP 的比率在过去10 年都稳定在 20% 左右。而且，州政府财政的恶化主要反映在结构的恶化，其薪水、补助以及利息支付的支出挤出了非工资操作、管理成本以及资本支出。

然而，印度的案例说明等级机制常常是尴尬的且伴有许多困难。该案例研究事实包括纵向财政不平衡以及各种各样不充分的边际激励，导致了道德方面的考验，并且在 20 世纪 90 年代中使一些州政府产生了他们可以将大部分的财政调整责任转移给中央政府的预期。对于其中的大部分来说，这一预期并没有被中央政府证实。在短期内，州政府寻求摆脱等级监督，甚至当硬预算约束没有被违反时也是这样。等级控制抵御了最坏形式的机会主义，但它却不能显著地、普遍地促使州政府作出谨慎的预算决策。政治的分裂，中央层次的同盟政府以及州政府的短期任期使得中央政府与州政府之间的协调非常困难，并且还降低了中央政府减少州政府中平民主义政策的决心。这导致了各种困难，并且等级控制，哪怕是以谨慎的或是不大热心的方式进行，也阻止了州政府自由获取信用的渠道。国内资本市场在传递强信号或者作为早期的警告系统方面是失败的，这是因为大部分市场是由受到控制的金融机构组成的，并且在进行审查期间，市场可能会相信存在着隐性的政府担保。

印度的案例说明在监管地方政府财政方面，单独的等级控制机制并不是最优选择。以往运用的家长式的监督导致州政府采取短期的任期，在这种家长式的监督中总统规则是其极致。家长式的监督加强了贷款者的这一信念：如果州政府财政出现了难以解决的困难，那么实行家长式监督的中央政府将会干预到州政府的财政中去，并为解决其财政问题提供充分的资金。

不管印度将来在为负债严重的州政府设定限制方面是实行一个新的双边主义，还是实行主要机构规则，澳大利亚的方式是值得借鉴的，这些方式的一个例子就是，更加及时的传递关于州政府财政的信息，并且在州政府财政责任立法及宏观经济监督咨询的帮助下将其制度化。

经济市场的自由化以及分权化已经使印度到了应该实行更多的制度改革的时候，这些改革包括那些加强硬预算约束所需要的改革以及使中央政府的意图对州政府官员更加明确可见的改革。对现今状况的不满正在增长。但是广泛的税收改革、金融市场自由化以及银行体系的自由化已经远远滞后于商品市场的自由化。对这些方面的改革是必需的、在市场能够向州政府内阁传递强信号之前，为州政府创造信用度和更加成熟的市场。如果制度及政策体制的改变在消除关于州政府和市政府的预算约束将来可能被放松的认识上取得了成功，地方政府就会在其财政决策上变得更加负责，而且在满足社会公共需要方面变得更加积极。尽管大部分州政府的债务责任通过合理的计划是可以得到管理的，但是财政调整并不容易成功。

致　谢

本章所反映的观点是作者个人的，并不一定代表世界银行或是亚洲发展银行。我以前的同事：沙罗克·法尔道斯特、埃德加尔多·法沃拉、加里色迦·戈沙尔、莱妮·坎娜、巴拉巴斯卡·奈杜、V. J. 拉维善卡尔、迈克·史蒂文、法雷提恩·雅格恩、罗伯托·扎哈，以及法拉·扎希尔对本章的创作及修改提供了慷慨的帮助，但是只是我个人对本文所表达的观点负责。我仍要感谢罗伊·伯尔、阿玛兰西·巴格奇及帕特丽夏·雷洛兹所提供的建议，以及已故的S. 古汉，最初是他将我引向了印度联邦制的研究。我还要衷心感谢世界银行分权化主题小组提供的资助。

注释：

①纯粹的联邦制是由马斯格雷夫定义的，它指拥有完全的自治权的州政府的国家。

②约翰·威廉森和莫利·马哈尔（1998）判断，印度在利率及信贷控制上，从1973年的完全的财政压抑过渡到了1996年的部分财政压抑。

③印度的总固定资本形成（GFCF）从1970～1971年间的17%上升到了1995～1996年间的26.3%。对于GFCF构成的调查发现，在这一时期私人公司部门的贡献从GDP的2.4%上升到了GDP的9.1%。公共部门的资本形成也从GDP的6.5%上升到1986～1987年间的峰值即GDP的11.7%，之后又在1995～1996年间下降为GDP的7.9%。

④比如，在2000年GOI“原则上”同意了两家公共银行通过发行公共债券的方式流动新的资本，以将政府的控股份额降为33%，GOI还为银行部门设计了一个一致的自愿退休计划，以帮助银行，尤其是能力很弱的银行进行重组。

⑤根据第9次计划的内容：“在原则上，CSS应该被划分为具有州政府间性质的计划，关于国家安全的事件，挑选出的中央监管对有效执行至关重要的全国性优先选择，以及中央政府的协调对其操作是必要的政府外部筹资项目。除了这些计划，所有的其他计划应该被与其相对应的基金一起转移给州政府。”计划委托（1999）帕拉6.10，第9次计划。

⑥这一部分是以史蒂文（1999）的文章为基础。

⑦印度储备银行，1999，公告，附录III，S222。

⑧以市场为基础的财政规则有以下提议：政府债券的收益率是与代表违约风险的指标紧密相关的，而且提高收益率的原则是促使州政府进行财政调整。

⑨商业标准（2000）：“克里西尔见证了州政府财政走向下坡路。”

⑩一些评论家，最著名的是李帕特（1999），断言道：“在实践中，中央政府采用总统规则主要是为了将州政府从另一党派的控制下转移出来，并进行新的竞选以期在其中获胜。”

⑪“中央政府应该对其支付给州政府的发展基金施加约束，发展委员会成员蒙特克·辛格·阿卢瓦利亚说：中央政府为了发展目的而对州政府提供的帮助应该与对其的制约共同进行，以使改革的进程在州政府层次取得动力。”《金融快报》2000年11月23日。

参考文献:

Bhatia, H. L. 1994. Public Finance. 18th ed. New Delhi: Vikas.

Bird, Richard. 1999. "Threading the Fiscal Labyrinth: Some Issues in Fiscal Decentralization." In Joel Slemrod, ed., Tax Policy in the Real World. Cambridge: Cambridge University Press.

Breton, Albert. 1996. Competitive Government. Cambridge: Cambridge University Press.

Business Standard. 2000 "Crisil Sees State Governments' Finances Going Further Downhill." Report of Jan. 7. Mumbai.

Chelliah, Raja J. 1999 "Issues Before the Eleventh Finance Commission." Seminar on issues before the Eleventh Commission, New Delhi.

Dhawan, B. D. 1997. "Latent Threats to Irrigated Agriculture." In M. Desai Bhupat, ed, "Agriculture Development Paradigm for the Ninth Plan under New Economic Environment. New Delhi: Oxford University Press.

Dutta, Bhashkat. 1997. "Coalition Government and Policy Distortions: The Indian Experience." In Parthasarasthi Shome, ed. Fiscal Policy and Governance. New Delhi: Centax Publications.

Fan, Shenggen, Peter Hazell, and Sukhadeo Thorat. 1998. "Government Spending, Growth and Poverty: An Analysis of Interlinkages in Rural India." International Food Policy Research Institute Discussion Paper No. 33.

Guhan, S. 1995 "Center and State in the Reform Progress." In Robert Cassen and Vijay Joshi, eds, India: The Future of Economic Reform. New Delhi: Oxford University Press.

Gurumurthi, S. 1995 Fiscal Federalism in India. New Delhi: Vikas Publishing House.

Hardgrave, Robert L, Jr., and Stanley A. Kochanek. 1993. India: Government and Politics in a Developing Nation. Fort Worth Tex,: Harcourt Brace Jovanovich.

Jha, Raghbendra, Puneet Chitkara, Somnath Chatterjee, and M. S. Mohanty. 1999. "Tax Efficiency in Selected India States." Empirical Economics 24 (4).

Kurian, N. J. 1999. "Need for Restructuring of Government Finances: Center and States." Seminar on issues before the Eleventh Finance Commission, New Delhi.

Lakdawala, D. K. 1987 Eighth Finance Commission's Recommendation: Center State Budgetary Transfer. New Delhi: Oxford University Press.

Lijphart, A. 1999. Patterns of Democracy. New Haven, CT: Yale University Press.

Mathur, Om Prakash. 1999. India: The Chanllenge of Urban Governance. New Delhi: Na-

tional Institute of Public Finance and Policy.

Musgrave, Richard. 1957. The Theory of Public Finance. New York: McGraw – Hill.

Planning Commission. 1999 Ninth Plan. http://www. nic. in/ninthplan/.

Premchand, A. 1999. "Issues before the Eleventh Finance Commission." Mimeo. New Delhi.

Rao, M Govinda. 1998. "India: Intergovernmental Fiscal Relations in a Planned Economy." In Richard M. Bird and Francois Vaillancourt eds, Fiscal Decentralization in Developing Countries. Cambridge: Cambridge University Press.

Rao, M Govinda. 1999 "Role of Sub – national government in the Process of Fiscal Reform in India." In Ric Shand, ed. Economic Liberalization in South Asia. New Delhi: Macmilliam.

Research Bank of India, 1999. Report of the Technical Committee on State Government Guarantees. Mumbai: Reserve Bank of India.

Srinivasan, T. N. 1993 "Indian Economic Reform Background, Rational and Next Steps." Mimeo. New Haven.

Srinivasan, D. K. and Tapas K Sen 1999. "Issues before the Eleventh Finance Commission." Seminar on issues before the Eleventh Finance Commission, New Haven.

Stevens, Mike. 1999. "Back to Office Report: India." Mimeo. Washington D. C.

Vaidyanathan, A. 1994 "Performance of Indian Agriculture since Independence." In Kaushik Basu, ed. Agrarian Questions. New Delhi: Oxford University Press.

Ⅳ 转型中新近实行地方分权的国家

9 中国的软预算约束与地方政府

邹恒甫 金菁

1978年以来，中国的经济体制改革有一个显著特征，即中央政府逐渐把经济控制权转移给各级地方政府。财政体制将权力划分给五级政府，分别为中央政府、省级政府、市级政府、县级政府和乡镇级政府——进一步可归类为中央政府、省级政府和省以下地方政府（含市、县、乡镇政府）。本章主要关注的是中央政府和省级政府关系中的软预算约束。

中国的补贴、税收、信贷和物价体制都受到软预算的约束。1994年以前，按照中国的财政体制，所有税款和利润都由地方政府上缴给中央政府，然后再由中央政府根据其所确认的各省支出需求进行返还。中央政府决定应该征收何种类型的税收，以及这些税收收入如何进行再分配以满足为国家和地方提供公共物品的需要。省级政府的大部分支出依靠中央政府的转移支付，小部分依靠自己的税收收入。这一财政体制导致地方政府严重缺乏积极性和效率，这成为中央领导关注的重大问题。尽管20世纪80年代的改革措施在一定程度上改善了中央政府和地方政府之间的财政关系，特别在提高地方政府征税积极性方面取得了一定成功，但同时也减少了中央政府的税收收入份额[①]。1994年税收体制改革以前，中央政府在税收总收入中所占的份额由1978年的44%下降到1993年的23%；而在同一时期，地方政府在税收总收入中所占的份额却从56%左右上升到77%。与此同时，所有政府收入占GDP的比重也从1978年的47%下降到1993年的13%。尽管在20世纪80年代财政分权的过程中，从税收总收入占比的角度来说，地方政府得到了更多的资源，但由于整个蛋糕变小，实际在很大程度上减少了省级政府能够分得的预算资金（表9.1）。

表 9.1　　中央和省级政府税收占总收入和 GDP 的比重

年份	税收总收入（不包括国有企业上缴利润）（十亿，年）	来自企业收入（上缴利润亿，年）[a]	总收入（十亿，年）	中央税收收入（十亿，年）	中央总收入（十亿，年）	地方政府收入（十亿，年）	中央收入占总收入的比重（%）	地方政府收入占总收入的比重（%）	GDP（十亿，年）	政府总收入占 GDP 的比重（%）
1978	113.2	57.2	170.4	17.6	74.8	95.6	43.9	56.2	362.4	47.0
1979	114.6	49.5	164.1	23.1	72.6	91.5	44.2	55.8	403.8	40.6
1980	116	43.5	159.4	28.4	71.9	87.5	45.1	54.9	451.8	35.3
1981	117.6	35.4	153	31.1	66.5	86.5	43.5	56.5	486.2	31.5
1982	121.2	29.6	150.8	34.7	64.3	86.5	42.6	57.4	529.5	28.5
1983	136.7	24.1	160.8	49	73.1	87.7	45.5	54.5	593.5	27.1
1984	164.3	27.7	191.9	66.5	94.2	98.7	49.1	50.9	717.1	26.8
1985	200.5	4.4	204.9	77	81.4	123.5	39.7	60.3	896.4	22.9
1986	212.2	4.2	216.4	77.8	82	134.4	37.9	62.1	1020.2	21.2
1987	219.9	4.3	224.2	73.6	77.9	146.3	34.7	65.3	1196.3	18.7
1988	235.7	5.1	240.7	77.4	82.5	158.2	34.3	65.7	1492.8	16.1
1989	266.5	6.4	272.9	82.3	88.7	184.2	32.5	67.5	1690.0	16.1
1990	293.7	7.8	301.5	99.2	107	194.5	35.5	64.5	1854.8	16.3
1991	314.9	7.5	322.4	93.8	101.3	221.1	31.4	68.6	2161.8	14.9
1992	348.3	6	354.4	98	104	250.4	29.3	70.7	2663.8	13.3
1993	434.9	4.9	439.8	95.8	100.7	339.1	22.9	77.1	3463.3	12.7
1994[b]	521.8		521.8	290.7	290.7	231.1	55.7	44.3	4675.9	11.2
1995	624.2		624.3	325.7	325.7	298.6	52.2	47.8	5847.8	10.7
1996	740.8		740.7	366.1	366.1	374.6	49.4	50.6	6788.4	10.9
1997	865.1		865.1	422.7	422.7	442.4	48.9	51.1	7446.3	11.6
1998	987.6		987.6	489.2	489.2	498.4		50.5	7939.6	12.4

资料来源：《中国统计年鉴》（1999）；《中国政府金融年鉴》（多期）。

注 a. 1984 年之前，中央收入的绝大部分来自于国有企业的上缴利润，国有企业的利润只流向中央财政。1984 年以后，上缴利润逐渐被企业所得税所取代。但国有企业的上缴利润仍然作为追加项目保留，1993 年取消。

b. 1994 年开始进行税收体制改革。1994 年之后和 1994 年之前的数据不具有可比性。

20 世纪 80 年代，由于中央政府无法根据减少的税收收入削减支出，从而导致持续的预算赤字，并造成通货膨胀压力不断增大。与此同时，由于国家政策的要求，各级地方政府也面临着不断增大的支出需要。面对财政压力，中央政府试图将部分支出责任转移给下一级政府，这导致省级政府收入严重不足。除了在收入分配上中央政府和地方政府的矛盾日益激化，财政包干体制带来的财政压力也迫使各级地方政府采取其他对策：如将资金筹集渠道从预算内转向预算外；通过工业重复性投资以获取税收，而这些税收收入本应流向中央财政；在职权范围内对地方国有企业给予很大的税收减免；扩大银行对国有企业的贷款。这些举动抵消了中央政府加强预算约束的努力，并破坏了整个财政纪律。

随着整个国家向经济联邦主义演进，财政体制分权化改革日益深入（以政府收入占国民收入比重持续下降为标志），单一的政治体制也在进行地方分权化改革。虽然省级高层政府官员仍由中央政府来选拔、任命和提升（Huang 1996），但是从 1983 年开始，局级官员（例如省级财政领导、中央银行省级支行的管理层）就可以由省级政府选拔，并由相应级别的人民代表大会任命，不再需要通过中央政府。财政和银行部门的领导者们出于政绩考核的需要，将实现经济增长作为最重要的目标。为了达到这一目标，他们往往大权紧握，不愿意将权力交给中央政府官员，这导致以往的管理层级体制被严重削弱，并日益转化成一种平行的行政管理方式。中央政府试图通过加强对省级党委书记和政府官员的个人管理来巩固管理层级体制，但却并不见得能够冲破地方平行的政治联盟，这种联盟正是以各省级政府的共同利益和相互关联为特征的。根据 Yang（1997）的研究，经济增长较快省份的领导提升会更快，反之亦然。Bo（1996）也同样发现，人口越多越富裕的省份，省级领导更有可能被提升，而人口越少越不发达的地区则情况相反。

本章主要分析一些可能削弱中央政府对省级政府预算约束效果的经济体制和行政机制。9.1 节主要描述在分税制改革以后中国政府间财政关系的演变，9.2 节分析对省级政府施加预算软约束的一些渠道，9.3 节给出结论。

9.1

政府间财政关系的演进，20世纪80~90年代

9.1.1 1980~1993年：财政包干制（收入分享机制）

1980年，中央集权的财政体制被财政包干体制所取代，每一级政府都需要与上一级政府共同协商来实现一定的收入和支出目标。中央和地方政府要么根据比例来分享税收收入，要么根据定额加上一个百分比提成。与此同时，新的体制要求各省级政府通过自主征收的财政收入和与中央分享的税收收入结合，来保证其支出需要，这为加强地方政府预算约束迈出了第一步。

在其他国家，税收由中央政府征收，然后再分配给各省级政府，中国则不同，由地方政府征收税款，然后再按一定比例上缴给上一级政府。上缴给中央政府的税款数量取决于两个因素：一是省政府的税收收入规模，二是中央和各省之间的分税模式。在这种权利高度下放的税收征收体制下，中央政府不得不采用各种手段来保证地方政府上缴税款的数额。这些手段遭到了各省级政府的抵制，他们往往能够找到各种途径保留更多税款：如通过宽松的税款征收或与中央政府在税收分享上讨价还价。

从20世纪80年代到90年代早期，中央政府主要采取了四种收入分享体制。在1994年税收体制改革之前，中央政府和各省政府之间共采用了六种不同形式的财政包干制，而省级以下地方政府间的形式则更多（表9.2）（世界银行报告，1993，伯尔和瓦里茨，1992）。

形式A：收入递增包干，以1987年的税收收入为基准，各省对税款的保留比率从28%到80%不等，地方需要上缴给中央的比例逐年递增，从3.5%到6.5%不等（按事先约定好的增长率）。税收收入中超过约定部分全部由各省保留。

形式B：总额分成，所有税收收入按照固定比例上缴给中央。

形式C：总额分成加增长分成，上缴前一年实际税收收入的一定比例，这部分保持不变，然后在超过前一年总收入的那部分中，按照不同的（往

往是更高的）比例上缴。

形式 D：上解额递增包干，在前一年，上缴固定税额给中央，在接下来的年度，上缴的税额按照约定好的比例递增（广东省按照 9% 逐年递增，湖南省按照 7%）。

形式 E：定额上解，上缴数额固定，没有年度调整。

形式 F：固定补贴，出现财政赤字的省份能够得到固定的补贴额[②]。

在分税制改革的过程中，有两个重要的特征始终保持不变。第一，中央固定税收收入不受分税制的影响。不管使用怎样的分税模式对税收收入进行调整，中央的税收收入都在事先确定[③]；第二，企业收入，包括上缴利润和直接税收收入（1984 年以后），仍然按照它们的行政隶属关系在政府间进行划分——国有企业分别隶属于中央政府、省级政府和省以下地方政府。

表 9.2　　中央和省级政府间的收入分享体制：1988～1992 年

地　方	形式 A		形式 B	形式 C		形式 D		形式 E	形式 F
	收入递增包干		总额分成	总额分成加增长分成		上解额递增包干		定额上解	固定补贴
	约定率	增长	保留率	百分比	递增分享	上缴额	协议递增	（亿元）	
北　京	4.00	50.00							
河　北	4.50	70.00							
辽宁（除沈阳、哈尔滨、大连）	3.50	58.30							
沈　阳	4.00	30.30							
哈尔滨	5.00	45.00							
江　苏	5.00	41.00							
浙江（除宁波）	6.50	61.50							
宁　波	5.30	27.90							
河　南	5.00	80.00							
重　庆	4.00	33.50							
天　津			46.50						
山　西			87.60						
安　徽			77.50						
大　连				27.70	27.30				
青　岛				16.00	34.00				

续表

地　方	形式 A		形式 B	形式 C		形式 D		形式 E	形式 F
	收入递增包干		总额分成	总额分成加增长分成		上解额递增包干		定额上解	固定补贴
	约定率	增长	保留率	百分比	递增分享	上缴额	协议递增	（亿元）	
武　汉[a]				17.00	25.00				
广　东						14.10	9.00		
湖　南						8.00	7.00		
上　海								105.00	
黑龙江								2.90	
山东（除青岛）								4.90	
湖北（除武汉）									1.22
吉　林									1.07
四川（除重庆）									1.79
江　西									0.50
陕　西									1.20
甘　肃									1.30
福　建									0.50
内蒙古									18.40
广　西									6.10
西　藏									9.00
宁　夏									5.30
新　疆									15.30
贵　州									7.40
云　南									6.70
青　海									6.60
海　南									1.40

资料来源：中华人民共和国财政部；Bahl 和 Wallich（1992），世界银行（1993）。

a. 在把武汉和重庆从湖北省与四川省分离开以后，这些省份从向国家的净纳税省转变为国家补贴的净接受省。

9.1.2　财政包干制存在的问题

（1）中央收入在总收入中的百分比下降

由地方政府征收税款的这种分权体制本身就意味着中央政府缺乏对省级

政府税款征收和上解的有效监督。所以，地方政府通过各种途径来避免与中央政府分享税收。比如，江苏省政府征收的税收总额如果为往年的总额（以 1987 年为基准）递增 5%，那么江苏省政府就可以保留所征收总税款的 41%。由于超过税款增加总额的数量可以由省政府自己保留，这样一来，导致的结果就是各省的税收收入多年不变，这将限制地方与中央分享的税款数额。这种现象在使用 A、B、C 三种形式的省份中十分普遍。假定各省通过将收入从预算项目转向预算外项目来增加它们的税收收入，或者通过给予地方企业宽松的税收减免使得企业能够在各省级政府的权限范围内积累更多的利润，那么中央在税收总额中所占的比重就会下降。

在其他省份，上解给中央的税款多年来都固定在一个数额上，增长的部分由各省份自己保留。广东省就是其中一例，它是中国经济增长最快的省份之一，其税收上缴额多年来都固定在 14 亿元，直到 1988 年，才采取上缴递增式（表 9.2）。以 1987 年为基准，每年的上缴额逐年递增 9%。1993 年之前，广东省的上缴额增加到 24 亿元，但也只不过是 347 亿元总收入的 7% 而已。

由于有征税权，省级政府开始策略性地逃避与中央政府分享收入，这导致政府总收入中地方政府收入比重增大，而中央政府收入比重减少（表 9.1）。在这一财政体制之下，税款征收比 GDP 缺乏弹性，这使得税收增长速度低于国民收入增长的速度。因此税收政策实际上成了一种加速经济循环的机制，它不仅没有缓和反而加重了经济波动（阿格瓦尔，1992），一旦政府支出随着 GDP 的增长而增长时，赤字也会随之膨胀。

（2）预算外资金

20 世纪 80 年代的税收改革过程中，预算外收入的迅速增长成为一个非常惊人的现象。1992 年前，这种收入的规模几乎与预算收入持平，而且几乎全部由国有企业及其监督部门所拥有（见 9.2 节）。富裕的省份比贫困的省份更加容易积累预算外资金。

（3）地区分化

财政包干体制也加重了地区间的不平衡。一些经济增长潜力巨大的省份，如广东省，通过保留大部分的税款增额，积累了相当多的财富，而这些都是通过财政包干体制来实现的，这种体制实际上赋予了经济富裕省份更多讨价还价的权力。而另外一些省份则采取将预算收入转向预算外资金的做法来避免与中央分享收入。从 20 世纪 80 年代早期开始，这种在资金流向方面的变化，使得中央政府从各省政府得到的税款总额多于它的转移支出和补贴（阿曼，1997），这限制了中央政府在稳定经济和减小横向不平衡方面的能力。

（4）行政分权

从条条到块块的行政管理的转变开始于毛泽东时代国有企业的分权化，20世纪70年代，国有企业所有权在中央、省级、县级政府和公社间层层下放（萨克斯、吴和杨，2000）。20世纪80年代，中央给了各省级政府提名和任命大多数省级领导的权力。从1983年以来，中央政府直接介入省级政府的事务在减少，结果是下管一级的体制逐渐形成。财政和税务的领导现在由省委省政府决定（黄，1996）。这一新的权力下放机制也包括中央银行地方支行管理者的任命（这一点将在稍后详细阐述）。

事权与财权的下放，使得省级政府有足够的资金和权力规避中央的控制，把本地区的利益放在首位。尽管省级财政和税务部门仍然受制于中央部门的行政控制，但他们实际上受省级政府的直接领导。这种机制有它自身的问题："向下的两级体制，其缺点在于过多的中央集权和缺乏灵活变通，而一级体制的问题却滋长了裙带关系和地方主义，因为它赋予了地方太多的任命权。"（马尼恩，1995）

9.1.3 1994年至现在：分税制与包干制相结合的双轨制

1994年，中央政府开始实行分税制，希望能够加强中央政府的能力，以稳定宏观经济，实现地区间平衡，并有效地提供公共物品。与此同时，改革也给地方政府带来了更为严格的预算约束。

这一系列改革目标主要体现在四个方面：①减少税种、税率，统一纳税人的税负和减少特权，简化和合理化税收结构；②提高税收收入在GDP中所占的比重；③提高中央税收收入在税收总收入中所占的比重；④将协商后的总收入分享模式转化为分税制，使中央和地方的税收分享能够建立在一个更加透明、客观的基础上。

在新的体系下，中央和地方政府的税收按如下方式进行重新调整：

- 中央政府所属税种：关税，中央政府控制下的国有企业所得税，消费税，与进口相关的消费税，向银行、非银行金融机构和保险公司征收的税种，铁道部门的各项税收。
- 省级政府所属税种：营业税（前提是适用于银行和铁路的营业税

上解给中央政府）、省级政府控制下的国有企业所得税、省属企业的所得税，个人所得税。

- 共享税种：增值税（比率固定，中央政府75%，地方政府25%），证券交易印花税、资源税和其他税种。

为了实施分税制体制，并且确保中央收入份额，中央政府分设了国家税务局与地方税务局，中央和省分别征收各自的税种。共享税种将由国税局征收，然后在中央和地方之间再分配。

分税制方案遭到了来自省级部门前所未有的抵制，中央政府不得不作出巨大让步（更多细节参见王，1997）。作为妥协的产物，修改过后的方案保证了省级政府的既得利益，新方案只适用于新增税款（以1993年为基准）。

与此同时，在旧体制之下通过协商形成的包干体制继续有效。各省仍然要将从地方征收税款的一定金额上解给中央政府，或者从中央政府那里接受一定数额的补助。在实际操作过程中，从1994年新方案生效以后，"各省与中央收入分享体制不得不根据旧的协定，向中央上解税款，或从中央接受转移支付"（王，1997）。

事实上，分税制和包干制相结合的双轨制反而限制了中央政府对地方政府加强预算约束的能力。1993年出台的以保证省级税收收入水平为目的的政策，导致各省1993年预算收入大幅提高④。而在以前的财政体制下，不少省份往往是通过少报税收收入来避免与中央分享税款。这种情况的发生是因为1993年预算收入的增多，就意味着各省未来能够从中央得到更多的转移支付。因此，1993年省级政府的财政总收入比上年实际增长了888亿元，从1992年的2503亿元增加到3391亿元，比预算高出28.3%，比上年高出39.9%⑤。财政部同意补足各省1993年的税收收入，但有一个附加条件：如果该省1994年的税收收入增长率没有达到1993年的水平，将根据1994年较低的增长率对1993年的基准数额进行调整，而且1993年多得的转移支付数额将从1994年的转移支付中扣除。

分税制的实施增加了中央政府的收入，中央财政税收总额从1993年的958亿元增长到1994年的2907亿元，与之相对应的中央税收在税收总收入中所占的比重也从1993年的22%增长到1994年的55.7%，而省级财政收入总额减少，从1993年的3391亿元减少到1994年2311亿元（见表9.1）。根据中央和省级领导间达成的协议，减少的数额将通过中央转移支付补足。所以1994年中央的支出总额为4144亿元（包括转移支付），但是在中央政府自主决定下的预算内支出只有1754亿元。中央政府对省级政府的转移支付从1993年的544亿元猛增到1994年的2389亿元，其中大约1800亿元是中央的补贴，目的在于补齐到他们1993年的税收收入水平[⑥]。

虽然有了这一系列的调整措施，中央税收收入并没有得到好转。中央政府的税收收入所占比重仍然在持续减少（1995年为52.3%，1996年为49.4%，1997年为48.9%）[⑦]。主要原因在于，地方政府的税收收入主要来自于农业税、个人所得税和营业税，中央政府的税收收入主要来自增值税、关税和消费税，前者的增长速度要高于后者。此外还有一个原因是，中央政府为了促进出口和技术性进口，吸引国外直接投资，增加了出口增值税的退税，并减少了关税。

9.2 预算软约束的种类

中国的财政年度是按日历年度。每年9月，次年国家预算已经准备完毕，国家预算部门从各部委以及省级政府那里收集到它们的支出计划和税收收入预计，然后将总预算（包括中央和各级政府的总和）呈交给国务院。国务院批准后，预算草案通常在次年3月被送到全国人民代表大会，等待最后通过，此时，预算已经被执行三个月了。根据1995年1月1日生效的《预算法》，全国人民代表大会审查和批准中央政府预算。《预算法》同样制定了具体的规则和程序，作为与地方各级政府相对应的人民代表大会审查和批准预算依据。在实际操作过程中，各省级政府审查和批准预算的过程都是按照全国人民代表大会批准的预算程序进行。只有总的国家预算被批准之后，各省的人民代表大会才能开始审查各省的预算总额。对国家预算的审计由审计署在次年6月进行。

1994年以前，预算赤字由中国人民银行贷款以及国内和国际贷款来弥补。新的《预算法》（1995年1月1日起生效）在第一章规定，各级政府的预算必须实现平衡。该法第十章规定，如果通过合法程序批准了不平衡的预算，那么将对直接负责的相关机构给予行政处罚。现在，政府只有通过国内和国际贷款来平衡赤字，而且这种贷款在国家预算中将不再被算做债务收入。

9.2.1 中央转移支付的增加和中央同省级政府间的协商

在 20 世纪 80 年代和 90 年代早期的财政包干体制下，地方官员为了获得转移支付，往往在各自不同的分享方式下，与中央一再协商讨论既定的比例和期限，以促使上解税款额度下调，并且出现拖欠现象。例如，1991 年，由于华东地区一些地方出现洪水，中央政府减免了受灾省份应上解的收入。在中央和地方政府协商的过程中，预算约束被大打折扣。

1994 年以后，由中国政府提供的不完整数据并不能为财政改革后的结果提供太多的信息。所以，目前不可能作出一个数量上的评价。但是，一些事实却显示，对各省级政府加强预算约束困难重重。

（1）转移支付

1994 年开始分税制改革，给予各省转移支付，从而保证各省 1993 年的既得利益保持不变。这使得中央政府能够用来减少地区间不均衡的收入变得非常少。从 1995 年到 1997 年，年平均转移支付数额每年只有 30 亿元，这个数目不太可能改变地区间横向不平衡的状态。补贴分配的随意性，加之基于固定模式的转移支付体系的引进大大滞后，导致了各个较贫困省份都在努力争取中央转移支付。

（2）收入分配

1994 年的改革只对中央政府和省级政府之间的财政关系进行了重新界定。中央授权各省省以下地方政府间的财政关系。当各省调整它们与地方的财政关系时，它们依照中央政府的做法，把财政收入中最稳定、数额最大的一部分留给了自己。从而导致基层财政困难愈加严重，财政赤字顺着行政层级向下转移。因此，这一改革没有对基层财政能力给予任何保证，从而使它们更加难以实现提供公共物品的职能。

（3）支出责任

1994 年改革只是关注了收入方面，因为它只强调提高两个比重（即政府总收入占 GDP 的比重、中央政府收入占政府总收入的比重），却并没有理清和调整不同层级政府之间的支出责任。虽然中央政府也提出了一些省级预算应该遵循的大体框架，但这些指令仅仅包括了一些大致原则(《预算法》，1994)。不仅如此，在省一级支出压力增大，一部分原因是中央力图占有更多收入，另一部分原因是中央政府指派的支出责任也在不断增加[⑧]。借鉴 20

世纪80年代中央政府的做法，各省也试图将有关支出责任下划到下一级政府。由于地方政府并没有权力去限制省级政府过大的税收权，所以一些支出责任最终以各种名义转嫁到了单位与个人，如乱收费及罚款。

(4)税收管理

1994年，改革了税收征管机构将税收征收系统一分为二。一个是中央税务管理机构，负责中央税和共享税的征收，一个是地方税务管理机构，负责征收地方税。尽管中央政府保留了对税基和税率的独有权力，但是这一改革的安排更倾向于促进省级政府保留征收税款的权力，而相对减少了税款向上转移。中央政府认为，从1994年以后，中央收入在总收入中所占比重持续减少，一个原因就在于省级政府财政管理的不平衡安排。如表9.3、表9.4所示，省级税收增长的速度超过了中央税收增长的速度，尤其是在个人所得税和其他收费方面。所以，中央税收收入占税收总收入的比重下降，中央政府收入占政府总收入的比重也在下降。

虽然1994年税收体制改革是迈向税收分配体制的重要一步，但是其他领域改革的滞后却限制了中央政府，使其难以加强对各省的预算约束。比如，国有企业的所有权和所得税仍然由该企业的隶属关系来确定。所以，在国有企业中，对下级政府的预算约束被大大软化。

表9.3　一些特定的中央和省级税收在政府总税收收入中的比重(1994~1997年)

年份	中央税收(十亿)	总收入中所占比重(%)	增值税(十亿)	总收入中所占比重(%)	中央国有企业收入所得税(十亿)	总收入中所占比重(%)	消费税(十亿)	总收入中所占比重(%)
1994	290.7	55.7	172.8	33.1	38.9	7.5	48.7	9.3
1995	325.7	52.2	194.8	31.2	48.3	7.7	54.1	8.7
1996	366.1	49.4	222	30	51.2	6.9	62	8.4
1997	422.7	48.9	246	28.5	35.6	4.1	67.9	7.9
年均增幅	13.3		12.5		11.7		-3.3	

表 9.4 一些特定省级税收在政府总税收收入中的比重(1994~1997 年)

年份	地方税收收入(十亿)	总收入中所占比重(%)	商业税(十亿)	总收入中所占比重(%)	地方国有企业所得税(十亿)	总收入中所占比重(%)	个人所得税(十亿)	总收入中所占比重(%)	其他收费(十亿)	总收入中所占比重(%)
1994	231.2	44.3	64.7	12.4	19.3	3.7	7.3	1.4	27.1	5.2
1995	298.6	47.8	82.8	13.3	23.2	3.7	13.1	2.1	45.1	7.2
1996	374.7	50.6	100.6	13.6	25.7	3.5	19.3	2.6	63.3	8.6
1997	442.4	51.2	116.1	13.4	37	4.3	26	3	80.2	9.3
年均增幅	24.2		21.5		24.2		52.8		43.5	

9.2.2 补贴

在中国，各省级政府要给予国有企业数额巨大的补贴，来解决它们由于市场和价格扭曲所遭受的各种损失。由于各省级政府直接拥有国有企业，所以它们能够对各自亏损的企业给予补贴，并将这种财政转移在它们的预算中列为负收入。其他还有一些不太明显的补贴形式，如减免负债，减少或退还政府税收及收费。

1985 到 1995 年间，补贴总额从 507 亿元下降到 328 亿元。它们在总支出（包括国有企业补贴）中的比重从 1985 年的 20% 下降到 1995 年 4.6%。补贴下降速度如此之快，主要是因为总支出相对增长迅速，而实际上补贴数额却保持在 1985 年的水平之上。实际上，政府对国有企业的部分补贴补偿的是这些企业低效率运作所带来的损失（拉尔和霍夫曼，1995）。

与此同时，国有企业有责任雇佣冗余的员工，并承担相应的福利费用，如房屋、医疗、子女照顾、教育和养老金等。很多国有企业承担了地方政府的支出责任，并成为中央向地方资金转移的渠道。如斯坦费德（1999）所阐述的那样，国有企业不断受到地方政府机构越来越多的干预，恰恰是中央政府向地方政府放权的政策给予了地方政府机构这样的权力，而这个政策的本意是要减少行政命令。同时，利润协定（一系列试图将企业与国家之间的关系合理化的安排）并没能保护企业不受国家干预，反而促进了企业的过度生产和盲目扩张。过度生产得到了银行体系提供的软信贷支持，而改革本意是要让银行体系成为市场改革的关键因素。更为重要的是，本来意在给予一定自主权以鼓励市场行为的新会计准则，实际上却导致了资金的滥用和企业资本更快的流失。

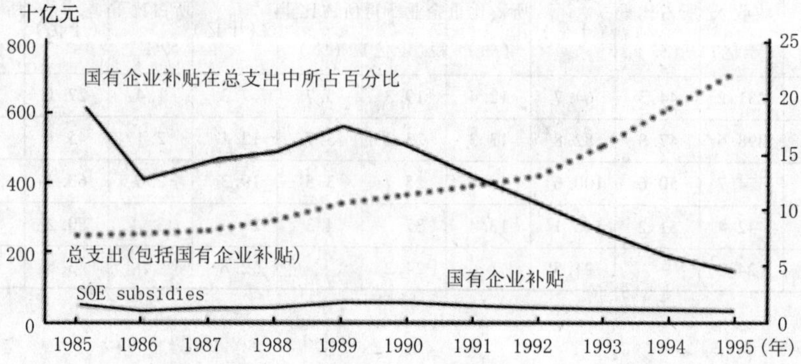

图 9.1　为亏损企业提供的补贴在总支出中所占的百分比

资料来源:《中国金融年鉴》(1997)。

9.2.3　信贷计划和商业银行贷款

在中国经济改革之前，信贷计划、现金计划、中央政府预算和外汇计划代表了国家整体计划的金融部分。从 1978 年开始，尽管仍然制定这些计划，但它们的重要性却在稳步下降。在改革早期（1978 ~ 1994 年），银行体系的重建使中国人民建设银行（重新命名为中国建设银行）和中国银行开始独立运作，而在改革之前，它们分别隶属于财政部和中国人民银行。同时，中国农业银行建立并接管了中国人民银行的农业业务。到 1994 年，共有三家政策性银行[9]、四家国有商业银行[10]、四家综合性银行[11]，以及其他一些地方性商业银行和非银行金融机构。

由中国人民银行制定，参考财政部和国家计划委员会（后更名为国家发展与改革委员会）意见的年度借贷计划[12]，考虑到了对固定资本和流动资本投资的需要，以及中国人民银行对政府赤字的贷款责任[13]。最终，信贷计划通过国务院批准，由中国人民银行各省级和地方支行执行，之后，每个专业银行和综合性银行都分到了一定的信贷份额。由于各银行被改组为金融机构，地方政府通过掌握地方银行管理者的任命权，拥有了对银行信贷较强的影响力。除了这些形式上的控制，地方政府对银行还拥有潜在的影响力，银行如果对此不加考虑则风险自担。例如，水电的供应、房屋、银行雇员的招聘以及子女的上学等实际上都处于地方政府的控制影响之下（黄，1996）。

这些关系进一步弱化了中央对地方政府的控制，并有可能导致腐败。“这种接触给相互关系带来了个人主义，而个人主义是保持一定距离关系的最大障碍”（坦兹，1995）。地方政府从而拥有了对贷款供给的实际控制权，这种贷款供给成为了地方政府、国有企业软预算约束以及通货膨胀的来源之一。

银行商业化刺激了贷款行为的逐利动机，将银行与地方政府的经济利益结合起来，因为两者都想发展具有较高利润的产业（黄，1996）。因此，银行的发展要求与地方工业部门的发展要求一致。这种动机上的一致性意味着，中央政府想要通过信贷计划来达到其产业政策目标就更加困难了。不仅如此，尽管对贷款形式上的控制权掌握在中国人民银行总行的手中（最终是国务院），但是对赋予银行地方支行的操作自主权却削弱了中央权力。支行实际上得到鼓励，通过把存款转变为贷款，自主创造更多信贷（鲍尔斯和怀特，1993）。

信贷计划还给一些地区和部门优惠利率。财政部除了对银行资本给予直接资助外，还通过每年分配的利率补贴给予银行间接支持，这些补贴计入到每年的政府预算中，并提供给从银行接受贷款的各个项目。这些补贴的目的是让贷款者以比商业利率更低的利率借到贷款，进一步促进政府经济发展政策的实施（世界银行，1993）。

地方官员对借贷的影响和低息贷款两个因素导致了银行信贷规模的过度膨胀，以及坏账呆账数量的不断增加。即使是经常性的利率调整，也没能使这种状况得到有效控制，一部分原因在于虽然对国有企业的软预算约束使其不需要对贷款成本负责。实际上，受到这种利率变化影响最大的并不是银行借贷，而是家庭储蓄（梅伦、昆泰恩、诺德曼和劳伦斯，1996）。根据时任中国人民银行行长戴相龙的一份陈述，截至 1997 年年底，最大的四家国有银行的投资与贷款组合中，未偿还的贷款比重增至 25%。“最终，这些未偿贷款的贷款者将不再还款，使得贷款银行不得不动用存款或自有资本弥补损失”（拉迪，1998）。在 1998 年，财政部发行了 2700 亿元政府债券为这些国有银行充足资本金。这种资本注入是中央政府对地方政府的一种间接援助措施。

紧跟银行体系商业化[14]进程，1994 年 3 月 17 日中国国家开发银行成立。作为一家政策性银行，中国国家开发银行将代替中国建设银行，根据政府的发展计划和产业政策，为各种政策性项目以及相关项目提供长期金融支持，以促进和刺激经济的发展。更具体地说，其任务就是要为各种政策性的大中型项目、技术改造以及与国家重点基础设施建设、基础行业以及支柱产业相关的项目提供贷款。

根据中国1994年《预算法》的规定，禁止地方政府从资本市场借款。但是，地方企业（提供公共服务的地方企业）却能够而且确实从银行和资本市场借款，尽管它们因依赖政府各种补贴，已经是事实上的政府机构。由于从中央政府到省级政府的转移支付，无论是直接的还是间接的都非常有限，因此企业（受地方政府管辖）从地方商业银行的借款实际上给予了当地财政支出很大的经济支援。从而给地方政府带来更多或有负债，由于缺乏透明度，对它的控制要比对政府显性债务的控制更加困难。

尽管中央政府保留了很多的借贷资源，例如银行贷款、只用于国家批准项目筹资的资本市场等，并且也进一步加强了传统的投资计划和批准体制，但是地方官员仍然拥有相当大的配置金融资源的权力。比如，地方政府仍然掌握着数额在5000万元以下贷款项目的审批权（5000万元以上的贷款项目则需要得到国家发改委的批准），以及对数额在3000万元以下的技术改造或技术创新项目的审批权（3000万元以上的项目需要得到国家经济与贸易委员会的批准）。这些项目都可以得到商业和间接贷款的资金支持。这些规定导致了对中小规模项目的过度投资，这些投资项目一般都是处于地方政府的直接控制之下。不仅如此，在1994年之前的财政体制中，产品税和营业税都是由地方政府独自占有的，这导致了资本建设的盲目扩张，尤其是能够通过产品税和营业税获得较高税收收入的产业（如烟草和酒类）的扩张。

中国的资金统计数据可以分为五种类型：预算、国内借贷、外国资本、自有资金（自筹资金、保留资金或者预算外资金），以及最近才出现的其他资源，比如股票和债券（世界银行，1995）。对所有项目和每个单独项目的投资主要依赖于一系列的资金资源，而且这种资源的组成结构也处于不断的变化之中。因此企业投资预算的特征也发生了变化，由原来直接给予其补助资本，转变为每年给予基本建设资金一个固定的金额，这个过程都是由国家发改委来管理的。在地方的预算中，对投资的预算资金支持数额不断下降，结果导致对其他金融资源的依赖越来越普遍（世界银行，1993）。随着投资在预算资金中的比重下降，在20世纪80年代后半期，投资越来越多地依靠非预算资源来支持（国外资本、国内信贷等）；在20世纪90年代早期，投资也开始越来越多的靠自有资金的筹集。自筹资金所占的比重从1985年的32%增加到1995年的43%，外国资本所占的比重也从1985年的7%增加到

1995 年的 15%（见图 9.2 和图 9.3）。至 1991 年，用于地方项目的非预算金融资源已经等同于用于中央项目的数额，而到 1995 年，这个数目已经大大超过了对中央项目的投资额（见图 9.4）。在 1990 年，国内的信贷水平已经达到了 22%，1995 年稍微有所增长，达到 23%。

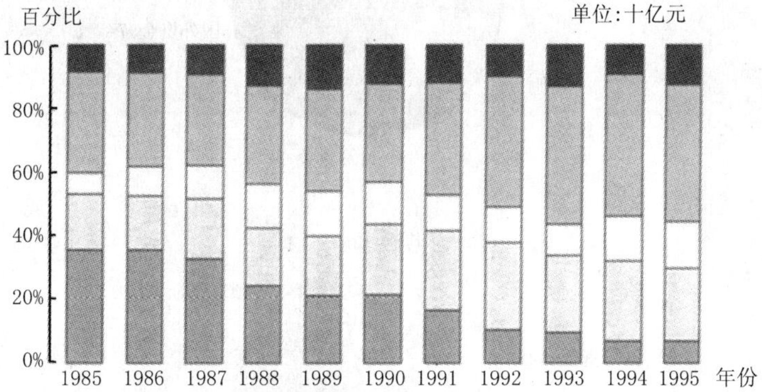

	1985	1986	1987	1988	1989	1990	1991	1992	1993	1994	1995
■ 其他	9.2	10.4	12.7	20.1	21.8	20.8	25.4	29.6	60.9	58.4	90.0
▣ 自筹资金	34.0	34.5	38.3	48.9	49.5	53.0	74.7	124.3	199.1	282.0	312.2
□ 外国资本	7.4	11.0	13.9	21.8	22.1	22.4	24.0	33.4	45.6	91.2	105.5
□ 国内借贷	18.8	20.0	25.5	28.5	29.3	37.9	52.7	83.1	111.8	158.3	164.6
▣ 预算资金	38.1	41.7	43.9	38.2	32.3	36.4	34.8	30.8	43.2	43.5	49.2

图 9.2　资金来源

资料来源：《中国统计年鉴》（1996）。

9.2.4　间接借款与国外借款

（1）间接借款

省级政府和地方政府进行间接借款，主要是通过建立各种名义上的金融公司，这些金融公司都有为地方政府支出借贷和提供资金的能力；另外一个间接借款的方法就是通过各种欠款以及对农产品采购借据（IOU = I owe you）的累积。

因此，在省级政府和地方政府控制之下的信托投资公司以及证券交易机构中能够反应出这种软预算约束。根据梅伦、昆泰恩、诺德曼和劳伦斯（1996）的研究，信托投资公司往往能够得到政府和企业的信托存款或者存款托管。较大的公司还从事保险和经纪业务。大多数的信托投资公司都是由四家国有专业银行建立起来的，而其他银行、财政部以及一些市政机关也都

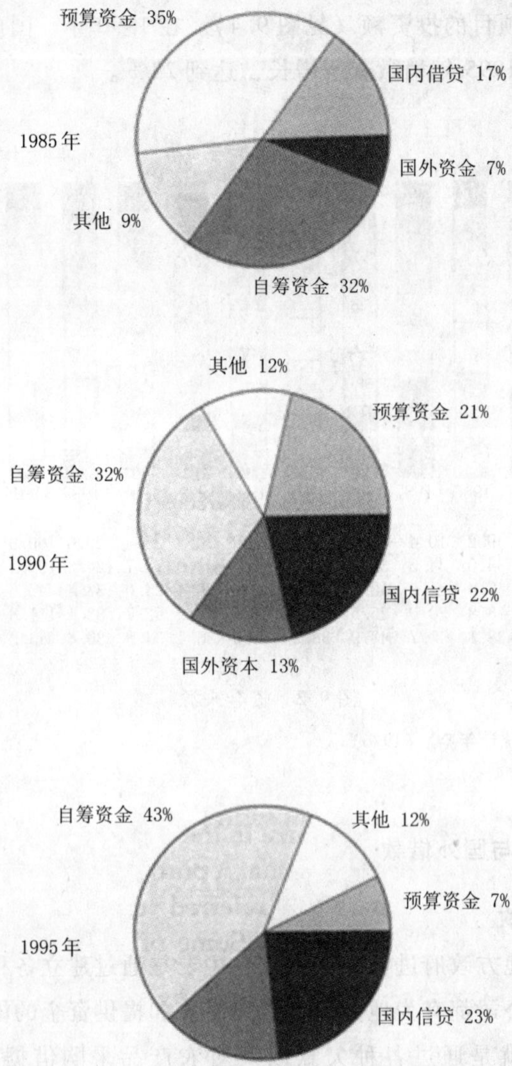

图 9.3 资金来源

资料来源：《中国统计年鉴》(1996)。

有它们各自的信托投资公司。银行起初建立这些信托投资公司的目的是为了规避信贷的份额限制，但是绝大多数信托投资公司越来越多地参与到了银行业务中，吸收家庭储蓄，甚至可以发放工业资本贷款。20 世纪 80 年代后期，全中国的信托投资公司共有 365 家之多。这些信托投资公司中，有一部分公司参与到了国际商务中，并被称作是国际信托投资公司。它们中有一部分还从事国外借款业务。

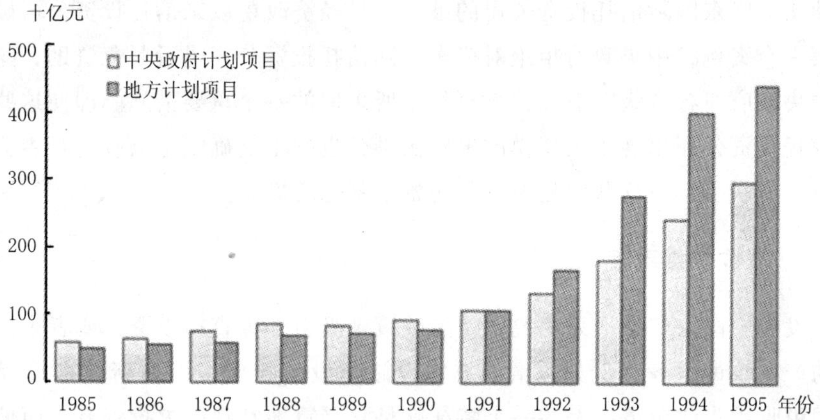

图 9.4　非预算资源的投资

资料来源：《中国统计年鉴》（1996）。

（2）国外借款

国家发改委对国外借款的配额有授权和审批的权力。国家外汇管理局通过注册程序，对国外借款配额的执行情况进行监督和控制。在《预算法》的框架下，地方政府不允许向国外借款，除非另外得到法律的许可。但是，通过一种“窗口”管理体系，中央政府和地方政府所有的金融机构却得到了国外借款，在这种“窗口”管理体系下，负债的发行需要得到国家发改委的份额配给和国家外汇管理局的批准。这一种份额配给和批准体系向一小部分事先就指定好的“窗口”公司倾斜。这种“窗口”管理体制正在被信贷管理体制所取代，在这种管理体制之下，借款的配额和审批将根据一系列的指标给予中央和地方政府拥有的企业和金融机构（包括租赁公司），这些指标包括：这些企业和金融机构能够证明的还款能力，它们的自有信用以及平衡收支的状况。这些机构的借款不会得到有中央政府任何直接或间接的信贷支持，除非中央政府在相关的债务偿还文件或其他官方国家文件中另有说明。这些地方性“窗口”金融机构绝大部分是由地方政府控制的信托投资公司。在1999年上半年广东国际信托投资公司破产之前，其他地方金融机构享受着同等的待遇，这些地方金融机构包括福建国际信托投资公司、天津国际信托投资公司、上海国际信托投资公司、大连国际信托投资公司、山东国际信托投资公司和深圳国际信托投资公司。在1998年年底之前，国内金融机构（包括中央机构）的外债数额是419.9亿美元，占中国外债总额的28.8%。广东国际信托投资公司的破产，是经济改革以来信托投资公司破产的第一个案例，中央政府拒绝对广东国际信托投资公司进行紧急资助，这也是中央政府对各省级政府加强预算约束所采取的一个重要措施。即使这些国际信托投资公司出现了大规模的融资困难，也并不能确定中央政府是否会与地方官员联手，对这些信托投资公司给予紧急资助。

9.2.5 税收优惠政策

发展中国家广泛地采用税收优惠政策来吸引外国直接投资，或者来为本国的产业政策服务（例如，增加技术设施建设的投资以及高新技术投资）。中国税收优惠政策最显著的一个特征就是它严重地歧视国内投资者，而偏向国外投资者，以及这种政策表现出来的对不同地区和不同产业的偏好性（世界银行，1999）[15]。除了这些一般性的财政激励措施，在实施这些税收优惠政策的过程中，尤其是对企业所得税的减免，在一些地区就更加宽松，比如经济特区、沿海经济开放区、经济技术开发区和高新技术开发区[16]。这些政策导致了省级以下各级政府间激烈的竞争，它们都在争取建立诸如此类经济特区的权利，这却给中央政府带来了不利的影响。首先，各级地方政府提供了数量规模更加庞大的税收减免，从而减少了政府收入。其次，一批未经批准的经济特区建立起来，削弱了中央政府调整和控制宏观经济政策的能力。

1980年只有四个城市（深圳、厦门、珠海和汕头）作为经济特区开放。1984年，另外14个沿海城市作为经济技术开发区对外国投资开放，允许它们拥有与经济特区相似的优惠政策批准权。20世纪90年代期间，所有沿海省份都建立了特区，所有的特区都有权利采取税收优惠政策，并给外国投资者提供各种优惠的商业条件。对内陆地区也同样采取了针对各种发展计划的特殊激励措施，尤其是对各个省会城市（罗森，1999）。根据杨（1997）的研究，1991年中国有开发区111个（其中只有27个是经过中央批准的），1992年9月以前，开发区达到了1951个，而到1993年中期，开发区竟然达到8700个之多。

9.2.6 预算外资金

虽然自从1949年开始，中央控制了财政，但是仍有一部分内容从历史上就不包括在国家预算之中，比如国有企业、地方政府、中央政府机构以及特定公共机构的某些特定的收入与支出。这些预算外收支受到中央政府不同程度地控制与规范。

自1980年开始，支出责任层层下放，从中央政府到地方政府，直到乡镇政府，这就使地方支出的数量迅速增加，尤其是行政管理费用、医疗卫生、教育和科研支出的增长更加迅速。在改革期间，支出责任的下放可以归为如下的几种方式：(1) 首次强调了一些原来由地方政府执行的职能，比如社会支出；(2) 行政管理费用和工资上涨（主要由于地方公务员的数量迅速增加)，而且这一部分费用主要是由地方政府来承担；(3) 由中央制定、地方执行的各种价格补贴大幅度上升。地方自身税收收入的增长不及支出的增长，因此为了履行他们自身的职能，地方政府变得越来越依赖预算外资金。预算外资金的大量出现使权力划分变得模糊，并削弱了预算控制体系，而这一体系是一个良好运行的财政制度所必需的。比如，1992年中央政府和地方各级政府的总预算外资金占到了总支出的46%，在地方支出中，预算外资金所占比例为41%，在中央支出中，预算外资金占54%（见图9.5）。

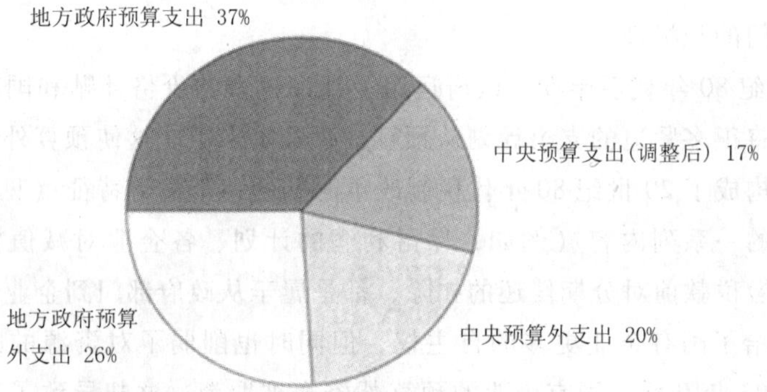

图9.5 总支出组成（1992）

资料来源：《中国金融年鉴》(1997)。

预算外资金大致可以分为三个基本类型：(1) 地方财政的预算外资金，

包括由地方政府设置的附加税（比如农业税附加）；（2）各行政管理机构和部门的预算外资金（非营利性机构，即事业单位），包括公路维护费和其他补偿成本的收费，以及由政府部门征收的其他各种费用；（3）国有企业的预算外资金，包括各种技术改革专项资金，主要的维护费用（如折旧），留存收益和以流动性为目的（流动资本）的短期贷款。有时这个类型也会包括外国投资和国际贷款。1992 年之前，这部分资金中 80% 的数额都是由企业部门所拥有的（见图 9.6）。[17]

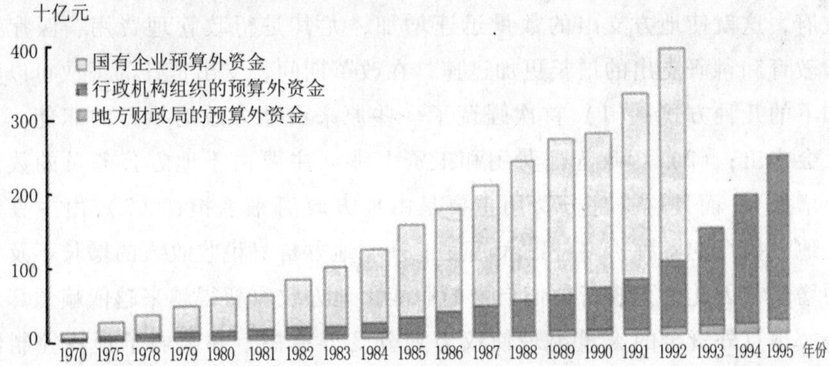

图 9.6　预算外收入的组成

资料来源：《中国金融年鉴》（1997）。

起初，预算外的目标是能够带来更多的灵活性。同样，希望能够通过这些资金改变各种激励措施的结构，帮助国有企业改革，加快增长速度，提高各政府部门的积极性。

20 世纪 80 年代后半期，政府运用了越来越多的价格补贴和国有企业补贴，从而将很多紧迫的支出计划从预算中筛选出来了。这使预算外资金迅速增长，也构成了 20 世纪 80 年代税制改革时期的一个显著特征（见图 9.7）。改革初衷的一系列内容（例如，保留利润的计划、各企业对减值资金的保留以及上缴税款前对分期偿还的扣除，都是属于从政府部门到企业部门的资源转移）给了国有企业更多的自主权，但同时也削弱了对资源的财政控制力。从 1993 年开始，国有企业的预算外资金被取消，这却导致了其他两个部门预算外资金的迅速增长。比如，1996 年，中央行政机构的总预算外收入几乎增长了 200%，省级政府的总预算外收入增长了 41%。[18]

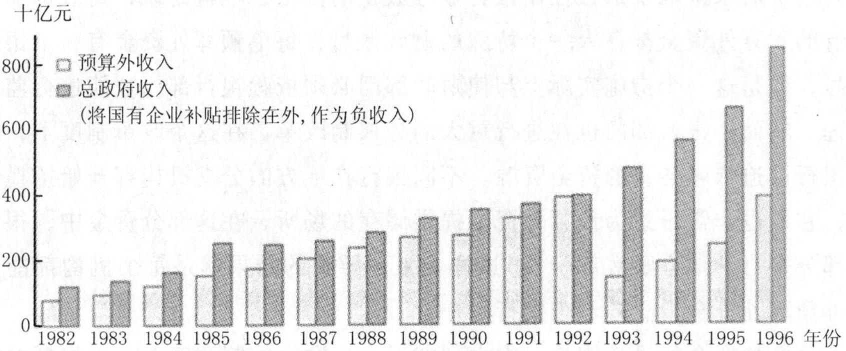

图 9.7　政府总收入中预算外收入所占的百分比

资料来源：《中国金融年鉴》(1997)。

在支出方面，预算外资金被用于对预算支出进行补充，补充的内容包括：固定资产投资、主要维护费用、红利以及福利支出、行政管理支出、社会部门的支出、转移支付、上缴给中央政府的税款、流动资本的增加和其他专项建设项目的支出（见图 9.8）。[19]

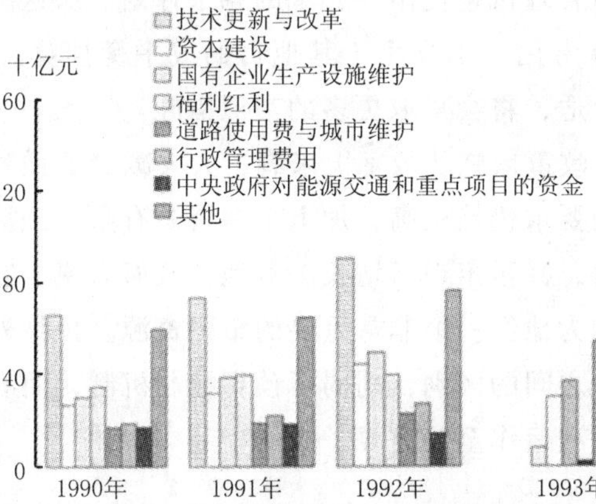

图 9.8　预算外支出结构

资料来源：《中国金融年鉴》(1997)。

从 20 世纪 80 年代后半期到 20 世纪 90 年代前半期，预算外资金成为中央政府关注的一个重要问题。虽然每年各省都上报预算外收入，但只要求它们将上报的收入简单归入几个大致的类别，而并不要求他们向财政部报告各自的预算外收支情况，所以中央政府缺乏有效的措施来监督这部分资金。虽然财政部后来采取了加强控制银行账号数量的方法，也就是说，财政部要求所有的预算外资金都存入一个特殊的财政账号，每笔预算外资金有一个银行账号，但是这一个措施实际上却使财政部门必须依赖银行部门才能进行监督管理。然而，银行部门也在进行重大的分权制改革，在这个改革制度下，每个银行被迫依赖各自的资金资源。不同银行在地方的分支机构都开始招揽客户，它们也非常乐意为预算外资金提供储存的场所，在这部分资金中，很大一部分来自于地方财政部门[20]。这样一来，导致的结果就是每个机构都能为一种预算外资金设立若干个银行账户。

预算外资金的迅速增长，大大削弱了中央政府控制政府总支出规模的能力，因为它赋予了地方政府过多的权限。地方政府以本地经济增长为目标，因此往往在中央预算控制范围之外滥用资金，它们倾向于将获得的几乎所有预算外财政收入都用来促进经济增长（Lall 和 Hofman，1995）。1996 年，国务院颁布第 29 号令，将 13 种预算外资金置于财政部的监管之下，这 13 个预算外资金的总额达到了 1500 亿元。根据该国务院令的规定，从这些项目中得到的收入都必须上缴给财政部门，它们的支出受制于财政部的财政管理，这种财政管理的依据是由管理机构提出并起草的各个计划。从这些预算外资金中得到的收入将被专款专用，不准用于其他目的或平衡预算。29 号令进一步规定政府如果认为合适，将会采取更多的类似措施。

虽然 1993 年和 1996 年的政策措施从数字上来看，大大减少了预算外资金的数额，但是由于对投资的要求仍然很高，加上金融资源有限，预算外资金仍然在各级政府中得到保留，甚至出现了增长。对地方政府来说，它们控制了这些资金的绝大部分，成为他们一个非常重要的金融资源。预算外资金的增长，模糊了预算优先项目之间的区别，削弱了预算控制机制，而有效的预算控制机制对财政体系的顺利运作至关重要。

9.3

结　论

在 20 世纪 80 年代和 90 年代的财政体制改革期间，地方政府通过如下方式，对预算控制的加强作出反应，以阻碍中央政府达到预期目标，这些方式有：①牺牲中央政府利益，扩大地方税税基；②将预算资金转化为预算外资金，将企业的预算外资金用于政府用途；③将支出计划列入预算外项目，并且有时通过间接的地方借贷来对其进行资金支持，这就给地方银行施加了额外的要求，并阻碍了宏观经济的稳定性；④通过国内国外借款来获取资金；⑤盲目建设经济特区，争取更多税收优惠政策。不仅如此，中央政府还降低了对企业利润征收税款的实际税率，将实际税率降到了法律税率之下，这主要是通过企业利润合同来完成的。它们对企业提供各种税收减免，影响其应纳税所得额，从而可以避免税收上涨过快。例如，对各种投资贷款的税前偿还额度进行调整。由于地方政府资源紧缺，不得不依赖地方企业获得财政收入，于是导致了无效率的地区间竞争，以及因竞争规则缺失而可能造成的地方保护主义。

1994 年分税制改革在地方级次上同样遇到了很大的阻力。改革的前提条件是税收收入归属于中央政府，除非明确将其划拨给地方，但是各地并没有接受这一前提。统一和透明的改革目标在一开始就被打了折扣，中央政府制定了转移支付的规则，这些规则保证各省能够按照 1993 年分配的状况不变。

不仅如此，改革是为了加强对各省的预算约束，但是改革的有效性却从以下几个方面受到了损害：①由于各级政府和各省之间的支出任务并没有明确界定，经常出现将支出责任转嫁给下级政府的情况；②各省可以自己界定与地方的财政关系，并有权为自己挤出更多的税收收入（中央政府征收后剩下的）；③在地方政府中，没有任何形式的制度上的管理，地方官员没有受到限制，所以他们能够将赤字转移给当地的居民。

如果改革仅仅是将原有的体系转变到分税制体系，那么分税制本身并不可能对预算约束进行加强。管理体制仍然高度分化，它的一个重要特征是地方政府拥有对企业的所有权，并与各金融中介机构有着非常密切的联系。因此，地方政府一方面受惠于软预算约束，同时在借贷抉择中拥有很大的自主权，这使得他们往往求助于国有企业，一是为提供公共服务，二是为负债筹集资金。所以软预算不仅对地方政府也对国有企业产生重要影响。与此同时，在现阶段的环境下，国有企业并不大重视纳税义务，因为地方财税部门既是税收征收者，又是税款的拥有者，而且通常情况下，税款都是由政府间的协议决定而不是根据预定的计划。对国有企业投资的预算内资金支持实际上仍很自由，银行的贷款偿还率非常低，或者干脆被免除，这也直接影响了税收义务，并且损害了银行部门的稳定性。

虽然在银行系统改革中，将政策性贷款与商业性贷款分离开非常重要，但这一举动本身并不足以促进银行部门的商业化程度。专业性银行仍然受制于借贷限额，它们不得不为国有企业的流动资金提供贷款，为政府审批的建设项目借出款项，并通过强制性购买国有企业的债券来对国有企业提供资金上的支持。只要不取消向特定建设项目贷款的任务，银行就不能在一个商业化基础上正常运作。对地方政府和国有企业施加的硬预算约束也就不能建立，除非地方政府和银行部门完全分离，分化的所有权能够被逐步取消。

在过去的20年里，税收优惠政策在吸引国外直接投资方面起到了举足轻重的作用，推进了中国的经济改革进程。但是，各省级政府在没有得到中央批准的情况下，滥用税收优惠政策则极大地损害了财经纪律，影响了产业结构调整，妨碍了中央政府制定的地区发展计划。税收体制改革应该通过清理规范经济特区和税收优惠政策来解决这一问题。

注释：

①与以往的体制不同，20世纪80年代的改革给予省级政府官员一定的权力，使他们能够在与中央分享税收收入后，保留所有或部分征收上来的税款。

②伯尔与瓦里茨（1995）。

③比如，从铁路、煤矿、石油工业与航空工业中得到的收入税，以及银行、保险公司与其他组织的所得税。

④在中央政府1993年9月宣布税收改革计划之后，大部分省份在当年的最后三个月就行动起来（王，1997）。

⑤王1997年引用马洪与孙尚清的研究结果。

⑥《中国金融年鉴》（1997），所有的收入和支出数据不包括负债。

⑦《中国金融年鉴》（1998）。

⑧比如，《农业法》、《教育法》和《科学技术法》中都规定，各省级政府在这些领域内的投资的增长速度必须超过政府收入增长速度。

⑨中国国家开发银行（后更名为国家开发银行），中国农业发展银行和中国进出口银行。

⑩中国工商银行、中国农业银行、中国银行和中国建设银行。

⑪交通银行、中国国际信托投资公司的工业银行、中国光大银行和华夏银行。

⑫世界银行（1993）。

⑬世界银行（1990）。

⑭五家商业专业性银行是：中国银行、中国建设银行、中国工商银行、中国农业银行和交通银行。

⑮参见世界银行（1999），有更多对税收减免的细节信息。

⑯除了普遍采用的所得税之外，企业所得税的税率也有很大的降低，虽然企业所得税税率为33%，但很多营业活动和地区却享受着15%到24%之间的较低的税率。不仅如此，在这些地区和营业活动中，很多投资项目甚至在进口机械设备和原材料时，不用交17%的增值税。经济特区和经济技术开发区，企业所得税已经减少到15%，而且这些地区的出口导向型的企业税率只有10%（世界银行，1995）。

⑰从1993年开始，国有企业的预算外资金不再归到预算外资金的范畴，而是作为企业的自由资金。

⑱《中国金融年鉴》（1997）。

⑲预算外收入的数据从1952年开始收集，但是预算外支出的数据直到1982年才开始记录。

⑳一些地方财政机构将它们的预算资金转移到预算外账户。

参考文献：

Agarwala, Pamgopal. 1992. China: Reforming Intergovernmental Fiscal Relations. Discussion paper 178, Washington, D. C.

Ahmad, Ehtisham. 1997. "China." In Teresa Ter – Minassian, ed., Fiscal Federalism in Theory and Practice. Washington, D. C.: International Monetary Fund.

Bahl, Roy and Christine Wallich. 1992. "Intergovernmental Fiscal Relations in China", Research working paper 863, Development Research Group, World Bank.

Bo, Zhiyue. 1996. "Economic Performance and Political Mobility: Chinese Provincial Leaders". Journal of Contemporary China 5 (12): 135 – 154.

Bowles, Paul and Cordon White. 1993. The Political Economy of China's Financial Reforms. Boulder, Colo: Westview Press.

"Budget Law of the People's Republic of China". 1994. Beijing.

China Development Bank. 1999. Prospectus Supplement. New York.

China Statistical Yearbook. Various issues.

Ding, Xianjue. 1997. "Renzhen guanche luoshi guowu Yuan 'Jueding' jingshen, qieshi jiaqiang yusuanwai zijin guanli" [Implementing the dicision by the State council, strengthening the financial management of extrabudgetary fund]". *Paper presented at Fiscal Reform and Development Seminar, Beijing.*

Finance Yearbook of China. Various issues.

Gao, Qiang. 1993. "Problems Remained in China' s Intergovernmental Fiscal Relations, Tax Assignment System and Prospects for Future Reform". In Ministry of Finance and International Monetary Fund, eds., China: Intergovermental Fiscal Relations. Beijing China Economics Press.

Huang, Yasheng. 1996. "Central – Local Relations in China during the Reform Era: The Economic and institutional Dimensions". World Development 24 (4): 655 – 672.

Laa, Rajiv, and Bert Hofman. 1995. "Decentralization and The Government Deficit in China". Ina Jayanta Roy, ed., Macroeconomic Management and Fiscal Decentralization. Washington, D. C.: World Bank Institute of the World Bank.

Lardy, Nicholas. 1998. "China and the Asian Contagion". Foreign Affairs 77 (4): 78 – 88.

Liu, Zongli. 1995. "Guanyu danqian he jinhou yige shiqi de caizheng gongzou" [Fiscal Works at the present and in the near future]. Caizheng [Public Finance], No. 8: 2 – 7.

Liu, Zhongli. 1999. Exporing Problems of Public Finance in China [Zhongguo Caizheng wenti yanjiu]. China Finance and Economics Press.

Manion, Melanie. 1985. "The Cadre Management System, Post Mao: The Appointment, Promotion, Transfer and Removal of Party and State Leader". China Quarterly 102 (June): 203 – 233.

Mehran, Hassanali, Marc Quintyn, Tom Nordman, and Bernard Laurens. 1996. Monetary and Exchange System Reforms in China: An Experiment in Gradualism. Washington, D. C.: International Monetary Fund.

Qian, Yingyi, and Gerard Roland. 1998. "Federalism and the Soft Budeget Constraint". American Economic Review 88 (5): 1143 – 1162.

Rosen, Daniel H. 1999. Behind the Open Door: Foreign Enterprises in the Chinese Market Place. IIE.

Sachs, Jeffery, Wing Thye Woo, and Xiaokai Yang. 2000. "Economic Reforms and Constitutional Transition". Annals of Economics and Finance 1: 435 – 491.

Steinfeld, Edward. 1999. Forging Reform in China: The Fate of State – Owned Industry. Cambridge: Cambridge University Press.

Tanzi, Vito. 1995. "Fiscal Federalism and Decentralization: A Review of Some Efficiency and Macroeconomic Aspects". In Michael Bruno and Boris Pleskovic, eds., Annual Bank Conference on Development Economics. Washington, D. C.: World Bank.

Vehorn, Charles, and Ehtisham Ahmad. 1997. "Tax Administration", In Teresa Ter – Minassian, ed. , Fiscal Federalism in Theory and Practice. Washington D. C. : International Monetary Fund.

Wang, Shaoguang. 1997. "China's Fiscal Reform in 1994: An Intial Assessment". Asian Survey (U. S.) 37: 801 – 817.

Wang, Yongjun and Zhihua Zhang. 1998. Zhengfu Jian Caizheng Guanxi Jinjixue. (Inter – governmental Fiscal Relations) . Beijing: China Economic Press.

World Bank. 1990. Financial Sector Policies and Institutional Development. Washington, D. C. : World Bank.

World Bank. 1993. "China: Budgetary Policy and Intergovernmental Fiscal Relations". Report 11094 – CHA. Washington, D. C. : World Bank.

World Bank. 1995. "China Public Investment and Finance". Report 14540 – CHA. Washington, D. C. : World Bank.

World Bank. 1999. China: Preferential Tax Policy. Washington, D. C. : World Bank.

Wang, Chirstine P. W. 1991. "Central – Local Relations in an Era of Fiscal Decline: The paradox of Fiscal Decentralization in Post – Mao China". China Quarterly 129: 691 – 715.

Yang, Dali, L. 1997. Beyond Beijing. Liberalization and the Regions in China. Routledge: London.

10 南非新近财政纪律所引进的激励机制

茱纳德·阿默达

近期从地方分权过程得到的经验和教训中，罗伊·伯尔（1999）强调了三种方式，中央政府往往由于采取这三种方式的财政行为而损害地方政府预算约束的硬化。这三种方式包括：第一，对地方政府预算给予“赤字补贴”来消除其年末的赤字；第二，对一些特定支出项目的亏空，中央政府给予直接的帮助；第三，对拖欠的贷款给予紧急救助。这三种方式都涉及直接或间接的财政援助，这种财政援助来自于中央政府，而且往往出现在年末。中央对地方政府持续的财政支持很有可能导致软预算机制的产生，从而破坏地方政府的财政税收决心。另外，地方政府通过拉近与社会的关系而高效运行的情况也将大打折扣。

在南非的案例中，赤字补贴、对特定支出项目亏空的援助以及紧急援助这三种方式，不管是在种族隔离时期，还是在现阶段的民主时期，都被中央政府用来为地方政府提供援助。对南非的第一印象进一步印证了国际上的经验，即对地方政府加强预算约束总是困难重重，并被一再破坏。但是，这并不能为南非地方分权的政策提供任何新的信息。在过去的10年里，南非出现了地方分权，这个过程体现出很大的政策自由度（李维克、阿默达和伯德，1998）。南非的例子促使我们深思：在地方分权体系中，为什么硬预算约束对任何层次的政府都不能起到约束作用。不仅如此，南非的例子还告诉了我们一些重要的经验教训，如何建立和管理一个新的政府间体系，以及在政策转型阶段如何处理各级政府可能出现的预算把戏。

10.1节和10.2节概要总结了从种族隔离时期到民主时期南非政府间体系的演进过程，重点分析了南非政府间关系设计中的重要因素，这为我们分析地方政府软预算约束提供了一个研究视角。10.3 节阐述了从南非案例中得到的经验教训。

10.1
南非种族隔离期的政府间体系

在南非的政府间体系中，种族隔离的政治结构，即基于人种的隔绝分离得到了确立和保证，并因此出现了一种政府间双重结构。这一双重结构的直接后果导致对地方政府的硬预算约束一再遭到破坏。

10.1.1　政府间体系

对白种人来说[①]，种族隔离制度创造出了一种政府间体系。在这一体制中，中央政府处于最高点，四个省级管理机构处于中央政府之下。在每个省内部，还有一系列独立的省以下地方政府。这种体制是高度的中央集权制。税收收入的主要税种都归中央政府，包括个人所得税、营业税（以及后来的增值税）和企业所得税，这占了税收总额的 85%。各省作为中央政府委派的管理机构，它们只能依靠中央的转移支付执行各自的职能，省级政府的自有税收资金只负担了不足 5% 支出。

省以下地方政府，即白人地方政府，是独立的政治实体。每个白人地方政府都通过选举来确定政府成员。不仅如此，白人地方政府还拥有一些财政收入来源，这些收入来源往往是属于市政府的，比如居民和企业的财产税、各种使用费，而且这些财政收入应该是为一系列有限的市政建设提供服务的，比如说水电分配、垃圾处理以及交通管理。此外，每个白人地方政府都有权规划土地并对本地区实行管理控制。最后，白人地方政府能够从资本市场直接筹集资金，它们甚至能从中央政府那为它们的借款取得担保。总的来说，这一政府间体系包括中央政府、省级政府和省以下地方政府，它们都是为白人服务的。虽然白人只占人口总数的 20%，但却拥有了 80% 的土地。

与此相对的，黑人也有一个独立的政府间体系。黑人占人口总数的 75%，但是他们被迫聚集在十个区域中，这些区域只占到土地面积的 20%，而且这些地区基本上都是经济非常落后的地区[②]。这些地区表面上有不同级别的政治和经济自主权，但是都是虚假的。实际上，各地区即没有政治自主权，更没有经济自主权，它们要生存，只有依靠南非中央政府（白人政府）每年对它们进行财政转移支付。在种族隔离制度下，即使是在支出最高峰的时期，这部分转移支付也只占了 GDP 的7%。由于这些地区都没有贷款信用度，如果它们想从资本市场借款，就必须中央政府担保。南非中央政府建立了一个公共金融半国营集团，即南非发展银行，它主要从国内资本市场借款，然后再转借给这些地区，金融半国营集团由中央政府为其提供担保。

实际上，这两个平行的系统是完全联系在一起的。白人政府间体系的公共金融体系也能保证黑人家园的正常运作。但是这种通过直接财政转移支付和担保来确保黑人家园贷款偿还的“交叉补贴”[3]方式却没有能够达到种族隔离制度的最终目的，即保证各种族在经济上的相互分离。在一些白人地方政权管辖的地区，各种经济上的需要要求黑人暂时移居到城市中心，为白人商业和家庭提供劳动力。实际上，一直有黑人不断地移居到白人的一些城市中心，使得种族隔离制度下的领导不得不批准将这些城镇设立为黑人地方政权。在白人地方政权的城市近郊地区，这些城镇得到了发展。这些黑人地方政权，既没有政治自主权，也没有经济自主权，在这一点上与黑人家园是一样的。黑人家园不得拥有财政权利，而且法律规定，任何正式和非正式的经济活动都不准在黑人地方政权的范围内进行。所以，从定义上来看，黑人地方政权没有任何机会建立自己的财政基础。不仅如此，作为种族隔离制度的产物，黑人地方政权的领导在社会中既没有合法的地位，也没有相应的责任。

为了保持这些黑人地方政权的正常运作，中央又建立了一个与黑人家园的交叉补贴系统很类似的交叉补贴系统。通过省政府，中央政府为黑人家园提供财政转移支付和金融担保。不仅如此，白人地方政权还会为临近的黑人地方政权提供财政转移支付，这些都是通过工资税和资金周转税来实现的。一方面，中央转移支付是为黑人家园日常运作提供资金支持；另一方面，从白人地方政权到黑人地方政权的平行的资金流则用来支持黑人家园的资本性支出。在实际操作过程中，最终两种资金都用来为黑人地方政权的日常运作提供资金支持。

10.1.2 硬预算约束的深层含义

在双重的政府间体系下施行的种族隔离的结构导致了赤字补贴或年终补

贴，以此为黑人家园和黑人地方政权补充收入的不足。一个最简单、直接的解释认为交叉补贴计划是导致这一财政结果最主要的原因。财政转移支付以年度为基础，在每一个财政年度末，财政转移支付就很容易成为一种没有限制的资金机制。不仅如此，按照中央的设计，黑人家园和黑人地方政权没有自己的收入来源，它们没有任何资源可以筹集地方资金，所以必须完全依靠中央的资金来填补年末的亏空。中央政府不可能指望地方政府为地方性支出作出任何贡献。同样重要的是，由于黑人地方政权对它们自己的税收收入没有任何控制权，所以黑人地方政权的领导者们就没有节约开支的半点愿望。

但是，阿比戴和亚占（1999）指出，对赤字补贴的真正解释与财政系统技术上的设计毫无关系。相反，该系统以政治经济风险为基础，这使得软预算约束成为一种被人们摒弃的结论。种族隔离制度下的中央政府下定决心要维持这种种族隔离的结构。所以，外在的财政转移支出和内在的金融转移支出被用来维持这种双重的政府间体系结构。对黑人家园和黑人地方政权的负责人来说，这一举动简直就是公开的邀请，于是他们在开支上越发的浪费，因为他们知道，年末一定能够得到补贴弥补其财政赤字。所以，这一政府间转移支出体系的特殊本质是问题的一个标志，而不是它的原因。在种族隔离制度下，中央政府的政治特点保持了一致性，从而使得中央政府的举动完全在地方官员的预料之中。

20 世纪 80 年代到 90 年代，中央预算赤字逐渐增加，在 1992 年达到了峰值 8%。如果把中央内在的债务加起来，赤字很有可能达到两位数[④]。

种族隔离的结构是南非政府间体系的典型代表，这种结构带来了一系列极端的而且是异常的政治特征，并且导致了软预算约束，这给我们上了重要的一课。中央政府常常滥用它们自己的财政资源，制造了一种政治上的心理期待，让地方政府认为它们是可靠的。出于种族隔离制度的政治和经济目的，这一没有限制的金融系统对各地政府有着很大的诱惑力，所以这不是任何技术可以解决的问题。如果是一个更加理性化的政治体制，采用更好的制度对政府间体系进行管理，财政体系对各种政治因素的敏感度可以降到最低。

10.2

南非新时期的政府间体系

种族隔离制度消灭以后，中央政府进入改革阶段，彻底地改变政府间结构使之合理化。在这过程中有三个标志性的改革：行政合并、财政和金融重组以及市政服务系统改革。这一革命性的政策计划带来了一个新的政府间体系，无论是从采取改革措施的过程，还是改革的最终结果来看，这个政策是很多发展和转型经济实体中最好的例子。除了改革本身的成果，改革的过程同样为地方政府施加软预算约束创造了很好的动力。在省级政府级别上，这一结果既有政治因素的原因，又是财政系统设计的结果，这个财政系统将各省与地方政权紧紧结合起来。在省以下地方政府级别上，预算软约束更多的是由于政府可以进入金融市场的结果，即地方政府是通过公共金融半国营集团[5]进入金融市场的。但有趣的是，在实施经济和政治责任地方分权的过程中，中央政府的财政赤字从1994年占GDP的8%下降到1999年占GDP不足3%。所以，南非给我们提供了一个非常有趣的例子，在宏观层面上，地方分权的过程是与财政纪律相一致的，但是对种族隔离体系下的中央政府而言，地方分权却导致了财政的无纪律。

10.2.1 合并

民主化的进程要求消灭种族歧视，这一目标是通过重新划定界线和行政合并来实现的。在地区层面上，黑人家园和省级的行政管理机构被合并起来，组成新的省级政府。与此相类似，在地方，黑人地方政权和白人地方政权联合起来，组成不分种族的地方政府。这些界限的划定和行政合并带来一个三级政府结构：中央政府、省级政府和省以下地方政府[6]。地方的政府级别包括两级的系统，每个省被分为若干地区议会，每个地区议会监督数个市政机关。南非共有9个省，51个地区以及超过200个的市政机关[7]。这些新的政府机构，即省、地区和市政机关，已经逐步建立起来并拥有自身的权利，成为独立的政府级别。

10.2.2 财政金融重组

在完成合并以后，南非新的领导阶层同样采取了一种分阶段的措施，对政府间体系进行财政和金融重组。这次重组涉及了很多方面，如不同层次政府之间税收和支出分配，财政转移支付系统以及进入资本市场的规则等。

在很大的程度上，支出任务继承了福利外溢和再分配的一些基本规则。教育、健康和福利的支出收益是地方性的，而不是全国性的，但对它们的资金支持会给再分配过程带来很大的影响，所以这些项目被联合起来分配给了中央和省级政府。其他的服务，如水、电分配，由于它们的利益从本质上来说属于地方，则被指定为省以下地方政府的责任。

从税收分配上来说，之所以能够达到财政政策有效性的目标，主要是由于中央政府承担了管理公司和个人的所得税以及增值税的责任。与之相类似，省以下地方政府承担了财产税的管理和经营，并还要负责工资和资金周转税，从而为市政基础设施建设的资本支出提供资金支持[⑧]。但是，新建立的省份同旧有的各省一样，没有任何自有资源的税收权力[⑨]。

除了支出和税收分配的改革，中央政府同样关注了另一个问题，即如何使不同级别政府之间财政转移支付的现金流更为合理。改革目标是管理由收支计划带来的纵向不均衡，并且取代旧有的、没有效率的、而且是不公平的财政转移支付体系，使财政转移支付体系更加可靠。因此，政府采用了一系列新的财政转移政策，这些政策都有明确的原则，实施的过程也更加透明可靠（见专栏10.1）。

专栏10.1 南非对省及省以下地方政府的财政转移支付

省以下地方政府

- 一个市政基础服务补贴，使得在所有地方政府管辖范围内的贫困居民都能够接受基本的市政服务。基本措施包括：估计贫困人口的数量（在1998年的价格体系下，家庭每月收入少于800元）以及估计为每个居民提供基础服务的现阶段的成本。
- 市政机构的转移支付，主要为一些行政管辖区设计，这些管区目前缺乏基本的行政管理能力，还不能征收它们自有税，或者说还缺乏基本的基础设施建设，无法作为地方政府正常运作。这种转移支付提供了最小限度的资源，帮助地方政府提供并维持基本的设施（比如说社区中心和选举官员的办公室）。

在1997年大纲性的文件中可以找到对该模式更详细的描述，这个文件就是地方政府在国家税收收入中的平等份额。既然新的系统是以贫困人民为目标，一些市政机关可能不能拿到以前享受到的补贴待遇。1998~1999年间，中央政府采用了一种转型期的补贴类型来辅助这种调整。

省级政府

预算议会实际采用的模式，是在各省人口和经济状况的基础上决定各省公平的收入分享份额。它包括如下的几个方面：

- 教育份额，其基础是学龄人口的评价规模以及入学人数（40%）
- 健康份额，其基础是没有私人健康保险的人数占人口总数的百分比，尤其是妇女、儿童和老人（18%）
- 社会保险成分，其基础是对拥有社会保险补助人口的估计（老人，残疾人和儿童）（17%）
- 基本份额，其基础是各省在全国总人口数中所占的比重（9%）
- 积压组成份额，其基础是对资本需要的分配，主要根据学校管理的需要、医院设施审计的需要以及每个省份中农业人口的比重（3%）
- 经济产出份额，其基础是估计的地理总产值的分配状况（8%）
- 机构补助，在各省之间评价分配（5%）

资料来源：Abedian 和 Ajam（1999）。

政府正对地方政府进入资本市场的规则进行改革。总体目标是要将借款权力下放到地方政府。为了达到这一目标，中央政府已经宣布，对于地方政府从资本市场的借款，中央不再提供担保。不仅如此，中央政府正准备通过法案规范地方政府的借款权利。法案特别强调地方政府的负债和资产以及其他并行的收入来源的相关信息必须公开。此外，法案将重点规定地方政府破产的有关细则。地方政府破产这一过程应该由司法程序来调解，而不是通过政治或行政系统来调解。这一法案同时规定了地方政府在破产的情况下仍需提供的公共服务的最低程度，这些公共服务主要依靠市政税收收入来保障[10]。最后，法案规定，通过市政公司筹集款项或操纵如养老金这样的法定义务资金为地方支出筹集的资金属于预算外借款[11]，这种筹资行为是非法的。所有的这些措施，从资产负债信息的完全披露，到将破产程序纳入立法过程，都使得中央政府能够将借款权力下放到地方政府，同时大大减少了中央政府继承地方债务所带来的道德风险。立法同时确定了地方政权的政府官员们应承担的责任，尤其明确了地方官员财政管理不善而应负的责任。

虽然法律上规定省级政府可以从资本市场贷款，但中央政府与省级官员达成共识，各省不能从私人来源借款。因为各省不能控制它们的自有税收收入，因此实行这一政策是非常必要的，否则，当地方政府从资本市场借款时，人们会认为这是中央政府支持各省金融交易的一个信号。

10.2.3　机构改革

在完成合并和财政金融重组以后，政府间体系的改革同样涉及到通过立法过程来协助地方政府的某些法制改革，包括在公共服务私有化和公司化的过程中，提供规范的框架，发展社区的服务体系，在一些比较大的城市里，建立大城市政府（见专栏 10.2）。

市政服务和社区服务体系正在逐渐地实现公司化和私有化，这一现象说明，地区分权的政策不仅包括对不同级别政府间政治、经济和行政管理关系的规范，还包括将各种责任在私人部门和各个社区的划分。私人部门的参与（市场分权）以及社区在提供公共服务和金融服务方面的作用，为政府的分类定价提供了一个竞争机制，促进了政府管理。

专栏 10.2　大城市控制：约翰内斯堡的案例

由于市政府按照种族和经济的原因被分为白人地方政权和黑人地方政权，对于约翰内斯堡的领导人而言，最大的挑战是要创造一个联合的、不分种族的大城市的政府管理系统。首先通过相邻黑人和白人地方政权的合并，使市政府中的种族隔离得到一定的改观，从而创造了四个新的市政府。现在对政府而言，面临的挑战就是要确保这四个市政府都能都处理外部形式的问题、经济规模的问题以及提供服务的过程中再分配的问题，并能将所有这些问题都协调起来。政治上的争论主要集中在大城市协调的两种模式上：多伦多的“百万人口城市”模式和明尼阿波利斯—圣保罗的“风险分担”模式。在第一种方法中，市政府被转化成行政管辖区，并同大城市政府联系起来，这些大城市的政府都将拥有提供公共服务的责任。在第二种模式中，大城市政府会更加精简，由这个大城市政府连接这四个市政机关。这种联系的层次将继承并集中市政当局的商业税收，然后再通过一个正式的补贴系统对这些财政收入进行再分配，这一补贴系统是建立在众多财政和财产指标上的。在大城市层面上，把商业税集中起来，才能确保市政机构不陷入一种类似于到邻居家乞讨的竞争状态中去。收入的分享会创造一种平等的运作空间，并且建立起“保险库”的基础，在这样的一个保险库中，不管在一个大城市的区域中，经济活动到底发生在哪个地方，所有的市政机关都能够享受到经济发展所带来的财政上的好处。而约翰内斯堡城市的计划则采取了第三种方案。它采用了中央集权的、协调的百万以上人口城市的模型，并且将政治权力、财政管理和空间规划的权力都集中起来，置于一个中央交点的操控之下。但是城市却通过经济和行政管理的地方分权的方法来提供公共服务。对于一些商品，可以征收一些形式的使用费——如水和公共卫生、垃圾服务和电力的发送——于是这个城市就转变了它原来的服务提供体系，而是组建了一些公司性实体，并有了多种不同形式的私人部门的参与。对于另一些商品，具有公共物品的特征，如贫民区改善、全民健康和图书馆等，城市则通过地方分权的行政管辖区来提供这些服务，这些行政管辖区是由议会和首席执行官来运作的，并且由议会分配一个多年制的预算方案。虽然将大城市政府从公司和社区提供服务的系统中分离开来，可使大城市更加可靠稳定，但是它也带来了如何管理潜在的道德风险的问题——各级政府之间、公司和社区团体之间以及高层政府之间——这些道德风险都是隐含在这个分离过程中的。

资料来源：阿默达（1996）；阿默达和英曼（1998）。

但是，在提供公共服务过程中，私人部门的参与同样带来了一些问题，即怎样规范半垄断问题，尤其是在基础设施建设方面的半垄断问题。比如，争夺特许权的市场竞争虽然非常激励，但是一旦特许权被确定下来，获得特许权的经济主体将处于垄断地位，在市场中没有任何竞争者，水电部门竞标就属于这种情况。所以，制定合理规范是很有必要的。南非在规范体系的设计过程中面临两个选择，它可以创造一个中央集权的体系，由中央来进行规范控制和调整，也可以建立一个地方分权的财政体系。如果实施前者，意味着必须公开绩效信息，各社区将比较不同服务的提供方，这将给地方政府带来压力。如果建立地方分权的财政体系，可能会赋予地方政府自己建立法制体系的权力。供水部门可以采用后一种模式，而供电部门可以采取中央集权的财政体系[12]。

10.2.4 省级政府硬预算约束含义

在南非新的政府间体系中，对地方政府的预算约束并不是很有力，为了更好地理解这一问题的来源，我们需要分别考虑省级政府和省以下地方政府。首先考虑的是省级政府。共有四个因素，为各省和中央政府之间的预算博弈创造了机会，这四个因素是：法制托管、政府间支出责任不明确、缺乏自有税收入和中央集权的劳动力管理。在南非各地，新的法案规定，提供健康、教育和福利的责任由中央政府和省级政府共同承担。但无论是法律，还是特别关注政府间体系的政策规定，对于到底什么是“共同责任”都没有给出一个明确定义，尤其没有明确指出在“共同责任”中，到底哪些属于中央，哪些属于省级政府。

除此之外，虽然各省得到了法律的允许，但它们并没有任何自有税收入来源，健康、教育和福利等支出责任完全落在中央政府肩上。为此，中央政府选择了直接为各省提供转移支付，这些转移支付并不是有条件的，它们和省级政府支出并没有关系，恰恰相反，这些转移支付是作为无条件的现金流提供，这一行为使得各省拥有很为灵活的自主权，可以在不同的支出项目之间进行资金转移。

由于各省缺乏自有税收收入，加上中央政府和省政府之间的责任定义不明确，权责划分不清晰，这就为这两级政府之间的预算博弈提供了可能。各省在法制托管的基础上，将收入上缴给中央政府，从而失去了获取资金支出的机会。反过来，中央在保证各省上缴税款方面的能力也十分有限。由于中央政府没有提供任何自有税收入来源，中央政府无法向地方征税以补贴亏空，而且中央政府不得不将上缴税款的政治责任交还给省级政府。因此，各个省份没有太多的激励因素来节约花销，因为各省都知道，即使它们没有上缴税款，它们也不可能被征税，或因此而受到惩罚。

当南非施行中央集权的工资协商体系以后，这种中央政府和省级政府之间的讨价还价情况更为严重。这一中央集权的工资协商体系实际上是由中央提供的无条件补贴承诺所确定的。事实上，从人员开支的方面来说，健康、教育和福利开支中的60% ~80%的部分，在它们到达各省之前，就已经确定。各省没有成为中央协商体系的一部分，自然也就没有政治上的动力去对抗中央政府（见专栏10.3）。

专栏10.3　中央集体协商结构

南非的政府间财政关系系统，是建立在已有的中央集权的公共部门协商的结构之上的。这带来了很大的紧张气氛。虽然各省在表面上，对于它们如何在各部门之间分配预算拥有很大的控制权，但是实际情况却是，省级预算中最大的一个部分——人事成本，实际上是处于各省控制范围之外的。虽然从原则上说，各省有权雇佣或解雇工作人员，但是在实际中，不论是从政治还是集体协商体系而言，各省要真正做到这点是非常困难的。在公共部门中，对省级预算施加了一些严格的约束，所以决定提供服务状况的体系是中央集权。

围绕这个领域，存在着一些问题：

- 政府规模：编外人员，即过多的工作人员（集中在少数的几个省）估计数量达到了60000名。由于缺乏一个有效的支付节约工具，情况就更加复杂了。从1996年开始，对这些节约措施就存在着延期偿付的状况。相反，政府依赖于自愿的服务组合，但是这也不是一个有效的节约工具。现阶段，应对该问题再次协商和讨论。
- 工资协商：政府协商人员由一个全国的内阁附属委员会来授权。省级政府对授权过程只投入了极其有限的精力。所以，经过协商以后的结果并不能充分反映各省的需要和限制。每年增加的公共服务内容，在年度预算中通过一个单独的选举来确定。但是不论怎样，还是通过协定对各省施加了一些意料之外的成本。在一些例子中，由于有一个中央集权的授权过程，各省可能都还没有意识到从集体协商中产生的义务。观察预算支出，在2000～2001年度，这些选举可能被转移给各个省份。
- 工作组织：通过人事管理标准来决定公共服务的报酬和雇佣的条件，有效地对中央工作组织进行了限定，并对工作情况提供了严格的描述，并在提升和雇佣问题上，被认为过于规范。公共服务的行政管理机构即将发布一个酬劳法规，来取代人事管理标准。这个酬劳法规将包括一些指令（工资范围、工资法规、工作重点）以及一些指导方案（工作的本质、关键的资格等）。这些指令都将在中央讨论协商。指导方针会向地方分权，从而给各部门和各省更多的权力，来作出人事任命和提升的决定。

毫无疑问，省级政府在建立以后一年的时间里，开始出现巨额财政赤字。1997～1998年，省级政府总预算赤字几乎达到了GDP的1%。省级政府通过动用存款和从商业银行的透支弥补了这些赤字。虽然省级政府没有自有税收入来源，但是私人银行却愿意为它们提供透支的便利，这说明，即使是私人部门，也认为这些债务最终还是由中央政府来偿还。这一点最后也得到了证实，1997～1998年，中央政府提供了21亿元的额外资金，来缓解省级政府的预算压力[13]。有趣的是，这笔额外资金中，15亿元都流向了起诉法案第100条的省份，实际上，这些省份宣布它们无法执行其职能，并且开始了与中央政府的财政协商过程[14]。

10.2.5　省级政府预算控制

面对赤字不断增长的可能性，中央政府开始采取一系列层级分明的控制措施，来管理省级政府的预算。政策措施各有不同，这些措施首先包括在中央政府级别上，承诺实行多年度的预算——中期支出大纲，这一预算方案决定了哪些收入来源是用于政府间财政转移支出的，而且这一方案一般是以三年或五年为限。其次，中央政府采取了对省级预算的直接监督，即通过预算法规，对各省的支出模式进行间接管理，这种间接管理由中央管理机构及其相关部门来进行。最终，所有这些控制和措施旨在建立一系列规则，通过自上而下的控制保证实现一个按照过去经济发展形势分析的、合理平衡的预算[15]。

南非的例子清楚说明，如果省级地方政府没有自有税收和支出模式的控制权，那么一定是有一些类似于工资协商体系的管理机制，或者分层级的预算规则控制。这些控制是非常必要的，尤其当财政体系设计不能够为资本市场提供更多的激励时，资本市场能够根据地方政府的可信程度为其提供和分配贷款。对资本市场而言，对税收十分有限的控制权标志着中央政府对省级债务的支持。

但是，南非案例为层级控制的约束力和可靠性提供了更为深刻的视角。由于南非资本市场[16]发展相对完善，加上宏观经济日益进步，金融现金流的威胁对中央政府财政行为施加了一个很大的限制。1996年，即首次民主选举和第一次任命非洲国民议会金融部的后一年，资本大量外逃，导致汇率大幅下降[17]。短短几周内，汇率下降了50%。新的金融管理部门面对这次货币危机，宣布施行一个财政稳定计划，督促政府减少预算赤字。从那以后，非洲国民议会政府开始受到私人市场的监督，看其是否遵守了财政节约计划。事实上，南非政府最成功之处在于把中央政府赤字从20世纪90年代初占GDP的8%的最高峰，削减到1999～2000财政年度占GDP的3%。于是，在这个市场主导并监督的改革计划中，对省级政府支出的层级控制和管理被认为是可靠的，而且是有约束力的。

此外，由于只有一个政党（非洲国民议会）控制全国以及它对政治过程的巨大影响力，为中央控制各省提供了有力武器。在国家级别上，每个政党都宣布各自参加总理竞选的候选人，然后在各省举行竞选活动。非洲国民议会控制了九个省中的七个省，这意味着由国家政党成员进行的全国性选举事实上只是决定总理的过程，而总理主要听从中央政党的领导，而不是为整个社会的需要服务。既然非洲国民议会的首要任务就是维持财政稳定性，它的政治控制手段必然会补充它的预算控制措施，以此来确保层级控制能够达到预期效果。但最终，财政控制的目标——财政稳定性很大程度上是市场规则的一个结果，而市场的规则来自于开放宏观经济以及地方与全球资本市场之间的相互联系。

政治上的选择——用阿比戴和亚占（1999）的话来说，就是一个政治风险的问题，这可能是金融危机的一个根源，而金融危机是随着新省份的建立而出现的。为了要建立新南非，政治上的协商需要建立省与省之间的层次级别。它导致黑人家园迅速消失，并产生了新的完全相反的政党——民族主义政党和印克哈塔自由党，这实际上代表一种政治空间，为它们的种族在新南非的竞选资格打下基础。在一个多层次多级别的政府体系中，为了保护各省的利益，宪法还建立了财政和金融委员会，该委员会有义务向国会直接报告[18]。

但是，自从新的法案通过讨论协商并被采纳后，在非洲国民议会的政治领导阶层中，各省地位还存在着很大的不确定性。所以，金融管理部门不重视财政和金融委员会的地位也就不足为奇了，尤其是财政和金融委员会提议的各省拥有税收权力的方案，更是遭到金融管理部门的忽略。这种政治上不确定性，反映出一个问题，即在政府间体系之中，究竟各个省份是分散的还是作为地方分权的政治实体。这一政治问题可能会使各省处于一个不伦不类、非驴非马的尴尬境地，这样的一种处境，在一定程度上导致了1998～1999年间各级政府间的预算博弈，导致福利性支出的严重不足。与种族隔离制度不同，种族隔离制度消灭之后的南非，对各省的政治措施处于一个更好的政府间财政规则制度的控制之下。

10.2.6 省以下地方政府硬预算约束含义

省以下地方政府的情况与省级政府有很大的不同。单单从市政机关的数量上来看，最开始有800余个，现在已合并到300个左右，这些数字说明，中央官员将不太可能依靠层级控制来进行基本的监督和管理。相反的，政府不得不通过多种多样的渠道，依靠施加责任约束和财政规则来监督和管理。

第一，从政治的层面上来说，各个地区都能够直接选举各自的代表。第二，通过保证地方政府对自有税拥有控制权，选举过程得到了进一步强化。这些地方政府的税源包括商业税和居民财产税。第三，地方政府能够获得定义清晰的资本补贴项目，并且其资本得到持续的补充[19]。第四，通过立法，地方政府能够直接进入资本市场，而且在这个市场中，有明确的信息披露规定，破产程序也基于司法规定。第五，如同高收入家庭一样，商业和工业领域的土地市场正通过其良好的运作不断加强大城市之间的竞争。第六，所有地方政府正在引进一个新的财政管理体系，该体系将在每个季度提供地方财政和金融状况的公共信息。

总体来说，所有这些机制将地区（选举过程、对税率调整的反应）、市场（通过土地市场和借贷资金分配）和中央处理过程（财政转移支付体系、金融管理要求和信息披露）联合起来，限制了地方政府能力，使其不能随便参与到那些不可持续发展的、不合理的金融扩张活动中去。毫无疑问，地方政府的情况与各省情况不同，地方政府无法使中央对地方的支出负责，因此资本市场也不大愿意为这些地方政府提供过渡性资金，帮助它们平衡预算。

10.2.7 省以下地方政府潜在问题

在政府间体系的框架中，有三个潜在的漏洞可能会导致省以下地方政府将它们的责任义务转嫁给上级政府，这三个漏洞是：大城市规模的问题、公共金融中介和政治披露。

（1）大城市规模

通过合并程序，国家的立法机构批准了大城市政府的建立。这些大城市通常为人口上百万的超级大城市，其中最大的六个城市的产值占了GDP的40%，于是，就可能出现“城市规模过大以至于不能出错”的一系列表现。有一个基本的前提假设就是，在金融危机期间，大城市的政府都能够得到紧急救助，因为如果这些大城市一旦崩溃，带来的后果可能是相当严重的。但是，这也存在着一个潜在问题，这个问题是由城市经济分权带来的。换句话说，中央鼓励各个城市将提供市政设施服务的任务分散化，划分给商业性的公司，最好是能有私人部门参与。这样一种将经济服务分散化，给予私人部门的过程，将使基础设施管理置于私人部门破产法的管辖之下。除此以外，私人部门的参与也将带来金融地位上的平等，另外还有一个好处就是投资者也有动力对债务进行监督。最后，私人部门的参与很可能把私人部门的竞争带进市政基础设施建设中去。

虽然经济分权的模式有助于在金融和基础设施提供过程中，引入私人部门的规则和竞争优势，但事实上，只有在一个竞争的市场中，这种模式才可能很好地利用。纯粹的地方公共物品，比如说图书馆、社区的设施等，则不在这个模式的有效范围之内。在这个案例中，一些大城市的政府，尤其是约翰内斯堡，参照的是地区分权的模式。整个城市被分割成多个行政区地带，每个行政区都有议员和行政首席执行官，行政首席执行官每年能收到一笔固定金额的资金，这笔资金是通过一个透明的预算体系发放的，而且，这笔钱主要是通过社区参与，用于行政区的建设。所以，通过预算体系对行政区的管理是一种层级控制，而行政区又通过自上而下的方式控制下级的社区，后者对前者形成了一种补充。

南非的金融部门也提供了一种机制来帮助中央政府，这种机制在地方与上级政府之间建立了一种缓冲体系。尤其是私人部门，它们常常通过协商来完成市政债券保险。比如，一个市政机构如果没有兑现债券，债券的保险机构就会保证按时支付利息和本金，而且支付利息和本金会按照债券发行者最初的偿还计划进行。保险机构会与债券发行者合作，处理各种金融问题，从而将投资者的损失降到最低。又比如，美国市场有超过40%的市政债券拥有保险，这些保险承诺一般是不可撤销的，而且不论债券的发行方出现任何情况，保险的承诺在债券期限内将一直有效。为了分散风险，保险机构往往会向一些特定的机构进行再保险。在南非的案例中，有数家国际再保险机构都进入了地方资本市场。

（2）公共金融的半国营集团

国际上的经验通常证明，金融半国营集团的存在会为中央政府提供一种预算外的机制，支持其提供公共服务。尤其是在金融危机期间，金融半国营集团为中央政府提供了政治上的便利，使其可以寻找预算外资金来“隐藏”问题。中央政府认为如果这些问题能够暂时性地得到资金上的支持，那么危机的解决方案将会自然而然地出现。国际上的经验同样告诉我们，政府部门这样的行为可能会产生政府部门取代私人资本的危险，同时，在借贷资金分配的过程中，资本市场的作用也可能会受到损害。

南非保留了南非发展银行。南非发展银行是一家金融半国营企业，主要用来对黑人家园提供资金支持，但是在保留南非发展银行的同时，南非政府也对其进行了改革，将其变为一家市政基础建设银行。建立这家银行的本意是为了能够为一些较小的市政府提供资金支持，因为这些较小的市政府没有能力进入资本市场，但到后来，南非发展银行也开始为一些较大的城市提供资金支持。在约翰内斯堡的案例中，由于约翰内斯堡经济上管理不善，私人资本市场将资金撤出，然而就在此时，南非发展银行却增加了对该市的贷款。到底金融半国营集团的干预行为，是不是延迟了该城市的最终重组，以及这次行为是不是得到了中央政府的批准，很难得到直接证明。但是，这次事件清楚地表明，公共中介这种行为很有可能为软预算约束开后门。

在南非，有三个因素可以限制公共金融机构带来的不利影响。第一，资本市场中私人部门的存在，提供了一种政治上的群众团体力量，从而限制公共中介侵入资本市场。此外，政治团体会毫不犹豫地把私人风险转嫁给公共部门，并且这些政治团体会利用金融半国营集团达到这一目的。这个问题说明，在为公共物品或半公共物品提供金融支持的过程中，需要把公共金融机构和私人金融机构的角色完全清楚地划分开来，但这在实际操作中是非常困难的。一个更好的选择是尽可能地避免建立公共金融机构（见专栏 10.4）。

专栏 10.4　资本市场的演进和借款权力的地方分权

在没有民主的资本市场的国家里，采取中央财政转移支出可能是一种比较好的选择（比如说，从来自国际资源的中央借款），它能为地方政府提供资源，而且其政治力量主要集中在发展私人商业银行体系之上。这个措施避免了公共金融中介的建立，保证了财政部门和金融部门的相互分离，并且能为构建市政金融体系提供一个更好的起点。随着私人银行系统的建立，长期的资金能够通过中央支持的贴现手段来提供。这些手段延伸了商业银行对市政机构借款的能力，但是承担了到期偿还的风险。商业银行仍然保留了对零售借款业务的风险承担，从而在公共部门和私人部门之间保留了各自风险的独立性。哥伦比亚为设计贴现手段提供了一些经验教训。若资本市场和金融机构合并来提供长期的金融支持，那么就不再需要这些贴现手段了。而且，只要财政系统设计合理，地方政府也就能够确保较长期限的到期票据。但是，对一些财政比较薄弱的市政机构而言，财政的转移支付体系仍然是提供资金的一个重要机制。在一些更加发达的资本市场中，私人信用评定机构和债券保险公司提供了一个基于市场的机制，来监督和管理中央以下级别政府的贷款。这些机构反过来，还需要公共部门的管理规范。

资料来源：阿默达（1999）。

第二，是中央储备局或中央银行的独立性。这种独立性保证了省以下地方政府的债务难以通过发行货币来偿还。根据国际经验，尤其是阿根廷、巴西和中国的例子说明，地方政府的公共债务经常通过发行货币来偿还，在这种情况下，中央银行往往处于地方政府的政治控制之下，而且地方政府常常拥有对公共半国营集团的控制权。比如在阿根廷，各省都利用它们各自的公共银行来为省级政府的赤字提供资金支持，因为省级政府知道，中央银行会运用它的权力支持金融半国营集团。过去的十年里，虽然南非政治体制发生了巨大的变化，但独立的储备银行的传统却一直保留了下来。这主要归功于政府官员，他们从国际经验中学到了保持一个独立的中央银行的重要性，而且一个发展相对完善的资本市场也同样确保了中央银行的独立地位。但是，1995 年南非发生大量资本外逃的威胁，这迫使政治领导人降低储备银行的独立性，而储备银行的独立性在宪法中是得到保护的。

除此以外，在宪法商议的过程中，非洲国民议会推翻了建立省级银行的提议，选择让地方政府从资本市场直接借款。这是限制公共金融中介所可能带来不利影响的第三个因素。

（3）政治风险

前面谈到的政治风险是地方政府的潜在问题。在设计新的政府间体系的过程中，中央政府已经明确规定对省以下地方政府制度的制定规则。但是地方政府从两个特定的方面，继承了旧有体制的一些传统：第一，对白人和黑人提供的服务存在着巨大的差距——种族隔离制度的残余。第二，立法规范合并旧政府成立新的地方政府结构的过程中，旧体制的金融债务——对私人部门的欠款，都被新的地方政府所继承。这些新的地方官员开始质疑这种继承方式是否合适，因为这些债务主要从地方税基、重组过程、过去的积压债务中获得资金支持，新的政治领导觉得这些资金来源都不够可靠。

中央政府采取了多种措施应对政治风险问题。第一种应对措施是政治上的。改革策略一开始，中央政治领导人就决定，所有三个层级的政府都要同时为重组过程和积压债务提供资金上的支持。实际上，这就相对于一种政治声明，如果积压债务风险不能够轻易地转嫁给中央，那么地方政府的债务在将来也会遇到同样的情况。当然，这种政治措施，与减少赤字的宏观方针是完全一致的，而且在很大程度上，也是由减少赤字的大方针来驱动的。

但除此以外，中央政府已经把一部分内在的政治披露转变成了一种外在的预算机制。为地方政府提供的资本补贴正是为了要帮助地方政府，使它们能够改变服务提供不均衡的状况。相类似的，政府也正在筹划采取一种重组补贴措施，支持大城市的改革过程[20]。政府为了达到削减宏观赤字的目标，不得不减少对重组补贴的支出。所以，补贴一般集中于最大的几个城市，因为如果这些大城市不能很快地完成改革，将对整个经济造成很大的负面影响。更重要的是，政府通过将一部分政治风险直接转移给预算部门，有效减少了政治性负债的财政威胁，因为它将这种负债转嫁给了正式的预算过程。

10.3
经验教训

到目前为止，南非经验说明，在一个多层级的政府中，硬预算约束框架是不可能通过一个特定渠道来加以实现的。相反，在一个系统化的政治措施中，层级规章制度、财政工具、市场和社区的责任都是必不可少的，因为它们要为每一级政府提供正确的激励措施，使他们能为各自的经济事务管理负起责任。

在南非，多年制的预算、对宏观财政目标的外在承诺以及金融管理规则共同组成了层级管理体系的核心。总体来说，这些体系显示了地方政府从中央能够获得多少资金，以及哪些级别的政府能够获得这些资金。补助资金主要通过一种财政转移支付体系划拨给各级政府，资金划拨的过程是非常透明公正的，因为这个体系遵循法律规范并有固定模式，这降低了省以下地方政府对财政资源进行讨价还价和人为操控的可能性。除此之外，省以下地方政府对自有税拥有控制权，这也就意味着，至少从某个方面而言，这一级别的政府已经能够为它自己的开支负起责任了。

显然，税收收入权力的获得迫使省以下地方政府不得不开始考虑其政策对经济和家庭可能带来的影响。在南非，资本所有者在大城市之间转变公司的地点或将资本转移出该国的权利，以及社区和家庭消费或储蓄的权利，都很好地说明了省以下地方政府征税的权力是怎样在商业和家庭之间创造了一种动态的均衡。但省级政府却没有一种这样的协调机制，因为省级政府只能依靠财政转移支付为其支出提供支持。

同时，财政转移支付制度也利用了社区对政府官员的控制。首先，市政资本补贴是通过地方政府进行分配的。其次，这些补贴是用于一些金融项目，这些项目是由各个社区设计和实施的。这样不仅增加了特定项目的可持续性，还促进地方政府和社区之间相互协调关系。

除此以外，层级体系和财政工具的设计塑造了公共和私人部门之间的相互协调关系。在资本市场的例子中，财政政策的设计影响了资本市场对省级政府和省以下地方政府的反应，但是影响方式却有很大区别。在省以下地方政府的例子中，债权人往往更加小心谨慎，因为他们感觉到最终将由地方政府对他们的借款负责。资本市场对两个不同级别的政府反应各不相同，这并不是市场不完善的标志，而是市场对不同财政政策反应不同的表现。与之相类似的是，在私人部门参与基础设施建设的金融和供给方面，政府最终如何设计法律规范的框架，将决定私人部门竞争的力量能否用来将政府的财政风险降到最低，以及私人部门的竞争能不能帮助地方政府硬化预算约束。如果这个法律规范系统非常薄弱，或者很容易受到政治因素的影响，那么就有可能削弱私人部门的参与，或者使得政府容易受到内在意外情况的影响（李维克、阿默达和伯德，1998）。

最终，政府间体系的设计会为政策制定者提供这样一种可能，即他们能利用支票和预算平衡获益，而这种支票和预算平衡是由层级控制、财政工具、市场和选举体系的司法协调过程带来的。

南非经验说明，在发展和转型的经济形态里，政治理论都认为，首先，这些经济形态存在着潜在的不完善市场；其次，新生的民主体系和层级控制必须起到最主要的作用（或者说，在一个简洁明了的政治排序框架中，层级控制一开始就要起到一个更重要的作用）。

在层级体系中，由谁来监督同样也是一个立法性的政治问题，因为这可能会导致市场不完善和选举体系反应过慢，而从一开始，一个反应过慢的选举体系就是导致政府依赖层级控制体系的重要原因。实际上，既然这些渠道都存在不完善的地方，但如果综合运用这些措施，可能会产生一种协调反应。至少，这样能够分散中央政府单独依靠一种财政工具的风险。

南非的例子说明，全球金融市场与地方市场的联合，对中央政府政策制定的过程施加重要约束，这使层级体系更可靠、更有约束力。同样，公共部门内部，权力的分离本身也是一种机制，标志着层级规则制度的一种承诺和可靠性。比如说，南非独立的司法机构和独立的储备银行使得政策制定者能够支持财政分权政策。

在南非，地方金融市场的特殊地位、地方金融市场融入全球金融市场的过程，实现了一个更有效率且更为可靠的地方分权体系。南非的案例说明，市场体系是多层级政府建立硬预算约束的核心。本章建议各国最好不要建立公共金融机构，尤其是地方以下级别的银行。不仅如此，南非的案例还说明，财政分权体系的设计，会决定资本市场对地方政府借贷可靠性的判断。最后，本章还介绍了为使中央政府避免没有计划的负债，财政分权过程应该被限制在金融分权过程之内。

但是，无论一个政策设计得多好，都会有其致命的缺陷，都可能受到政治经济风险的影响。种族隔离的大环境，加上双重政府结构的资金支持就是这样一个极端的例子。除此以外，从财政和金融的力量来看，南非新的政府间体系是属于沙漏型的：一个强大的中央政府和多层次的地方政府，以及一个受到限制的省级政府作为沙漏的中间部分。但是，福利、健康和教育资金却依靠省级政府资金支持。省级政府在财政、金融和法律规范的薄弱权利主要是政治经济体系持续演化的结果，在这个不断演化的政治经济体系中，中央政治力量逐渐削减南非省级政府的作用。但是，宪法给省级政府提供了更多地方权力。宪法的本意和实际操作过程的不一致，为预算博弈创造了一定的空间，在1995～1997年间，这种预算博弈成为中央与各省财政关系的主要标志。为解决这一问题，中央政府制定了更加严格的层级规则，并利用非洲国民议会党的控制地位来约束省级政府的行为。但这样一种自上而下的控制能不能在长远的时间里发挥作用，还有待查看。目前，有人提议将补贴转变成为更具条件约束的形式（更大程度的层级控制），也有人提议各省可以选择性地发展一些职能，并将其转交给地区议会和大城市（确保省以下地方政府能有更大的控制权）。总而言之，只要省级政府的财政权利定义不清，政治经济风险问题将始终存在。

施加硬预算约束的一个核心因素是在转型期间为博弈规则设定一个基调。中央政府面对货币危机，往往反应迅速，而且都有财政计划，不仅如此，中央政府对计划的宏观目标都非常坚定。即使是在宏观经济衰退期间，凯恩斯式的经济扩张也有可能得到保证，中央政府仍然坚持他们的财政方针。同样的，中央政府也能很快地发现省级赤字的问题，并采用各种先进的财政控制措施来进行处理。从省以下地方政府的角度来说，中央政府宣布停止为其贷款提供担保，在对中央下级的金融半国营集团方面，中央政府监管控制更加有力，甚至关闭了一些金融半国营集团。中央政府采取的这些措施虽然是缓慢的，但也逐步稳定的赢得了市场信誉，只有这样的信誉才能够支持中央政府的财政计划并获得省以下地方政府支持。这种严格的措施，对转型的经济体系非常关键，它对省以下地方政府而言是一个信号，说明种族隔离的经济救助时代已经完结了。南非政策制定者也察觉到，在短期内，政府干预能够破坏旧的趋势，并为前景作出一个预期。

南非的政府间体系正在持续地演进和迅速地变化。所有这些基础性变化与政治、经济、财政和金融的地方分权过程同步进行。在地方分权的过程中，南非中央政府在很大程度上改进了宏观财政和货币状况。虽然这一成功的原因有很多，但决定性的因素是，在一个很大的程度上是因为中央政府能够硬化地方政府预算约束。这一目标主要是通过严格的层级控制、市场竞争和选民支持三种方式实现的，每种方式都与其他方式相辅相成从而硬化地方政府预算约束。总的来说，多种方式的综合运用也许就是南非能为其他国家避免分权危机提供的宝贵经验。

致 谢

本章从巩特尔·埃斯克兰德的评价和建议中获益颇多。

注 释:

①黑人地区和白人地区的差别并不是仅有的区别。种族隔离制度下，对印第安人和有色人种之间同样制造了差别。为了展示经济方面的问题，本章主要只集中在黑人和白人之间的区别。

②这些地区被称为黑人家园和独立国家。

③实际上，如斯韦林、哈姆普莱斯和萨布汉恩（1991）所指出的那样，种族隔离制度对黑人社会征税，以继续维持这种种族隔离的制度，并且导致了收入的再分配，使收入从低收入的黑人家庭流向了高收入的白人。对于后者详细的阐述，见维达辛（1993）。

④我们不得不讽刺性地补充，赤字可能最终是由“警察和安全”部门的“投资”来控制的，这也是层级控制的一种形式。

⑤南非的新宪法建立了三层独立的政府阶层：中央的、省级的和地方的。与其他很多国家的宪法，如美国宪法和印度宪法不同，南非的地方体系不是地方或省级政府的产物。这种独立的特性对于政府间财政体系的设计有着很多的深层涵义。它回避了第二和第三层级的政府作为经济力量，它们之间的紧张关系，比如说城市化和技术改革，使得地方政府日益在经济上和政治上都成为越来越重要的一个政府级别。印度就是一个很好的例子，它告诉我们实施地方分权政策的过程有多么困难，因为各州都不愿意支持本地地方分权的权力。后者则处于前者的法律和机构托管之下。虽然本章不是讨论这个重要问题的地方，但是从硬预算约束的观点来看，两个政府级别之间的独立性减少了预算博弈的可能性和意外负债。

⑥地方政府白皮书为这一过程的不同阶段提供了详细的描述。

⑦这些地区议会中有六个，实际上都是监管行政辖区的大城市政府。在有些地区，它们负责监督一组较小的市政机构，但是在这两级政府之间，权力的分配并没有最终确定。本章并不讨论政府间玩的预算博弈，也不讨论两级政府之间可能出现的财政负债，而是在中央和政府财政关系的讨论中出现的软预算约束的原则。

⑧虽然好的财政措施会建议说，这两种税收对于金融基础设施建设并不是最适合的，但是实际上，它们在财政体系中没有效率的地方也非常有限。资金周转率和工资率的非常低（低于0.5%），而且这些比率都由中央就国家的整体状况来确定。最后，它们在城市和地区的级别上而不是在市政的级别上被征收上来。这些因素限制了可能导致低效率的一些原因，包括资金周转税的层叠效应以及空间的错位等。除此以外，税收由中央设定，实际上就是一种转移支付。见伯尔和所罗门（1999）。

⑨如本章即将讨论到的，这一政治决定是省级政府面对的预算软约束动力的一个重要来源。

⑩缺少这个条款，中央政府可能要面对时间不一致的问题，这个问题就可能会降低政策措施的可靠程度。

⑪见艾哈迈德（1998）。

⑫如本章即将详细阐述的那样，在一个地方分权的体系中，法制机构的选择和可靠程度是非常重要的决定性因素，在这个地方分权的体系中，包括了市场的分权，以及对于地方政府而言，软预算约束能否存在的问题。如果法制体系失败，不管是因为一些机构获得了控制权，还是因为中央政府的政治干预，都会使中央政府负担地方政府的债务。

⑬开支中一个很大的部分是养老金和福利补贴。在法庭的案例中，由于主要都是没有接受到福利补贴的个人，使这个特别的开支是处于中心的地位。法庭通过的决议确定中央对这部分开支要负最终的责任，除非宪法广泛地规定了这个开支计划，是中央和各

省共同的责任。这个开支责任就对宪法作用的不明确性作出了最好的定义。

⑭阿比戴和亚占（1999）指出，把宪法第100条用于两个省（即东开普省和夸祖尔·纳塔尔省），大体上，无论是在媒体中或是在公众中，都没有引起过多的争论。他们认为，这也是在新的民主体制中，政治机制可靠性薄弱的一个表现。同样，也可以说，大家都认为，各省在财政上是依靠中央政府的，没有人，包括市场在内，会对第100条法案的应用表示惊讶。

⑮这里要提出一个非常重要的警告。虽然预算建立在一个多年制的基础之上，减少了年度自由选择的可能性，但是多个专家指出，由于把垂直的分配留给了政治过程，这就重新引入了自由选择的因素，只不过这种自由选择建立在一个稍微长一点的周期之上。将这种可能最小化的一个措施就是，在财政法案中将垂直分配的比率确定下来。

⑯南非在整个非洲中是非常特别的一个国家，这也是相对它的经济发展阶段而言的，因为南非拥有一个相对发展比较完善的私人金融体系。除了一个发展较好的商务和商业银行体制，南非还拥有特别强大的契约性的储蓄机构——私人保险公司和养老基金。实际上，保险公司和养老基金的资金已经达到了GNP的80%——这一比率比美国和加拿大还要高——南非保险费在GNP中的相对比重是全世界最高的（维塔斯，1994）。地方资本市场拥有长期的资本，能够投资在市政和城市建设上。

⑰直到那时，非洲国民议会才从私人部门中任命了一个赞成技术的专业政治家，并将其任命为金融部部长。

⑱要了解更多财政和金融委员会运作情况的细节，参见艾哈迈德（1998）。

⑲尤其是联合市政基础设施建设补足，它是一个主要的资本补助体系，中央政府通过这一体系为市政基础设施建设提供资金支持，其中也有地方政府和社区的参与。

⑳如在正文中讨论的那样，这个补助被错误地称为“约翰尼斯堡紧急救助”。虽然约翰尼斯堡是第一个接受这一补助的城市，但是这一补助最初建立的动机却是为了解决积压的问题。

参考文献：

Abedian, I., and Ajam, T. 1999. “Multi – Tiered Governments and Hard – Budget Constraint: The Case of South Africa”. Draft paper, World Bank Country Office.

Ahmad, Junaid, 1996. “Structure of Urban Governance in South African Cities”. International Taxation and Public Finance, 3 (2): 193 – 213.

Ahamd, Junaid. 1998. “South Africa: An Intergovernmental System in Transition”. In Richard Bird and Francois Vaillancourt (eds.) Fiscal Decentralization in Developing Countries. Cambridge: Cambridge University Press.

Ahmad, Junaid. 1999. "Decentralizing Borrowing Powers" PREM Notes, no. 15, Jan.

Ahmad, Junaid, and Robert Inman. 1998. "One City: A Proposal for Capetown". Policy brief. World Bank.

Bhal, Roy, and David Solomon. 1999. "Turnover and Payroll Taxes." Draft note.

Lall, Rajiv, and Bert Hofman. 1995. "Decentralization and Government Deficits in China". In Jayanta Roy, ed., Macroeconomic Management and Fiscal Decentralization. Washington, D. C.: World Bank.

Litvack, Jennie, Junaid Ahmad, and Richard Bird. 1998. "Rethinking Decentralization in Developing Counrtries". Washington, D. C.: World Bank, Poverty Reduction and Economic Management Network.

Republic of South Africa. 1999. Local Government White Paper, Pretoria, South Africa.

Swilling, Mark, Richard Humpries, and Khehla Subhane. 1991. Apartheid City in Transition. Cape Town: Oxford University Press.

Vittas, Dimitri. 1994. "Contractual Saving in South Africa". Working Paper Draft, Washington, D. C.: World Bank.

Wildasin, David. 1993. " Local Finance of Urban Infrastructure in South Africa". AF1EI Working Paper, World Bank, Washington D. C.

11 乌克兰的系统性软预算约束

肖恩·康奈尔　黛博拉·魏茨

对于经济体制转型的国家而言，尤其是乌克兰，合理把握分权的程度是在不断变化的财政经济文化、宏观经济以及政治体系中需要考虑的一个重要问题。尽管事实证明财政分权能带来许多好处，但是实现分权还需要一系列重要的前提条件。比如下级政府的自治权和财政责任。在乌克兰经济转型面临重重困难的情况下，更需谨慎考虑财政分权体制。持续的实际收入下降与预算不足导致了各级政府间的相互不信任。不幸的是，在乌克兰取得独立的最近十年中，各级地方政府不是积极地进行建设性合作，以使本国经济走出萎靡，而是不断破坏彼此的财政权利与政治权力。

乌克兰尚未建立地方政府硬预算约束机制，相反，乌克兰的财政和政治体系却始终在促使其地方政府预算约束进一步软化。在此背景之下，预算约束的软化不能仅仅归咎于某一特定政策的失败或是个别机制的缺失，这其实是一个系统性的失败。本章围绕影响预算约束的三个方面展开论述：11.1节主要考察政府间体系，11.2节对政治领域进行评价，11.3节考察地方政府的资本市场。在上述三个方面中，都不存在硬化地方政府预算约束的条件。

11.1 政府间财政关系及其对预算约束的影响

乌克兰的人口规模、国土面积以及城市化程度与法国和意大利相似。乌克兰国土面积57.9万平方公里，人口5200万人左右，其中约71%的人口居住在城市（世界银行1999）。其国土面积和人口规模比其他大多数面临经济体制转型的欧洲国家要大得多，但其1996年人均GNP只有1200美元，这远远低于其欧洲其他国家。

乌克兰是一个单一制国家，但它具有一些联邦制国家的特征。乌克兰由中央政府和27个区（州）政府（包括克里米亚自治共和区、基辅和赛瓦斯托波耳），490个省政府、447个市政府以及众多的村镇组成。不同层级政府的规模有很大不同，州的人口规模从90万人（如彻尔尼维特斯克）到510万人（如顿涅茨克）不等。省的人口规模在10万人到30万人之间，而城市和大城镇的人口可达260万人（基辅）。形成鲜明对照的是，村镇的人口主要是在500～2500人之间。

表11.1　　中央政府和地方政府支出占GDP的百分比

年　　份	1993	1994	1995	1996	1997	1998
中央收入	42.8	43.4	37.9	37.1	38.3	35.9
地方收入[a]	17.6	17.3	18.0	14.9	15.5	14.4
中央支出	71.0	53.6	44.9	39.9	44.9	38.0
地方支出[b]	16.0	17.0	17.9	14.9	15.4	14.5
中央现金赤字	-28.1	-10.2	-7.0	-2.8	-6.5	-3.0
中央欠款[c]	N.A.	N.A.	0.8	0.6	0.4	N.A.
地方欠款[a,c]	N.A.	N.A.	2.3	3.3	0.0	N.A.
养老金欠款[a,c]	N.A.	N.A.	0.1	1.3	0.2	N.A.
欠款总额[c]	N.A.	N.A.	3.2	5.2	0.5	N.A.
中央赤字	N.A.	N.A.	-10.1	-8.0	-7.1	N.A.
GDP（名义百万元）	1483	12038	54516	81519	93365	103869
地方收入/中央收入总额	41.1	39.8	47.5	40.2	40.5	40.1
地方支出/中央支出总额	22.5	31.7	39.8	37.3	34.4	38.1
地方支出与欠款/全国总支出与欠款总额	N.A.	N.A.	44.8	45.5	34.9	N.A.

资料来源：世界银行（1999年9月），第9页。“NA”表示未得到相应数据。

注：综合数据包括养老基金，不包括国有企业和地方企业。

a. 地方收入包括转移支付和来自中央预算的共享税收入。

b. 地方支出包括地方预算向中央预算的转移支付。地方收入和地方支出包括来自州政府及其下级政府的收支信息，不含中央政府收支数据。要注意，该数据可能不包括下级政府的预算外资金，非预算资金以及特别基金（见下文）。

c. 欠款包括有财政部认可的未付工资、福利以及商品与服务。

表11.1表明，地方政府的经济活动是乌克兰经济的一个重要的组成部分。1998年，地方政府的财政收入占GDP的14.4%[①]，而当年中央预算收入总额占GDP的35.9%[②]。除了1995年之外，地方政府财政收入总额（包括共享税收入与转移支付）保持在中央政府财政收入总额的40%。

1998年，以收付实现制为基础核算的地方政府支出占GDP的14.5%，占中央政府支出总额的38.1%。该数据显示，与中央政府财政赤字占GDP的2%相比，地方政府的财政赤字相对较小，这是由于忽略了地方政府应该承担但实际未履行的责任。如果不以收付实现制为基础，而以地方政府的支出责任为基础考察地方政府的支出，这将扩大地方政府收入与支出的缺口，随之而来的赤字表明建立在该体系基础上的软预算约束可能带来一系列财政问题。

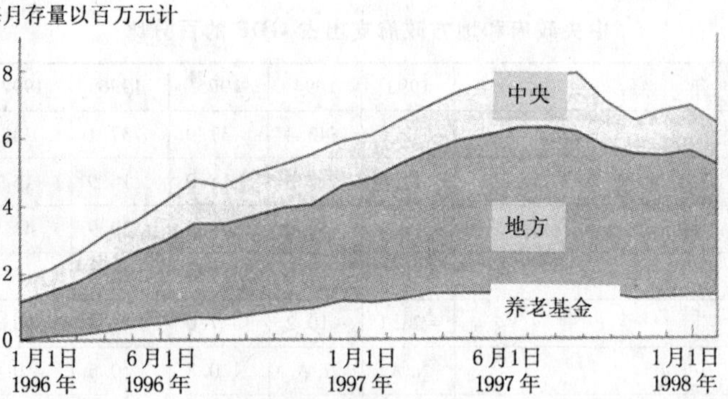

图11.1 1996~1997年欠款总额

资料来源：乌克兰财政部。

表11.2 1995~1998年地方政府的欠款在全国总支出中所占百分比

年　份	1995	1996	1997	1998
教育	17	31	21	24
健康	14	28	17	21
社会保护	4	39	32	32
文化	10	23	18	20
社区服务	—	—	—	15

资料来源：世界银行（1999年12月），第12页。

表11.1说明了债务的规模及其在不同层级政府之间的分布。从表11.1

中可以看出，负债主要集中在地方政府。1997年末，各级政府债务余额达到了69亿格里夫纳（格里夫纳，乌克兰货币单位），相当于当年GDP的7%。而这些债务中大约43亿格里夫纳，即债务总额的60%集中在州政府。地方政府债务余额从1997年末开始下降，但1998年又开始上升。虽然尚未取得1998年政府债务的完整数据，但据估计，1998年末地方政府预算债务及养老金债务将分别达到19.7亿格里夫纳和9.6亿格里夫纳。另一项预测显示，1998年末，包括公共企业（政府对公共企业并没有正式的责任）债务在内的债务总额将会达到85亿格里夫纳，即GDP的8%（世界银行，1999）。

各类债务中，社会保障的数额最大，其次是教育及健康医疗方面的负债。表11.2显示了在1995~1998年间，各类债务余额占地方政府总支出的比例。尽管债务问题不如1996年时严重，但仍占到地方政府总支出的1/5~1/3。无论在哪个部门，发放工资形成的负债在债务总额中所占比重是最大的。

地方政府的债务规模反映出地方政府的支出权力与为这些支出融资的能力之间存在着某种程度的不平衡，同时还反映了财政体系中的赤字挤出效应，这种挤出效应影响了中央政府、地方政府、地方公司、雇佣劳动者以及其他微观经济主体。实际上，地方政府债务是从其他经济部门取得强制借贷（没有利息）的一种形式。债务累积的另一个深层次原因是地方政府之间的实物交易已成为一种越来越普遍的交易方式，这使得地方政府几乎没有能够用于支出的现金。相互抵消机制（比如下文提及的财政收入）刺激了地方政府的举债冲动，因为它们可以在举债之后从中央政府获得的财政援助中将其抵消掉，这种机制软化了预算约束。

11.1.1 支出责任划分

财政赤字的产生及糟糕的财政纪律主要是支出责任划分不明确造成的。为了使地方政府能够在履行其支出责任时遵守财政纪律，明确不同层级政府的角色及其责任是十分重要的。在乌克兰，多方面的原因导致了各级地方政府责任划分不明确。

现行政府间体系的法律法规对各级地方政府的公共服务职责界定模糊，并且对其行政机构和立法机构的具体职能划分也不清晰。乌克兰处里政府间财政关系的法律法规的核心是宪法，宪法规定了乌克兰的行政区块划分，以及地方政府行政、自治和独立选举地方立法机关的法律条款。宪法强调，只有州及省政府代表并遵从村、镇、城市大众的公共利益时，才能被认定是地方政府机构。否则，它们只是作为中央政府的分支机构运行。

乌克兰宪法中关于政府分权的条款更加具体，相应条款集中体现在《地方自治政府法》及其他一些法律法规中，如《预算体系及税收体系法》和《地方税收和关税法》。大多数法律仍有待修订以与宪法保持一致。对特定财政年度中政府间财政、共享税以及平等化转移支付的分配，由每年的乌克兰国家财政预算法案作出规定。税法，尤其是有关增值税、利润税以及房地产税的法律也包含了地方政府间公共财政的重要规定。

在这些法律确立的体系中，各种各样的关系（包括行政机构与立法机构之间的关系，中央政府与地方政府之间的关系，及中央政府管理与地方政府自治之间的关系）尤为复杂。该体系实现了国家行政权力的完全纵向分散，包含分别拥有独立立法权的三个级次的政府。立法权在中央政府相对比较重要，而在地方政府就没有那么重要了。现行法律并没有明确规定代表国家进行行政管理的机构以及代表自治政府进行行政管理的机构的角色和责任。另外，现行法律并没有规定如何按能力分配中央与地方共有的责任。这些规定的混乱导致了许多法律相抵触，比如，基辅市议会领导与该市行政部门领导之间在角色与责任划分方面存在矛盾，根据《地方自治政府法》议会领导拥有行政管理职能，而行政部门领导是由总统任命的，也行使行政管理职能。

法律在规定支出责任的具体分配方面显得更加模糊。现有立法机关没有明确规定各级政府应该提供什么服务。每级政府在每一特定方面都拥有一定权力，而且最近几年，许多职能已经“遗传”给了地方政府。理论上，只有在中央政府或地方政府的“共同利益”被满足的基础上，州及省政府才被授权提供公共服务。而在实践中，有数据（见表11.3）显示，大部分的财政支出产生在州和省政府，比如大部分的健康医疗及社会保障支出。州政府及其下级政府还存在另一种支出分配问题。在州政府、省政府、镇政府和村政府之间，仍存在着无休止的关于谁应该为公共服务买单的争论。由于存在着省政府和市政府剥夺企业社会资产的现象，这些问题就更加复杂化。地方政府被迫承担本应由国有企业承担的提供社会服务的责任，但地方政府的财力并没有得到相应增加。

乌克兰现行法律除了没有清晰定义各级政府的权责，还默认了政府职能的向上或向下委派。比如，如果一个村政府不能或不愿意承担某一项具体财政责任，就可以将该项责任及相应的转移支付一起移交给省政府。市政府也同样适用这种责任向上转移的方法。根据地方政府的意愿，跨时间、跨地区的财政责任转移成为可能，而现行法律体系中却没有具体规定财政职责向上或向下转移程序。

表 11.3 1997 年按支出类型和政府级次分类的地方支出构成（%）

	州政府综合	州政府	州级城市	行政区政府	行政区下属城市	镇	村
社会文化总额	53.1	38.1	55.1	65.0	66.8	75.6	80.1
教育	26.1	12.1	28.1	31.9	58.8	64.9	62.4
健康医疗	24.5	23.4	25.2	30.1	6.0	7.9	11.8
文化	2.5	2.6	1.8	3.0	2.0	2.8	5.9
社会保障	26.0	25.6	29.5	28.0	10.2	4.2	1.3
国民经济/公共服务	4.9	4.7	6.5	1.8	14.8	9.3	1.0
行政管理	1.9	0.2	2.5	0.4	4.4	7.2	16.0
对国家的转移支付	5.6	16.7	0	0	0	0	0
预算贷款	1.0	2.3	0.1	1.0	0	0	0.1
其他	3.9	5.5	3.7	2.9	2.3	2.1	1.0
合计	100	100	100	100	100	100	100
备注：资本投资	3.6	6.8	2.6	1.1	1.6	1.7	0.5
占地方政府支出总额比例	—	34	37	21	2	2	4

资料来源：世界银行（1999），第 32 页。

最后，由于地方政府财政责任与权力之间存在着严重的不匹配，地方政府可能减少或增加支出。地方政府可能拥有提供服务的责任，但是他们并不控制对此有重要影响的变量，如工资、价格及雇用决定。许多法律对工资、社会援助项目中的社会支付以及地方政府具体职能和支出细节作出了规定。其他的一些法律及地方规章，对地方政府制定住房和公共服务的价格和税率作出了规定或详细说明，并授权地方政府制定最小范围和规模的公有教育机构预算。同时，其他的法律可能对支付的薪金水平、提供的福利及优惠以及其他直接影响地方政府提供公共服务的项目作出了规定。实际上，地方政府尽管名义上是自治的，但在政策制定方面的权力十分有限。立法及法规执行的相对薄弱，是缓解这一状况的唯一因素。

总而言之，在乌克兰地方政府的财政支出不满足硬预算约束的一些重要条件。首先，现行法律中没有明确规定各级政府分别承担何种责任，甚至同级政府中（中央政府、州政府、省政府、村政府）哪一政府部门（中央行政管理与地方代表中央进行行政管理）负责哪些事务也不明确。这使得地方政府容易在提供公共服务的选择上有较大的随意性，也加剧了财政纪律的实施困难[③]。

硬化预算约束的另一个条件是地方政府能够控制自己的支出责任并行使相应的决策权力。事实上，许多决策都是上级政府强加给地方政府的，地方政府独立决策以更加有成效地、有效率地履行其支出责任的权力非常有限。

最后，在某种程度上，软预算约束已经因该体系中的矛盾而制度化了。许多需要地方政府提供的公共服务是宪法指定的，或者拥有极大的外部性和（或）再分配意义。比如，乌克兰《宪法》第 53 条规定，中学教育是免费的，同时第 49 条规定，医疗服务是免费的。然而，地方政府承担了提供这些服务的责任，却往往不能为其筹集充足的资金。这一限制导致了中央政府与地方政府之间关于规则的争论：地方政府必须提供他们无力负担的公共服务，因为宪法规定了这是地方政府应尽的责任。这种情况导致地方政府的大量负债，尤其是用于支付工资及养老金的债务。但是，共产主义国家的传统是，尽管个人和公司没有得到相应报酬，他们仍然继续工作或提供服务，因为他们相信，中央政府最终会提供充足的资金以偿还所欠的工资、养老金及其他类似的欠款。出于对一些特定群体（尤其是矿工）的政治影响的考虑，这一假设并非不正确。结果，软预算约束成为现行财政体系中的一个基本部分。

11.1.2 收入划分与转移支付

硬化预算约束的必要条件还涉及地方政府的收入来源。地方政府可以将为地方公共服务筹资的责任推给另一级政府，这进一步软化了预算约束，因为地方政府将承担更小的税收带来的政治压力。对地方税税率（“自有税”）的自治权也非常重要，因为拥有了制定税率的权力后，地方政府有可能负责税收收入的使用。转移支付的分配方法对该体系的稳定性及可预测性也十分重要。表 11.1 显示，1998 年地方政府财政收入占 GDP 的 14.4%，约占中央财政收入的 40%。然而，正如在其他许多国家一样，有必要确认哪些是官方规定的“地方政府收入”。

表 11.4 显示了 1993～1998 年地方政府的财政收入构成。地方政府的收入来源较广，但是对其中的大部分收入来源缺乏控制。地方政府财政收入的大部分来源于共享税，共享税的税率、税基以及在各级政府间的分配比例由中央政府决定。1993 年，共享税收入占地方财政收入的 83%，1998 年，该比例也达到 68%。乌克兰的“受管制”税收包含四种：增值税（VAT）、企业所得税（CIT）、个人所得税（PIT）以及消费税。经济转型的头几年，中央政府依据州政府从这四个税种中获得的税收收入份额[④]来“确定”对州政府的转移支付。这种方法对中央政府来说虽然简单易行，但透明度不够；在决定给某些州政府分配更多的税收收入时，通常没有明确的依据。截至 1996 年，该分配体系已经进行了一系列改革。在新的分配体系中，除了增值税以外，其他共享税收入对各州政府的分配比例都是一致的。对地方政府增值税的不同分配比例仍作为一个“调节机制”予以保留。1998 年，这种分配体系被进一步改革，地方政府可以获得全部的公司所得税和个人所得税，而全部增值税和消费税则归中央政府所有。但在 1999 年的财政预算中，中央政府恢复了调节税收政策，即不同的州政府获得不同份额的个人所得税、企业所得税和消费税的税收收入，这是一种向更加随意的分配体系的倒退。

表 11.4　　1993～1997 年地方政府各类收入占总收入的百分比

年　份	1993	1994	1995	1996	1997	1998a
“受管制”的税收	**83**	**80**	**77**	**74**	**65**	**68**
增值税	33	21	31	29	—	—
企业所得税	34	46	36	33	39	42
个人所得税	10	10	9	11	22	26
消费税	5	3	1	1	3	—
固定税、费及其他	**7**	**6**	**10**	**14**	**14**	**15**
贸易税	0	0	0	0	0	0
林业费	0	0	0	0	0	0
国家关税	0	0	0	1	1	1
收费和其他非税义务	3	2	2	3	3	3
水费	0	0	0	0	0	0
车辆税	0	0	1	1	1	1
过度消费费	1	0	0	1	0	0
私有化收入	0	0	1	2	1	1

续表

年　份	1993	1994	1995	1996	1997	1998a
土地费	3	2	5	5	7	8
其他资金	0	1	0	1	1	1
地方税费（自有）	**—**	**0**	**1**	**2**	**2**	**3**
不包括来自国家预算资金的总收入	**90**	**86**	**88**	**90**	**83**	**86**
来自国家预算的资金	**10**	**14**	**12**	**10**	**17**	**14**
国家预算的补贴	0	8	4	6	14	14
国家预算的短期贷款	9	1	2	4	0	0
国家预算的收入抵消	1	5	6		3	
包括来自国家预算资金的总收入	**100**	**100**	**100**	**100**	**100**	**100**

资料来源：乌克兰财政部与国库。

a：不包括来自预算外的资金收入。

“固定税、费及其他”是地方财政收入的第二个来源。这些收入来自地方政府的税收及收费，然而这些税种的税基和税率都由中央政府确定。这一类别的财政收入包括一部分税收收入（贸易税和车辆税）、一部分收费（林业费、水费及土地费）收入以及其他一些非税收入，如私有化资金。作为财政收入的一个来源，这些“自有税”和收费收入占财政收入总额的比例从1993年的7%上升到1998年的15%。大部分税收及收费对财政收入增长的贡献微乎其微，最近几年财政收入的上升主要得益于土地费用的增加。

公共财政文献中经常提到“自有财政收入”，即指地方政府对税基或税率拥有一定的控制权的财政收入，一般认为其属于地方税收与收费类别的财政收入。在乌克兰，地方政府大约掌握了16种可以控制税基和（或）税率的地方税收和收费收入。这些税收包括以下几项，如宠物狗税、广告税、赌博税。这些税收的行政管理成本很高，但对财政收入几乎没有什么贡献。如表11.4所示，这些税收收入只占地方财政收入的3%，还不到GDP的0.5%。地方税费收入主要来源于对非国有企业征收的一个小税种，该税是以公司所雇用的员工的人数为基础来征收的（占地方税费总额的53%），而对财政预算内的所有公司及受到政府补贴的公司免征该税。另外一些主要的地方税费包括旅馆费（占地方税费总额的5%）、市场费（占地方税费总额的25%），以及售货亭执照费（占地方税费总额的8%）。

最近的财政收入情况表明，税收抵消（非现金形式的税收支付）及税收债务发挥着日益重要的作用。作为税收收入总额一部分，税收抵消额从1995年以来平均上升了5倍（参见表11.5）。各州税收抵消额占州政府收入的比重有很大不同，但是各州政府在增加税收抵消政策的使用上却是一致的。这些税收抵消部分是下级政府的“现金危机”结果，而“现金危机”则是全国性财政危机造成的。通常税收抵消政策是解决财政责任问题的便捷途径，但会给预算管理带来困难。如果可以以实物形式支付税收收入，这种非现金形式的收入将降低政府财政收入的灵活性与流动性，同时还会使利用预算管理防范财政危机复杂化。税收抵消政策的大幅使用是在地方政府债务显著增加的背景下产生的。1998年，名义累计税收债务上升了4倍多。税收抵消与税收债务都与债券的发行紧密联系在一起，这些地方政府可以发行票据以增加公共服务的供给并减少税收债务。

表11.5　　税收收入总额中税收抵消额的比例　　单位：%

年　份	1995	1996	1997	1998
克里米亚自治共和国（Republic of Crimea）	3.4	15.4	28.5	22.3
文尼察（Vinnytzka）	0.2	13.9	37.5	32.6
沃伦（Volynska）	0.9	11.8	18.3	23.9
第聂伯罗彼得罗夫斯克（Dnipropetrovska）	7.4	32.0	45.2	27.0
顿涅茨克（Donetzka）	4.3	28.0	30.3	27.5
外喀尔巴阡（Zakarpastska）	2.0	16.3	11.6	17.7
伊万诺－弗兰科夫斯克（Ivano－Frankivska）	4.8	38.9	43.4	50.5
基辅斯卡（Kyivska）	3.6	23.9	26.5	20.0
基洛沃格勒（Kirovogradska）	1.9	19.9	43.0	45.7
卢甘斯克（Luhanska）	0	34.8	44.0	31.4
利沃夫（Lvivska）	3.1	21.9	25.0	20.2
尼古拉耶夫（Mykolayivska）	8.2	28.5	36.1	43.0
敖德萨（Odeska）	0.6	9.9	13.2	11.1
波尔塔瓦（Poltavska）	9.3	33.0	52.0	44.1
罗夫诺（Rivnenska）	4.5	26.4	32.9	40.8
苏梅（Sumska）	7.8	32.3	43.4	28.2
捷尔诺波尔（Ternopylska）	2.8	22.1	40.0	44.7
哈尔科夫（Kharkivska）	17.2	48.6	48.4	42.2

续表

年　份	1995	1996	1997	1998
赫尔松（Khersonska）	3.3	26.0	50.5	51.9
赫梅利尼茨基（Khmelnytzka）	3.0	29.1	33.4	43.6
切尔卡瑟（Cherkassaka）	0.4	13.5	31.7	27.9
切尔诺夫第（Chernivetzka）	5.7	25.3	37.3	44.1
切尔尼戈夫（Chernihivska）	2.3	12.5	29.6	20.7
基辅（Kyiv）	1.5	37.2	19.9	14.8
塞瓦斯托波尔（Sevastopol）	4.3	20.8	25.7	24.1
总　计	5.2	28.4	33.1	27.7

资料来源：乌克兰财政部。

除共享税外，政府津贴及补助也是地方政府收入的一个重要来源。最近几年，地方政府收入的10%～17%是以转移支付的形式实现的，而法律对转移支付的具体分配方式却没有具体规定。乌克兰并没有按公式计算的转移支付分配体系，转移支付只是每年财政预算协商程序的一部分，大部分转移支付在此基础上进行分配。实际上往往存在着高估财政收入的趋势，这使得中央政府扣压该年的转移支付，阻碍了该体系良好地发挥其作用。例如，1998年只有计划转移支付的77%真正转移给了地方政府。另外，不同州政府实际接受的转移支付占其计划的转移支付比例存在很大的差别。州政府如日托米尔（Zhitomir）、塞瓦斯托波尔（Sevastopol），捷尔诺波尔（Ternopil）等都收到了计划转移支付的100%甚至更多。相反，基辅（Kiev）、利沃夫（Lviv）和敖德萨（Odesa）只收到计划转移支付的35%甚至更少。事实表明，大部分转移支付都流向了财政状况最糟糕的州。

地方政府财政收入体系与转移支付体系都不具有预算硬约束的特征。大部分流向地方政府的财政收入，不是来源于共享税收入就是来源于转移支付收入。通常，地方政府的预算收入不足以满足其支出责任，甚至预算分配自身也高度不确定。作为地方政府收入来源的主要税种，地方政府有权制定税基及税率。同时，地方政府没有提高其自有财政收入的动机，因为如果这样做，会减少其所获得的转移支付。乌克兰没有按公式计算的转移支付分配体系，尽管正在探讨建立一个按公式计算的分配体系，但该体系尚未建立起来[⑤]。实际结果是，转移支付通常流向那些财政状况最糟糕的地方政府（这刺激了过度支出）或是那些政治权力最强大的地方政府。

通常将银行贷款及债券发行作为地方政府的融资手段，而不作为其财政收入来源。虽然贷款与债券的作用正日益增强，但在地方政府的财政预算中仍作用不大，数据显示，这些项目只在1997年占了地方政府收入的1%。下文将进一步探讨地方政府的借贷体系及其对预算约束的隐性影响。

总而言之，政府间财政关系及政府间层级关系导致了预算约束的进一步软化。宪法规定的公共服务、模糊的财政支出安排以及随意性的转移支付，刺激了地方政府扩大支出的冲动，因为其预期未来一定可以从某种渠道取得财政收入。每年中央政府都宣称将清理债务，但债务余额每年都在不断增长。共享税以及转移支付体系对地方政府提高其自有财政收入没有任何激励，因为一旦提高自有税收入，转移支付就会相应减少。在乌克兰从计划经济向市场经济转型的过程中，许多硬化预算约束的财政机制仍需继续运行。在一定程度上，这与下文探讨的新经济体制下政治的不确定性有关。

11.2 政治机制及其对预算约束的影响

考虑分权化及其收益的一个基本前提是：当地公民能够通过他们在政治过程中的行为促使地方政府对其行为负责。通过“表达”（新闻、竞选结果等）或是“退出”（搬迁），公民拥有对地方政府职能执行效果表达见解的权力。在这一部分，我们考察乌克兰的政治体制在多大程度上能够让公民促使地方政府对其行为负责，并考察是否存在对公民采取这种行为的激励。乌克兰的经济转型已经进行了近十年，但许多硬化预算约束的政治机制仍不存在。

11.2.1 信息获得渠道

大部分乌克兰公民知道或了解其地方政府是如何运行的，地方政府依法对预算资金的取得及资金来源的比例作出具体决策。乌克兰的许多市政府及州政府为保障辖区居民的利益，通常会在当地报纸上公布年度财政预算和市议会的决定。尽管存在这些积极的因素，但事实上乌克兰公民获得的信息、权力以及监督和限制地方政府官员行为的激励微乎其微。另外，即使他们拥有这样的信息和对地方政府的影响，仍存在着强大的、系统性的政治方式或其他方式，妨碍公民监督地方政府官员。

尽管当地公民可以获得一定的信息，但是事实上他们并不知道一些重要的决策（如支出的分配）是怎样、何时以及为何这样作出的。由于转移支付体系的特殊性及审计制度的缺乏，预算的执行大都由州政府和市政府内部决定或它们之间的非公开协商决定。关于有限的资金如何在州政府及市政府之间分配的协商过程尤其激烈，其中双方都采取零和博弈的策略。结果是，重要的决策都是在公众的视线范围之外作出，且公民被排除在地方政府决策之外。此外，公民能够积极参与地方政府决策的例子极少，并且公民会发现，缺乏财政或政治手段参与协商过程将会使自己处于非常不利的地位。

这一以协商为基础的财政体系为监督预算程序和事后分析提供的数据相当少。另外，由于中央政府在管理预算时表现出随意性较大、不可预测的特点，比如中央政府对转移支付的扣压，地方政府可能将支出计划的偏离归咎于上级政府。由于不存在监督和审计，乌克兰公民常常怀疑和不信任地方政府。这些都导致了地方政府透明度极低，并且公众不积极参与地方政府决策。

大量的访问以及媒体调查显示，即使乌克兰公民掌握确凿的地方政府代表欺骗选民的证据，他们也不会采取什么行动，因为他们害怕遭到报复。关于地方政府代表可能拥有不法背景的观点在乌克兰民众的心里根深蒂固。这种观念与上文提及的政府间体系中的其他因素一起，造成了一种政治氛围，即几乎没有获取准确信息的机制，并且极少存在或不存在公民监督地方政府的行为的激励。

11.2.2 责任制

政府责任是硬化预算约束的一个关键。不同层级的政府应该对谁负责？通过上文的探讨发现，乌克兰目前的政府间财政体系融合了两种相互对立的责任制。第一种是“纵向”责任制，即下级政府对上级政府负责，一直向上直到总统。第二种责任制是立法机关对公民和选民负责。在乌克兰，对上级政府负责的责任制和对公民及选民负责的责任制之间存在冲突，这也反映出乌克兰政府从一个总统制的政府向议会制的政府演进的过程中存在的严重问题。

宪法第 10 章第 106 条规定，地方政府领导由总理来任命，由总统罢免。实际上，州长、领导班子以及行政机构和部门领导完全听命于总统，并且任何时候都可能接到总统的命令而被罢免。在州政府的行政管理中，完全服从总统权威只有一个例外，就是州政府议会，州政府议会是由当地居民通过一次性投票直接选举产生的。

名义上州政府议会对州政府拥有很大的控制权，实际上并非如此。从法律上来说，州议会是编制州预算的机构。但是，州政府的财政却受到总统的控制，并且同时接受财政部与州长的双重领导。针对目前持续的预算不足情况，州财政部门除了要决定完成哪些预算项目，不能完成哪些预算项目，还要决定哪些预算项目由现金支付的形式来完成，哪些由实物交易或者债务抵消来完成。大部分的州政府预算都是通过非现金形式来完成的，所以实际管理权属于财政管理部门，并且直接对总统负责。省级政府也存在类似的情况。

但是，对市政府而言，市长是城市居民投票直接选举出来的，一届任期 4 年，选举的过程也是一次性的。同时，市议会也是通过选举产生的。市长和市议会都是通过直接选举产生，所以它们更加关注选民的需求，而且市长和市议会两者之间也往往存在一种共同掌权的关系，这种关系与州长和州议会之间的对立关系形成了鲜明对比。在市政府中，市长和市议会面对着共同协作及为市民提供服务的巨大压力，因为不满的选举者可以并且能够利用投票的权利参与市政府的管理，在选举中击败不受欢迎的市政府。

按照法律规定，市政府不受中央政府干预。《地方自治政府法》第 20 条规定了中央政府与市政府之间严格的权力划分，并且规定市长和市议会只对选民负责。第 26 条（第 10、第 14 和第 16 款）规定，只能通过市议会投票决定市长或是地方政府议会代表的任免。市政府与州政府在预算的协商与执行过程中的冲突可能导致市政府遭受政治报复，虽然《地方自治政府法》保证了市政府不受上述政治报复，但仍有一些例外情况。比如下文提到的两个例外，一是国民议会在特别会议上对罢免市长投赞成票；二是在高等法院的决议认定市政府的行为违反国家宪法或法律。很多人认为，既然法院受到总统的影响很深，那么总统可以而且也确实能够通过不公平的法律决议罢免极度反对其统治的市长。比如，1998 年，敖德萨市市长赫立兹被撤职，而总统得到其继任者的大力支持，此事件被认为受到上述体制的影响。

州政府通过某些机制履行对当地选民应尽的责任，此外，州政府对市政府的活动也有相当大的影响力，并且市政府要对州政府负责。由于州政府在预算过程中的角色，州政府成为市政府支出实际上的控制者和监督者。同时，由于州政府控制了大部分流向市政府的收入，所以其对市政府有着极大的影响力。这使得州政府可以根据各城市的表现和对中央政府的忠心程度，对各市施以惩罚或奖赏。虽然中央政府对地方政府的财政决策没有正式的否决权，但实际上，州政府却对市政府财政决策有一种事实上的否决权。这种否决权在乌克兰的政治体系根深蒂固，以至于市政府如果事先没有接到州政府的意见，一般不会擅自作出任何财政决策。但是，中央政府及其代表机构没有任何保证地方政府利益的激励，实际上，它们更愿意将各种问题转嫁给地方政府。

11.2.3 发展中的民主实践

乌克兰的民主政治实践处于不断的发展演进中，但是尚未形成强有力的制度，不能硬化预算约束。比如，除共产党外，乌克兰的其他政党都没有什么声望。乌克兰有超过 75 个政党，却没有几个有强大的经济实力。加上政治同盟的不断更替，联盟结构的空前分散，乌克兰的政治状况是经济转型国家中最为混乱的，这也在一定程度上削弱了政党的重要性。比如说，总统不属于任何政党，在地方政府层次上，共产党却有一定的影响力，而其他政党的声望却不值一提，并且候选人之间也没有关联。

从竞选资金来说，州政府没有正式的竞选资金，因为州长不是选举产生而是任命的。但是，州长是一个非常有权力的职位，因此对该职位的竞争非常激烈。行政职位的提名没有正式的标准，而且大体上来说，提名的过程也缺乏透明度。

市政府的领导、市议会以及省和州议会都是由选民选举的。在选举期间，公共财政为有资格的候选人提供了一些支持，但是这些支持的实际价值并不大。《地方政府代表和市长选举法》规定，一个候选人可以用于竞选的费用不得高于其税前最低工资的 50 倍。实际上，该规定将竞选费用限制在 1125 美元左右的水平。理论上说，每个候选人拥有的免费使用广播和电视的时间是相同的。但实际上，较强大的地方利益集团往往能够保证其候选人获得更多的广播和电视直播时间。另外，候选人往往拥有一些特殊利益集团，这些特殊利益集团通常建立一些在法律上与竞选无关的特殊基金，但是却用这些基金为竞选活动提供资金支持。结果，候选人得到了很多特殊来源的资金以及利益集团的支持，但对这些资金使用缺乏透明度，也不用承担责任。

居民“退出”或搬迁到另一个社区能够很好地展示居民的偏好，并在某种意义上迫使地方政府对其行为负责。但是如同前苏联的其他国家一样，乌克兰的户籍制度在很大程度上阻碍了居民的搬迁选择。

乌克兰的城镇化参照了苏联的工业化模式。70多年来，工业化政策强调重工业以及工业城镇的建设，这严重扭曲了资本和人力资源的配置。而且，在市场经济条件下，过去很多专门的居住权都没能保留下来。对公共财政系统而言，扭曲的配置实际上意味着双重的负担：对公共部门而言，严重扭曲的经济不可能提供充足的税基，与此同时，由于一些家庭无法从市场中获得收入，公共部门还要为他们提供数额巨大的补贴。这种不匹配在底层政府以及经济最落后的地区表现得尤为突出。

乌克兰公民“退出”或搬迁到其他社区或城镇的能力是受到限制的。户籍制度是居民获得大多数社会福利所必需的。增强人口的流动性是缓解乌克兰财政问题的方法之一，但通常情况下，人口流动仍受到严格的限制。由于社会福利与户籍密切相连，搬迁也就意味着将放弃取得社会福利的权利，并且当地政府也不鼓励搬迁。所以，公民选择“退出”作为表示其政治偏好的方式在乌克兰是受到严重阻碍的。

政治体制及相关责任安排在硬化预算约束的过程中发挥了关键作用。乌克兰独立以后，虽然政治和民主都有了较大发展，但还不够成熟，不能在硬化预算约束过程中起到重要作用。如果说这些机制有什么作用的话，恰恰相反，它们通常削弱了硬预算约束。有关政府责任的基本问题在乌克兰非但没有得到解决，反而导致了政府分支机构（政府行政机关和议会）之间，以及不同层级政府（州，省和市）之间的对立关系。它们还使得“游戏规则”变得模棱两可，并导致了政治体系和财政体系的随意性。在这种环境下，公民想获得有关政府决策的确切信息，或者监督政府（各级政府）履行职责，越来越困难。同时，公民“退出”权力的使用也是受限的。虽然公民可以而且也确实能够利用选举来表达他们对当前政府的看法，但总体说来，该系统的大部分激励措施并没有促进政府履行职责。下文将继续讨论资本市场和地方政府的举债问题，这也是支持硬预算约束的第三种机制。

11.3

地方政府举债和硬预算约束的失败

通常认为，既然大多数的地方政府在前期都提供了投资数额巨大的公共服务，并且从长期来看，这些服务能够在未来一段时期内带来收益，所以通过举债为这些公共服务提供资金支持，并将相应的成本按时间分摊，是一种恰当的做法。《地方政府法》和 1991 年的《地方政府预算体系法》在一定程度上赋予了地方政府直接借款及发债[6]的权力。但是，有关举债的法规框架仍十分有限，而且，能够支持硬预算约束的法律机制也非常少。在简要考察了地方政府举债的法律框架后，这一节主要集中分析乌克兰资本市场的一些特定问题，目的是更深入研究硬预算约束在乌克兰不适用的原因。本节主要探讨地方政府向上级政府借款的情况，接下来是地方政府的发债问题，最后是敖德萨市政债券违约的案例。

11.3.1 地方政府举债的法制框架[7]

乌克兰没有一个完备的关于地方政府举债的法律框架。地方政府共有三种举债途径：向上级政府借款，商业银行贷款以及发行债券。对于如何分配向上级政府的借款没有明确的指导方针，而且，在年终这些借款常常被转化为政府津贴。商业银行贷款只限于州政府和中等规模城市，用于流动性目的或短期票据的到期偿付，通常贷方银行是地方政府现金账户的储蓄机构。最后，无论是地方政府债券的发行数量，还是发行过程（参见下文对敖德萨债券案例的讨论）都不成功。债券发行不成功的原因多种多样，但是主要是高通货膨胀率、缺乏信用度以及可用资本不足等。总体来说，现有的法律框架无法提供可预测性和可靠性，而这些正是施加硬预算约束必不可少的。

在乌克兰，地方政府举债权限主要依据《地方自治政府法》第 70 条，以及《债券和股票交易法》（第 3 条和第 11 条）（见专栏 11.1）。《地方自治政府法》涉及各种形式的负债，而《债券和股票交易法》只涉及证券，比如债券。

专栏 11.1　第 70 条：金融借贷关系中地方自治政府机构的参与

1. 议会——或者说在议会决议的基础之上——其他地方自治政府可以依法发行地方债务、彩票和债券，也可以从其他的预算渠道获得借款，以及从银行机构获得借款以弥补临时性现金失衡，但需在预算年度结束前偿还。
2. 地方自治政府可以在法律允许范围内，建立公共银行和其他金融信贷机构，可以担任企业、机构和组织贷款担保人的角色，这些企业、机构和组织都是相应区域的公共财产，地方自治政府还可以将其固有资金存入产权属于其他机构的银行，并可依法取得利息收入，包括相应地方预算收入中的利息。

该条款对各种形式的债务的进行了法律授权。现行地方政府债务立法中并未涉及地方政府举债的具体规定（如举债的种类、负债的担保方法、债务违约的补救等)。《债券和股票交易法》第 11 条赋予了地方政府发行债券的权力。但是该法并未对债券发行的程序作出详细规定，这可以说是该法一个重大缺陷。

这些法律中，没有一部涉及对债券（即下文提到的“veksels”）发行的实际操作规定。债券体现了上文中所讨论的地方政府支出和收入分配的问题，也是造成地方政府财政混乱（以及软预算约束）的另一来源。目前，发行债券依据的是 1992 年 9 月的第 528 号内阁与国家银行联合法令，联合法令规定，只有“商业部门”才能够发行债券，并成为该债券的承兑人，转让人或担保人。但是 1998 年 9 月 15 日第 1440 号内阁法令允许州政府在 1998 年年末，与电力部门联合发行汇票，而且中央对这些汇票进行担保。同样，对于如何规范债券使用权也没有达成一致的意见。

1998 年 6 月的敖德萨违约事件迫使总统颁布了一项法令，同时，依据债券和股票市场委员会的 91 条法规修订了其第 48 条法规，按照这两个法令的规定，各级地方政府的借款必须经财政部的批准。但是，这些法令也没有明确规定，中央政府在地方政府无法偿还贷款或债券时，是否对其给予救助，并且对于地方政府获得举债授权的程序也并没有任何明确的解释。不仅如此，由财政部哪一部门执行该职能也没有明确表示。

无论是《地方自治政府法》，还是《债券与股票交易法》都没有规定地方政府可以进行抵押的债券类型。现行《抵押法》对于证券化债务的规定起到了一定的作用。最近该法有了相应的改进，但对举债权的司法确认以及按时执行方面的规定几乎没有。不仅如此，其条款出现了各种各样的问题。比如，《抵押法》规定国家注册机关允许债券抵押的注册，但又规定与未注册的抵押接受人相比，注册了的抵押接受人没有优先权。目前，乌克兰并没有一个统一的注册体系，所以，对现有抵押进行恰当的评估即使不是不可能，也是非常困难的。抵押注册的地点可以是抵押人、抵押接受人或者财产的所在地。

在乌克兰，如何依法履行财政职责，防范地方政府债券的违约行为，没有任何经验可以借鉴。即使是在敖德萨的例子中，不论是债券和股票市场委员会，还是市法院，都没有意识到可能出现的诉讼，虽然两个委员会和财政部都已经收到了不少的投诉信，显然它们没有意识到债券违约所带来的负面影响。

在财政赔偿诉讼案件中，往往要求原告先缴纳折合涉案价值5%的保证金，才开始司法程序，这可能是导致缺乏司法补救措施的一个原因。对于希望寻求法律帮助的债权人来说，这可能会成为一个很大的障碍。比如在敖德萨的案例中，如果债券持有人并非本国居民，其在司法诉讼之前需要缴纳大约100万格里夫纳的保证金。另外，考虑到诉讼过程在时间上的不确定性以及潜在的货币贬值风险，即使是对于一个胜诉的原告而言，这也花费了巨大的成本，因此乌克兰的某些法律法规明显阻碍了依法维权的实施。关于取消特殊财产赎回权的经验同样有限，而且各不相同。在取消抵押品赎回权的诉讼中，清算抵押品的要求繁杂且冗长。至于诉讼的执行，还存在着地方政府财产产权不清的问题。对于许多财产而言，所有权仍然不明晰，并且正处于从国有向私有转化的过程中。

至于监督管理和信息披露方面，中央政府不要求地方政府接受独立的审计，因而没有对地方政府财政状况的全面有效审计。控制监察机构确实对地方政府进行监督，但其监督的重点是揭露犯罪行为，而不是通过审计地方政府的财政绩效来为规范财政职责提供信息。一些地方官员感到，在某些情况下，控制监察机构的审计往往被用于政治目的。对于地方政府财政的生存能力或者满足偿债要求的能力，则没有任何的监管。

但是，国家证券和交易委员会对地方政府发行债券设置了一些信息披露上的要求。这些要求旨在能够反映地方政府的重要信息及其他相关信息。尽管这些要求是合理的，但是，国家证券和交易委员会没有要求在债券的未清偿阶段进行持续的信息披露。此外，国家证券和交易委员会对于违反规定的行为没有任何强制性补救措施，且现有规章制度的约束力也很弱。

最后，对于地方政府无力偿债的处理也缺乏制度安排，而最近起草的破产法只对公司实体适用，对地方政府并不适用。

总体来说，在乌克兰，与地方政府的举债相关的法律对硬化预算约束几乎没有帮助。地方政府拥有举债权，但是对举债的程序、抵押品、信息披露和监管几乎没有任何规定。实际上，只是在 1998 年 6 月的敖德萨债券拖欠事件之后，政府才开始制定一些规则，要求各级地方政府举债必须注册和得到批准，并且规定中央政府不得对地方政府的债务提供担保。即使有了这些法律法规，其实施和执行仍非常无力。正如我们即将看到的，当游戏规则薄弱、实施不力的时候，软预算约束就有了广阔的成长空间。

11.3.2 向上级政府借款

在乌克兰，由于对地方政府在私人资本市场发行债券的管理十分混乱，所以，向上级政府借款成为地方政府最常用的举债方式。但是不幸的是，这种举债方式进一步导致了乌克兰预算约束的软化。

在乌克兰，政府间贷款的过程与真正金融贷款的过程完全不同。1991 年《预算体制法》和 1995 年该法的修正草案指出，政府间贷款可以并只能给予遭受预算不足或现金短缺的地方政府（州政府、行政区政府和市政府）。在乌克兰流动资金不足，预算被压缩的情况下，几乎每个地方政府都符合这些举债条件。由于几乎所有的地方政府都符合举债要求，而相应的资金却不够，导致这些贷款的分配中有很大的自由度。既然贷款分配的依据是需求，而不是贷款项目的质量和信用度，则地方政府就有充分的动力进行支出。此外，贷款以 100% 向最需要的地方政府分配为基础，并且是零利率，加上在实践过程中，往往把未偿还贷款转变为政府补贴，这就造成向上级政府借款往往被作为补贴的一部分，成为上级政府的一种财政责任。

中央政府并没有记录上级政府对下级政府贷款水平的全国性数据，所以目前还不能够获得相关资料。但是，对于政府间贷款未清偿余额的全国性数据则有相关记录。总体来说，大部分地方政府在各财年向财政部申请并取得政府间贷款，尤其是在财政年度的上半年借款更多，而此时，地方政府的预算法案甚至还没有得到批准[8]。由于财政部与州政府的财政办公室有直接的联系，所以财政部对它们的偿债率有更大的控制权，这就使得州政府的未偿还余额的百分比更低。表11.6给出了各级地方政府未清偿的政府间贷款余额占预算的合计百分比。在不同的地区和不同层次的政府间，未清偿余额各不相同。平均来说，底层地方政府的未清偿余额最大。

表11.6 各级地方政府未清偿的政府间债务余额占预算的合计百分比，1997

	州政府	州政府以下的城市	行政区政府	不在州政府以下的城市	小社区	村
克里米亚	0	6%	0	9%	8%	16%
文尼察（Vinnytzka）	0	0	0	1%	3%	4%
沃伦（Volynska）	0	3%	0	3%	4%	5%
第聂伯罗彼得罗夫斯克（Dnipropetrovska）	0	4%	3%	3%	1%	3%
顿涅茨克（Donetzka）	1%	6%	6%	8%	12%	22%
外喀尔巴阡（Zakarpastska）	0	0	0	2%	5%	2%
扎波罗热州（Zaporizka）	0	0	0	0	0	0
伊万诺－弗兰科夫斯克（Ivano－Frankivska）	1%	2%	0	1%	2%	5%
基辅斯卡（Kyivska）	0	0	0	0	0	0
基洛沃格勒（Kirovogradska）	0	0	0	1%	24%	29%
卢生斯克（Luhanska）	0	2%	1%	0	0	0
利沃卡（Lvivska）	0	2%	2%	13%	5%	6%
尼克拉耶夫（Mykolayivska）	0	0	0	2%	2%	4%
敖德萨（Odeska）	0	2%	1%	0	0	8%
波尔塔瓦（Poltavska）	0	0	0	19%	20%	33%
罗夫诺（Rivnenska）	0	1%	4%	5%	12%	16%
苏梅（Sumska）	0	2%	0	7%	4%	3%
提尔诺波尔（Ternopylska）	0	0	0	1%	13%	12%
哈尔科夫（Kharkivska）	0	23%	8%	18%	11%	24%
赫尔松（Khersonska）	0	0	0	10%	11%	8%
赫梅利尼茨基（Khmelnytzka）	0	0	0	9%	14%	20%
切尔卡瑟（Cherkassaka）	0	0	0	0	1%	4%

续表

	州政府	州政府以下的城市	行政区政 府	不在州政府以下的城市	小社区	村
切尔诺夫第（Chernivetzka）	0	0	0	0	0	0
切尔尼戈夫（Chernihivska）	0	17%	7%	8%	14%	16%
基辅（Kyiv）	0	0	1%	8%	22%	20%
塞瓦斯托波尔（Sevastopol）	0	0	0	0	0	0
总　计	1%	0	0	23%	0	15%

资料来源：乌克兰财政部、乌克兰与巴伦支集团；参见世界银行 1999，第 69 页。

在现有的政府间系统中存在着巨大的道德风险，它不仅破坏了硬预算约束的执行过程，还导致了软预算约束的持续存在。地方政府基于实际需要向上级政府的借款，主要用在各种游说和“展示需要”的活动上，而不是用在加强地方政府的信用和偿还债务上，更不是用在保证贷款所支持的项目的质量上。地方政府把精力都集中在从上级政府处取得零利率贷款并进行游说活动，而这通常弱化了资本市场，并且不利于市级财政的中长期发展。

乌克兰的政府间贷款只是导致硬预算约束失败的一个系统性因素。下一部分主要关注的是，地方政府债券或者汇票的发行为实现硬化地方政府预算约束提供了新的方法。

11.3.3 债券

在乌克兰，债券或汇票是一种政府和私人部门都广泛运用的合法的短期举债方式。从技术上来说，债券是一种承诺票据，是依据 1930 年日内瓦公约和 1992 年 9 月的第 528 号内阁与国家银行联合法令发行的。在实际操作过程中，债券的交易过程是一系列内容的组合，有不同企业之间到期债务的相互抵消以及各种债务抵消安排等，地方政府通常发行债券为其支出筹资，以及帮助地方企业减少税收欠款。

1998 年，地方政府，主要是州和市政府格外依赖债券发行为其的计划支出筹资，并且弥补地方企业的税收欠款。表 11.7 给出了 1998 年乌克兰国家税务局的税收收入数据，并显示了地方政府对债券的依赖程度。1998 年，企业所得税占地方政府税收总额的 31%，这也是当年地方政府税收收入的主要来源，并且都是以债券的形式征收的。此外，地方财政收入与地方所得税总和以及州税收总额也显示出对地方政府对债券的巨大依赖性，因为地方与州政府收入总额的21%和16%由非现金形式的债券构成。

表11.7 整理过的1998年乌克兰国家预算税收收入分项列表

单位：千格里夫纳

税收种类	总计	相互债务抵消	债券	通过银行转账取得的收入（现金）	相互税款抵消占税收总额的百分比	债券形式的收入占税收总额的百分比	通过银行转账取得的收入占税收总额的百分比
国有企业和国有机构所得税	2365000	734409	871623	758712	31	37	32
公共企业和公共机构所得税	167669	41468	42417	83783	25	25	50
外国投资（私人）企业所得税	206012	3344	7143	195524	2	3	95
外国法人实体所得税	16793	0	323	16469	0	2	98
银行机构所得税	263612	7284	20423	245904	3	4	93
集团所有企业所得税	1616530	295590	816477	504462	18	51	31
合资企业所得税	2437	2437	2822	38201	6	6	88
私人企业所得税	144260	6259	8741	129259	4	6	90
其他机构所得税	823365	161790	88424	661782	9	11	80
企业所得税总计	5928185	1177657	1858881	1891646	20	31	49
财政收入和所得总计	9504560	1359240	1978779	6166440	21	14	35
税款总额	19035160	3262584	2965659	12806916	17	16	67

资料来源：乌克兰国家税务局，由 Lucan Way 收集整理；参见世界银行（1999），第81页。

表11.7也同样说明，地方政府债券主要由国家、公共部门和集体企业（即产权不清晰的非私人机构）认购，同时，这些公共机构购买的债券构成了地方政府所得税的大部分（几乎是私人或其他类似机构的两倍）。在这个过程中，硬预算约束的失败是系统性的。总地说来，国家、公共部门和集体企业上缴的所得税中，只有三分之一是以现金方式支付的，其余的部分以其认购的地方政府债券或税款抵消的方式来支付。既然债券是一种非现金的支付税款的方式，那么如果债券的价值被高估，则以债券方式缴纳的税款额将低于以现金方式缴纳的税款额，这意味着中央政府和地方政府对国有机构和其他由政府资助的机构提供了隐蔽的补贴，以及对企业施加财政纪律的失败，一旦这些债券交易不复存在，企业就极有可能破产。

专栏 11.2 地方政府的债券交易

1999 年 1 月初，位于乌克兰某州的加里宁格勒公司（vokokanal，供水公共事业公司）发现其需要大量的苯，来修复在冬天受损的供水系统。加里宁格勒的供水系统损坏十分严重，如果不对其进行修理，该州将不能获得自来水供应。加里宁格勒将这一情况通知了州政府的行政机构和财政办公室，并迫切要求获得 1999 年州政府预算中计划的转移支付资金用于供水系统的修理及维护。但州政府并没有可用的闲置资金，于是通知加里宁格勒，将通过州政府债券为购买原材料苯提供资金。加里宁格勒承担起了为债券寻找销售中介机构及安排交易的责任。

为了管理债券交易，加里宁格勒雇佣了一家地方金融公司，这家公司在这一类型的债券交易中有很多专业的经验。该金融公司一个债券交易员同意对债券交易进行管理，并立即开始致电不同的企业，以筛选出一家对债券交易有兴趣的公司。该交易员必须要找到一家具备某些重要特征的公司。首先，该公司必须掌握足够数量的苯，并且确实希望以债券支付的形式进行交易。其次，它必须有一个能管理交易的“合作人”企业，或者对第三方公司有相当多的欠债，并且第三方公司有累积的税收欠款，这样，第三方公司才愿意参与到债券交易中，从而抵消一部分税款债务。通常这是一个非常困难的任务。在这个案例中，该债券交易员找到了一家企业（称之为公司 A），它拥有苯，愿意以债券付款的方式交易，并且有一个合适的合作人企业——称之为公司 B。然后，交易员必须找到或者建立一个中介公司或“封皮”企业，在地方商业银行的协助下专业运作这一交易程序。封皮企业的建立是有特殊目的的，它从企业 A 买进苯，A 只有很低的名义利润，它然后以较高的名义利润把苯卖给合作人企业 B。

相应的，公司 A 以每升 75 戈比的价格将苯卖给“封皮”企业，只比它的成本每升 70 戈比高出 5 戈比。然后封皮企业以每升 1.45 格里夫纳的价格把苯买给合作人企业 B，名义利润非常可观。之后，合作人企业 B 以每升 1.50 格里夫纳的价格把苯卖给加里宁格勒，然后接受州政府的债券订单作为收入。为了进行会计处理，合作人企业 B 和加里宁格勒都要去州政府的财政办公室登记整个的交易过程，随后把合作人企业 B 的与交易等额的税收欠款注销。

加里宁格勒最终从债券交易中获得了需求总量一半的苯，而这些苯本来是应由现金支付的。随后，由于供水系统维修费不足，许多市民仍无法获得自来水供应，不久后，加里宁格勒不得不向州政府提出更大数额的维修资金申请。对州政府而言，债券订单的总额反映了其计划预算支出，同现金交易支付方式相比，州政府以赎回债券的形式筹集了同样规模的收入。金融公司和代理商业银行获得了丰厚的服务费，"封皮"企业在以不可思议的名义收益率缴纳税款之后，迅速关闭。

乌克兰的地方政府债券具有某些能够影响其运用的基本特征。债券是不可转让的（比如说，它们不能贴现或交易），债券按照名义价值足额发行，而且只能用于抵消地方政府预算中的税收欠款。于是，企业购入了绝大部分的地方政府债券，来抵消其所得税⑨。更重要的是，上述这些因素综合作用，就需要一个非常复杂的且事实上不合法的方法，来管理大部分地方政府债券交易。专栏 11.2 的案例展示了市政债券是如何交易的。这个案例表明，硬预算约束的失败来自于地方政府的债券交易行为。州政府认可了债券的全部票面价值，并以此为基础为地方政府提供公共服务，但是实际上，地方政府提供的服务的实际价值只有债券全部票面值的一半。也就是说，州政府的支出水平被高估了，而州政府的负债却被公共服务的形式所掩盖。

由于债券只能以名义价格发行，所以必须找到一个对这些债券进行贴现的方法。否则，没有人会接受这些债券。另外，按官方的规定，债券不得贴现不得转让，但是可以用来缴税，所以债券的直接交易是非常不受欢迎的。债券直接按照名义价格来进行交易，并没有体现其合理的现金价值，而且对于购入债券的企业而言，还增加了所得税的负担。为了在交易中体现债券的真实价值，购入债券的企业不得不收取更高的服务价格。这样，企业才能够用现金来支付所得税，而在交易过程中，企业没有得到任何现金，反而对自己的现金流产生了双重影响。因此，现在需要建立一个不合法的、适时停业的封皮企业，并且，如同分析所指出的那样，地方政府对此是默许的态度。地方政府默认这种非法行为并从中获益颇多。

债券反映出地方政府为了应对资本市场的非流通性、交易的不确定性、不断增加的欠款和不透明性，进行了一些改革创新。地方政府采取这些改革措施是因为发行债券能使其提供公共服务并取得税收欠款，而如果不采用，这一切都无法实现。在乌克兰，预算已经变得越来越紧缩，地方政府也因此越来越依赖债券。但地方政府债券使乌克兰带陷入一种恶性循环，预算资助的企业需要越来越多的资金来抵补支出，但是通过发行债券，只有一部分支出能够得到抵补，而对预算资金的需求却越来越大。第二个结果就是对保留企业税收欠款的一种刺激，这是由同样的措施所导致的，而本来这些措施是为了减少企业税收欠款的。

11.3.4 敖德萨市政债券违约

1998 年敖德萨市政债券违约事件中，敖德萨拖欠了 9150 万格里夫纳的债务。此次重要事件标志着，在乌克兰地方政府资本市场发展的过程中存在着系统性的风险。出于对自身信誉的考虑，中央政府不得不对敖德萨的市政机构提供间接的救助，规定损失由债券投资者承担。与此同时，敖德萨的案例也说明了政府间财政体系、政治和对资本市场控制的乏力是如何导致软预算约束的。

出于一些原因，敖德萨债券在发行期间对于投机者非常有吸引力。债券发行之前，敖德萨市就公开了资本投资计划，这些投资都是资金周转快、回报率高、期限短的项目。如投资于停车场、收费公路的建设、市出租车队的组建以及其他回报率高、收益快的项目。这些项目期限很短——只有一年，年收益率 50%，远远高于国债的 30% 的实际年收益率。该债券同样可以以票面价格进行交易，并可自由转让。所以，由于大量外国投资者的参与，发行额为 61000 万格里夫纳的债券被全部认购。

从债券发行中获得的所有收入被转移到市预算的一个独立账户，该预算账户在该市授权银行波塔—弗朗哥银行开立，这家银行还承担着为所有金融交易寻找债券偿还渠道的任务。对债券发行收入进行投资的机构是敖德萨经济发展市政抵押基金[10]。敖德萨经济发展市政抵押基金有权根据该市管理的项目使用债券收入，也有权发行短期债券为贷款偿还提供资金。

1998 年 5 月 1 日是债券偿还期的第一天，9100 万格里夫纳欠款中有 200 万格里夫纳到期，但该市并没有划拨任何款项对债券进行偿付[11]。所以，从技术上说，敖德萨在偿还期的第一天就违约了。5 月 11 日，敖德萨经济发展市政抵押基金向市政府预算转移了 25 万格里夫纳，之后这笔款项被转移到了波塔—弗朗哥银行，并且只用来偿还公民个人购买的债券[12]。5 月 11 日以后，敖德萨经济发展市政抵押基金再未转移资金给市预算用于偿还剩下的9075万格里夫纳的负债。至此为止，总计9075万格里夫纳的负债全部拖欠。

同其他所有的乌克兰城市一样，敖德萨在很大程度上受到整个政府间财政体系的影响。1996年，敖德萨市收入的51%来自国家的转移支付（比1993年的90%有所降低）[13]。共享税收入的波动非常大，而且转移支付被长期拖欠的现象较为普遍（现在仍是如此）。税款抵消、实物交易以及其他对地方政府预算的非现金支付形式（在它们中间，债券是最主要的形式）构成了地方财政收入的较大部分，而地方政府的自有收入仍然很少。

与此同时，从1996年到1997年，敖德萨受上级委托的强制性支出占到了其支出总额的35%。同时，1997年，受到担保的支出增加到了总支出的44%。虽然委托性支出和担保支出有交叠的部分，但它们与非现金支付的方式一起，严重影响了市财政的现金流，并且无法使市政府拥有较低的负债水平。在债券发行时，收付实现制下敖德萨的赤字占预算的5%。但是，在该市的应收票据中，未清偿的债务占到了预算的22%。

在债券销售之前和销售期间，敖德萨进行了十分诱人的市场营销行为。它通过介绍工业、旅游和贸易中巨大的潜力，向外国投资者宣传它的经济成功史。敖德萨的市长很有影响力，并具有领袖气质，敖德萨是国际公认的港口城市，并且按照乌克兰的标准，敖德萨的税基也具有合理的多样性。事实上，1998年2月，国际信用评级机构 Fitch IBCA 将敖德萨优先债的信用等级评定为 B+级。令人感到奇怪的是，这个等级要高于当时穆迪评定的国家债务的等级——B2级。

尽管发行的债券被全部认购，但是从事后的收益来考虑，我们也很难理解为什么一个理性的投资者会认为敖德萨债券是有信用的并对这些债券进行投资[14]。一年期债券的总额达到了1997年敖德萨市预算收入的50%以上[15]。91%的敖德萨债券是在6月12日到15日之间出售的，所以在1998年同期，91%的债券到期需要偿还。这是到期债务膨胀的一个极端案例，偿债额激增，敖德萨在不到一个星期的时间里[16]应偿还的债务几乎达到了1998年计划预算总额的一半。此外，在1998年5月到6月，敖德萨还需要计划好偿债任务，这意味着市政债券偿还会非常困难[17]，因为在乌克兰，市政府的预算编制通常在5月之前还不能够完成。所以，在敖德萨1998年预算方案得到州政府批准之前，偿还期就已经开始了。

直到同年10月底，国际和国内的金融市场已经开始明显紧缩。尽管国际金融市场情况恶化，敖德萨市议会仍在1997年11月6日发表了一份公开声明，授权发行第二批债券，总价值达到5亿格里夫纳，既有本币形式也有外币形式[18]。与第一次发行债券的情况不同，市政府以其所拥有的财产和税收收入作为抵押。由于市场需求明显萎缩，政府也未与财政部门就债券发行签订任何正式的计划书与合同，市政府被迫停止发行债券。与此同时，第一批敖德萨债券在二级市场中的交易量也急剧萎缩。

敖德萨经济发展市政抵押基金对债券收入的管理也存在一系列问题，因而成为中央政府对内部犯罪稽查的对象。在敖德萨经济发展市政抵押基金管理债券收入的第一个月，其操作主要集中在一些短期合约，把债券收入投放到乌克兰的银行间市场去。但是上述的某些短期投资项目直到1997年8月才收到来自敖德萨经济发展市政抵押基金的资金。敖德萨经济发展市政抵押基金最初以短期证券形式持有债券收益资金，这些资金随后投资于资本市场，但这仍然导致了很大的损失，因为短期证券投资的有效年平均收益率只有资金成本的一半——约为25%[19]。

此外，敖德萨财政办公室对敖德萨经济发展市政抵押基金管理和投资的监管不力。表11.8所示的敖德萨的市政文件分析了截至1998年2月11日债券发行的投资计划，并显示了其资金用途。该文件的分析中并没有提及其余20423776格里夫纳的债券收入，另外，资金分配在很大程度上也缺乏效率。这些项目没有一个按时完成，而且没有一个项目资金完全到位。最极端的例子是，据市预算办公室估计，之前极度吹捧的车库项目，还需要1500万格里夫纳才能够得以完成。在现有状况下，为完成这个车库项目的建设筹措资金实质上是不可能的。这个车库坐落在该市最大的商业中心，但由于其并未建成投入使用，所以也没有带来任何收入。

债务拖欠问题几乎没有任何进展。中央政府对地方政府债务没有作出任何明确或隐性的担保。1998年7月底，中央政府明确表示，不会为敖德萨提供救助。显然，敖德萨不得不自己来偿还欠款。

虽然债务违约是财政管理不善的结果，但是敖德萨市政府坚持认为，在债券到期之前，敖德萨的市长被乌克兰政府免职引发了政权不稳定，这才是导致债务违约的系统性原因。但是敖德萨市政府无法偿债的原因仍值得怀疑。敖德萨市政府声称，债务欠款是公民对政府行政管理失去信任造成的，并非他们的过失，或者说，由于中央政府迫使行政管理人员离职，所以中央政府有责任偿还欠款。不管是哪种情况，市政府都没有意识到其对债券发行的财政责任。欠款并没有得到敖德萨市政府的法律上的认可，甚至没有得到外国债券持有者的认可。

表 11.8 敖德萨债券收入的计划用途 单位：格里夫纳

住宅建设	18078000
停车场建设	11298224
整体市场的建设	5600000
城市优尼维尔梅格商场的建设	5600000
总 计	40576224

资料来源：敖德萨市政府。

虽然债券是地方政府的财产，但是敖德萨城市财产基金——负责敖德萨市市政财产出售的机构却表示，基于敖德萨目前的政治困境，任何市政房产的转移或出售在短期内都是不大可能的。为偿还市政债务，该市还需卖出相当规模的市政财产。此外，由于市场意识到了敖德萨的困境，市政财产只能以较低的价格出售。如同乌克兰其他所有的国有财产基金一样，敖德萨城市财产基金极力反对把市政财产以打折方式出售。综上可知，以出售市政财产方式对敖德萨的债券偿还收效甚微。

由于缺少解决地方政府债务问题的相关法律，加之执法不力，外国投资者无法挽回全部甚至部分损失。正如上文提到的，国内居民的一些欠款得到偿付，但其偿付机制并不合法。

在一定程度上，投资者不得不自己承担损失，而且也得不到中央政府的救助，敖德萨的例子至少在硬预算约束方面发出了一个积极的信号。不过，如果不是中央政府自己也正遭受财政危机的话，在敖德萨事件中，中央政府的反应会是怎样也很难说。实际情况是即使中央政府打算救助敖德萨，它也没有收入以施行救助。不过，敖德萨逃避责任以及法律体制疲软的情况确实存在，而且缺乏解决问题的程序，这些对于乌克兰资本市场的发展来说不是好兆头。

11.4
结　　论

乌克兰的例子说明了一个事实，同许多联邦分权制国家一样，即使是高度集权的国家要维持硬预算约束也非常困难。实际上，乌克兰缺乏硬预算约束不能仅仅归咎于单个的政策或途径，而是由多方面的系统因素造成的。毫无疑问，从计划经济到市场经济的转化是非常复杂并具有挑战性的。但是乌克兰的现状表明，随着国家政治和经济体系的发展，一定程度的财政稳定性、预算约束等是成功的市场经济必不可少的要素，而这些在乌克兰的政治经济体系的发展中仍尚未建立。本章主要研究了三个关键性机制，这些机制会对政府实施硬预算约束的能力产生影响，而最后得出结论，这些机制都倾向于软化预算约束，而不是硬化预算约束。

政府间财政体系仍然很不完善，而且缺乏很多支持硬预算约束的要素。该体系对于地方政府的权责划分不清晰，甚至在某些地区，哪一级政府该履行哪些职责还存在着疑问和混乱。除此以外，很多由中央政府履行效果更好的重要社会职能和再分配职能，却被分配给了地方政府。当不同层级的政府意见不统一时，也没有解决纷争的机制。地方政府对其自有收入几乎没有支配权，而且收入只有很小一部分来自于当地居民缴纳的税款。地方政府收入大部分来自于共享税和中央的转移支付。每年共享税的分成比例依据预算法设定，但是各年间该百分比变化很大，从而导致了地方政府共享税收入的不稳定和不可预测。在极大程度上，转移支付的决定程序非常随意，往往根据各地的需要，并且很大程度上取决于地方政府与中央政府讨价还价的能力。支出和收入分配上的不合理导致了严重的政府间财政的纵向不平衡，在债券违约事件中，这点特别明显。在现行的政府间体系下，地方政府倾向于扩大支出并扩大债务规模，但没有任何激励促使其增加收入。该体系的这些特征导致了地方政府的预算约束软化。

在政治领域中，虽然公民能够获取一些信息，但是各级政府决策的过程通常都是不可知的，而且在日常生活中，公民也没有任何机制可以用来监督政府履行其职责。政府的结构导致了职责划分的困难。州长、省长以及部分国家行政管理单位，都向上对总统负责。各级政府的立法机构只是在理论上对它们的选民负责，在实际操作过程中，这些立法机构常常受到上级政府的控制和干预。在乌克兰，几乎没有任何政府能够做到真正独立的监管。从政党角度来看，各政党都存在纪律不严、执法不利的状况，政治前景一片混乱。在乌克兰现有的75个政党中，没有几个对经济效率给予高度重视。由于国内人口流动性受限，公民几乎不能“用脚投票”。

最后，大体上来说，乌克兰的资本市场，尤其是地方政府举债的资本市场，不具备一些相应的特点，而这些特征恰恰在别国硬化预算约束的过程中发挥着重要作用。地方政府举债的法律和监督框架薄弱，对举债过程的监管更加不力。法律也没有明确规定，中央政府不会对地方政府的债务违约进行救助。除此之外，对地方政府债务的预警和监督非常有限，而且对于地方政府无力偿还的债务也没有相关法律规定。这些因素的综合作用导致一些金融工具的出现，比如债券，其进一步软化了地方政府的预算约束，不仅如此，债券的出现同样也没有激励地方政府对债务和非现金支付等问题给予关注。

敖德萨市市政府债券违约的案例表明，在乌克兰规模最大的市政债券的发行过程中，上述这些因素是怎样发挥作用的。虽然中央政府没有对敖德萨市债务违约进行救助，但是此次事件也显示了政府间财政、政治和资本市场的情况，此次事件表明，为支持一个有效的地方性资本市场运行，需要考虑许多因素。

所有这些特征综合起来，为财政机会主义创造了条件。行政指令多而收入自主权少，导致了地方政府支出严重受限并且缺乏灵活性。直到最近，地方政府才有了事实上的举债自主权。中央政府试图通过层级制的管理方式来控制地方政府支出，但是中央政府并没有能力对地方政府的支出或借款进行微观管理。于是，中央政府在该系统中处于主导地位，而这恰恰与资本市场、土地市场和选举规则的要求是冲突的。中央政府处于主导地位不仅导致经济效率低下，还引发了地方政府创造性解决其财政赤字的问题。最好的情况也只不过是债权人和公民得到了他们应得的款项，或者以折扣方式，如债券，或者以实物偿还工资欠款的方式。在解决预算约束问题的过程中，中央政府允许地方政府采用各种可能的创造性措施。这些措施不仅复杂，而且负面效应大，并且严重损害了整个体系的纪律。只有中央政府的管理更加有效，法律法规的制定和执行得以加强，这种状况才有可能得到改善。

注释：

①表 11.2 中的地方收入包括由中央政府征收的，后通过共享税分配给地方政府的收入。

②综合数据包括养老基金，但是不包括国有企业和地方企业。

③1999 年春天，一份预算法案被呈交给国会，包括了一套更加详细的支出分配法案。该法案最后得到了通过，并在 2001 年 8 月由总统签署发布。

④参见马丁内兹—瓦斯克兹、麦克卢尔和华莱士（1995），297 ~ 301 页，有关于转型早期“受管制”税收及其他地方税收更多信息。

⑤2001 年，政府采用了一个按公式计算的转移支付体系，来为地方政府分配收入，其中最关键的标准是地方政府的支出需求和创收能力。2002 年，这个公式得到修改，将来自中央政府的转移支付的收入合并到州政府和行政区政府收入中。整个系统以共识为基础，极大地提高了转移支付现金流的可预测性，但是仍需要适当的调整。

⑥乌克兰现行法律要求地方政府预算实现“平衡”；但是，在地方政府的账户中，借款被划分为收入项目，而不是金融项目。所以，尽管地方政府发生借款行为，但是同时其账户也可能是“平衡”的。

⑦本章主要借鉴了迈克尔·A. 迪安吉利斯（1998）。

⑧这实际上导致了更大比例的地方政府债务通过贷款重新分类而被注销。接受补贴的州政府往往与财政部就贷款的重新分类问题进行协商。一开始就把这些资金作为补贴，可能会更加有效地促进政府管理。因为这会提高政府的透明度。

⑨其余的地方税收构成了地方政府税收收入的主要来源，自然而然地，这些地方税收以实物交易的方式的支付。

⑩当时，敖德萨市市长指定的执行机构是爱德华，时间是 1997 年 7 月 24 日。

⑪在最初到期的 200 万 HRN 中，大约 130 万 HRN 是对乌克兰储蓄银行“西伯利亚银行”的欠款，大约 70 万 HRN 是对个别团体和公民个人的欠款。

⑫接下来对乌克兰银行所欠的 15 万 HRN 的债券，于 1998 年 5 月 20 日才能到期。所有债券的偿还都是在 1998 年 5 月 11 日完成的，并遵照了如下程序：敖德萨经济发展市政抵押基金将资金转移到市预算，市政府再将钱资金转移给波塔—弗朗哥银行，该银行再对债券进行认购。5 月 11 日，25 万 HRN 被转移给了波塔—弗朗哥银行，这笔款项显然被用于偿还公民个人拥有的债券的票面价值，实际上这部分到期债券的价值为 363165HRN。

⑬所有敖德萨市政财政的数据都来自敖德萨市政财政办公室。

⑭根据敖德萨市政财政部门的文件，大约 78% 的敖德萨债券都是由非居民购买的。

⑮这是敖德萨第一次发行债务。所以，投资者没有过去债务偿还的历史来参考借鉴。但是，他们可以比较容易地估计出，1998 财年敖德萨债务偿还额占收入总额的一个大体比率。如果考虑到敖德萨从 1996 年到 1997 年的收入增长率（10%），这也并不困难，可以把这个比率作为 1998 财年收入的基准。保守估计，把从短期债券发行投资中获得的收入排除在外，并假设每年收入增长率相同，从 1997 年到 1998 年，预计债务偿还率约为 0.44，对双倍的收入增长率而言，约为 0.40，对三倍的收入增长率而言，约为 0.37。甚至在三倍收入增长率这样一个财政收入情况最好的例子中，也显示了极为沉重的债务偿还率。

⑯在州政府与财政部缔结了预算协议以后，市财政办公室和州财政办公室协商市财政预算的。通常，市预算计划要到年中才会决定。各个城市在知道它们的确切预算计划之前已经开始支出了，并在预算决定以后调整它们的支出。这就使得敖德萨通过在预算中预留准备金，用于在债务偿还期内偿还债务几乎是不可能的，而且它也从来没有这样做过。

⑰在债券偿还中，有部分债券最后一周到期，即 6 月 12 日到 6 月 15 日。实际上，敖德萨只有一个方法，使其能够成功地为偿还这笔债务做好准备，那就是准备一笔沉没资金来偿还到期债券，但是它并没有这样做。

⑱因为这个数字是敖德萨预算总额的近三倍，所以考虑到这些发行决策的财政原因，以及它们是否在债券发行中基于类似的原因，情况就非常有趣了。

⑲这大概是短期存款交易的平均数，该存款交易由敖德萨经济发展市政抵押基金管理，投资于乌克兰银行的短期债券和存款。

参考文献：

DeAngelis, Michael. 1998. "The Legal and Regulatory Framework for Ukrainian Subnational Borrowing." Background Paper. Washington, D. C. : World Bank. Europe and Central Asia Region. Processsed.

Martinez – Vazquez, Jorge, Charles Mclure, Jr., and Sally Wallace. 1995. "Subnational Fiscal Decentralization in Ukrain." In Richard Bird et al. eds. Decentralization of the Socialist State: Intergovernmental Finance in Transition Economies. Washington, D. C. : World Bank.

World Bank. 1999. "Intergovernmental Finance in Ukraine: An Agenda for Reform." Washington, D. C. : World Bank, Europe and Central Asia Region. Processed.

12

匈牙利：强化硬预算约束

黛博拉·魏茨　安尼塔·帕普

同大多数东欧国家和前苏联一样，匈牙利的政府间财政体系在 20 世纪 90 年代初期经历了巨大的变革。从一个中央集权的、政府管制的经济体制转化为分权的、由市场主导的经济体制，这对保持预算硬约束是一个特殊挑战。在重大政治变革背景下，各级政府的任务和职责不断变化，新的制度逐渐形成。

匈牙利的经验表明，尽管这一过程剧烈，但在各级政府之间加强和保持硬预算约束下，变革也能逐步实现。这一体系中，并非所有的政策和措施都有利于硬化预算约束（实际上，其中一部分起了反作用），但总体而言，匈牙利政府间体系还是形成了一些值得关注的机制，这些机制保证了大多数的地方政府负债不会被转移到中央政府。这方面最重要的可能就是 1996 年发布的关于地方债务调整的法律法规。在这里我们考虑对硬预算约束有影响的三种渠道：（1）政府间财政体系以及该体系会在何种程度上支持或阻碍硬预算约束；（2）匈牙利的政治激励结构以及该结构如何影响地方政府行为；（3）资本市场体系以及该体系的改革在匈牙利加强硬预算约束中起到的作用。考虑到原始的土地市场的本质和财产税的问题，第四个可能的渠道，即土地市场没有列入其中。

12.1

政府间财政体系及其对预算约束的影响

匈牙利改革其政府间财政体系经历了近10年的时间，已完成大部分的基础建设。尽管政府间财政体系已经取得了很大的进展，但一些关键性的特征却暗示了地方政府并未面临严格的硬预算约束。下面回顾政府间体系的主要特点，包括政府结构、支出责任、收入分配、转移支付和预算程序。

12.1.1 政府结构

匈牙利是一个拥有1000万人口的小国家，包括19个州、23个州级市和约3200个地方（自治）政府的政府体系[①]。宪法和1990年颁布的地方政府法规定，地方政府不论规模大小，一律平等地拥有基本权利，这是匈牙利恢复民主制度的一个重要步骤。尽管如此，对那些被要求提供一系列服务的众多小型地方政府来说，当前的立法为他们的活动提供了广阔的舞台。匈牙利地方自治政府平均规模为3249人（包括布达佩斯），而且超过半数的地方自治政府的人口数低于1000。

改进中的立法尝试通过中间政府（州和地区）的作用来处理零碎问题和提供有效服务。与改革之前的体系相比，州的作用在1990年的地方政府法中被显著缩减了。1996年政府采纳了地区发展和物资计划法案，这项法案旨在形成新的地方政府决策机制，详细策划区域发展计划和优先发展项目，以此建立中央与地方的一种新平衡。较大地区的发展委员会已经在自发的基础上形成，人们期望这些委员会能在未来5年内变得更加规范。

地方政府同样也被鼓励去建立地方自治政府联合会以便更有效地提供服务。现在，有超过200个这样的联合会正在运作之中（赫吉迪斯和佩特里，1997）。关于联合会和地方政府协作的135号法案的目标是改善公共服务质量。尽管该法案认可了几种联合会的形式，但是其中没有任何一种被认可为有权处理自己资源的实体，或者成为预算基金的直接独立接受者，或者为自负责任的实体。

12.1.2 支出责任

自20世纪90年代初起，匈牙利公共支出占GDP的比重明显下降，这反映了政府在维护稳定和职能转变两方面努力。总的政府支出占GDP的比重由1994年的60.7%下降至1998年的45.3%。其中，地方支出占GDP的比重由1994年的17.4%下降至1998年的12.7%。尽管如此，各级政府支出总额中的地方政府支出仍然稳定地保持在总支出的22%左右。

《地方政府法》规定了地方政府具有一系列庞大职能，这些职能必须履行：提供饮用水、幼儿园、基础教育、儿童日常看护、健康护理、福利服务、公共照明、地方公共道路和公共墓地以及保护国家少数民族拥有的权利。其他潜在的地方服务还包括：城市发展、保护建筑和自然环境、住宅供给、水资源管理、下水道管理、地方公共交通、公共卫生、消防服务、公共安全、能源供给，公共（文化）场所供给、文化、艺术、体育活动以及在社区倡导形成健康的生活方式等。地方潜在的服务范围非常广，这意味着地方政府将承担相当重的责任。

履行这些潜在职责，意味着地方政府需要发挥更大的灵活性，从而使整个政府间财政体系存在一定程度的不确定性，这种不确定性导致了透明度的缺乏和预算软约束。以社区服务为例，社区试图尽其所能的履行更多的职能，因为他们接受预算转移支付，但是当社区不能负担提供服务的成本时，通常会作出将责任转移给上级政府的选择。有了这种责任可以向上转嫁的认识后，当地方政府必须履行特定义务时，他们将更加不重视提供服务的效率和符合预算的要求。另外，如果地方政府每年都可以选择是否提供某项服务，就会使服务的提供缺乏稳定性，而且可能会减少对提供某一特定服务的投入。这也表明了地方政府由于规模太小而无法有效履行某些分配的职责。

地方政府被授予了大量职责，但是却没有得到决策制定的自主权。一系列的法律和部门立法对地方政府行为都可以施加影响（Pal - Kovacs, 1998）。比如，教育法案（1993）明确区分了分配给州政府的职责，而且精确地定义了实施细则，对地方政府强加了很多要求。法案明确规定所有的运作费用不在国家的预算范围之内，而且规定机构自身的收入是资金来源的一部分，同时规定了国家预算补贴（为提供服务分配的资源）不得少于地方政府两年前花费在教育方面的公共支出的总额的80%。但这些规定对实现地方政府的自主权或帮助它们实现支出合理化却没有起到推动作用。

另外一个例子是关于健康保护的114号法案，该法案规定病人应当在“常规交通工具”能够到达的地区内接受到医疗健康服务。它还非常详细地定义了不同工种的专业要求和劳动分类，以及哪些工作是由中央财政负责的。财政支持的基础是能力与绩效一致，这决定了机构的拥有者和维持者有权从健康保险基金中得到多少援助，这一规定每年都要进行重新商议。法案的附件还规定了未来五年医院床位的发展情况。总地来看，该法案意味着地方政府作为基础设施的拥有者，但在其决策中却几乎起不了任何作用[②]。

很多部门法律和年度预算案对地方政府的自主权有重大影响。自主权并没有完全与《地方政府法》的规定保持一致。尽管《地方政府法》规定地方政府在公共服务的提供和标准制定方面有很大程度的自主权，但是部门法律和年度预算案却通过实施特别的项目和规定必须遵循的条件，来限制地方政府实际运作中的自主权。总地来说，这破坏了政府间财政体系的有效性和硬预算约束，因为它分割了决策权和责任，使地方政府减少了其决策和行为的责任。

12.1.3 收入分配

如表12.1所示，匈牙利的地方政府总收入由1993年和1994年的占GDP的16%下降到1998年的12%。1998年地方政府由于地方税增加了大约10%的总收入。尽管这一比例大大高于以前（1994~1995年的财政稳定之后有显著增长），但与转移支付相比它仍然只占地方政府收入的一小部分。地方税包括营业税、财产税、旅行税以及公共税中完全属于地方自行决定的部分。在这些税收中，地方政府可以决定是否征收，能够在某个既定的范围内自行设置税率，并且对税额和征收过程负责。另外，地方政府还能得到一定比例的共享税收入。

1997年，81%的地方政府使用了至少一种地方税，大多数地方政府并没有完全使用税收工具（或采用最高税率）（戴维和佩特里，1998）。有很多原因可以解释这一点：首先，考虑到匈牙利国家税率一直保持在较高的水平上，因此市长们不愿意再增加额外的税收负担，因为这样政治成本太大。其次，地方政府通过私有化和变卖资产获得收入，虽然直接降低了对税收的需求，但是，随着可变卖资产总量迅速减少，使得这一政策不具有持续性。最后，政府间财政体系中许多因素倾向于鼓励地方政府通过转移支付向上级政府寻求财政援助，而不是征收高的或新的地方税，这种对转移支付而不是对地方税的依赖，使地方政府对资源的使用不够谨慎，因为他们不需承担为提供服务而增加财政收入带来的政治冲击。

表 12.1 地方政府账户：1993～1998 年（占 GDP 的百分比） 单位：%

年　份	1993	1994	1995	1996	1997	1998
总收入	16.1	15.9	13.6	13.0	12.8	12.0
自身的现金收入	3.0	2.8	2.6	3.0	3.3	2.9
与中央政府共享的收入	1.4	1.5	1.7	1.6	1.7	1.9
从中央政府获得的转移支付	7.7	7.3	5.7	5.0	4.3	4.2
从其他公共部门获得的转移支付	2.8	2.9	2.4	2.4	2.4	2.2
资本收入	0.7	0.9	0.8	0.6	0.6	0.5
其他收入	0.5	0.5	0.4	0.4	0.5	0.3
总支出	17.2	17.4	13.9	13.0	13.1	12.7
现金支出	13.5	13.7	11.5	10.9	10.5	10.2
资本支出	3.1	3.3	2.4	2.1	2.6	2.4
其他支出	0.6	0.4	0.0	0.0	0.0	0.1
差额	-1.1	-1.5	-0.3	0.0	-0.3	-0.7
净资本收入	0.5	1.1	0.2	0.3	0.3	0.4
私有化收入	0.2	0.3	0.5	0.7	1.0	0.5
净借款	0.3	0.7	-0.2	-0.4	-0.7	-0.1
剩余	-0.6	-0.5	-0.1	0.3	0.0	-0.3
借款/借款上限（%）	117	167	81	27	19	30

资料来源：匈牙利财政部。

12.1.4 转移支付

随着时间的发展，转移支付的数量已经逐渐下降（在名义和实际的项目中），但转移支付仍然为地方政府提供了超过 2/3 的收入（见表 12.1）。除了共享收入以外（这部分收入在 1998 年构成了 12% 的政府间转移支付），表 12.2 列出了匈牙利的四种其他主要的转移支付机制：常规补贴（占总量的 45%）、专项补贴（占总量的 39%）、投资补贴（占总量的 8%），以及弥补赤字的补贴（占总量的 1%）。总体上看，匈牙利的转移支付体系是经济体制转轨国家中较为先进的，它大多基于一定的规则之上，并有一些重要的机制可以用来调整转移支付的数额。但是这个体系也是相当复杂的，它会促使地方政府申请资金援助，尤其是在弥补赤字的转移支付方面，这种体系倾向于软化预算约束。

（1）共享税

地方政府会得到一定比例的个人所得税（PIT）和车辆及财产交易税，在1998年表现为1030亿福林（匈牙利货币单位）的预算，相当于地方收入的六分之一[③]。1998年分享的个人所得税占派生总收入的85%，约890亿福林。地方政府获得国家征收的机动车税的50%，以及他们选择额外增加的机动车税的全部收入。同时，州政府对土地和财产交易征税。其中30%返还给地方政府，35%留在州办公室作为行政支出的补充，剩下的35%保留在一个基金中，按照人均水平提供给各州。

由于保证了地方政府的人均最低限额，个人所得税收入的分配还是比较公平的。1998年，保证了每个村每人至少8000福林，城镇人均至少9800福林。近年来最低限额快速升高，1996年为99亿福林而在1998年有望达到333.4亿福林。

（2）常规补贴

地方政府（包括州政府）能够得到一系列常规补贴[④]。常规补贴的绝大多数最终到达城镇和村，但也有约95亿匈牙利福林到达州政府。常规补贴有效地建立了一个以规则为基础的，与支出需求紧密联系的复杂的转移结构。分配给一个地方政府的常规收入的数额，是通过近50个常规补贴项目累计应得数额计算得出[⑤]。通过常规补贴得到的收入并没有固定用途，接受转移支付的地方政府可以将其用于自己认为合适的目标。但是地方政府的支出弹性实际上往往比表面上小很多，因为许多服务的提供是刚性的，而且其他法律的相关细节规定了特定支出项目[⑥]。

这里至少有26种教育方面的常规补贴，通常按学生数量提供[⑦]。比如，中央财政为每个幼儿园学生提供67000福林，为每个中学11年级到13年级的学生提供96000福林。在某些情况下，常规补贴还有激励的作用，比如在为非当地居民的学生提供一笔更大数额的款项时，就会鼓励地方政府在提供服务方面进行协作。文化部和教育部表示该转移支付并没有覆盖所有的教育实际成本，而是用来支付教育工资，只占教育总成本的2/3左右。地方政府提供的成本估算表明，转移支付能够有效地弥补约50%的幼儿园教育成本，约80%的高中教育成本。这里还有七种转移支付用于种族学校以及相关项目的未成年人教育。种族学校的转移支付与一般转移支付的不同之处在于这笔钱被指定在某个具体项目上[8]。

政府还有9种社会福利方面的常规补贴。1998年开始，由于担心一系列的社会福利无法被完全提供，中央政府将最大的社会福利转移支付项目分割成几部分。面向总人口的基本社会服务与三个规范的转移支付项目相联系，其中两个规范的转移支付项目是根据总人口数计算得出，这些加起来一共为社会福利性常规补贴提供了20%的资金。

另外一项重要的转移支付是按人均标准提供，它转移给地方政府的金额在人均2500福林到12500福林之间。具体的转移数额取决于失业程度、支付个人所得税的人口比例以及18岁以下和60岁以上人口所占的比例，这样做的目的是为那些承担更多社会福利责任的地方政府提供更多的资金。但是在近期一个关于支出类型的分析中，社会福利部发现上述法律规定的因素和支出项目之间并没有关联。与利益相关的常规补贴同样适用于社会福利，有五种常规补贴是为年老者、流浪者、残疾人以及孤儿提供住所和实现康复目标。

编制常规补贴预算首先需要中央政府、议会和地方政府之间对用于分配的转移支付总额达成一致意见。在预算年度之前的秋季，作为国家预算过程的一部分，地方政府必须提供受益者的预计数目以及其他应该用来计算常规补贴的各项指标值。这些估算的总额将会被用来设定一个平均值（常规补贴的价值），以作为在政府间分配转移支付款的基础。然后用常规补贴的价值来计算每一个地方政府应该得到的数额。在3月得到提供的这笔款项之前，地方政府不知道他们将会得到的数额。在该基础上计算出来的数额只是初步的，到年末受益者的实际人数确定之后，常规补贴的实际付款额才能被确定下来。地方政府如果低估了受益者的数量将会得到追加的转移支付，而如果他们高估了受益者的数量则需将超出的部分返还。若估计的总额与实际的总额相差超过5%的时候还将征收利息。国家审计机构会检查一些地方政府，以确定来自学校和其他资源的账户是否准确，最终的审计对账决定是增加对地方政府的补贴还是要求其返还超额部分[9]。

（3）专项补贴

一些转移支付资金只能用于特定的项目，例如对戏剧，防火和种族的年度补贴。另外，还有一系列叫做“集中补贴”的项目，例如1998年，中央财政补贴378亿福林，就是为特定项目服务的[10]，不过这些特定项目通常不是固定的。1998年中央转移支付被用于儿童项目（95亿福林）、教师教育

(35 亿福林)、课本(16 亿福林)、雇员解雇费(15 亿福林)、公共设施使用者补贴(34 亿福林)、公共设施投资(25 亿福林)以及老年人保护(51 亿福林)等等。中央各行政部门也有一部分收入用来负担某些项目的具体费用，其中的一些资金会拨给地方政府。在预算中这些资金被称为：来源于预算机构的资金。1998 年这些项目的总价值被估计为 80 亿福林。集中补贴和来自预算机构的资金通常由中央行政部门直接提供，而且在分配这些补贴的时候具有相当大的灵活性。

预算外基金为特定项目的运作提供了运作资金。其中数额最大的是社会保险基金，医疗健康服务所需的资金除了由地方政府提供外，很大部分来自社会保险基金。许多预算外基金用来弥补地方政府提供服务的成本。第二大的预算外基金是劳动基金，该基金协助地方政府为那些失业保障已经到期的失业人员提供失业保险。

(4) 投资补贴

投资补贴通常是为特定投资项目筹资的，这些投资项目往往需要通过市场竞标才能获得[11]。投资补贴具有特定用途，因为它们是为特定项目准备的。这些项目的执行通常需要好几年的时间，所以接受者需要作出多年的承诺。因为地方政府有时候无法分担它们的成本，所以投资补贴项目中大约 10% 的资金是处于没有使用的状态的。

四种类型的投资补贴是由中央财政预算直接作出的，其他类型则可能通过上面介绍的“集中补贴”方式进行。比如，在 1998 年财政预算就通过了一项旨在为布达佩斯以及 22 个州级市的排污系统提供资金的补贴计划。

特许补贴和目标补贴是最大的两类投资补贴，通过补贴方式筹资的项目大约构成了地方总投资的 60%。特许补贴通常提供了 100% 的资金，而且是提供给具有外溢效应较大的项目。这些项目是由议会提议，由内政部和其他相关部门推荐的。

目标补贴通常提供给外溢效应较小型的项目。一般国家提供 50% 到 60% 的资金，地方提供 40% 到 50% 的资金。如果接受补贴者是地方政府联合会，则补贴的比例会提高 10%。1993 年到 1995 年间，国家政府补贴的比例随不同类型的项目而变化，从清洁水项目提供 90% 到改善小学教室一类的项目提供 30%[12]。

优先发展领域的目标补贴是年度预算决定的。1998 年的主要优先发展项目是固体废物管理，修复年久失修的小学校，医疗设备及排污和水系统等。项目的实施情况由区域公共行政服务办公室（TAKISZ）、内政部和相关的部门进行检查。所有的地方政府都有权申请目标补贴。所有符合标准的申请都会自动通过，但是资金却不一定都能提供。

行政部门和预算外基金以运作专项补贴的方式运作投资补贴。这些收入在财政预算账户中被称为积累收入。估计 1998 年累积收入总额为 90 亿福林，比 1997 年的 100 亿福林有所下降。行政部门和预算外资金分别负责议会公布的优先发展领域，但它们在提供补贴的时候都有相当大的灵活性。地方政府和非政府实体可以通过这些项目申请补贴，并且有一些项目要求要给予地方政府一个最低限额的补贴，例如，水资源基金必须将 65% 的补贴分配给地方政府。拨付给地方政府的三种预算外资金包括环境保护、道路和水资源管理基金[13]。

另外两种补贴项目，是在近期加入欧盟的过程中组建的州地区发展委员会负责的。州地区发展委员会主要由地方政府官员、私人部门代表以及其他代表构成，但是州地区发展委员会不是地方政府。这些补贴项目允许将部分投资资金分配给那些地区优先发展的项目，而不是国家优先发展的项目。来自这两种计划的补贴都必须与州发展计划保持一致。第一种是区域平衡补贴计划，目标是帮助贫穷和落后的地区[14]，如果受补贴者是一个地方政府联合会，补贴将会超过 10%。第二种是地区发展目标补贴计划，补贴可以提供给所有的项目，以及地方政府和非政府实体。提供的补贴要求至少 20% 的资金是来源于地方政府的，但是没有明确的机制保证地方政府会兑现他们的承诺。地区发展委员会通常提供低于 2 亿福林的补贴，这些补贴通常被视为对小额目标补贴的替代。大额的补贴仍然需要通过特许补贴和目标补贴计划才能得到。筹资的二分法可以激励人们扩大或缩小项目规模，具体取决于哪一种结构能得到最好的补贴以及最容易得到补贴。

总地来说，投资补贴在协调方面比较差，这是因为申请的数量巨大，而且需要补贴的机构众多。地方政府经常为每一项可能的补贴进行投标，希望能够成功确定一个可接受的份额[15]。结果是，地方政府会为同一个项目争取不同的补贴或为不同的项目争取同一项补贴。有许多因素激励地方政府去争取更多的补贴。整个补贴体系的不确定性激励地方政府申请更多资金，因为地方政府往往担心地方财政无法满足投资补贴。同一个地方的所有学校或其他机构会申请同一项补贴计划。尽管许多计划有明确规定，但并没有禁止地方政府为同一项目同时申请或得到不同的补贴。例如，水资源和排污项目能够得到补贴，得到的途径包括特许的和目标的环境保护、水资源基金、地区补贴计划以及其他可能的途径。

大量的补贴申请意味着众多补贴项目的申请额远远超过补贴机构所能负担的数量[16]。更进一步来说，大量的申请使得补贴机构无法对项目进行全面考察，实际上，他们很少对项目的经济效益进行评估。地方政府是否有能力负担他们应负的成本比项目质量本身对决策过程影响更大。资源的可替代性表明，一个地方政府表面的财政能力并不能提供多少信息。这些因素增加了地方政府的机会主义行为，它们更愿意将其决策建立在补贴机制与政治标准的基础上。小社区在这里处于最不利的地位，因为他们没有资源来竞争这么多的项目。

协调不力导致了四个问题：第一，项目在部门间的分配和具体项目的选择不是最优的。第二，某些项目得到的补贴总额已经超过了他们的成本。地方政府原本关注的项目质量问题可能被严重忽视，因为当成本一开始就已经完全外化的时候，是无法激励地方政府选择最合适的项目的。第三，机构之间的矛盾冲突会导致一个项目因为无法获得一些融资渠道而始终无法完成。来源不同的补贴可能会使补贴资金无法持续供给，尤其是在一个年限很长的项目上。最后，中央政府和地方政府都承受了巨大的行政管理负担。

行政部门和预算外基金宣布了一项可以更具协调性的决议（1997 年的 263 决议）。这项决议允许国库监督不同来源的补贴资金的支出情况[17]。但是这一监督体系目前还没有完全形成，而且该决议最大的特色在于它确定了一个目标：所有同类型的项目只进行一次投标。地方政府对申请最大补贴数的企业只给一次申请机会。对每个申请补贴的项目的评估是同时进行的，接受申请的机构有义务与其他任何可能的补贴者进行协调。这样会使投资资金更好地达到目标，并且降低超额补贴的可能性。但在这一点上，行政部门却对补贴支出的协调持有不同意见，有的希望改进这一过程，而有的则希望保持它们能够影响补贴决策过程的独立能力。虽然这项决议向正确的方向前进了一步，但是它在最优项目选择、设计和实施方面仍然存在许多不足的。

（5）赤字补贴

赤字补贴用来帮助那些并非由于自身错误而导致赤字的地方政府或濒临破产的地方政府。1998 年财政预算的这部分补贴总数为 70 亿福林，比 1997 年的水平略有上升。在这一年中，赤字补贴总额通过利用尚未使用的特许补贴和目标补贴计划的资金而有所增加。对赤字补贴的需求正在稳定地增长，

1999年，三分之一的地方政府申请了赤字补贴。

为了确定哪些地方政府有资格获得赤字补贴，议会制定了一系列的标准：①地方政府必须征收地方税（实际上可认为是征收营业税）；②资本支出必须小于资本收入（现期的收入不会被用来为投资提供资金）；③没有三个月或更长时间的财政存款；④补贴只能用于地方政府必须履行的职责。

赤字补贴在补贴当年的4月30日和9月30日前，向区域公共行政服务办公室（TAKISZ）申请。区域公共行政服务办公室（TAKISZ）通过分析这些申请来确定地方政府是否具有获取补贴的资格。结果报告给财政部和内政部，财政部和内政部会联合决定是否补贴以及补贴多少，并将决议呈报议会复核。

赤字补贴最有可能妨碍政府间财政体系的硬预算约束。因为地方政府可以通过改变自身行为来增加他们获得的补贴收入。地方政府提高自身收入的积极性会降低，同时扩大必须的地方服务支出，因为赤字补贴可以弥补任何差额。结果，即使是看起来处于良好财政状况的地方政府也能申请并获得赤字补贴。地方政府会将一些特定收入从必需支出转移到非必需支出上，存款会在不长于三个月的时间内进行，地方政府获得的补贴很大程度上依赖于其获得补贴的能力和技巧。

12.1.5 预算管理和执行

从1996年、1997年起，中央政府做了实质性的努力，通过提升透明度来改善预算的管理和执行，确定不同政府部门可能的负债，加强审计过程（普罗科瓦·布里克斯、帕普和斯奇克，1999）。中央加强了财政部的作用和能力，建立了一个现代国库，负责各级政府预算的执行，为单一政府账户付款，并将其记录在一个总账户中，这极大地改善了预算管理效率。

除此以外，中央政府扩大了自身的预算管理系统，国家预算计划为中央政府可能面临的财政压力提供支持，官方的三年预测包括对可能的政府债务支出的预测。国家债务管理办公室以一个全面的公共债务数据库列出了国家担保的全部清单，并检查所有担保合同条款。财政部向议会提交一份报告，这份报告是关于所有政府可能支持的，新近考虑的和已经存在的所有计划可能产生的成本。国家审计机构有权检查政府行为，包括直接支出和可能支持的计划、预算资金供给、为预防风险保留的基金、直接付款的债务管理等。政府运用可调整的和强制性的两种机制使地方财政风险最小化。

总体来看，中央政府改善预算管理，尤其是明确和监督可能的财政债务对加强硬预算约束是十分重要的，这些措施帮助披露已经存在的债务，并且有助于弄清应该由谁偿还这些债务。

12.1.6 硬预算约束体系的含义

匈牙利的政府间财政体系在硬预算约束方面，为地方政府提供了一套混合的激励。地方政府要承担很多责任，既要履行强制的职能也要履行自愿的职能，但通常情况下，关键问题的决策权，比如薪金和人事问题，仍然由中央控制。这一点在健康、教育和社会福利这些部门中尤其重要。考虑到大多数地方政府规模较小，许多服务是在一个非经济有效的范围内提供，因此支出分配没有与提供服务的水平相配。如果利用自发分配来解决这一问题会激励地方政府去执行他们没有能力执行的职能，并导致损失，而这些损失最终将被转移到更高一级的政府。

地方政府也没有扩大自身税收来源的激励，他们可以征收财产税、营业税以及公共税，但是他们很少利用这些税收工具。因此，尽管地方税的本质是仅向本地居民征收，但因为地方政府不承担通过地方税来增加自身收入的责任，所以增加地方收入与使用地方资源之间的有效联系较弱。

虽然地方政府接受的转移支付在很大程度上有一定规则，但整体上，转移支付体系复杂、行政负担沉重。这种系统实际上导致地方政府为常规补贴和众多可能的补贴递交申请而花费额外的时间。在当前的体系中，具备补贴的能力和技巧是受到奖赏的，因为转移支付是大多数社区收入的边际来源，尤其是赤字补贴创立了一系列激励因素阻碍硬预算约束，赤字补贴系统是建立在弥补差额基础上的，而地方政府正好处于这样一种地位：他们可以改变自己的行为方式来提高获得赤字补贴的可能性。相比财政体系中的任何补贴方式，赤字补贴最严重地妨碍了预算硬约束，赤字补贴申请量的不断增长证明了其受欢迎的程度。

尽管上述大多数因素会推动软预算约束的发展，但同时，政府也设置了一些监督机制来帮助实现硬预算约束。基于常规补贴的资源分配中，有一项经常使用的修正机制，会使地方政府在某些项目上要返还补贴而在另一些项目上可以得到补贴。加强的国库、审计和预算管理实践也有助于改善预算管理。最终，具体划分各级地方政府的债务以及他们的规则，已经在强化预算约束方面引起了争议。在讨论这一点之前，下一节将先考虑变化的政治环境是如何影响地方政府行为的。

12.2 政治激励结构及其对预算约束的影响

充分考虑地方分权及其益处的一个基本前提假设是：当地居民可以通过政治程序迫使当地政府为其行为负责。居民有两种途径可以表达他们对当地政府执政效率的看法：一是“退出”（离开某一社区）；一是“声明”（通过新闻机构、选举结果）。在这一节中，我们将考察匈牙利现存的政治机制在何种程度上允许居民监控地方政府的行为，以及是否存在一种激励促使居民去行使这一权力。匈牙利像其他所有转轨经济国家一样，政治变革伴随经济转型发生。强化的民主过程和不断演化的政治体制，在推进和阻碍硬预算约束两方面都发挥了作用，但总体上，这些政治机制有利于加强硬预算约束。

12.2.1 中央和地方政府之间的力量平衡

如同其他东欧国家和前苏联国家一样，匈牙利的分权体制作为一种新建民主制度和对抗旧政治体制的象征，体现出一种特殊的重要性。当社区被赋予建立自治实体的权利后，匈牙利的1500个地方政府迅速发展成为3200个。旧体制的残余结构，如州级行政结构，很快被排除在现行政府间体系之外。

在不同级别政府的力量平衡和硬预算约束进程中，众多小地方政府的存在有其重要的意义。首先，众多的小地方政府把精力放在自主决策和分权政策上，这往往削弱了这一地区的政治力量。虽然这类的地方政府有联合会存在，但是他们经常难以达成一致意见，而且也没有能够联合起来形成能够从中央分权的政治力量。小地方政府的大量存在避免了中央政府以往面临的地方政府“太大以致不能破产”（“too - big - to - fail”）的现象。在这样的环境下，地方获益的可能很小。

其次，就总理和国家立法机构两方面而言，中央在决议的确立和执行中扮演了重要领导角色。当总理办公室和立法机关都把政府间财政体系的更进一步改革视为优先选择时，以上二者都不会成为地方利益的直接代表。这些中央机构要斟酌哪些是政治上需要长期考虑的事项。举例来说，正在进行一场关于如何处理区域政策和强化中层政府的讨论，中央对是否要建立一种自上而下的新的行政结构表现得十分犹豫，正如近期的波兰那样。与此相反，中央政府正在实行一项渐进的计划，在这计划中，区域结构的改进更有可能得到地方政府的支持。政治权利的天平偏向中央政府，地方政府组织不够完善也没有强大到能与中央政府进行有力的对抗。

12.2.2 信息和监控激励

评判地方政府是否尽责的一个重要标准是当地居民是否拥有必要的信息和激励去监督他们的政府。总地来说，当地居民应有充分的信息去监督预算过程。预算提案应该在当地的政府公报上发布并且在市议会上经过充分的讨论。但是这些可获取的信息并不包括关于提供公共服务的信息以及地方政府外包服务的价格。在匈牙利，关于公共服务的信息较难获得。除一些特殊情况外，当地官方可以授权私人公司提供公共服务，而这些文档是不公开的，居民没有权利获得此类文档。与西欧国家相比，匈牙利的法律看起来对公众获取信息有更高的标准。《宪法》（第 61 条）规定每个公民都享有获取与公共利益有关的信息的权利。依据匈牙利有关保护个人信息和获取公共利益的有关信息的法律（1992 年 LXIII 号法案），官方应准许任何人获取有关公共利益的信息，除非这些信息是受到法律特别规定限制的。关于公共利益的信息被定义得很宽泛，包括“执行中央或地方政府职能或者其他公共职责的官方处理的任何信息，不包含个人信息”（法案 2，第 3 部分）。匈牙利也有商业机密法，该法保护“在有资格的实体享有的正当利益中，任何有关经济活动的真实的信息、方案和数据等机密”。匈牙利的法律没有阐述关于获取公共利益的信息和商业机密法之间的关系。

不自愿提供公共合同的信息似乎基于这样一些原因：欧洲民法关于公共和私人事务的区别，对共产主义政治体制入侵的对抗和人们普遍认为的私人公司会因为关键性的商业信息的公开遭到破坏的观点。如同其他的中欧国家一样，西欧地方政府不公布公共合同信息的做法也很普遍，但是居民通过越来越多的途径获得信息已经成为一种趋势。

如同公共合同的案例一样，公共定价的提案也是不公开的。比如，提交给交通部和水资源管理部门的用来设定涉及全国45%地区的水价信息，在当前是无法获得。用来证明给数百个水域进行地方税补贴是正当做法的信息也无法获得。由于缺乏此类信息，地方政府公开定价决策和形成专业的合理公共服务定价机制是不可能的。这也意味着，地方政府在合理定价方面只承担很少责任或没有责任（巴尔，1999）。

获取这些信息之所以困难是由上述的政府间财政体系造成的，这种体系在财政方面几乎没有监控地方政府和促使他们负责的激励。因为人员任命和标准制定以及很多关键决策都是中央制定的，地方政府处于一个十分有利的地位，在这个位置上，他们能够将居民在监控和获得信息方面的注意力转向中央政府。由于没有高度的自主权，地方政府可以声称他们的大多数行为是由中央政府决定的（见表12.2）。

表12.2　　　1998年政府间转移支付预算　　　单位：百万福林

共享税	
个人所得税	93500
机动车税	8500
地租税	1000
共享收入总额	103000
常规补贴	
来自中央预算的常规补贴	369633
常规补贴总额	369633
专向补贴	
对戏剧的津贴	4770
对地方防火的津贴	11600
其他津贴（集中补贴）	37822
对中央公共教育的增补补贴	6507
来自社会保障资金	190900
来自EBF的资金	19000
来自预算（chapter）机构的资金	8000
预算增补和返还	1000
专项补贴总额	279599

续表

投资补贴	
特许和目标补贴	43000
州预算内的累积收入	9000
区域平衡的投资补贴	9000
以分权为目的的补贴	4300
投资补贴总额	65300
赤字补贴	
赤字补贴（ONHIK）	7200
赤字补贴总额	7200
总补贴	824732

资料来源：由匈牙利财政部文件编制，见 Fox（1998）。

12.2.3 民主实践的变革赋予地方政府强大的责任

当中央和地方政府的力量对比向中央倾斜，并且搜集信息和监控的激励仍然较弱时，实践中的民主变革使得地方政府建立起高度的责任感。

民主变革的基础之一是对轮流执政的接受度，这种轮流执政是政治主张对立的党派之间进行的平稳的政权交换。在转型国家的中央级别上，匈牙利已经成功实现了政党间的交替执政。在自由民主社会党执政多年之后，1998年的春天，新匈牙利民主社会党（Young Democrat Hungarian Civic Party）和佃农联盟（Agrarian Smallholders）联合执政的政党通过选举登上匈牙利政坛。这样的力量转换对地方政府而言意义重大，它表明在没有自发的政治动荡情况下，政治力量的变迁也是有可能的。同样，在地方级别上，民主进程已经强大到可容纳不同党派之间的激烈竞争了，这意味着反对党在很仔细地观察执政集团的活动。

地方政府由选举产生，而市议会由一定比例的代表组成。公众关注的焦点是市长个人及其行为目的而不是对党派的忠诚度。实际上，全国范围内的党派活动与地方范围内的党派活动之间的联系很弱。地方议会有权使犯错的市长离任，而且已经有了不少这样的例子。党派之间的激烈竞争在地方级别上建立了一个稽查和均衡的系统，这个系统创建了一个使地方政府坚持日常审查和对其行为负责的环境。

这样看来，虽然信息实用性和财政监控激励两方面都较弱，但是存在一个强大的政治激励，即创建一个能使地方政府可以仔细核查并且对其行为负责的环境。总地来看，现存的政治机制有助于改进疏漏和加强硬预算约束。

12.3 地方政府举债及其规定

变革实施之初，匈牙利的财政部门便经历了一场市场导向的私有化变革。这些调整和变革对匈牙利资本市场的整体发展产生了重要影响，同时也在验证地方政府责任和调整地方政府债务上扮演重要角色。这些经过改革的资本市场机构在加强地方政府的硬预算约束中起重要作用。此外，在部分地方政府的举债中他们已经起到了一定程度的限制作用。

12.3.1 资本市场的变革

大规模的银行业、资本市场和保险业的变革始于 1989 年，当时金融市场已经向外国合资企业和较小的私人银行开放[19]。1991 年，银行法案建立了国家银行监督管理代理处。同年国家存款保险条例将个人存款的保险责任范围提升到 100 万福林。1995 年，私有化法律取消了对公有股份在银行中所占的最低比例这一限制后，从 1994 年到 1997 年，国内银行部门的私人股本和外资股本都有了大幅增长。1996 年，为了银行和资本市场良好运作，中央成立了国家和金融资本市场联合监管代理处。

这些变革使得极具开放性和竞争性的金融部门得到了发展。短期的扩展趋势开始有所下降，政府公债的最长期限由 3 年增至 7 年。与政府在总信贷需求中所占份额下降一样，公共债务在 GDP 中所占的份额也开始下降。1998 年，匈牙利银行部门的资产总和占 GDP 的 66%，与此同时，保险业的总资产占 GDP 的 4%，包括养老金在内的基金占 GDP 的 5%。股票市场资本约占 GDP 的 30%，虽然这很大程度上是由于私有化而不是发行新股。私人企业的债券发行量还处在一个较低的水平，仅占 GDP 的 0.2%。金融体系的这些变化扩大了地方政府的潜在筹资渠道。

12.3.2 地方政府举债及其规定

与 1995 年之后相比，1995 年以前地方政府更多地依赖举债为地方支出筹资（见表12.1）。1990～1995年期间，地方政府举债是受到限制的，1990年的地方政府法规定，中央政府不会为地方债务承担责任。而1995年以后，长期或短期的地方政府举债都不受任何限制。举债的权力被完全的授予市政府，地方政府在市议会的支持下可以基于任何目的为任何项目举债，在这段时间，唯一附加的条件是：从中央政府得到的收入（包括共享收入、转移支付、常规补贴、基础设施建设补贴）不得用于偿还债务。

在1994～1995年，地方政府债务的一些问题逐渐显现（乔肯，1999）。地方政府开始通过长期举债弥补当前的短期债务赤字。很多举债是出于不重要的非公共目的。债务开始年复一年的累积，在一些地区，延期偿还的现象开始出现。在这种情况下，债务人和债权人开始游说国家政府进行紧急援助，让中央政府为强制的公共职能提供一个隐性担保。1995年初，一些延期债务的到期产生了严重问题，比如如何重新组织和计划地方债务，以及在没有中央政府承担责任的情况下如何维持重要的公共服务。

（1）债务还本付息限定

自1995年3月起，一系列新的法律法规开始实施，这些法律法规是对地方政府进入资本市场的基本约束。1995年3月，中央发布了一项新法令来限制新债务的还本付息[20]。这些限制措施规定，对一年期以上债务的年度还本付息只能占当地产生收入的70%，相当于为地方政府经常性支出的地方基金的一个净比例。只有地方税、费、营业收入以及其他类似的收入可用于债务的还本付息。一次性资产变卖的收入不可用于债务的还本付息。另外，除现金流外，所有的租约债务、担保、发行的债券和银行贷款只要超过一年期就都要算做债务。最终，法律禁止欠债，债务的担保只能通过间接方式。债务只能通过可自由获取的现金流来担保。

假定短期内地方政府的收入有限，那么这些限制会使地方政府举债有一个显著的收缩，这已经被实践证明，就像表12.1所示，地方政府的净举债额占GDP的份额由1994年的0.7%降为1995年的-0.2%，到1997年进一步下降到-0.7%。在1994年，地方举债达到1994年适当上限的167%。到1995年，地方举债降至上限的81%，随后，进一步下降，到1997年仅是其上限的19%了。债务还本付息的限制在一定程度上使地方政府债务在短期内迅速下降，它们对增加地方收入和减少运作费用产生积极的作用。

（2）地方政府破产法

到目前为止，匈牙利是第一个对地方政府破产立法的国家。1996年关于地方政府债务调整的XXV号法案包含几个目的，其中最主要的是防止和限制地方政府拖欠债务。此外，立法机构为债务人在发生破产的情况下提供了一个明确的执行程序，也为地方政府提供了重组和解决的程序。法律清楚地说明中央政府不得为地方政府的债务进行担保，也说明了特殊条件下的担保需要国会的批准，还在预算法中作了特别的限制。根据法律规定，地方政府即使处于破产时期，也必须还本付息。

在1994~1995年财政特别不稳定的时期，政府人员一致认为有必要建立适当的法规。议会中不管是反对党还是执政党都认为地方政府举债会对中央预算带来潜在风险。他们还达成一致共识，即为了达到预算平衡，应有一个机制来维护财政纪律。在国会中有这样两种观点：一是中央集权的观点，将地方政府并入国库系统，当地方政府使用资本市场时，必须经过中央的批准；二是自主方式，明确经济决策的不良后果由地方承担。后一种方式不仅给地方政府，同时也给银行部门一种信息。在1993~1994年间高代价的银行合并浪潮之后，向匈牙利全国储蓄银行（OTP）——最大的地方政府债权人作出一个声明，地方政府不会从国家得到进一步的援助。

社会党人——联合执政党中的绝大多数，是不会支持第一种方案的，因为他们反对政府的再次中央集权化；自由民主党人——联合执政党中的少数人，更不会支持第一种方案。因此，当法案作为解决地方政府财政危机的办法提交给议会时，执政党很容易保证2/3的票数。不仅如此，议会中的反对派也会支持那些保证财政稳定的法案。因此，关于这一法案不会有明显的争议。债务调整的过程始于请求送达法院的那天（见图12.1）[21]。

如果地方政府满足以下条件之一，这一程序就可以由地方政府或债权人中任意一方启动。这些条件有：

- 地方政府或其部门机构没有在60日内支付过任何发票或者没有回应过那些没有要求开具发票的债权人的付款要求；
- 地方政府或其部门机构在到期前60日没有偿还债务；
- 地方政府或其部门机构没有偿付法庭判决要求偿还的债务；
- 地方政府或其部门机构没有偿还法庭判决其破产前需要偿还的债务。

如果确定地方政府符合上述条件之一，法庭就会作出债务调整程序的决定，并且在《企业登记》（其出版日期就是官方启动这个程序那天）上公布判决。这一程序的启动决定也要与指定的金融受托人相一致。地方政府的市长对债权人的确定通知也要在《企业登记》上公示，并且在15日之内至少在2种的国家日报上公示。市长还必须通知州主要行政官员、预算和行政办公室、地方政府的银行以及所有为地方政府预算服务的金融机构、税收、海关、社会保险和健康保险办公室。

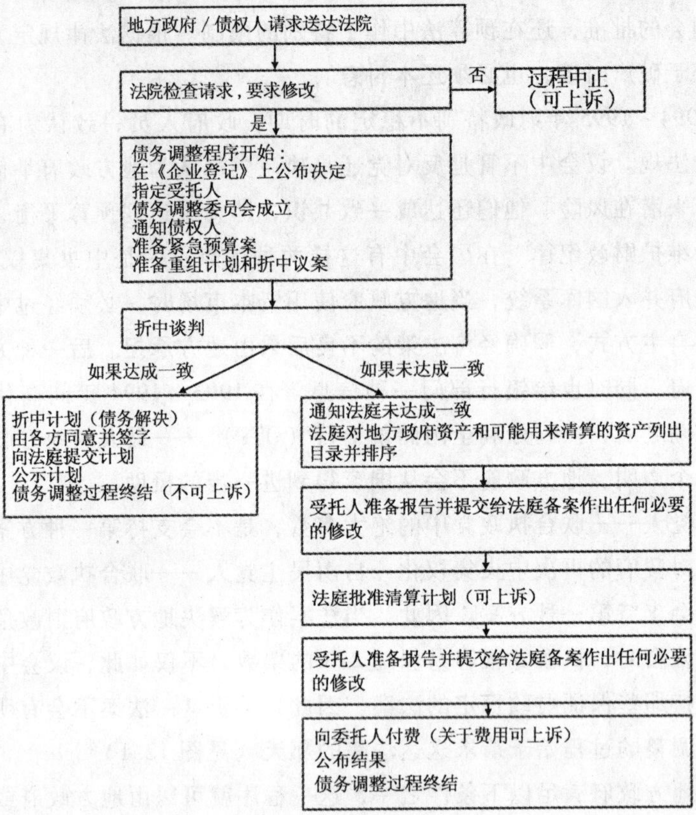

图12.1 债务调整程序

在启动程序之后，所有的债务，包括不是当前到期的债务，都会立刻到期。债权人有权在60日内对地方政府提出索赔。如果他们没有这样做，那么自法庭宣判的调整程序完结起的两年之内，他们不能实施留置权或对地方政府采取托收行动。与此同时，所有的抵押品丧失赎回权，终止托收和留置权。这个程序一旦开始，地方政府不可以再对外举债，不可以设立企业，不可以获取企业的所有权收益，不可以在债务调整的请求之前支付债务利息，除非在危机管理计划中对此有特别说明。

金融受托人的主要工作是监控地方政府的资本运作，保证授权的公共服务供应，执行紧急预算和简化债权人与政府机构双方的偿债程序。法律有一项有趣的规定，即在程序开始的90日内，金融受托人可以向相关法庭提出申请，在地方政府实行债务调整的前一年，与地方政府签订一个年度合同。合同和义务职责都由地方政府签署确认，防止金融中介对地方政府过分不利或对涉及的第三方过分不利（虽然受影响的一方会用抱怨来对此进行回应）。

除金融受托人之外，监管地方政府债务工作的还有债务调整委员会，该委员会由以下成员构成：市长、公证员、金融委员会主席和一个额外的市议会成员。除在《地方政府法》第十章详细说明的授权地方服务之外，债务调整委员会有权对所有问题作出决断，包含紧急预算的决议草案，在债务调整程序开始的30日后才准许再提出。

紧急预算被受理后，金融受托人和债务调整委员会会准备一个重组的方案并提出一个折中的（解决债务）方案，这将成为地方政府与债权人谈判的基础。如果地方政府没能在150日之内准备好这些方案，债权人就可以提出他们自己的解决方案。重组方案和折中方案都会发放给当地议会和所有被邀请进行协商（解决债务）谈判的债权人。如果有超过半数的债权人提出的索赔要求（至少也要满足所提索赔要求的2/3）能与地方政府在协商谈判中达成一致，那么这个折中方案就可通过。有争议的索赔要求（及其价值）会被个别对待。折中的协议需要形成书面形式，并包含债权人所接受的折中提议，执行及控制的方式，使债权人满意的手段，可能出现调整的截止日期、豁免或债务撤销，以及所有对地方政府回复和维持偿债能力有实质影响的事项。如果该协议符合法令的要求，法庭就会结束债务调整程序，并在《企业注册》上公示决定，且不允许上诉。

如果折中方案不被通过，法庭就会转向资产清算程序。首先要做的就是清偿债务（除紧急预算草案外），与此同时，金融中介要为地方政府履行授权的职能制定一个计划，确定哪些资产需用于履行职能，并将他们的意见呈给法庭、地方政府和所有债权人。在法庭判决下达后，金融受托人要依据其优先次序在30日内列出债权人的索赔要求，并在60日内尽量公开地对地方政府适用于债务调整的资产进行清算，并按照市场上的最高价格执行。最后期限后的30日内，金融受托人要提出一个如何在债权人之间分配资产的方案。依照优先次序和债权人索赔要求所占的比例，债权人的索赔要求可以通过现金或将未变卖的资产直接过户给债权人来实现。债权人的优先次序如下：

①常规人员的酬劳，包括因公共服务缺位导致的解雇费；

②索赔要求保证得到的，达到抵押品财产价值，并且在债务调整程序前6个月以上的抵押财产（如果同一财产的留置权不止一个，那么执行次序由民法规定）；

③对政府索赔要求中先于债务调整、可付还补贴和其他中央预算补贴的债务；

④社会保险欠债、税收；

⑤其他债务。

金融中介人必须在完成这项工作时立即报告给法庭。法庭会作出判决来结束这一程序，且不允许反抗上诉。与此同时，法庭通知金融中介结束工作并向其付费。最终，关于这一债务调整程序的结果要公布在《企业注册》上。

自地方政府债务调整法案实施以来，已有9个地方政府宣布破产，其中两个案例仍在进行中。破产的直接原因包括对商业活动投资失败、对其不了解情况的议会提供担保以及对超出地方财政能力的地方公共项目投资（联系天然气供应）。没有一例是由地方政府日常运作而引发的，这反映出赤字补贴在预防此类案例中所起的作用（世界银行1999a，5）。最典型是一些规模很小的社区，这些社区的人口都小于10000人，虽然这些社区的债务相对匈牙利的资本市场而言规模很小，但其债务规模与社区的财政预算相比仍然十分庞大。在所有这些案例中，都有折中协议的建立和执行。在一些案例中，协议商定一些商业资产在经过考虑后可被廉价拍卖；对其他的债务，偿还款项随时间延长。在所有案例中，中央政府都没有提供援助。

(3) 债券规则

地方政府发行债券的权力由1982年的28号法案规定，地方政府债券的发行和交易由关于证券、资本市场和关于股票交易的CXI法案规定的。这些法案为地方政府债券发行设置了信息公布和审计要求。地方政府举债（债券和贷款），担保和其他可能的债务，由地方政府财政部门记录，作为每年提交的预算执行报告的一部分。1996年关于信贷机构和金融机构的CXII法案规定，公共债券的发行必须通过监督委员会的登记和授权。

为了公开出售，地方政府必须通过年度报告和审计公开他们的财政情况和收入情况以及有关的运作信息（CXI 法案的附件Ⅳ规定这些信息必须在发行计划上公开说明）。地方政府必须保证投资者可以检查他们的年度报告，同时要向监督委员会递交年度报告。地方政府还被要求在某家日报和交易刊物上公开所有直接或间接影响债券价值或返还的信息。

监督地方债券发行是监督委员会的权力，但是由于地方政府发行债券的数量十分有限，所以委员会的经验也是很有限的。直到现在，如何完善发行程序以及如何编制文件以符合法律要求依然是其关注的焦点。同时，对地方政府信用进行评估的代理机构和其他机构依然很少。

法律还规定了审计的相关内容。所有的州政府、州级市、首都及其所辖区、年度支出或计划举债超过 1 亿福林的城市，都要列出年度审计平衡表。因此越来越多的地方政府每年都要进行独立审计，国家审计机构可在任何时间审计任何一个地方政府，但是由于国家审计机构能力有限，每年只有很小一部分地方政府会被审计到。另外，国家审计机构会根据地方政府样本，集中对某一项特定的债券发行进行重点审计。

12.3.3 硬预算约束的含义

匈牙利的地方政府举债历来都不被重视，但是以上这些措施的执行却有效地减少了近一半的地方政府举债[22]。法律清楚地表明，中央政府不会为地方政府提供援助，而且在地方政府破产谈判中也一直坚持这一点。以上法律设定的有关地方政府举债的详细程序和步骤具有以下含义。

①地方政府可用来还债的资金来源受到限制，只要自身收入维持在低水平上，举债就会受到严格的限制，这就激励地方政府增加收入。随后，更多收入的使用对增加地方政府责任有很大的影响，因为公民会要求保证他们所纳的税被合理的使用。

②为地方债务调整设置了详细的程序和步骤，通过一种或几种方式，地方政府最终会为已发行的债务负责。因此地方政府可以获得一项有条件的紧急援助，即当他们选择合作和达成解决协议时，可以暂停偿还当前的债务。他们也可以选择在谈判中不与债权人合作，但是在这种情况下他们将被要求进行资产清算。任何一种方式中实施的措施都是由法院决议规范的，并且受到特别监督。地方政府似乎更愿意选择合作，因为被迫的资产清算对地方政府可能没有任何益处。所有的破产都通过妥协或者这样的协商而解决。

在经济转型过程中，在法律方面的一个有趣的现象是，经济转型过程对一个独立的司法体系的依赖。在匈牙利，宪法赋予法院、法官和检察官很强的独立性。有关法院组织和管理的1966/1997法案以及有关法官的法律地位和报酬的1967/1997法案保证了司法体系的独立性。一个独立的、专业的以及自律的法官由匈牙利总统在国家司法委员会的提议下任命。除最高法院以及地区高等法院的长官（任期为六年）之外，法官的任命是没有期限的。在实际中法院和法官也是相当独立的，尽管有腐败现象发生，但是这种现象并不普遍，因为法院的公务员和雇员都得到相当高的报酬。而且，司法部门的公务员有专门的工资表和调整期限。总体上，法院的专业素质还需改进，处理案件的速度仍需加快。腐败的发生通常与加快处理和定案的要求有关联。法院成功完成案件处理需要的很长的时间，这就促使地方政府和债权人更愿意私下达成一致的解决方案而不是在法庭上解决他们的分歧。

地方政府破产规则可能对转型国家有特殊意义。考虑到地方政府多年经由上级统治，现在获得了自主权，作为管理地方事务的受托人，地方政府的心理负担会比其他非转型国家的地方政府更重。直到最近，地方才有一定程度的自主权（尽管仍然受到中央的限制），这种自主权和自我决策权的缺乏仍然是大多数地方政府目前不可轻视的问题。当处理与地方自主权相关的问题时，地方政府和地方委员会都非常小心。因此，地方政府在决定他们能够借到什么的时候，更容易在保守的方面犯错误。

最后，这些规则同样加强了对地方政府的公开监督和检查，因此增强了透明度，降低了政府举债显著超过其负担能力的可能性。另外，中央对监督委员会的监管也避免了地方政府走向极端。

总地来说，这些规范地方政府举债和地方债务调整的举措，为支持硬预算约束提供了强有力的支持。这些举措最大程度上使地方政府尽快完成破产过程，并且至今没有出现任何需要复核的地方。这些机制的有效性在某种程度上体现在地方政府对新增债务的保守行为上。实际上，地方债务规模仍然处于上限之下。今后，当地方政府债务增长时，这些机制能否继续有效将引起人们极大兴趣。

12.4 结 论

这一章讨论了可能加强或阻碍硬预算约束的三种机制。总地来说，政府间财政体系在某些方面阻碍了硬预算约束，通过留下一些未确定用途的支出分配，为地方政府提供了超支的机会，并把这些资金转到没有财政支持的职责上去。地方政府自身收入额很小，而且税收和提供的服务之间的联系很少或几乎没有联系，最重要的是，转移支付体系尤其是赤字补贴，对地方扩大支出存在很强的激励，但对扩大税收的激励却很弱。另外，转移支付体系创造的激励还意味着地方政府对其必须提供的服务成本和责任（可以通过赤字补贴援助）重视很少或几乎不重视，而其他自发职能的成本支出必须有效率（这是依据地方债务调整法案）。

政治体制有利于强化硬预算约束。地方政府获利的可能性受到限制，由于地方政府数量众多且规模很小，他们无法说服中央政府为其提供紧急援助。但下级政府需要紧急援助以缓解其偿债压力时，中央政府会很快制定一系列法律法规来保证地方政府自行偿还债务。然而，地方党派间的激烈竞争表明，政府常常处于反对派的密切监督之下，从而需要高度的责任感。

地方政府的举债规则对维持硬预算约束有很强的支持，它很清楚地表明中央政府不会接管地方政府的债务，而且中央政府会在实践中贯彻这一点。立法推进了地方政府破产的透明度，而且设定了清晰的规则和程序，由受托者和法院来监督实施。

要弄清楚这三种机制在实施过程中各自起了多大作用是不可能的。在当前的环境中，似乎支持硬预算约束的因素超过了破坏因素的作用。系统的整体效率只会由于系统中的不当激励而被降低。在考虑举债之前，地方政府总是尽可能先寻求中央政府的转移支付。从地方政府必须提供的服务带来的软约束（通过赤字补贴）联同提供其他服务的硬预算约束，一起影响了支出决策和分配。

总体而言，匈牙利的案例说明，层级机制可以有效地减轻预算软约束。该机制提供的基本激励（如责任分配、限制地方收入自主权和补贴）对增强市场导向的硬预算约束还不太理想。另外，土地、资本、甚至政治市场（选举）也不像其他发达市场经济那样，没有强大到可以监管地方政府的作用，但由于设置了层级机制，政府间财政体系没有被预算软约束击败。

司法体系的逐步完善保证了地方政府最终会为他们的机会主义行为负责。地方债务调整法明确表明，中央政府不会为地方政府提供任何紧急援助，地方政府要为自身的债务负责。因为把处理权交给了独立的法院系统和受托人，中央政府失去了部分的决策能力，但同时也传递了一个强烈的信号，即它不会提供任何紧急援助。另外，中央政府目前仍然限制地方政府进入信贷市场，但随着信贷市场和其他市场发展并建立起相应的监管力量时，这样的限制措施不再有必要。虽然这些措施有利于抵制预算软约束和财政不稳定，但是这些机制还不够强硬，以至于选民和债权人仅仅将地方政府视为中央政府的行政分支机构。不过，地方政府的自主权实际仍然受到限制，他们最终要为自己的行为负责。

匈牙利的案例提供了一种在经济转轨过程中如何处理预算软约束的办法，在分权的初期，建立规范的司法体系，使地方政府清楚地认识到超支的痛苦，为地方政府举债设置一些限制，当然这些方法也依赖于一个独立的法院系统以及监控和强化这些规则的能力。随着时间的发展，市场发展以及政府间财政体系的激励机制的改善，这些限制最终会逐渐减少，最重要的是，向地方政府、选民以及债权人发出一个清晰的信号：即地方政府将会为他们自己的债务负责。

注释：

①这一部分引用了世界银行报告（1999b），一个关于 20 世纪 90 年代初期政府间财政体系发展情况的讨论，见伯德、瓦里茨和佩特里（1995）。

②其他影响地方政府行为的相关法案有，社会管理和社会保险的法案，保护文化财产，公共图书馆服务和公共教育的法案，预防火灾的法案，保护环境的法案，保护建筑环境的法案，以及每年的预算法案等。

③地方政府同时还收到环境罚金的 30%。

④这一部分引用了 Fox（1998）。

⑤分析家给出了不同的常规补贴项目的总数，这取决于当多项常规补贴被应用到一种情况下时，如何对常规补贴进行计数。

⑥同样，接受转移支付的政府希望受到来自支持者的政治压力，使每一项服务都能为常规补贴规定的目的花费收入。

⑦许多受益人常规补贴需要仔细的编制。学校在计算学生数量时必须按照具体的规定。许多常规补贴将应用于同一所学校，比如，9 年级和 10 年级学生的数量，11 年级和 13 年级学生的数量，在学校吃午饭的学生数量，因此，要分别计算很多项目，我们曾经观察过一个案例，一个学校获得了 23 项常规补贴，这些补贴大多是基于每一天的平均学生人数，因此必须保持每天计数（有时甚至每天超过一次）。而且，一学年跨越了两个财政年度，因此，学校和地方政府在一学年内要有两种不同的界定和常规补贴价值。

⑧常规补贴通常在预算案的附件三中作出规定，而指定用途的补贴却包含在其他附件中，例如，民族补贴在附件八中规定。

⑨国家审计机关每年对 500 个地方政府的常规补贴进行检查，并且对其他 40 到 50 个地方政府进行全面的审计。

⑩积累的国家预算内的收入和来自预算机构的资金，并没有像中央的补贴那样分类，因为他们也可能提供给实体而不是地方政府。

⑪在大多数情况下，这些资金的转移支付，是按照实际支出的发票金额支付的，而不是直接转移给地方政府的。

⑫见赫吉迪恩（1996）。

⑬这些预算外资金是由多种方式筹集的。比如道路基金大部分是从燃油消费税中得到的。但是可提供给地方政府的补贴（不超过 10 亿福林）来自于中央政府机动车辆税的 25%。

⑭通常情况下，地区发展补贴是由环境和地区发展部提供的，而地区平衡补贴是由内政部决定的。这些部门用一个评分系统（议会支持的）来决定在州之间如何分配这些收入，而后允许地方发展委员会作出更具体的分配。

⑮一个地方政府表示，他们每年提交的申请达 1000 份，但这些请求中只有很小一部分是真正需要这些资金的。

⑯比如，道路基金每年收到约 1000 份申请，但是他们只能为其中的 150 个项目提供资金。

⑰263 号决议同时允许国库保证中央政府的债务偿还优先于其他任何支出。

⑲这一部分引用了世界银行报告（1999a）。

⑳1996 年 1 月，这项债务还本付息限制加入了地方政府法。

㉑接下来的讨论是基于查尔斯·乔肯对地方债务调整法（1996 年的 XXV 法律）的非官方翻译，这项法案是在 1996 年 3 月 26 日，以 84% 赞成、16% 反对通过的。

㉒直到 20 世纪 90 年代中期，匈牙利的地方债务市场都是由国家储蓄银行控制的。国家储蓄银行为地方提供短期或中期的贷款。自从 1994 年 OTP 的市场优势开始下降，其他银行开始为市场份额竞争，尽管此时地方政府的举债需求已经减少。

参考文献：

Baar, Kenneth. 1998. "Contrating Out Municipal Services: Transparency, Procurement and Price Setting Issues – The Case of Hungary." Funded by USAID.

Bird, Richard M., Christine Wallich, and Gábor Peteri. 1995. "Financing Local Government in Hungary." In Richard Bird, Robert Ebel, and Christine Wallich eds., Decentralization of the Socialist State. Washington, D. C.: World Bank.

Davey, Kenneth, and Gábor Peteri. 1988. Local Government Finances: Options for Reform. Nagykovácsi, Hungary: Pontes Ltd.

Fox, William. 1998. "Intergovernmental Finance in Hungary: Summary and Evaluation." Background paper, World Bank.

Hegedüs, József. 1996. The Subsidy System of Municipal Infrastructure Developments. Budapest: Metropolitan Research Institute.

Hegedus, Jozsef, and Gábor Peteri, Eds. 1997. The Modernization of Local Government Finance and Financial Management in Hungary. Proceedings of a conference organized by the Metropolitan Research Institute, Budapest. Strasbourg/Paris/ Washington, D. C.: Fiscal Decentralization Initiative of the Council of Europe/OECD/World Bank.

Jokay, Charles. 1999. The Hungarian System to Regulate Subnational Borrowing. Paper presented at Conference, at Fiscal Decentralization in the Czech Republic, Hungary and Poland: Choices Ahead and Lessons for other Countries in the Region. USAID Conference, Prague, June 24 – 25.

Pal – Kovacs, Ilona. 1998. "The Legal and Regulatory Background of Fiscal Decentralization and the Characteristic Features of Its Operation in Hungary." Background paper, World Bank.

Polackova Brixi, Hanah, Anita Papp, and Allen Schick. 1999. Hungary: Fiscal Risk and the Quality of Fiscal Adjustment. Washington, D. C.: World Bank.

World Bank. 1999a. "Developing a Competitive Sub – National Finance Market in Hungary; Policy Issues and Challenges." Subnational development program.

Word Bank. 1999b. "Intergovernment Finance in Hungary. Continuous Progress, Continuous Change and Options for Reform." Subnational development program.

V 总结

13 经验和总结

乔纳森·雷登
冈纳·S. 埃斯克兰德

13.1 简 介

在第1章中，我们指出了乐观的分权理论与不容乐观的各国案例之间的不一致。改进分配效率、财政职责以及与分权相关的政府管理，不能单凭表象，需要具体情况具体分析。每个国家在政治、经济、文化、制度上各不相同，同一国家的不同地区也会有很大差异。本书旨在证明财政分权有可能导致软预算约束，换句话说，就是研究在什么样的政府间体系中分权化对硬化预算约束最有利和最不利。

地方政府的软预算约束问题源于上级政府的承诺问题。如果中央政府能够不关注地方政府行为，那么中央政府对地方政府不予援助的承诺就能很好兑现。然而，通常情况下中央政府还是会满足地方政府的援助要求，因而也很容易受到冲击（回顾第1章中消防车的例子）。我们关注的焦点是中央政府易受冲击的根本原因，以及促进中央政府履行承诺的机制。

我们的分析指出了与地方政府财政纪律相关的两种不同框架。如果一个系统只受到非常小的外部影响，或者其中央政府权力受到较大限制、没有什么雄心或者没有承诺机制，那么该系统可以在没有层级机制的情况下很好运行。举例来说，从美国的宪法上、历史上以及众多州实际情况上可见，美国有着完善的承诺机制，由于中央政府没有什么政治雄心并且州的规模较大，因而体现出低水平的外部效应。在这本书中，我们清楚地发现，像美国那样从来没有实行过中央集权的国家，与像匈牙利那样经历了长期中央集权后尝试分权的国家之间有着显著区别。

在我们研究的案例中，分权体系中极少存在高度受限的、没有雄心的中央政府，甚至那些建立了很长时间的联邦，拥有合理自主权的地方政府仍然是联邦公共部门的主要雇主和消费者。与美国的情况相反，德国宪法在保证所有联邦州的“平等生存条件”时，反映出中央政府更加强烈的决心。通过这些案例我们发现，如果层级机制不能减少财政机会主义行为，那么这样的决心很容易导致中央对地方的援助。本书大多数的案例研究论述了财政、政治和金融等方面的因素，正是这些因素使得中央政府容易被地方政府操纵，以至于不能“仅仅说不”和袖手旁观。当这些因素出现时，层级限制就有存在的理由。事实上，这项研究的结论表明，对于新兴的分权化国家而言，至少在短期和中期，加强预算约束的最好方法是中央政府加强对地方政府的监管。对于新兴的分权化国家来说，中央政府完全不负责地方政府的财政事务，既是不可能的，也是不合理的。然而，必须限定中央政府的行为，即中央政府参与地方财政事务必须以明确和透明的规则为基础，不能随意决断。此外，还应该考察各国不同的背景环境和制度条件，这些都可能提高或者降低中央政府执行这些法律法规的效率。

案例研究涉及很多背景，比如，地方政府拥有有限的税收自主权以及一些国家拥有强大的中央政府。在这些背景下，中央政府不能执行无援助的政策。我们发现在中央高度集权的国家，比如挪威，中央政府可以通过严密地调整和监督地方政府决策来应对这种冲击。在这一点上，挪威和美国正好分别处于两个极端。然而，挪威式的层级制度在像印度那样的大联邦中是不受欢迎的，因为在印度那样的联邦中，地方政府的权利不受限制并能够正常地发挥作用。在我们分析的大多数案例中，美国和挪威的解决方式都不具有实用价值。案例研究表明，层级机制可以更加有效，不但没有阻碍市场机制的发展，反而对发展中的市场机制起到一定补充。在一定程度上，中央政府不会放弃其权力以及对不援助政策的承诺，所以，制度性机制，比如对地方政府举债的控制和监管，会起到一定作用。市场纪律会自发形成，但这仅仅是中央政府逐步退出的一个步骤。在每一阶段，地方政府及其委托人（选民、债权人和资产所有者）都会了解到发展中的激励框架，其中包括中央政府制度的可靠性。然而，总地来说，支持或者破坏中央政府承诺的基本制度都不会在一夜之间改变，而且这个了解的过程只能是渐进的。

在本章第 1 节中，我们在对案例研究进行简要综述的基础上，研究两方面的内容：软预算约束问题的严重性和地方政府财政的制度框架。在第 2 节中，我们将讨论上级政府“不参与”下级政府财政管理体系。该体系几乎完全依赖市场机制，相应的，我们着重关注来自北美洲的两个案例。在此，我们主要讨论促成这种框架成功的制度的、政治的和历史的因素。在第 3 节中，我们将讨论分级监督和控制机制，并考察尝试实行上述财政纪律的成功与失败两方面的案例。在第 4 节中，我们从众多分权的案例中得出结论，财政纪律的改进是一个渐进的过程，并且需要非随意决断的层级制度与进化的市场机制相结合。在第 5 节中，我们将对得出的结论进行反思和补充。

13.2

案例研究概述

首先，我们有必要思考一下，哪个国家遭受了最严重、最持久的软预算约束问题。也许这不是一种最适当的方法，但比较各国地方财政赤字情况还是有益的[①]。图 13.1 中列出了发展中国家和转型国家（不包括中国和乌克兰，因为无法获得这两个国家的有效数据）的数据，OECD 国家的数据在图 13.2 中列出。当然，适度的地方财政赤字无需预警，外部冲击带来的大规模暂时性赤字也不需预警。然而图 13.1 显示，自 20 世纪 80 年代中期以来，在巴西和印度的州以及阿根廷的省，大规模的赤字占总收入的 15% ~30%，甚至超过 30%。这些数据反映了每一案例相应章节中对持续的软预算约束的论述。图 13.2 表明，大规模的、持续的地方财政赤字并不仅仅局限于发展中国家。比如第 6 章所论述的，德国的州，特别是不来梅、萨尔州（以及柏林附近地区和一些新的东部的州）在近几年也遇到了软预算约束的问题。

图 13.1 和图 13.2 还表明，在我们研究的一些案例中，其预算相对平衡。在这些发展中国家和转型国家中，匈牙利地方政府预算比较平衡。正如第 7 章所述，财政收支在近期突然得以改善，如果这是持续的，则表明对预

算约束的硬化是成功的。图 13.2 表明，平均来看，美国的州预算是平衡的，而美国、加拿大和挪威的州以下地方政府预算也是平衡的。在每个案例中，州以下地方政府的总赤字在收入中都只占一个很小的比重。在美国，预算盈余以及对“不景气基金”的捐款很常见。

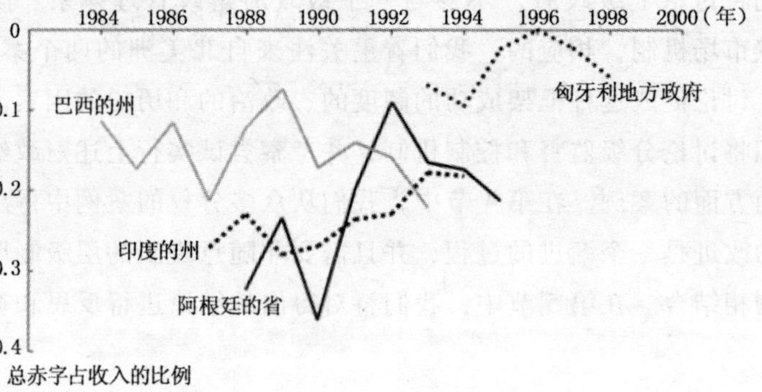

图 13.1 地方政府赤字占收入的比例：发展中和转型国家案例

资料来源：IMF《政府财政统计》和世界银行工作人员预算。

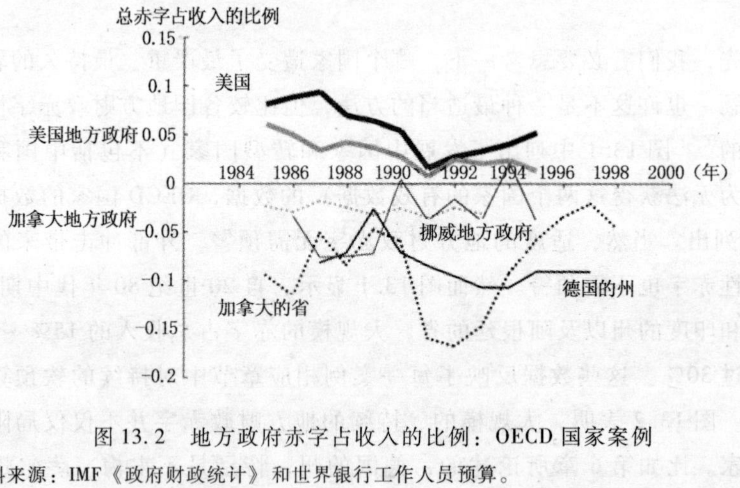

图 13.2 地方政府赤字占收入的比例：OECD 国家案例

资料来源：IMF《政府财政统计》和世界银行工作人员预算。

图 13.2 还讲述了一个有关加拿大省级政府的有趣故事。在 20 世纪 90 年代初，经济不景气以及政府间转移支付的下降，给省级预算带来很大的压力。这导致了省级赤字和债务负担在短期内急剧增长。如同在第 3 章所述，省级政府最终会通过调整税率和支出应对来自债权人、选民和投资者的压

力。另外，在美国也发生过类似的事情，只是涉及范围更小。在20世纪80年代末期和90年代初期，美国的州和地方政府遭遇了区域性的经济低迷，卫生医疗费用意外增加，而联邦补贴减少。如同图13.2所显示的，一些州出现了大规模赤字，总盈余显著下降。同加拿大的省级政府做法一样，美国的州和地方政府也是自行调整以应对这些冲击，后来，预算盈余又开始增长。

美国州政府和加拿大省政府是最鲜明的运用市场机制的例子。州政府和省政府拥有较大的财政自主权，其大部分收入来自宽税基的税收，并且税基和税率也是自行制定的。此外，这些地方政府在竞争性的资本市场上举债，其支出和举债都不受中央政府的限制。州级和省级的政治家以及他们的委托人不会期望得到中央政府的援助，因为之前没有任何援助的先例，也没有明确的机制能使得地方的责任由其他权力机构来承担，不仅如此，试图从联邦政府获得援助会面临违宪的风险。持续的赤字会降低地方政府信用等级，并因此增加举债成本。同时，在遇到不利的财政冲击时，会面临进行财政调整的政治压力[②]。

然而，这种对市场纪律的依赖是少见的。事实上，其他有着相对硬预算约束和平衡预算的分权化国家——挪威、加拿大和匈牙利，都是通过强有力的层级监督以实现市场纪律的。这些个案研究表明，管理地方支出和举债决策的严格法律法规是由中央政府（在加拿大是由各省政府）制定并强制执行的。在每个案例中，层级监督似乎部分程度上消除了市场机制的作用。换句话说，信贷市场、地方选民和投资者对地方财政决策的约束较小[③]。

图13.3用一个2×2的表格展示了市场机制和层级机制在过去10年中所发挥的作用。横坐标表示市场型机制的力度，纵坐标表示层级机制的力度。该表分为4个象限，这些案例分列于能最好表现在过去10年中每一种机制的力度的象限中。加拿大的省政府和美国的州和地方政府落在东南象限中——它们在信贷、选举和资本方面几乎只依赖于市场，而不受层级机制的影响（最多也仅仅是，美国的许多州而不是全部的州对地方政府债务进行了限制，但监督和执行各不相同）。挪威、加拿大和匈牙利的地方政府在西北象限中，其主要依赖于层级机制。其余的案例落在西南象限——层级制度连同市场机制都比较弱。案例研究的章节描述了这些国家软预算约束问题的具体表现。可以获得赤字数据的案例——德国、印度、巴西和阿根廷的联邦州或省——每一个都呈现出大规模的、持续的赤字（图13.1和图13.2），

但是德国的地方政府赤字只集中在少数几个规模最小的州。中国和乌克兰的案例研究也表现出持续的软预算约束问题。

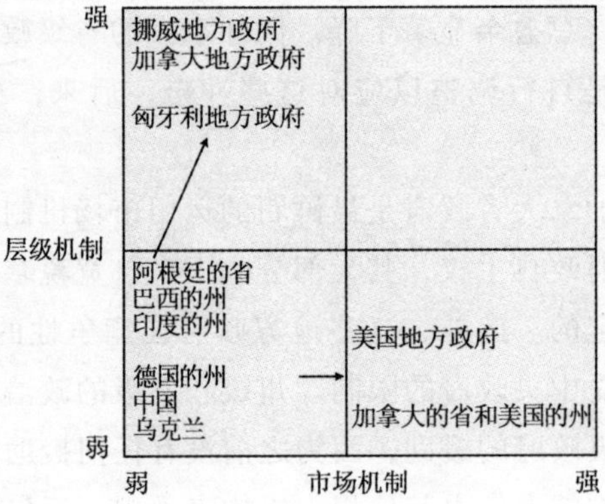

图 13.3 硬预算约束机制（1986～1999 年）

在图 13.3 中，案例在各象限的分布并不十分精确。毫无疑问，这掩盖了这些案例研究的细节和复杂性，同时也给出了一些有价值的经验。图 13.3 中的箭头表示案例研究中的各案例近期的改革方向。阿根廷和巴西的案例研究表明，虽然二者仍处于层级监管和市场机制力度都很弱的象限中，但它们正朝着更有力的层级监控的方向发展。巴西的《财政责任法》更是突出体现了该发展方向。通过市场机制和层级机制的共同运用，匈牙利地方政府已经从西南角象限移出，并且这种转变由层级监管主导。尽管处在西南角象限中的国家层级监管较弱，但相比其他案例，德国的州表现出了更多的市场监管特征，在案例研究中也谈到了其相关的一些试验性改进。在图 13.3 中，美国的地方政府的位置稍高于美国的州和加拿大的省，这反映了虽然地方选举、土地市场和信贷市场的竞争很重要，但许多州政府仍然对地方政府实行某些层级限制。加拿大存在上述两种机制，省和地方政府都受到硬预算约束，但是却分别由市场机制和层级机制约束。

本章的其余篇幅将研究为什么有些国家最终处于图 13.3 中的西南角象限，以及如何才能脱离该象限或如何避免这种情况出现。13.2 和 13.3 节详细考察了市场机制和层级硬预算约束机制的制度要求。图 13.3 中东北角象限的空白反映了这两种理想机制的内在冲突；中央政府对地方财政决策的完全控制与强有力的市场监管是不兼容的。然而，我们认为，通过在短期内支持层级机制，同时逐渐向市场监管转变，处于西南角象限的国家向图13.3的中心移动是可能的。由于国家环境可能会限制中央政府不参与地方财政事务和承诺的范围，因此这也会对只依赖市场机制的政府间财政体系产生限制。

13.3

市场机制

加拿大和美国的例子证明，即使中央政府不对地方政府的财政和举债决策进行监督，硬预算约束也可以执行。实际上，我们发现，如果债权人、居民和投资者相信中央政府不会为地方财政决策负责，地方财政纪律只能通过对资本和政治支持的市场竞争来执行。如何才能形成这样的信念？简单回顾加拿大和美国的历史可知，这个过程可能是缓慢的、渐进的，甚至有时是痛苦的。

加拿大省政府和美国州政府的选民们都知道“艰难的道路”，即草率的财政决策成本由地方政府承担——他们经历了惨痛的并且得不到援助的财政危机。美国历史上最重要的事件发生在19世纪30年代到40年代，当时，很多州陷入了难以偿还债务甚至拖欠债务的困境（见英格里希，1996）。尽管负债最多的一些州在努力游说，但还是没有得到任何的联邦援助。正如一位历史学家所说，纳税人“看到州政府信贷滥用是如何在最不适当的时候增加税收负担，并且导致了过度膨胀、浪费、奢侈和欺诈”（拉齐福德，1941）。在第3章中，伯德和塔沙妮描述了加拿大的一个类似的学习过程，这个过程甚至在联邦制产生之前就开始了。同美国的州政府一样，加拿大的省政府为铁路和运河项目发行债券而陷入财政困境，选民们通过一系列的危机了解到，他们最终会为省级财政决策付出代价。甚至在19世纪，选民和债权人已经开始认识到应该将州政府和省政府作为独立的政治实体。

有趣的是，美国的许多州在宪法和法律方面有许多自我强加的对举债限制和平衡预算的要求[④]，而这些约束不是由上级政府强加的。与此形成鲜明对照的是，在加拿大和美国，对地方政府施加的限制是分层级的（艾普和斯帕特，1986）。加拿大的省和美国的州所受的限制是它们自己强加的，或者更确切地说，是由州和地方选民代表强加的。19 世纪 40 年代，轻率的举债决策带来了一系列的繁重税收，之后，愤怒的选民为州政府强加了美国历史上第一个州级财政限制（英格里希，1996）。这些限制得到了信贷市场的支持，并且迅速扩展到其他州。最近，加拿大的几个省也实行了类似的规则。近来一段时期美国和加拿大经历了持续的省级财政赤字和空前的债务，来自选民的压力连同安抚债权人的要求，使得很多省自行强加了财政限制。在这两个国家，这样的自行强加限制体现了选举和信贷市场的力量。

其他国家可以从加拿大和美国的案例中得到什么经验？重要的是，在联合组成具有有限目标和权力的联邦之前，加拿大的省和美国的州已经拥有独立的财政权利。而一个拥有强大中央政府的国家开始分权时，可能面临与加拿大和美国不同的且更大的挑战。此外，对市场纪律的依赖取决于中央政府的弱势，或对中央政府权利滥用的限制。加拿大和美国是由一些地广人稀的地区政府联合起来，逐步扩大从而形成了联邦政府。它们联邦政府的权力和目标受到宪法的限制。相对于广阔的国土面积，联邦政府的军事和财政力量相对较弱。在美国，对联邦政府的限制是用剩余权力来规定的，即那些没有明确归属联邦的权力和责任都归属于州。在分权的进程中，有一相反的观点认为，改革往往是通过突然赋予下级政府一系列新的权力和职责得以推进的。

美国联邦政府有一个特征，而该特征在财政文献中几乎没有被提及——美国宪法第十一次修正案中规定：州是独立的且中央政府不能强迫其还债[5]。因此，州一旦出现债务拖欠，联邦政府不能通过其司法力量去强制执行债权人的索赔要求。当联邦政府非常明确其责任时，对于联邦政府援助的期望可能会减少。第一，因为不能够进行强制执行，中央政府避免了受到州债务拖欠的牵连。第二，因为债权人权力更弱，州和中央政府受到的冲击更小。然而，与这些优点相反，由于第三方机构的缺乏，信贷供给会受到更多限制。

13.3.1 财政制度

（1）地方政府收入自主权和纵向财政失衡

除了对中央政府有明确的限制之外，加拿大的省政府和美国的州政府还有一个相似的特点：其地方政府（还有瑞士的州）可能是世界上财政自主程度最高的。它们主要通过宽税基的税收取得财政资金，而这些税收的税基和税率设定不受联邦干预[6]。在加拿大一些较小的省份，虽然均等化转移支付是财政收入的重要部分，但在总体上，相对本书研究的其他案例而言，加拿大的省政府和美国的州政府对政府间转移支付的依赖相对较小（见图13.4）[7]。

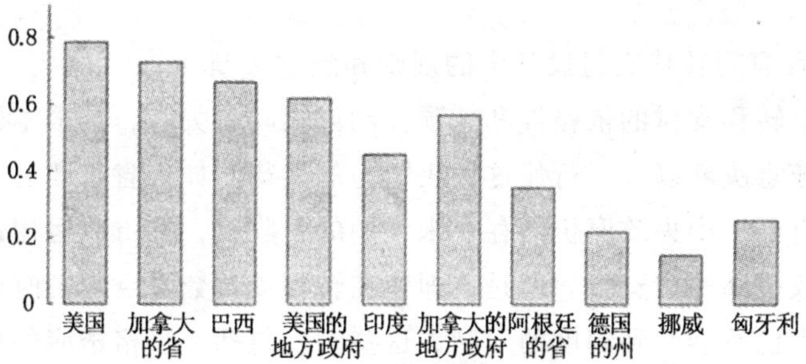

图 13.4 地方政府自有收入占地方政府总收入的比重

资料来源：雷登（2002）。

如第1章所述，高水平的纵向财政不均衡确实会对市场纪律造成阻碍。如果一个州的财政困难明显是由中央政府的随意决断造成，那么市场参与者会更愿意向中央而非地方政府寻求解决办法。因此，高水平的纵向财政失衡会向选民、债权人和投资者发出这样的信号，即中央政府会为地方财政负责。

高水平的纵向财政失衡不会自动导致软预算约束。在图13.4中，最依赖于转移支付的两个案例——匈牙利和挪威——通过层级机制能够达到相对应的预算约束。实际上，冯·哈根和艾肯格林（1996）用大量的货币联盟样本说明，严格的举债限制一般易于导致较高的纵向失衡。雷登（2002）在这基础上，运用全球数据说明，如果有严格的层级举债限制，高水平的纵向财政失衡与地方政府预算平衡相关；如果举债充分自主，则存在高水平的纵向失衡时，地方政府将面临巨额赤字。对乌克兰、巴西、印度和阿根廷的案例研究更进一步证实，弱的层级制度和对转移支付的依赖是一种危险组合。

纯市场机制要求严格的财政自治，在实践中，发展中国家新近被授予权利的州和地方政府，很大程度上依赖于转移支付和共享收入。第一，在区域收入严重失衡的贫困国家里，有一种关于中央政府再分配的标准化做法，这种再分配可以通过支出计划来执行，这些计划涉及健康、教育、社会保险和基础设施领域。第二，司法上的税收调整和其他的收入自主权上的限制，可能是改善个人行为失真、过度税收竞争、税款外流和行政成本的决定性因素。如果中央把一个大范围的支出责任分权给低层级的小权力机构，纵向失衡将会不断增加。因此，对小权力机构来说，纯市场机制作为主导机制不太可能实现[⑧]。

（2）政府间转移支付设计中的规则和随意决断

如果对转移支付的依赖性和软预算约束之间有关联，其根本原因在于中央政府的随意决断以及对行使这种决断力的期待。如果省级政府在收入方面完全依靠自己，中央政府仍然存在未使用的税收权，并可以运用这些权力为未来的财政援助筹措资金。但是，即使在转移支付数额巨大的时候，中央运用这一权力仍然会受到制度的限制，这些制度包括，严格透明的规则或自治委员会[⑨]的监管。

中央余下的决断权还包括两个方面。其中一个是用“错误的方式”使用决策权，援助一个受困的权力机构，而该机构的问题由其自身引起，这就是所谓的撒马利亚困境。在这一困境中，地方政府对中央政府的操纵源于中央机构的易受冲击性（在撒马利亚的例子中，中央政府处在分配的核心）。因此，美国联邦形成的这种相对硬预算约束是由于其自身是一个自发的、有限授权的联盟。美国宪法保证“追求幸福”这一权力，相比德国宪法的“公平条件”更为寻常。

这并不是说较强的再分配倾向与硬预算约束之间完全无法兼容。当地方政府预算问题是由于自身错误造成时再分配机制不发挥作用，那么二者是可以兼容的。即使中央政府无法区分地方政府是因为运气不好或是努力不足造成财政问题，中央政府与地方政府的主要代理模式仍允许再分配与激励机制在一定程度保持一致，但要求中央政府能够承诺不给予完全的保险。因此，激励地方政府在财政方面的努力需要信息足够充分，使得中央能够区分是外来冲击还是自身行为造成的财政赤字，以及拒绝对地方政府自身行为产生的赤字进行援助。

转移支付的这些案例研究最重要的经验教训是控制分配的透明度和可预见性。如果一个国家能消除补贴分配的不确定性和立法过程中的选举交易，就可以降低地方政府对财政援助和免除债务的期望。但是，即使管理政府间转移支付的规则是明确定义并完全执行的，这些规则本身也可能会破坏硬预算约束，如同德国宪法规定的平衡体系，尽管是可预知和公式化的，但也向最小和最穷的州发出了一个信号，即财政无纪律最终也能获取额外的转移支付，总地来说政府间财政体系对州政府财政方面的激励很弱。印度的政府间转移支付体系描述了另一个有关问题，尽管财政委员会对地方政府财政行为有明确的规章制度，但是它最大的弱点就在于这些基本规则和程序本身。印度的体系虽然起到了弥补差额的作用，但却不利于加强财政纪律。乌克兰的案例中，在讨价还价基础上进行的转移支付问题表现得非常明显。在乌克兰，政府间体系被寻租活动和财政机会主义行为破坏了。在巴西，随意决断的转移支付和政治上的讨价还价，同样破坏了财政纪律。中国的“财政契约”和新近的“双轨制”，即地方政府和中央政府间的讨价还价同样也导致了地方政府的预算软约束。虽然印度的转移支付表面上似乎依赖于已公布的清晰规则，但实际上，程序中存在的大量漏洞使中央政府可以随意决断并且与地方政府进行特别谈判。

如何限制中央政府的随意决断以避免地方政府采用不正当手段成了每一个分权化改革的中心议题。首要问题是，中央政府能否或在哪些领域放开对地方政府的约束，并因此切断他们受冲击的渠道。第二个问题是中央政府是否能用一种可靠的方式禁用随意决断的权力，或者至少增加他们对偏离制度框架造成的后果所付出的代价。任何分权最多只有一半能实现，这意味着中央政府会考虑偏离事先公布的立场，因此，是否能够严厉禁用这种随意决断权显得非常重要，但通常情况下都无法实现。

(3) 明确职责

市场机制不仅要求地方政府拥有必要的财政自主权，以便他们能够自行应对不利冲击，同时还要求具有一个公民、债权人、投资者都十分清楚的政府间体系。因此，不同级别政府之间的收入分配、财政支出、基本权利都应该明确而稳定。在很多案例中，市场机制被税基重叠所破坏，政府支出行为变成多种权力并存的联合行为。在巴西，重叠的税基、不协调的税收管理以及混乱的支出分配权力导致了财政关系的混乱和对机会主义行为的激励。在乌克兰，政府间的权力分配定义不清晰且可转移，严重影响了地方政府的责任感。在印度，大多数公共部门的行为变成有两到三个级别政府的联合行为，成本转移十分不利于地方政府履行职责。

然而明确职责和责任，在实践中很难执行。中央财政收入是再分配和公共支出项目（如教育、健康服务等）的重要资金来源。分权化可能会更好地向用户和地方公民提供公共服务，但中央政府不可能不关心这些公共服务的提供，即使这些支出责任明显归属于地方。首先，中央在资金提供方面的责任以及政治责任使其不得不关心地方政府行为。其次，中央对资金的掌握使它在提供服务方面发挥了重要作用。禁止或放弃使用这种方式是轻率的（不可能的）。因此，地方居民会被迷惑，将因为提供了无效服务而指责地方政府和中央政府。类似的，省级政府认为中央政府因为学校的质量问题而受到民众的指责，并且中央政府会为此负担部分责任，地方政府的这种认识很可能是正确的。由于政府自身的易受冲击性，许多中央政府难以让地方政府相信：如果省没有达到教育目标，将会得到更少的资金。这些观察结果显示了在低发展水平和高转移支付依赖的情况下，建立激励相容的艰难。

（4）地方提供的国家公共服务产品

以上我们描述了一种情形，即中央政府很容易被操纵，因为它关心地方政府提供的公共服务；在公共财政方面，如果地方政府负责提供的公共服务构成了国家公共服务的一部分，中央政府将面临很大的财政援助压力。特别是当地方政府为福利、失业、养老金等公共服务负责时，地方财政收入如果减少，财政压力就会转向中央政府。在20世纪30年代，加拿大由于省级政府减少大量的支出责任而造成的财政危机就体现了这方面的问题。类似的，巴西和阿根廷政府也面临为州和省级政府的养老金计划进行财政援助的压力。南非那一章有更进一步的案例说明。

在印度，政府间转移支付被认为不足以履行地方政府的所有支出职责，这已成为最主要的问题。弥补差额的体系和财政委员执行的临时债务免除，被视为是对资金不足的弥补，这些资金被地方政府用来履行中央政府对其规定的职责。类似的问题在阿根廷和巴西的案例中也有报告，而乌克兰的问题最为严重。

在把消除贫困视为一项国家公共服务的案例中，以上观点对于大国尤其重要（韦恩，2000）。马斯格瑞夫认为再分配是属于中央的职责。类似地，森（1999）对民主国家预防饥荒的观察表明，国家公共服务是不受限制的。因此，至少在民主国家，当国家福利体系核心地方福利受到威胁时，人们都期望中央的“干预”。所以，以不援助或不以其他帮助方式援助地方的承诺始终受到种种限制。

13.3.2 政治制度

政治制度对那些破坏市场主导的财政纪律的观念影响很大。当面临财政援助压力时，中央政府的易受冲击性和“说不”的承诺取决于其组织和激励结构。在很多情况下，中央政府是一个因为其自身设计而很难“说不”的组织。地方官员及其委托人了解并能利用这一点。

首先考虑民主国家中立法的作用。当地方政府不能为工人、承包人或者债权人付款时，这些群体就可能向中央立法机构中的地区代表施加压力。如同第1章和第2章描述的那样，立法机构的决策通常是通过地区代表之间互投赞成票和选举交易作出的，这导致了过度支出，如政治学家（谢普斯和温格斯特，1984）所述，这一行为同时也为财政困难地区的代表提供了争取财政援助的机会。虽然对整个国家而言可能成本远远超出收益，但这些援助却代表了一个合理的政治结果。引用英曼在第2章的分析，分权的、破碎的巴西司法体系显然是州级软预算约束的一个重要结构性原因，并且州政府行政人员能够进行选举交易并使其议案在参议院获得通过。多数情况下，地方政府在参议院互投赞成票使中央对地方的财政援助成为可能，而一旦谈判开始，地方政府会引导使援助的规模和范围不断扩大。

（1）强大的统治者和政党

从全国的政治和经济发展状况来说，如果司法系统将部分权利授予全国支持的个人或团体，这个问题就会减轻。强大的总统和政党领袖可以扮演这一角色。而巴西的政党通常十分弱小，总统得不到立法机构同僚的支持。决策过程往往以复杂的区域合作为特征的，即使决策只在一个政党内部进行。这使得地方政府能够相对容易获得财政援助，并且阻碍地方政府间关系的重要改革。近来，一位总统因为稳定经济和终止恶性通货膨胀而获得了选举人的支持，因而能够在立法者和管理者中产生激励来支持一项旨在硬化州预算约束的改革议程。阿根廷的案例也说明了一个相似的情况，即总统、立法机构以及省级管理者联合使改革政府间体系成为可能[10]。

抵制收入受到威胁的地方政府官员、当地工人、承包者和债券持有人的压力需要中央政府强大的政治力量、合作和远见。如果政治家们的连任机会主要取决于他们提供给所在区或执政区的好处，如巴西那样，他们就不可能有这样的力量。如果中央政府是一个在崩溃边缘的脆弱的联盟，如某些时候的印度，他们也不可能集中这种力量。在这些情形下，中央政府的“无援助”承诺缺乏可信度（谢普斯，1991）。地方官员和他们的委托人知道中央政府没有坚持“无援助”的激励。加强党派纪律和领导能力以及加强政治联盟的稳定性也许是改进承诺动机的一种途径⑪。

（2）委托：以独立的中央银行为例

另一种承诺可以用尤利西斯把自己绑在桅杆上的例子来解释（谢普斯，1991）。如果执行者无法打破承诺，或者执行承诺的激励增加，那么这项承诺是可信的。因此，如果立法者有提供援助的动机，那么坚守这个承诺就要通过取消立法者提供援助的决定权来实现。

关于政府间转移支付有另外一个类似的论点：它们应该由规则而不是由立法裁量权决定。一般来说，来自立法机构和远离政治压力实体的授权委托，可能对强化中央政府的承诺更为有利。首先，一个独立的中央银行可能是强制承诺的一个重要来源。地方政府和他们的委托人以及他们的债权人知道中央政府能够提供援助，条件是如果中央政府控制了货币供给。相反的，如果货币政策有一个自主的代理机构按照反通货膨胀的要求制定，这些行动者就知道中央政府自身也面临着硬预算约束。

（3）司法部门和加强财产权的困境

一项合同，如贷款，规定了一定的权利和义务，而政府判决和执行合同的能力和意愿是法律规则的核心。因此，地方政府代表债权人查封债务人资产的情况在激励结构中非常重要。

当政府是合同的一方时，法律惯例将为政府资产提供查封豁免权。因此政府与合同的另一方地位是不平等的，因为另一方在执行合同中应该得到的权利通常会被剥夺。这样的豁免权推进了不完全的权力分割（例如，没有独立的司法部门）。尽管如此，豁免权能够并且经常被明确的排除在法律和合同之外。这就允许了合同的执行，使政府实体，如国王、州和地方政府至少在原则上成了与其合伙人地位平等的合同伙伴。

然而，如果合同的争议是完全政治性的，权力分割永远不会完善，来自执行者和立法者的干涉会帮助地方政府逃脱或越过司法程序。这不需要法庭的妥协就能以无罪的方式完成，例如，通过偿付那些向法庭要求实现其主张的债权人。因此，一个拖欠债务的实体（无论是国有的公司，私有的公司或家庭，还是地方政府）受到财政援助会被视为阻止向政府要求偿债，这种行为不允许按法律规定完成。

通过法律执行财产权的结果在政治上是不能接受的⑫。如果学校被关闭，税收提高，或者警察养老金减少，痛苦正在扩散，而通过判决和执行，上级政府加入进来将触发这些痛苦。实际上，如果法律没有对债权人的权力设定明确的限制，那么选民可能会失去对税收和服务的全部控制，并因此失去对自身权利的全部控制，包括私人财产权。由于这些原因，除非法律巧妙的设置了债权人在对抗地方政府时的权限，否则这个过程就无法被包含在非政治的司法机制中。援助的一个重要作用是，它允许债权人和债务人的对质不在司法程序中，因此也避免了可能的麻烦和暴露法律限制的昂贵代价。援助避免了这种情况，因此，执行财产权的好处毫无疑问地要归功于实际生活中的援助制度。

根据同样的逻辑，如果债权人相对于地方政府这个债务人来说几乎不拥有任何法律权利，而且债权人又缺乏政治影响力，援助也可能避免。英曼（第2章）和英格里希（1996）发现这对于抵制对地方政府的财政援助非常重要，如在19世纪40年代的美国，许多债券的持有者是外国人，因此在美国的环境下其政治势力是很弱的。

弱化债权人权力在君主制国家很常见，在美国的一些州也有相同情况。与君主制国家相对，第三方执行也是不可取或受限的，而且代价昂贵。类似地，在美国联邦，联邦政府及其机构也被排除在执行独立州的债务之外。其结果一个是债务人免受某些处罚，另外联邦政府也免除了在这种情况下可能带来的财政援助压力。然而，这种制度是通过继承而来，而不是通过建议而被采纳，但是在某些方面却能为财政援助问题提供一些经验教训。

对美国的地方政府而言，弱化债权人权利是总体框架中的一个重要部分。州法律和联邦法律都能用于拖欠债务的政府行为中，这通常是《破产法》，以及在法院的监管下加入一个受托人的活动（麦克康奈尔和皮克，1993）。弱化债权人权利的一个表现是破产程序只能由地方政府发起，而不能由债权人发起。有趣的是，在美国的实践中，地方资产和重要的政策工具，如支出计划和大部分税收（一些新的税在规定的方式下可能被用来进行债务还本付息）总是留在地方政府手中。因此，债权人在地方和州级水平上只有很弱的权力。在一个债权人权力受限很少的系统中，如果让债权人得到更多的税就会违背民主制度，如果关闭学校就会危害到儿童而不是该负责任的组织，那么这些疑虑就会要求中央提供财政援助或者进行其他的政治干预。重要的是，尽管弱化债权人权力会带来较低的信贷量，或者给需要举债的人带来较大的成本，但是这确实带来了透明和非妥协的执行制度。

13.4

层级机制

前面章节所考察的关键一点是有效市场纪律的许多前提条件，这些条件有些是很难达到的。本节将考虑用层级机制来填补可能的空白。我们先看一些成功的层级监管案例，然后再从一些失败的、案例中提取教训。最后，研究一些特别案例的经验教训，这些经验教训告诉我们在发展中国家和转型国家建立市场纪律初期，如何引进和加强中央政府的规则和监管。

13.4.1 成功的层级监管

挪威、匈牙利和加拿大的地方政府间财政纪律主要通过层级机制来执行，在美国，一定程度上，地方政府也存在这样的情况。将加拿大的州和地方政府进行对比，这会是一个很有用的例子。20 世纪 30 年代，加拿大出现的财政危机不仅影响了加拿大的州政府，也影响了加拿大的地方政府。实际上，加拿大的州政府负责地方级别上公共服务的大部分资金筹集，在一个级别上发生的财政灾难会因此牵连到其他级别。州政府明白到他们不仅要对自身的债务和财政健康负责，同时也要为地方政府负责，为此，州政府用对地方支出和举债进行有力层级控制来作出回应。州政府现在已经控制了地方收入的绝大部分，而且目前地方的举债权也十分有限。州政府全方位地管理地方政府举债。

最近在匈牙利也发生了类似的情况。在改革的初期，地方政府开始出现持续的巨额赤字，其中的一些还逐步升级到财政危机并需要中央财政援助。就像 20 世纪 30 年代加拿大的省那样，匈牙利的中央政府对此做的回应也是对地方支出和举债进行层级控制。如今财政部监察所有级别政府的预算过程，控制违背预算补贴的事前支付。中央政府控制地方政府的举债、要求地方政府预算平衡、控制地方政府举债规模。

在这两个案例中，下级政府都极端依靠转移支付，而且没有哪个能进行合理预期，预期地方政府会在他们自身发生不利的财政冲击时作出调整。高水平的纵向财政失衡向上级政府明确提出了一个道德风险问题。因为他们知道，他们最终要为地方财政困难负责，所以他们会执行一个自上而下的财政约束。

挪威的案例也讲述了一个类似的故事。地方政府高度依赖转移支付，中央政府用强大的，有约束力的层级规则解决地方政府间的道德风险问题。虽然地方政府一般是选举产生的，但他们在本质上还是被视为中央政府的代理。虽然挪威的地方政府在提高收入方面有一些决断力，但地方预算仍被中央政府控制（通过超级州行政官），并且中央政府要求地方实现预算平衡。为当前的支出进行金融借款是不允许的，而且所有地方政府的举债都必须经过中央政府批准[13]。

在这里的每一个案例中，层级机制在减轻赤字转移问题上确实起了很好的作用，但是这种监控并非没有成本。依据这些案例的研究，还有一些关于成本转移的并不太严重的问题。换句话说，因为最糟糕的道德风险处在行政法令的控制下，所以这个问题不能消除。无论为政府间转移支付订立的标准多么复杂，对中央政府来说，它都很难将地方的真正财政困难和实际操作上的战略性信息予以区分。这里的每一个案例都说明了地方政府战略性获取捐款的能力——努力去隐藏和歪曲真实的成本和收益，以便能从其他权力机构获得额外的资金资源。在第 9 章里已说明，这可能成为解释挪威公共部门迅速增长的部分原因，所以包含政府规模的计划不如包含财政赤字的计划成功。挪威的案例尤其有趣，因为其有关消除道德风险的条件格外有利。它有很多的自治市，有着特别类似、一致同意的目标，而且，在中央和地方，都存在这样的信念，即积极主动的补贴能提高纪律性。

更进一步，这里的每一个案例研究，都显示了一种利害关系，即由上级政府来主导地方政府举债会破坏市场监管，而且也会抑制一些分权的优点。在挪威和加拿大，为地方政府提供贷款的人，会将中央（省）政府视为债务的最终负责者，因此，信贷市场没有动力去对拙劣的财政行为进行甄别或惩罚。加拿大和挪威的案例都证明，由上级政府主导不会为地方政府带来改革的激励或积极的激励，至少在挪威，几乎没有为地方的民主政治提供余地。每个案例研究的作者都认为，即使地方政府有举债自主权，可以去提升当地对学校和基础设施的投资，地方政府也没有很强的激励去行使这个自主举债权。

但是，实行层级监控的成本是不能透支的。虽然这些案例清楚的描述了存在于层级和市场式硬预算约束之间的张力，但是，它们也表明在实践中，这二者是可以共存的。加拿大的例子说明，尽管层级监控不强，但地方财政决策会影响选民的福利，这些选民有动力去监控地方决策。匈牙利的例子展示了一个特别应该鼓励的市场和层级的混合制度。最近的很多立法加强了中央监控，同时也想为脱位的市场机制建立基础。举例来说，新的有价证券规则带来了影响深远的信息披露和审计制度，这些可以使地方债权人和选民更容易评估地方财政表现。地方政府破产法规创造了这样的前景，即用不需额外的金钱和政治干涉的方法解决债务拖欠问题，虽然只有让时间去证明司法或政治干预是否成功。更进一步，他们对债务的还本付息似乎会用一种更聪明的方式：地方政府的举债全权限由一个规则决定，即假定地方政府有动力去筹集更多的收入并控制成本。如果中央给他们的许诺是可信的，那么这种规则能提供很高的激励但更少的再分配。

13.4.2 层级监管的失败尝试

尽管仍存在一些问题，但是在匈牙利、加拿大和挪威的分层级的硬预算约束机制可以认为是成功的（至少部分的），因为他们似乎预防了持续的赤字和严重的道德风险。但在印度和巴西，有关层级监控的尝试就不能说是成功的了。上面已经说明在这些国家市场机制的失败。印度在一段时间内曾要依赖一种层级监控的形式，巴西最近也尝试在一个自由的联邦政体环境中引入新的层级机制。

在印度，信贷市场和选举市场的财政纪律作用有限，这是因为，中央政府在分配和批准邦政府举债上的主导地位，被有限深度的非公共金融部门轮流控制。计划委员会、财政部和中央银行都被卷入州财政的规则中。中央政府及其部门机构是为邦政府提供信贷的主要来源，所有邦政府都欠中央政府的债。中央政府的处理权似乎在宪法和法律层级机制中有很宽的范围。邦政府有一些渠道来回避被控制，包括通过邦政府自有企业来获取和担保举债。更一般的，中央的政治和行政的脆弱破坏了执行层级规则的承诺。调和各种委员会和机构对监控邦政府举债所负的责任也是一项主要的挑战。在近几年，虽然显得更重要了，但中央政府的政治构成（弱小，互投赞成票的邦政府的基础党派）已不适合对地方举债设立纪律和执行限制。中央既不会加强也不会有动力去执行旨在监控弥补现存结构中漏洞的新法律。

巴西的案例也非常相似。在20世纪80年代和90年代的大部分时间里，巴西的州政府面对的都是对他们支出和举债决策没有效率的限制。仅有的对州政府的限制竟然起了相反的作用：通过限制州政府在公共部门工资和养老金方面的权利，中央政府认为，这些州没有能力去进行调整。然而，中央政府运用其与州政府谈判获得的权力，加强其对州政府支出和举债管理的能力。中央政府现在有了宪法中并没有提供的工具，理论上的工具至少能用来限制州政府举债，包括负债的数量限制、禁止发行新债和向州自有银行举债。在印度，这些工具的效率在实践中受到了破坏，破坏来自联邦政府在行政和政治上的软弱。过去，巴西在执行中起关键作用的是参议院，它很容易被州政府官员的利益左右。然而最近，参议院的作用减少了，随着财政责任法的颁布，巴西引进了一套新的层级机制，这一套新的层级机制可能会是有效的，虽然关键是中央政府执行力的可信度。

有关不成功的层级监控的例子显示了三个相关的经验教训。第一，当地方政府有很多种正式和非正式的来源获得信贷时，层级控制并不是简单的。用于层级控制的工具会在联邦受到特别限制，在联邦，地方政府的危机加强了中央政府的作用。但是，不管中央政府受到了何种程度的委托，都很难去设计和建立一个充分层级化的政体。更为特殊的是，任何对财政纪律层级化的政体，都必须同时关注直接政府举债和通过州自有企业和自有银行的举债。除了印度和巴西的例子，中国、阿根廷甚至德国的事实也表明，中央政府进行的改革正试图明确、强制分离地方政府和其所属公共企业的预算。在每一个案例中，地方政府的举债行为带来的对企业欠款被认为是导致地方政府财政软预算的预算外来源。更明显的是，地方政府不应存在银行欠款，或者他们应该制定财政部门的条例以及使地方政府内在约束机制更为健全的框架，所有这些都是极其有挑战的。幸运的是，在阿根廷的省和巴西的州最近同意对他们的银行进行私有化改革。通过清楚的描述，规范地方政府财政纪律的一个重要因素就是国家财政部门机构的调整和管理权（不考虑所有权）归属于独立的国家机构。

第二个经验教训就是，层级机制在遵守和执行上仅拥有像中央政府承诺的力度和可信度。巴西和印度的中央政府在很多相关场合实现了区域性的互投赞成票的选举交易。在巴西，在那些国家党派不能依赖党纪的区域，立法需要交叉区域联合得以实现；而在印度，立法是需要经过州级党间的有技巧的讨价还价。上面的两部分暗含着如此分散的政治机构会削弱中央政府对财政分权说“不”的承诺。如同在市场制度下一样，在层级控制下，不可靠的政治机构也会破坏财政纪律。这也在分权的范围和形态上被认为是需要警戒的。

第三个经验教训源自第二个教训：不强的层级机制，如中央政府的信贷分配和举债限制，在这样大面积的、存在多样性的联邦似乎不会很好地发挥作用。大的权力机构会维护他们自身的权力，也可能随时间的发展赢得管理他们自己事务的权力。与此相应，或许政治的联邦制度是一种政府的形式，这种联邦制度可以限制中央政府干涉联邦个体单位的管理事务的能力。而且，标准的联邦系统会有这样的特征：在宪法中规定，保护下级政府的自主权，或他们中的一些有代表性的个体单位被直接包含在中央政府的机构中——典型的就是在上议院。在这样的体系中，地方政府权力机构会影响层级控制机制的成功。虽然我们样本的规模还不足以据此得到坚实的结论，但可以吸引我们得到这样的结论，挪威式的严格的层级限制的硬预算约束在小规模的、类似挪威或加拿大省级政府这样的政治实体中，是有效率的。

13.5

设计一个硬预算约束

在前面的章节中，我们通过案例研究来解释不同的财政分权系统如何发挥作用，并确定破坏预算硬约束的关键问题。但我们也强调不可能存在一种解决方法对任何案例都起作用。事实上，在错误的条件下，一些“解决方法”带来的弊大于利。这一节建立在这样的主题上，依据国家的条件和特征，探索在分权的过程中能做什么。由于很多跨国的变化可以由历史和制度的因素来解释，制度可以被改变或被改进。事实上，财政危机，甚至是大额援助会为制度改革提供很好的时机。这一节通过提出一些改革议程的基本原则并由此得出结论。

13.5.1 联邦可以有缺陷吗？

理论上，如果可以建立一种激励使得外部影响内在化，那么在某些方面（比如举债）的自主权可以划拨给下级政府。在另一方面，层级控制会是有帮助的，如果中央没有那种激励机制使得外部影响内在化——举例来说，如果它没能抑制财政援助要求[14]。我们发现，在中央政府易受地方政府财政危机冲击和财政足够强大去执行援助的情况下，援助会发生，同时，有关其他方面的调整或预防地方政府财政肆意挥霍的行政手段都太软弱。

考虑在从中央政府到市政府这一集合的权力机构。在这个集合的一端，没有更高级的、拥有对权力机构行为进行事先控制权利的实体（或普通意义上的第三方）存在。同样，依据对过去经济发展形势的分析，也没有实体倾向（也就是易受冲击性）或者有财政权利去执行援助。重要的是，如果两个相邻的权利机构被区域边界分离，一些外部影响的可能来源一般会被切断：在获取信贷或兑换比率上就不会相互依赖，政治上的责任不再成为问题，司法上的执行责任被剥夺。我们会涉及这些作为财政独立特征的条件。还是在这个集合行列中，去考察国家中的半自治的省。在这些案例中，上级政府拥有对下级政府的财政权力，比如通过其货币创造权力，或简单地，因为中央政府拥有的强制的税收立法权。就更小的地方政府而言，这些下级权力机构在金融方面和为中央政府服务上高度依赖于上级政府，其主要为中央政策实行提供渠道。在这些案例中，上级政府的雄心和财政权力应与其他权利相配，比如其调整下级政府行为的权利。中央政府越易受冲击，它的事先调整力也应相应的增强。

理论上，这种权利的对称可能会被期待予以自然的实现，但是在实际中并非如此。制度机构被描述成交错的层次：一些“重的”层次很难改变其博弈规则；一些“较轻”层次，代表了在每一个博弈过程中的行为[15]。在一些国家，基层的“臃肿”机构创造了一个令人烦恼的不对称：一个调控能力偏弱的中央，相比其地方政府，可能会是强的财政，因此，更易由于地方政府的财政不负责受到冲击。这种不对称的情况通常是建立和维持大面积的、有多样性的联邦影响力的一方面。即使是产生对称的、非常有限权力的情况下，随着时间的推移，中央政府会获得较大的财政权力，尤其是在战争和其他危机的时候。然而，联邦制度的限制（不是正式的且合乎宪法的就是非正式的和政治的）经常阻止中央政府运用其对称权力去调整州和省的行为（包括举债）。不论一国是否拥有一个明确的联邦宪法，中央政府都很难去调整地方政府的财政行为，如果它因为频繁的权力斗争而分裂，短期的激励和联合建设将会困难重重。这种情况不仅会招致州政府的战略操控，而且还可能招致中央政府的政治操控，使得中央政府的财政地位更为有力。举例来说，中央政府可能会用其在转移支付和贷款上的决断力创造援助的预期来支持其政治同盟者[16]。

13.5.2 分权化的挑战

表 13.5　　　　政府间关系的维度

		中央政府的随意决策权是否被限定	中央政府控制地方政府的能力	
			弱	强
中央政府的财政	强	否	援助和软预算约束	层级机制
		是	未限制的分权	
	弱	无关	主权国家	

表 13.5 通过展示政府间关系的 3 个关键方面，描述了这些问题：第一，通过财政权力的强弱对中央政府进行分类。第二，中央政府是否能够控制其提供救援的随意性。第三，它验证了中央政府在调整较低级别政府行为上的力度。在我们合并好的图表的最东北角的单元里，中央政府在财政方面的权利强大，但是这些财政权力是与其强大的调控能力相匹配的。我们可以使用一个更有含义的术语——次级（subordination）来表示。在这一单元，中央政府的深口袋使其操控起来很易受冲击，但是其调整能力的有效性又限制了潜在的道德风险问题。我们已经回顾了几个在这个意义上成功的“层级”机制。在这样的环境中，中央政府是否控制起决策力是不重要的，因为地方政府没有太多操控中央的权力。

随着中央权力的下放和下级政府权力的增加，一个国家会移向表格的左侧。在这种情况下，中央的财政力度，连同上面分析过的其他一系列因素，会使地方政府的操控很易受冲击[17]。中央政府会有这样的危险，即在并不放弃或令人信服地控制其财政权力的时候，失去层级工具。我们的案例研究表明，分权很容易落在“援助”单元，在那里，中央政府对下级政府的控制力很弱，同时还保留致使应对小动作而易受冲击的深口袋。我们可以看到，当中央的决策力被令人信服地控制，市场机制可以有效地支持地方政府行为时，快速移向“未限制的分权”单元是很困难的。有强大财政权力的中央政府会因此发现很难作出在紧急情况发生时不提供援助这样的可信承诺，特别是因为国家的社会历史，中央政府被视为同时拥有大范围的责任和一系列大量可支配的政策工具。

就对地方政府激励而言，“无限制的分权”与“其拥有最高统治权”是极其相似的。确实可以采取一些措施去改进中央的承诺，但是正如我们已经分析过的，完全的承诺并不能立即对机制上的修补作出回应。正因为如此，现实中被公认的中央权力、雄心和承诺问题是成功实现分权的关键，这个结构通常包括规则、调控、监管。对分权的一个关键挑战是向左移的同时向下移，在表13.5中，除了南斯拉夫的情况，国家直接移向最低行是不太可能的。事实上，我们强调，真正的地方政府的“独立自主”是很少见的，一个类似的很有可能发生的情况是，像美国殖民地那样的独立政治实体用一种明确的有限方式把权力下放给（当时）偏弱的中央政府。

13.5.3　市场机制和层级机制结合

从中央集权角度考虑，不能指望中央不参与或快速承诺或完全的使应对财政纪律的市场机制充分发挥作用。因为层级信贷分配制度常常是又僵硬又易变形的，它们可以在好的项目上坚持，随之又屈从于不合宜的政治压力。因此，中央政府不太可能提供满意的、长期的解决地方政府财政问题的方法，特别是在下级政府举债和投资时，这种情况在大面积的、存在多样性的联邦尤为明显。一个国家怎么样才能将其地方政府的权力机构从完全的附属地位移出同时又不会遭受软预算约束呢?

尽管最好的策略依赖于存在问题的国家的特征和起点，对案例的研究似乎得出了解决这一困境的一般策略。这个策略必须得到维持，甚至还有可能在短期内增强中央政府的监控能力，中央政府运用规则和行政程序去创造一个很强的可能的激励，即激励选民、债权人和投资者在更长的时期监控地方政府的财政决策。中央政府的参与必须是以规则为基础的，非随意决断的，并且必须提高他自己的承诺和透明度水平。横向的委托，包括独立的中央银行、代理机构、司法机构和仲裁人的委托，都会是非常有价值的。甚至在短期，我们也可以采取措施来强化市场纪律。

再次考虑匈牙利的案例。如上所述，匈牙利控制地方举债的新规则是，通过对地方政府举债行为设置实际的限制，激励地方政府增加收入和缩减支出。新的规则还邀请选民和债权人参与监督，以强制地方政府提供包括财务和审计的信息。匈牙利最让人感兴趣的创新是地方政府破产法的出台。为了避免中央政府受到地方政府财政危机带来的压力，地方政府破产法建立了一套清晰的破产程序。程序中最重要的部分是，它不需要中央政府立法者和执行者的参与，而依赖于法院和仲裁者。这是一项很重要的成果，如同向地方政府、他们的选民以及它们的债权人发出了这样一个信息，即中央政府不会利用其公共财力去化解地方财政危机。这项法律有助于树立地方财政决策后果由当地公民和债权人承担的先例。尽管会产生援助和其他干预的政治压力，但是通过建立这样的标准程序可以很好的抵御这些压力。其他国家的案例（见英格里希，1996，关于美国和加拿大的第 1 章和第 2 章）表明早期的测试是很重要的。

13.5.4 援助能改进激励吗

不能排除这样一种可能性，即中央政府的监管可能改进，市场纪律会受到支持，但讽刺的是，这是通过财政援助的方式达到的。在一些案例中，地方政府高度依赖于转移支付，但是这些转移支付完全不足以应付他们面临的，由利率波动、通货膨胀以及其他它们无法控制的因素带来的外部冲击。在此情况下，当地方政府遭遇危机时，中央政府不可避免地要提供一些计划外的紧急转移支付。同时，危机和援助提供了对制度进行协商和改进的机会，这是在其他情况下不可能获得的。计划外紧急转移支付的主要问题是示范效应，尤其在民主化和分权化的早期，它们可能会破坏最终形成市场纪律的过程。

但是并非所有的援助都是相同的，我们的经验教训是，援助因与其相伴的制度改革而各有不同。阿根廷的案例表明，援助并不需要使地方政府及其委托人知道挥霍要付出代价。中央政府有能力组织一种改革方式，避免拖欠并缓解严重的财政困难而不会对未来造成不好的激励。中央和省协商决定的财政公约并没有免除省级政府的偿债责任。实际上，在债务转移之后，省级政府不得不处理更加严重的政治和财政困难。中央政府在它的安排上有一个重要的机制：它提供抵押转移支付并分配给地方政府的债权人。这有利于执法，使支付的意愿与支付的能力更接近，如果前者较低的话。这样做可能的代价是，中央政府将自己放在一个中间的位置：当它们受到挑战的时候，中央政府很有可能会偏离这个位置，这个挑战就是在严重的地方财政危机时继续直接向债权人进行转移支付。

阿根廷和巴西的案例表明，财政援助能为政府间体系的主要改革提供重要的机会。尤其在联邦中，中央强化其调整权力的目标可能需要地方政府的让步，但这通常只发生在中央能在债务转移方面给予地方某些好处的情况下。阿根廷中央政府坚持使地方政府同意一些旨在促进长期激励的影响深远的制度改革。首要的一点就是，所有的地方政府被迫私有化其银行。

13.6 总 结

随着世界范围内的地方政府获得新的权力和责任，很多事情可能变糟。在很多国家，分权是一个改革的政治过程，表现为更民主的、参与制的政府。分权的实际经验将取决于制度和政治的激励机制。虽然从某种程度上说，这些是长期发展和学习的产物，但它们也是人类设计的基础性产物。严肃的、有目的的制度设计虽然不是很多，但也不是完全没有。当它们自我呈现出来的时候——通常是由于失败和危机——一些基本的指导原则是很有用的。从长期来看，预算约束很有可能加强，如果分权支持各级别政府对他们的公民负责任的话，学者和公民则都认为分权会成功。

注 释：

①财政赤字的数据采自 IMF 数据库政府财政统计，定义为总的地方政府收入（税收收入加上拨款）减去总的支出（投资和现金，包括利息支出）。

②罗瑞、奥特和费里（1998）证明了财政赤字与任职者选举上的成功之间存在着联系。

③然而，在匈牙利的案例中，政府已经采取了一项重要的措施，即通过破产程序以减少市场中的政治机制。这项举措提高了政府的透明度，也迫使贷方更加谨慎，并且已经在一些没有援助的破产重组案例中发挥了作用。

④巴尤米、格德斯坦和沃格洛姆（1995）发现，在美国，自我施加的宪法的控制降低了州发行的债券的利率，大约降低了 0.5%。

⑤1795 年 2 月 7 日《宪法》认定："美国的司法权力不得扩展到，一州公民或任何外国公民或国民起诉或控告美国另一州的任何法律或衡平法诉讼。"

⑥加拿大省级税收收入在大多数省可被视为共享收入，但这种安排是自愿的（并非所有省都同意）。部分省还开始了营业税方面的税收协调。

⑦图 13.4 显示了自身来源的地方政府收入占总地方政府收入的比例 = 1 - （转移支付 + 共享收入）/总地方政府收入。这样做旨在通过计算每个地方政府收入中来源于本

地的数额，真实地、基于比较地透视地方财政自主的全貌。因此，排除了法定的、集中的、由中央政府再分配的共享收入的。

⑧特雷斯曼（1999）给出了另一个解释持续的高水平的纵向财政失衡的原因，他认为中央政府应该使用转移支付来为可能分裂的地区偿清债务，尤其是在民族分裂的联邦。

⑨财政委员会的相对自主权是印度体制的一个引人注意的特征。一个独立的委员会管理拨款的分配也是澳大利亚联邦体制的一个关键特征。

⑩见狄林格和韦伯（1999）以及琼斯，桑圭内蒂和托马西（2000）。

⑪可能建立有纪律的、纵向联合的政党的机制——就像中央编制的党派的纯比例代表名单——会降低中央政府对地方政府的责任。这突出了一种政治学家熟悉的制度设计上的张力：这种张力存在于两个方面之间，一方面是对地方政府和他们的委托人设定推进强大的责任的激励，另一方面是外部作用的内在化或对合并问题的解决方法。确定适合的机制去平衡联邦系统中的向心力和离心力是联邦主义学者正在进行的（并没完成的）一项计划，这些学者从瑞克（1987）到贝德纳、艾斯克瑞奇和费内中（1999），到韦加斯特和德·费圭瑞多（2001）。

⑫在莎士比亚的《威尼斯商人》中，债权人被许诺得到“一磅肉”（从举债人的身体）如果未能还款。现代法律当然会撤消并且不理会这种条款（有效限制债权人权利），在莎士比亚的案例中，并没有这样，并且案例最后强烈要求援助干涉。

⑬在最新的发展中，当奥斯泰沃自治市的市长“宣布”破产时，地方政府长官宣布：“自治市不能破产”。随后，超级州行政长官不仅指出自治是应该在哪些地方作出储蓄和收入的努力，而且解释了地方政府会因为在增加收入上不努力而在拨款分配上受到处罚。

⑭来自公司的类似的观点，见霍姆斯特朗和米尔格罗姆（1994）。

⑮威廉姆森（2000），提到了形成了成百上千年的规范和宗教，以及数十年到一个世纪的官僚制度和司法系统。在我们的对政府设计分析的上下文中，对超级法律如宪法和法律做了区分，假定前者没有后者改变的频率快，因此改变了后续博弈的特性。在分权法中，关于共享收入和拨款的规则被看作是在后续的时期内构建博弈的方法。但是，如同我们已经说明了的，这种规则不会在将来由他们构建的博弈过程中执行承诺。

⑯印度的证明，见柯玛尼（2001），巴西的见阿瑞奇和罗登（2001）。

⑰力量和决断力会表现得很弱是博弈理论和生活过程中的一个重要观点。在反复的囚徒困境博弈中，使用“一报还一报”的策略可以消除协作问题。在公共股份公司，经理的财政决断力（他们没有被很仔细的监控）以及对他们的职位的热爱，使得它们易受到绿票讹诈的冲击。在家庭中，极端的富有会使得让年轻一代更好的利用他们的天赋变得十分困难。如果你跟一个强有力的，或有魅力的，或关系非常好的人在一起，你就会因为知道他会帮助你解决困难而表现得十分愚蠢。贝克（1994），在“不肖子定理”中

提出的观点是，这些行为问题能够在完全信息的条件下消除。柏格史东（1989）在哪种特殊条件下这会是真的。荷马在《伊利亚特》中，描述了尤利西斯是如何通过放弃决断权力以及对特别行为负责来解决这一问题的。对公司来说，公开财务和审计降低了信息不对称和委托。

参考文献：

Arretche, Marta, and Jonathan Rodden. 2001. "Legislative Bargaining and Distributive Politics in Brazil: An Empirical Approach." Unpublished paper, MIT.

Bayoumi, Tamim, Morris Goldstein, and Geoffrey Woglom. 1995. "Do Credit Markets Discipline Sovereign Borrowers? Evidence from the U. S. State." Journal of Money, Credit, and Banking 27 (4): 1046 – 1959.

Becker, Gary. 1974. "A Theory of Social Interactions." Journal of Political Economy 82: 1063 – 1094.

Bednar, Jenna, William Eskridge, and John Ferejohn. 1999. "A Political Theory of Federalism." Unpublished paper, University of Michigan.

Dillinger, William and Steven Webb. 1999. "Fiscal Management in Federal Democracies: Argentina and Brazil." Policy Research Working Paper 2121, World Bank, Washington, D. C.

English, William. 1996. "Understanding the Costs of Sovereign Default: American State Debts in the 1840's." American Economic Review 86 (1): 259 – 275.

Epple, Dennis, and Chester Spatt. 1986. "State Restrictions on Local Debt: Their Role in Preventing Default." Journal of Public Economics 29 (2): 199 – 221.

Holmstrom, Bengt, and Paul Milgrom, 1994, "The Firm as an Incentive System." American Economic Review 84 (4): 972 – 991.

Jones, Jones, Mark, Pablo Sanguinetti, and Mariano Tommasi. 2000. "Politics, Insititutions, and Fiscal Performance in a Federal System: An Analysis of the Argentine Provinces." Journal of Development Economics 61 (2): 305 – 333.

Khemani, Stuti. 2001. "Partisan Politics and Subnational Fiscal Deficits in India: What Does It Imply for the National Budget Constraint?" Unpublished paper, World Bank.

Lowry, Robert, James Alt, and Karen Ferree. 1998. "Fiscal Policy Outcomes and Electoral Accountability in the American State," American Political Science Review 92: 4 (December): 759 – 774.

McConnell, Michael, and Randal Picker. 1993. "When Cities Go Broke: A Conceptual Introduction to Municipal Bankruptcy." University of Chicago Law Review 60: 425, 466, 474 –

476.

Musgrave, Richard. 1959. *The Theory of Public Finance: A Study in Public Economy New York: McGraw – Hill.*

Ratchfort, B. U. 1941. *American State Debts. Durham, N. C.: Duke University Press.*

Riker, William. 1987. *The Development of American Federalism. Norwell, Mass.: Kluwer.*

Rodden, Jonathan. 2002. "The Dilemma of Fiscal Federalism: Grants and Fiscal Performance Around the World." *American Journal of Political Science* 46 (3): 670 – 687.

Sen, Amartya. 1999. *Development as Freedom, New York: Anchor Books.*

Shepsle, Kenneth. 1991. "Discretion, Institutions and the Problem of Government Commitment." In Pierre Bourdieu and James Coleman, eds., *Social Theory for a Changing Society.* Boulder, Colo.: Westview.

Shepsle, Kenneth, and Barry Weingast. 1984. "Political Solutions to Market Problems." *American Political Science Review* 78 (2): 417 – 434.

Treisman, Daniel. 1999. *After the Deluge: Regional Crises and Political Consolidation in Russia.* Ann Arbor: University of Michigan Press.

Von Hagen, Jürgen, and Barry Eichengreen. 1999. "Federalism, Fiscal Restraints, and European Monetary Union." *American Economic Review* 86 (2): 134 – 138.

Wane, Waly. 2000. "Optimal Taxation with Poverty as a Public Good." Policy Research Working Paper, World Bank.

Weingast, Barry, and Rui de Figueredo. 2001. "Self – Enforcing Federalism." Unpublished paper, Stanford University.

Williamson, Oliver. 2000. "The New Institutional Economics: Taking Stock, Looking Ahead." *Journal of Economic Literature* 38 (3): 595 – 613.

后记

hou ji

为借鉴世界上不同国家在地方政府债务管理方面的经验，硬化政府间财政关系的预算约束，加强中国地方政府性债务管理，防范财政风险，本书翻译组认真组织翻译了世界银行的《财政分权与硬预算约束的挑战》一书。译者包括孙建书、陈祥志、章江益、常启林、黎劲松、金星、赵晓宏、蔡建军、邱立新、张进、杜志明、邵健、李国青、袁靖、尹亚峰、王俊、刘谊、闫晓茗。在翻译过程中，得到了专家、学者的指导与支持，特此致谢。

编者

2008年11月17日